経済学方法論の形成
理論と現実との相剋 1776-1875

佐々木憲介 ❖ 著

北海道大学図書刊行会

はじめに

　経済学は，18世紀から19世紀にかけて，道徳哲学や政治学から分離して1つの独立した学問分野へと成長していった。その中心舞台となったイギリスでは，アダム・スミスによって体系化され，リカードウやマルサスによって彫琢された時期に，経済学は自立した学問としての形を整えていった。このような事態を受けて，新しく成立した学問を哲学的に反省しようとしたところに，経済学方法論が誕生した。経済学方法論は，いわば経済学者の自己認識の作業として始まったのである。シュンペーターが述べるように，「経済学者たちが自分自身を解釈し始めたこと，すなわち，自分自身の目的や手続きを理論化（もしくは『合理化』）し始めたことが，この期間を特徴づける特色の1つ」となった (Schumpeter 1954, p. 534)。どのような学問にも，なんらかの方法論が必要であることはいうまでもないが，その方法論が暗黙のうちに了解されているだけで，明示されていない場合も多い。経済学の歴史をみても，方法論が自覚的に取り上げられて明示されるようになったのは，実質的な研究がかなり積み上げられた後になってからであった。そのような方法論的考察は，1820-30年代にN. W. シーニアとJ. S. ミルとによって始められ，19世紀後半にJ. E. ケアンズによって定式化された。これ以後の経済学方法論は，シーニア，ミル，ケアンズの議論を，先行する研究として認知し，それを批判し発展させようと努めるようになった。その意味で，シーニア，ミル，ケアンズの議論は，経済学方法論という研究領域を生み出したものでもあった。もちろん，彼ら以前に方法論的な考察がなかったというのではない。スミス，リカードウ，マルサスも，まとまったものではなかったが，興味深い方法論的考察を行っていた。したがって，本書では，まずスミス，リカードウ，マルサスの議論を検討することから始め，その後で，シー

ニア，ミル，ケアンズによる展開の分析へ進む，という手順をふむことにした。

アダム・スミスは，先行する諸学説を集大成するとともに，経済現象全般を体系的に考察し，「経済学の父」と呼ばれることになった。体系性はスミスの学問の大きな特徴であったが，その体系化の志向は，少数の周知の原理によって現象全般を結合する「ニュートン的方法」が望ましい方法だとする考え方に支えられていた。「ニュートン的方法」は，自然哲学だけではなく道徳哲学にも適用可能なものとされた。スミスは，経済現象の結合原理を「利己心」と考え，これによって経済現象全般を体系的に結びつける経済学を構築しようとしたのである。同時にスミスは，そのような結合原理の認識上の地位についての反省も行った。スミスは，ヒュームの因果分析の影響を受けて，自然哲学では，因果的結合の必然性を経験的に知ることができず，その結合原理は想像力を安定させるための道具という性格をもつと考えた。これに対して，道徳哲学では，意志と行為の因果的結合を体験的に知ることができるとし，結合原理の実在性を主張したのである。しかし，このようなスミスの方法論は，その後の経済学者の取り上げるところとはならなかった。19世紀の経済学方法論は，スミスが明示していた方法論にではなく，スミスの経済学そのもののなかに方法論上の問題を見出したのである。

リカードウやマルサスが提起したのは，抽象的な理論と複雑な現実との関係という問題であった。『諸国民の富』には，経済学の理論と事実の記述とがともに含まれていたが，リカードウはこれらを明白に切り離して論じ，経済理論と現実との関係という問題を一挙に顕在化させた。リカードウの経済学は，当時としては群を抜いて抽象的なものであったが，それは，「顕著な場合」を想定して原理を明らかにするという方法に基づくものであった。リカードウにとって原理とは，他の原因によって攪乱されない場合の因果関係のことであり，「顕著な場合」とは，その原理を解明するために，他の原因によって攪乱されない状態を想定することを意味した。リカードウの方法は，多くの経済学者に衝撃を与え，方法論的な考察を促す契機となった。そのような状況のなかで，リカードウとは異なる方法論的立場を代表する人物と目

されたのが，マルサスであった。リカードウが「演繹法」を採用するのに対して，マルサスは「帰納法」にしたがっている，と解釈されたのである。しかし実際には，マルサスは演繹法を否定しておらず，理論の結論を例証するために事実を収集したのであった。マルサスの「帰納法」は，リカードウの方法と対立するものではなく，むしろそれを補完するものという性格をもっていたのである。

　古典派経済学の方法論的立場を明らかにする作業は，シーニア，ミル，ケアンズの研究によって，本格化するに至った。この時期の経済学方法論は，成立したばかりの経済学について，他の社会研究の領域との区別を明示し，そのアイデンティティを確立するという使命をもっていた。とくに，経済学が当時「ポリティカル・エコノミー」と呼ばれていたことと関連して，政治学との相違を明確にする必要があった。そこで，政治学が国民の一般的幸福を問題にするのに対して，経済学は，幸福の一部をなす富(wealth)に関わる分野を取り扱うものとされた。経済的現象とは，すなわち富に関する現象であり，経済学は，そのような固有の研究領域をもつがゆえに，独立した科学としての地位を要求することができる，と考えられたのである。経済学が科学であるという位置づけは，同時に，経済学は富の現象を規範的な観点からではなく，実証的な観点から考察するものであるという主張を伴っていた。経済学は，経済社会のあるべき姿を提示するのではなく，生産や分配を規制する諸法則を明らかにする科学であるとされたのである。

　そこで，経済法則を探究するための適切な研究方法が，明らかにされなければならなかった。経済法則は，現実世界にそのまま現れるものではなく，他の科学の場合と同様に，理想的な状態においてのみ，その姿を十全に現すものとされた。このような法則概念にしたがえば，与えられた現実からの直接的帰納は適切ではなく，理想的な状態の下での演繹が正しい方法となる。解明すべき問題に応じて，ある理想的な状況を想定し，そこで特定の経済的原因が作用するときに何が起こるかを推論すること，これが演繹と呼ばれた方法であった。この方法自体は，古典派経済学に特有のものではない。理論の意義を肯定する後続の学派によっても，多かれ少なかれ継承されることに

なった方法だからである。19世紀の古典派経済学を後続の学派から区別する特徴は，経済現象を支配する主要な要因として，経済人の仮定に加えて，人口の原理と農業における収穫逓減の法則とを重視する点にあった。経済学者は，解明すべき問題に応じて，生産要素の所有関係や慣習などの副次的前提をも付け加えて，ある経済的状況を仮定し，そこで特定の原因が作用するときに何が起こるかを推論した。経済人の仮定，人口の原理，収穫逓減の法則は，古典派経済学のヴィジョンを示すものであり，経済現象を説明し解釈する枠組みとなるものであった。この枠組みが魅力を失ったとき，古典派のプログラムは，経済学の表舞台から退場していったのである。

　理想状態の下での演繹という方法は，現代まで継承される係争問題を生み出すことになった。理想状態を仮定する経済理論は，複雑な現実の一面を抽象したものであって，現実の世界には多数の攪乱原因が存在するから，理論の世界とは異なった現象が現れる。抽象的な原理を複雑な現実に適用するためには，原理では無視された攪乱原因を考慮に入れなければならないが，すべての攪乱原因を考慮することは，もとより不可能である。したがって，理想状態で導かれた経済法則は，現実の世界においては，ただ傾向としてのみ現れ，反対に作用する攪乱原因によって覆い隠されることさえある。そのため，経済法則を用いた予測は，精密なものとはなりえないのであって，その意味で経済学は，精密科学ではない科学と位置づけられることになった。このような理解から出来した方法論的問題は，観察事実は原理を反証することができない，という問題であった。理想状態で導かれた経済法則は，現実の世界においては，ただ傾向としてのみ現れるから，経済法則を用いた予測は精密なものとはなりえず，予測が反証されたとしても，ただちに経済理論の修正が必要になるわけではない。経済法則や，その結合体である経済理論は，予測ではなく，現象を説明し解釈するために用いられるのである。予測と反証を科学の規準とするのは，経済現象の特徴を無視した暴論であるという考え方が，古典派の経済学方法論には示されていたのである。

　しばしば，古典派の経済学者たちは人間を利己的・合理的にのみ動くものと考えた，といわれる。しかし，その経済学方法論においては，経済人の仮

定は，あくまでも人間行為の一面を理想化したものであり，人間の活動の全体を分析することを意図したものではない，ということが強調されていた。それは，経済分析の方法を他の社会領域にも適用しようとするものではなく，むしろ逆に，経済学固有の領域を確保して，経済学の独立を確固たるものにしたいという防衛的な態度を示すものだったのである。経済学固有の領域が確保される限り，それを超える領域については，他の社会諸科学との連携を否定するものではなかった。純粋理論を離れて現実に接近してゆくにつれて，さまざまな社会的関係や慣習の影響が大きくなることが認められていた。その意味では，純粋経済学の枠組みを超えて，社会経済学の方向へと進みうる可能性をももっていたのである。しかし，それはあくまでも可能性にとどまるものであった。古典派方法論の課題は，抽象的な経済理論と複雑な現実社会との間に横たわる溝に橋を架けることではなく，純粋経済学という陣地を守ることだったのである。

　1980年代以降，経済学方法論の研究は非常に活発になり，経済学のなかの1つの領域として確立されたかにみえる(Backhouse 1994, p. 4)。しかし，その多くは現代の科学哲学を経済学方法論に応用することに急で，経済学方法論の歴史的な展開を探究するものは少ないといわなければならない。古典派の経済学方法論についてみても，これを主題とする研究は，1997年に公刊された Deborah A. Redman, *The Rise of Political Economy as a Science : Methodology and the Classical Economists* があるのみである。しかし，レドマンの著作でも，シーニアおよびケアンズは取り上げられていない。古典派の経済学方法論は，その内容の豊富さと比べて，研究の蓄積が十分とはいえない。経済学の課題と領域，実証と規範との区別，理論と政策との関係，帰納法と演繹法，理想化の方法，制度の役割，説明と予測といった問題は，いずれもその後の経済学方法論の重要な係争問題となったものであった。本書は，古典派の経済学者たちが，自分たちの研究手続きをどのように自覚していたのか，またその方法論は実際の研究手続きとどのように対応していたのか，ということを解明しようとするものである。その意味で，本書は，方法論的な観点からの経済学史研究であるということができる。経済学方法

論あるいは経済哲学の研究は，経済学史の知識と結びつくことによって地に足のついたものになる，と私は考えている。方法論の研究には，あるべき方法を提示する規範的方法論と，現実に行われている方法を解明する記述的方法論とがあるが，本書が目指すのは後者である。現に行われていること，行われてきたことを理解することが，あるべきものを探究するための基礎となるのである。

　本書ができる過程で，多くの方々からご教示をいただいた。本書は，東北大学大学院での修学に起源をもつものであるが，大学院時代の指導教官であった馬渡尚憲先生には，多大なご指導とご助言をいただいた。馬渡先生の演習で，Mark Blaug, *The Methodology of Economics : Or How Economists Explain*, 1980 や Bruce Caldwell, *Beyond Positivism : Economic Methodology in the Twentieth Century*, 1982 を読んだことが，私の研究の方向を決定したということができる。北海道大学に赴任してからは，日常の議論や研究会を通じて，同僚の方々から多大なご教示をいただいた。なかでも，佐藤茂行(現名誉教授)，岡部洋實，西部忠，橋本努の各先生には，とくに感謝の意を表したい。また，いちいちお名前をあげることは控えるが，経済学史学会，ミル研究会，社会経済思想史研究会，社会経済学研究会，仙台経済学研究会など，学会や研究会の場でご教示をいただいた方々にも御礼を申し上げたい。大学院生や学部学生から受けた刺激も大きかった。多くの方々のご教示をいただきながら，生来の鈍重のために，本書の執筆は遅々としたものであった。ささやかなものではあるが，ようやく完成させることができ，負債の一部を返済することができたように思う。なお，誤りも残っていると思うが，それらはいうまでもなくすべて私の責任である。また，本書の企画にあたって，北海道大学図書刊行会の前田次郎氏と今中智佳子氏に，たいへんお世話になった。初めての著書ということもあって，とまどうことも多かったが，そのたびに助けていただいた。最後に，私事にわたって恐縮であるが，妻由紀子に感謝したい。

　本書の刊行にあたって，平成 12 年度科学研究費補助金(研究成果公開促進費)の交付を受けた。

目　次

はじめに

第1章　アダム・スミスの「ニュートン的方法」……………1
1　理論選択の規準 ……………………………………………1
問題の所在　1／「天文学史」の位置　3
2　「天文学史」…………………………………………………5
科学的探究の基礎　5／天文学の諸体系　9
3　結合原理としての利己心 ………………………………14
道徳哲学の体系　14／利己心の正当化　17／見えざる手　21

第2章　リカードウの「顕著な場合」………………………29
1　リカードウの方法論 ……………………………………29
問題の所在　29／「顕著な場合」　32／相対価値変動の諸原因　34
2　分配を規定する諸法則 …………………………………40
地代　40／賃金　43／利潤　47
3　原理と現実 ………………………………………………49
資本蓄積の帰結　49／予測と実践　54

第3章　マルサスの「帰納法」………………………………63
1　『人口の原理』……………………………………………63
問題の所在　63／『人口の原理』初版　65／第2版以降　67
2　マルサスの方法論 ………………………………………70
因果論　70／経験的テスト　73

3　『経済学原理』……………………………………………………………77
      複合原因論　77／原理の応用　79

第4章　経済学の課題と領域……………………………………83

   1　古典派の経済学方法論…………………………………………………83
      シーニア，J. S. ミル，ケアンズ　83／古典派経済学　89

   2　富 の 科 学………………………………………………………………93
      経済学と社会科学　93／経済学と心理学　105／経済学と自然科学　108

   3　科学とアート……………………………………………………………112
      実証と規範　112／一般的厚生と経済的厚生　118／実践的推論　121／
      経済制度の評価　126

   4　経済法則の探究…………………………………………………………128

第5章　帰納法と演繹法…………………………………………137

   1　帰納法の意味……………………………………………………………137
      一般化の手続き　137／ヒューエルの帰納法　143／
      因果関係を解明する手続き　146

   2　直接的帰納法の限界……………………………………………………153
      政治学の方法をめぐる論争　153／実験的方法　157／
      ミルの法則概念　161／幾何学的方法　163

   3　演繹法の必要性…………………………………………………………164
      ア・プリオリの方法　164／分析・総合の方法　169／
      『論理学体系』の演繹法　171

   4　経験的研究の役割………………………………………………………176
      方法論と『経済学原理』　176／農業制度についての研究　178／
      社会哲学への応用　183

第6章　理想化の方法……………………………………………191

   1　シーニアのJ. S. ミル批判……………………………………………191
      理想化の要請　191／ミルの「定義と方法」　193

2　J. S. ミルの真意 …………………………………………………196
　　　　帰納を伴わない想定　196／理想化の操作　201／
　　　　2種類の仮説の共通性　204
　　3　ケアンズの総括 …………………………………………………206

第7章　経済学の基本前提 …………………………………………211
　　1　基本前提の列挙 …………………………………………………211
　　2　経　済　人 ………………………………………………………215
　　　　認識論上の根拠　215／自然科学との相違　220
　　3　人口の原理 ………………………………………………………223
　　　　「傾向」の意味　223／人口の原理と教義　227
　　4　収穫逓減の法則 …………………………………………………229
　　　　制欲の効果　229／解釈の枠組み　232

第8章　行為と制度 …………………………………………………237
　　1　J. S. ミルの経済人概念 ………………………………………237
　　　　経済人の目的と合理性　237／発見の手続き　240
　　2　国民的性格学 ……………………………………………………246
　　　　性格学の要請　246／国民的性格学の構想　253
　　3　生産と分配 ………………………………………………………260
　　　　生産の法則　260／分配の法則　266

第9章　論証の方法 …………………………………………………277
　　1　経済学における論証 ……………………………………………277
　　　　思考実験　277／数学の役割　282
　　2　仮定の修正 ………………………………………………………288
　　　　賃金基金説　288／非競争的集団の理論　292
　　3　説明と予測 ………………………………………………………295
　　　　演繹的説明　295／経済学的説明　298／説明と予測との対称性　301

第 10 章　理論と現実 …………………………………………………… 307
　1　精密科学ではない科学 ……………………………………………… 307
　2　古典派的経済像 ……………………………………………………… 311
　　　動態論　311／農業上の改良と収穫逓減　313
　3　経済理論の反証可能性 ……………………………………………… 316
　　　ケアンズと金問題　316／規約主義の理論観　322

参考文献一覧　329
主要事項索引　341
主要人名索引　345

第1章　アダム・スミスの「ニュートン的方法」

1　理論選択の規準

問題の所在

　経済理論の正当性を判定する規準について，万人が納得する解答を与えることは容易ではない。ある理論を提唱する者も，それを評価する者も，なんらかの規準に照らして判断しているのであるが，その規準は必ずしも自明なものではなく，また合意されているわけでもない。経済理論そのものにとっては，いわばメタ・レベルに属するこの規準について，公然とであれ暗黙のうちにであれ合意が成立しているのであれば，それに対する到達度を評価することは可能である。しかし，合意が成立していない複数の理論が競合する場合には，相互理解が不可能になり，不毛な水掛け論に終始するという事態に陥りかねない。独断論を回避し，望ましい理論選択の規準を追究するためには，自分が自覚せずに依拠している諸前提を含めて，さまざまな理論的立場の背後にあるものを反省し，明るみに出すことが必要である。本書で最初に取り上げるアダム・スミス(Adam Smith, 1723-90)は，経済学の形成期に，このような理論選択の規準という問題にも取り組んだ経済学者であった。そこでわれわれは，そもそも経済学がどのような基礎の上に成立したのかということを検討するために，アダム・スミスにおける理論選択の規準という問題の考察から，本書の叙述を始めることにしたい[1]。

　スミスが，経済学を含む道徳哲学体系を構想するにあたって，正当な理論

の型として範を求めたのは，近代科学，とりわけニュートン力学であった[2]。スミスの理解では，ニュートン力学の優位性は，少数の原理によって現象全般を結合しうるということにあったのであるが，その場合の結合とは，因果的結合を核心とするものであった。したがって，スミスは，できるだけ少数の原因から，因果的に諸現象を説明しうる理論こそ，経験科学として正当なものであると考えたのである。しかし彼は，ニュートン力学を全面的に肯定することもできなかった。というのは，当時，経験科学の認識論的基礎に関するイギリス経験論の反省が，自然科学的認識の確実性に対する確信を脅かすに至っていたからである。とりわけ，ヒュームの因果分析はスミスにも重大な影響を与え，因果関係は，対象の側に備わるものであるのか，それとも主観のなかに存するものであるのか，という反省を促すことになった。

われわれは，スミスの立場を闡明するために，科学理論の認識上の地位に関して，実在論(realism)と道具主義(instrumentalism)という対立図式を用いることにする。ここにいう実在論と道具主義とは，観察不可能な理論的対象をめぐる2つの立場を意味する。実在論とは，観察不可能な対象であってもその実在を主張することができるとし，経験的事実と合致する理論は実在の真の仕組みを表すと考える立場であり，他方道具主義とは，理論は実在と対応するものではなく，経験的事実相互の関係を記述するための一種の道具であると考える立場である。例えば，引力の大きさは物体間の距離の2乗に反比例するという法則に関して，このような引力は実在するのか，それとも現象間の関係を記述するための道具であるのか，という点で両者は分岐することになるのである[3]。スミスは，主に自然哲学の性格を論じた「天文学史によって例証された，哲学的研究を導き方向づける諸原理(The Principles which lead and direct Philosophical Enquiries ; illustrated by the History of Astronomy)」(以下，「天文学史」と略)においては，道具主義の立場に立っていたといわなければならない。しかし彼は，道徳哲学は，限定つきではあるが実在論の立場に立つものとし，両者を区別することになった。したがって，スミスは，少数の原理によって諸現象を結合するということを理論選択の規準とする点で，自然哲学と道徳哲学との共通性を主張しながら，結合原

理の性格については，両者の相違を認めることになったのである．

「天文学史」の位置

「天文学史」の執筆時期と執筆意図については，残念ながら確定的なことはわかっていない．グラスゴー版『哲学論文集』の編者であるワイトマンの考証によれば，スミスは「天文学史」の大部分をオックスフォード大学留学時代(1740-46年)に書き，最後のニュートンに関する部分をスコットランドへ戻ってから，遅くとも1758年までに書いた，ということである(Wightman 1980, p. 7)[4]．『道徳感情論』初版が1759年，『諸国民の富』初版が1776年に出版されているわけであるから，両主著に先行する作品ということになる．

執筆意図については，今日まで残されている次のような情報から推測しなければならない(Wightman 1980, p. 8)．その第1は，デュガルド・ステュアートの伝えるものである．ステュアートによれば，スミスは若い頃に，人間本性の諸原理や社会の諸事情に基づいて歴史を検討するという指針の下に，「天文学史」だけではなく，他の学問の歴史についても叙述する構想をもっていたとされる．すなわち，ステュアートは，スミスの歴史研究を「理論的・推測的歴史(theoretical or conjectural history)」と名づけたわけであるが，その一環をなすものであったとするのである(Stewart 1794, pp. 292-295)．第2は，スミスの遺言執行人であり最初の『哲学論文集』の編者であったブラックとハットンが，その序文で述べていることである．そこには，収録論文の大部分は，「自由な科学と優雅なアート(liberal sciences and elegant arts)」の結合された歴史を叙述するために，スミスがかつて構想していた計画の一部であると思われる，と述べられている(Smith EPS, p. 32)．第3は，1785年に，スミスがラ・ロシュフーコー宛ての手紙のなかで述べていることである．そこでスミスは，2つの大きな著作を準備中であるといい，一方はあらゆる種類の文学・哲学・詩・雄弁術に関する一種の「哲学的歴史(Philosophical History)」であり，他方は法と統治に関する一種の理論と歴史である，と述べている(Smith Corr, pp. 286-287)．以上3点の情報

から，スミスが生涯を通じて，科学史・芸術史の著作を計画しており，「天文学史」はその一部をなすはずのものであった，と推測しうる。スミスの経済学が，道徳哲学体系の一環であったことは周知のことであるが，彼の関心はそれをも超え出ていたのである。

「天文学史」の執筆時期と執筆意図とについて確定的なことはいえないとしても，スミスが「天文学史」を終生重視していたことには疑問の余地がない(Wightman 1975, pp. 44-46)。第1に，スミスは1773年に『諸国民の富』の原稿を携えてロンドンに出発する前に，過労のため急死することすら予想して，ヒュームに未刊の原稿の処置を依頼する手紙を書いているが，それによれば，残してゆく原稿のなかで出版に値するのは，ただ「デカルトの時代まで引き続いて流行した天文学体系の歴史を含む一大著作の断片」だけである，と述べているのである(Smith Corr, p. 168)。スミスは，デカルトの後に位置するニュートンの部分も別に書いており，ブラックとハットンは両者をつないで出版したのであるが，この最後の部分に言及がないことが，両者の完成度の相違を示唆するのかどうかについては不明である。第2に，スミスは，臨終が近づいたことを悟ったときに，遺言執行人に依頼してほとんどの原稿を焼却してしまい，若干の論文だけを友人たちの自由意志に委ねて残したのであるが，『哲学論文集』として刊行された諸論文は，このときに焼却されなかったものなのである(Stewart 1794, pp. 327, 350)。第3に，内容的に最も重要なことであるが，スミスは，自然哲学と道徳哲学の方法的な関連を強く意識しながら，彼自身の道徳哲学体系を構想したのである。このことは，『修辞学・文学講義』のなかで，端的に次のように述べられている。

「自然哲学あるいはその種のいかなる科学においても，われわれは，アリストテレスのように，さまざまな分野を，それらがわれわれの眼前に生起する順序にしたがって検討し，各現象ごとに通常は新しい1つの原理を与えることもできるし，あるいは，アイザック・ニュートン卿のように，まずはじめに，既知のあるいは立証された原理をいくつか定め，そこからそれぞれの現象を説明して，それらの現象すべてを同一の鎖で結びつけることもできる。この後者はニュートン的方法(Newtonian method)と呼んで差し支えないが，

これは疑いもなく最も哲学的な方法であって，道徳あるいは自然哲学等々のあらゆる科学に用いても，前者の方法よりはるかに創意に富み，それゆえに魅力がある。われわれが，最も説明不可能と考えてきた諸現象が，ある原理（通常は周知の原理）からすべて演繹され，すべて1つの鎖でつながり一貫しているのをみるとき，われわれは喜びを感じるのである」(Smith LRBL, pp. 145-146, 訳 286 頁)。

　スミスが，アリストテレスとニュートンの方法の相違として何を念頭に置いていたのか，ここには示されていない。しかし，『哲学論文集』を参照すると，アリストテレスが月下界と天上界に別々の運動原理を認めたのに対し，ニュートンが両者を同一の法則によって統一した点を，スミスが理解していたことがわかる(Smith EPS, pp. 98, 115-116)。いずれにせよ，われわれは，少数の周知の原理によって諸現象を結合するという方法が，スミスにとっての「ニュートン的方法」であったと理解することができる。「ニュートン的方法」とニュートン自身の方法とが，同一であったというのではない。例えば，スミスは数学を使用していない。われわれの関心は，ニュートン自身の方法よりも，スミスの「ニュートン的方法」が，彼の自然哲学と道徳哲学において，どのような役割を果たしていたのかということにある。以下，この点に焦点をあわせて，議論を進めることにする。

2 「天文学史」

科学的探究の基礎

　「天文学史」は，はじめに短い前書きがあり，以下，第1節，意外性の効果について，あるいは驚きについて，第2節，不思議に思うことについて，あるいは新奇性の効果について，第3節，哲学の起源について，第4節，天文学史，という4節から構成されている。スミスが天文学史を主題的に論ずるのは第4節においてであり，第3節までは哲学体系の基礎を一般的に論ずる形をとっている。『哲学論文集』には，「天文学史」に比べると完成度はかなり劣るが，同一のテーマを追究するはずの2論文，「古代自然学史によっ

て例証された，哲学的研究を導き方向づける諸原理(The Principles which lead and direct Philosophical Enquiries; illustrated by the History of Ancient Physics)」(以下，「古代自然学史」と略)[5]，および「古代論理学と形而上学の歴史によって例証された，哲学的研究を導き方向づける原理(The Principles which lead and direct Philosophical Enquiries; illustrated by the History of Ancient Logics and Metaphysics)」(以下，「古代論理学・形而上学史」と略)が収録されており，「天文学史」の第3節までは，これら2論文にも共通する序文の役割を果たしうるように思われる(Raphael and Skinner 1980)。したがって，ここではまず第3節までを検討し，第4節は，項を改めて取り上げることにする。

スミスは，論文の冒頭で，不思議に思うこと(Wonder)，驚き(Surprise)，感嘆(Admiration)という3つの感情の意味を確定しようとする。すなわち，新しくて奇異なものが引き起こす感情が「不思議に思うこと」，予期されていなかったものが引き起こす感情が「驚き」，偉大なものや美しいものが引き起こす感情が「感嘆」であると述べる。そして，これらの諸感情の影響は，通常考えられているよりもはるかに広範なものであり，この論文の意図は，それぞれの感情の性質と諸原因とを考察することである，とするのである[6]。

スミスによれば，哲学的探究は，人間が，想像力の既成の枠組みからはずれる事象に遭遇し，それを不思議に思うことから始まる。彼はこの枠組みを，(1)類似にしたがった諸対象の分類[7]，(2)親しみ深い継起順序，の2つに分けて論じているが，以後の議論の軸となったのは(2)であり，これが「ニュートン的方法」を基礎づけるものとなっていた。スミスは，親しみ深い継起順序の破綻と再形成の過程を，次のように説明する。2つの異なる対象が恒常的に同一の順序で継起することが観察されると，「それらの観念連合(association of their ideas)」が強化され，一方の対象が現れると，想像力は，他方の対象が現れる前にそれを予期するようになる(Smith EPS, p. 41)。しかし，この慣習的結合がさえぎられ，想像力が慣れているものとは異なった順序で対象が継起する場合には，予期していなかった事態に遭遇するわけであるから，まず驚きの感情が生ずる。そして，この瞬間的な感情が過ぎ去

った後で，この現象がいったいどうしてそこに生じたのかと不思議に思うことになる。そこで，想像力は，2つの対象間の裂け目を埋めるものを見出そうと努めるのであるが，このことが可能なのは，両者の中間に，目に見えない一連の諸事象を仮定することによってのみである。しかも，このような諸事象は，想像力の運動が慣れていたものに似たつながり方をしていなければ，その移動を容易にすることはできないのである。

　ここでスミスが念頭に置いていたことは，2対象を因果的に結合するということにほかならなかった。スミスは，想像力による対象の結合ということに，もっと広い意味を与えているのであるが，その核心が因果的結合にあったことは，以上の説明に続けてあげている例からも明らかである。スミスによれば，磁石が鉄を引きつけるという現象は，異常な現象であるが，デカルトにしたがって，磁石のまわりの目に見えない磁気素が鉄に衝撃を与えて運動を引き起こすと考えるならば，想像力が感じていた困難は除去されることになる。衝撃による運動は，われわれにとって最も親しみ深い継起順序であり，この「仮説」に依拠すれば，想像力はいまや両事象の間を滑らかに流れることができる，というのである(Smith EPS, p. 42)。また，不思議に思う感情の強さ，したがって科学的探究への動機づけの強さには，個人差があることが指摘されている。同一の継起順序であっても，ある者には自然な過程にみえるが，他の者には奇妙な事態にみえるという場合がある。例えば，パンが人間の身体に変化するという過程は，人類の大半にとっては，慣れのために奇妙なものとは思われないが，哲学者はこの過程を不思議に思い，説明を与えようとする，というのである。

　スミスによれば，「哲学は，自然の結合原理(connecting principles)に関する科学」(Smith EPS, p. 45)なのであるが，注目すべきことは，この結合原理が，あくまでも想像力を安定させるためのものだということである。つまり，結合原理の実在性は問題とされていないのである。因果の結合は対象そのものに実在するのではなく，われわれの主観の作用に基づくものであるという見解が，ヒュームの影響を受けたものであるということを，われわれは容易にみて取ることができる。ヒュームによれば，2対象の接近(contiguity），継起（succession）というたんなる知覚の事実を超えて，対象そのものの間に必然的結合（necessary connection）があるということを経験的に知ることはできない。類似した対象がつねに接近・継起の関係において現れることが経験されると，両者の間には恒常的連接（constant conjunction）が存すると考えられるが，これに伴って生ずる習慣と信念とによって，対象そのものに因果関係があるとみなされるようになるのである。したがって，必然性とは，因果の一方から他方へ移る心の決定（determination of the mind）に存するのであり，外的対象間の因果関係と考えられているものは，心的印象の客体化にほかならないことになる（Hume 1739-40, p. 22, 訳① 55頁）。しかし，スミスの議論には，ヒューム説とは異なる点があることにも注意しなければならない。ヒュームの因果概念によれば，原因も結果も観察される出来事であるが，スミスの場合には，想像力の考案物である結合原理が2つの観察可能な出来事を結びつけているのである。例えば，ヒュームが，出来事Aが原因で出来事Bが結果であるというとき，スミスはAとBとの間に，それ自体は観察可能ではない結合原理を挿入するのである[8]。

スミスは，そのような結合原理が天文学の諸体系の中核にあると考えていた。天文学における結合原理も，想像力を安定させるために考案されたものであり，実在と対応する必要はない。そのため，スミスは，天文学の諸体系の歴史を叙述するさいの視角として，諸体系が「真理と実在（truth and reality）」に一致するか否かを考慮せず，それらが想像力を安定させることにどれだけ適しているかという点を研究することで満足しよう，と述べるのである。ある体系の結合原理が，観察事実を整合的に説明しうるとしても，そのことは結合原理の実在性を保証するものではない。人間の限定された経験の範囲内で問題となるのは，「真理と実在」ではなく，経験の組織化による想像力の安定である，というのがスミスの考えであった。確かに，理神論者であったといわれているスミスが，創造主によって与えられた宇宙の秩序を信じ，観念的秩序と実在的秩序とが対応しうると考えていた可能性を否定することはできない（出口 1971, 9頁；Megill 1975, p. 88）。しかし，確認しなければならないのは，仮にスミスがそのような形而上学的信念をもってい

たとしても，彼が認識を問題にする場合には，あくまでも人間の認識能力の及ぶ範囲内で議論をしているということである。啓蒙主義哲学は，認識の問題から神の介入を排除する方向へ向かったといわれるが(Cassirer 1932, S. 128-129, 訳118頁)，スミスもまた，その例外ではなかった。したがって，形而上学的信念としてではなく，認識の問題として捉えるならば，科学理論の認識上の地位に関するスミスの立場を，道具主義と規定することができるのである[9]。

では，結合原理はどのようにして発見されるのだろうか。結合原理は想像力にとって親しみ深いものでなければならないという事情があるために，歴史的に，この条件を満たすのに都合のよい方法が採用されてきた，とスミスは考える。これが類推(analogy)という方法であった。すなわち，最初に算術を研究した初期のピタゴラス派が，数の比によって万物を説明したことをはじめ，一般に，ある分野に精通した者が，そこでの親しみ深い原理を，類推によって他の分野にも拡大したことが，諸々の体系の起源であった，とするのである(Smith EPS, p. 47)。事実，スミスは，天文学上の諸体系は，あらかじめ獲得されていた親しみ深い原理を，観察事実に適用することによって形成されたと説く。その場合，ある体系が説得力のあるものとして一般的に受容されるためには，この親しみ深さが，哲学者と一般の人々とに共有されているのでなければならない。われわれは，項を改めて，天文学体系の変革に関するスミスの具体的な叙述を検討することにしよう。

天文学の諸体系

スミスの理解では，天文学における結合原理には，幾何学的な図形と自然学(物理学)的な原因との2種類があった。いずれについても，体系が一般的に受容されるためには，(1)結合原理の親しみ深さ(familiarity)あるいは単純性(simplicity)，(2)観察事実との合致，(3)体系の整合性，(4)体系全体の単純性，という各規準を満たす必要がある。仮にスミスが，結合原理を実在するものと考えていたとすれば，世界は単純で親しみ深い原理によって統一されているはずである，という信念に支えられていたことになる。しかし，

そのような信念は，明らかに経験的には正当化されえないものである。単純性あるいは親しみ深さの規準は，そのような形而上学的信念からではなく，観察者の想像力を安定させるという要請から出来するものであると考えなければならない。スミスの結合原理は，想像力を安定させるための道具であり，そのために，上記のような規準が満たされなければならなかったのである。

スミスによれば，説得力をもった天体運動の幾何学モデルは4つであった。第1は，地球を共通の中心として，太陽・月・惑星・恒星が付着する透明な固体天球が層をなして配置された同心球体系，第2は，円軌道の中心が地球からずれたところにある離心円と，その円上の一点を中心として回転する周転円によって天体運動を描き出す離心円と周転円の体系，第3は，太陽を中心とする円軌道にしたがって惑星が動くとするコペルニクスの体系，第4は，太陽を一焦点とする楕円軌道上を惑星が動くとするケプラーの体系，である。ケプラー以前には，コペルニクスやガリレオを含めて，西洋の天文学は，いわゆる「円の魔力」に囚われており，円と等角速度運動によって天体の現象を説明することが不可欠の前提であった。スミスによれば，円と等角速度運動は，想像力が最も受容しやすいものであり，ここから，完全な円運動のみが神聖な天体の運動にふさわしいという宇宙観が発生し，長く人々を拘束したのだという。ケプラーはこれを覆したのであるが，楕円は円の次に単純であり，またこれによって，コペルニクス体系に残留した周転円を排除することができた，とスミスは述べるのである。

運動の原因についてのスミスの理解を確認するためには，「天文学史」だけではなく，「古代自然学史」も参照しなければならない。アリストテレスによって大成された自然学によれば，月下界を構成する四元素(地・水・気・火)が垂直に上下運動するのに対して，天体を構成する第五元素は永遠の回転運動をする。地球を中心とする諸天球の運動は，究極的には最外殻の恒星天の運動から生じ，各天球はそれぞれ叡智的存在者によって動かされているものとされた (Smith EPS, p. 115)。アリストテレスの自然学は，古代・中世を通じて権威を保持したわけであるが，離心円と周転円の体系は，これと矛盾するものであった。スミスは，「離心円と周転円の体系を発明し

第1章 アダム・スミスの「ニュートン的方法」

た数学者たちは，天体がそのような軌道で回転するものと仮定することによって，どのように諸現象が結合され，天体の現実の運動にある種の斉一性と一貫性が与えられるか，ということを示すことで満足した」と述べる (Smith EPS, p. 69)。西洋の天文学において，このように幾何学モデルを考案して天体の見かけの運動を説明する伝統は，「現象を救う(apparentias salvare)」と呼ばれる。この伝統にしたがえば，モデルの実在性を問うことなく，同一の現象を説明するのに複数のモデルを提出することもできた。地動説でさえ，たんなるモデルとしてならば許容されたのである(吉田 1982, 72-73頁)。事実，コペルニクス『天体の回転について』の編者オシアンダーは，その序文で，コペルニクスの地動説は，事実がそうであるということを誰かに押しつけるためではなく，ただ観測にあう計算を与えるということを目的として考案されたものであると述べ，地動説に対する攻撃を回避しようとした(Osiander 1543, 訳9-10頁)。オシアンダーの主張は，まさに道具主義の立場を代表するものの1つであった。天文学史を研究したスミスが，実在論と道具主義という，科学理論の認識上の地位をめぐる問題に無自覚であったはずはないのである[10]。

　しかし，コペルニクスは，公然とではないが実質的に，自分の体系がたんなる幾何学モデルにとどまるものではなく，実際の天体運動に対応するものであることを主張していた。そのため，常識と自然学の双方から攻撃されることになった。地動説は，天体の運動について，アリストテレス自然学に代わる説得力ある説明を与える必要に迫られたのである。コペルニクスは，地球が太陽のまわりを運動するということについて，円運動は地球にとって自然なものであると主張したが，想像力はむしろ，非常に重い物体は運動よりも静止する傾向をもつと考えることに慣れていたので，この主張は説得力をもちえなかった。ケプラーは，太陽が発する非物質的な力によって惑星が動かされるとしたが，想像力はこのような非物質的な力も理解できなかった (Smith EPS, p. 91)。この点について，最初に説得力のある説明を与えたのは，宇宙を満たす微粒子が渦をなして回転することによって，天体の運動が引き起こされると説く，デカルトのいわゆる渦動説であった。しかし，デカ

11

ルトの体系は，ケプラーの法則を説明することができなかった。ケプラーの法則をふまえて，幾何学モデルと物理学的原因とを統合した天文学体系を樹立したのがニュートンであった。

　ニュートンの課題は，ケプラーの法則に合致するような惑星運動の物理学的原因を与えることであった。デカルトが用いたのは衝撃の諸法則であり，この説明の仕方は想像力にとって最も親しみ深いものであるが，これに次ぐものは重力である。したがって，ニュートンが重力という親しみ深い原理を宇宙まで拡大し，これによって惑星運動を説明したとき，想像力はそれについてゆくのに困難を感じなかった。さらにニュートンは，惑星には運動する力が本源的に賦与されていること，太陽とそれらは相互に引きあうこと，引きあう力は距離の2乗に反比例すること，等々を仮定することによって，ケプラーの三法則を論証することができた。スミスは，このように述べた後で，ニュートンの体系がいかに諸々の天体現象と合致するものであるかということを詳論するのである。離れた物体が相互に作用しあうという「引力」の考え方が，親しみ深いものだったといえるかどうかについては，異論がありうるし，ニュートン自身が「引力」の性格についてどのように考えていたかということも問題であるが，われわれの関心はスミスにあるのだから，あえて問わないことにする[11]。スミスにとってのニュートンとは，彼の掲げる理論選択の規準をすべて満たすことに成功した哲学者であった。

　しかし，このことは，スミスがニュートンの立場を全面的に支持したことを意味するものではない。というのは，ニュートンは引力を実在のものとしていたのであるが，スミスはこれについて，重大な限定を加えるからである。

　「われわれは，すべての哲学体系を，そのままではばらばらで不調和な自然現象を結びつけるための，想像力の考案物として説明しようと努力してきたのであるが，そういうわれわれでさえ，無意識のうちに引きずり込まれて，この体系の結合原理を表す言葉を，あたかもその結合原理が，自然がそのいくつかの作用を結びつけるために用いる実在の鎖であるかのように (as if they were the real chains which Nature makes use of to bind together her several operations) 使用してきた。したがって，ニュートン体系が人類全体

第1章 アダム・スミスの「ニュートン的方法」

の完全な是認を獲得したということ，そしてそれがいまや，天空の諸現象を想像力のなかで結合する試みとしてではなく，かつて人類によってなされた最大の発見，つまり，われわれがその実在性を毎日経験している1つの根本的事実によって，すべてが密接に結びつけられている，最も重要で崇高な真理の巨大な連鎖の発見とみなされていることは，なんら不思議ではないのである」(Smith EPS, p. 105)。

すなわち，結合原理を想像力の考案物と考えるスミスでさえ，無意識のうちに，ニュートンの結合原理をあたかも実在の鎖であるかのように語ったくらいだから，一般の人々がそれを実在のものと考えたとしても不思議はない，というのである。注目すべきことは，優れた想像力の考案物が，人々によって実在のものとみなされるということである。経験的には，結合原理の実在性を主張しえないのであるから，問い方として可能なのは，なぜわれわれはその実在性を確信するに至るか，ということだったのである。

スミスは，以上のような天文学上の諸体系の変革過程を，2局面に分けて論じている[12]。第1は，体系の核心を変更することなく，部分的修正を加えていく局面である。哲学者の注意深い観察によって，既成の理論に対する変則事例が発見されると，例えば，同心球体系ならば，天球の数を増やしてそれを説明しようとする(Smith EPS, pp. 54-55)。つまりここでは，問題の解き方は与えられているのである。第2は，体系そのものが変革される局面である。スミスは，修正によって同心球体系が複雑になり，想像力を安定させることができなくなったときに，離心円と周転円の体系に交替したと述べる。この体系は，地球および離心円の中心の双方からずれた想像上の点に立つ場合にのみ，天体の等角速度運動を説明しえたのであったが，コペルニクスはとくにこれに不満をもち，このような操作を排しても，古代以来の原理によって天体運動を説明しうる体系を求めて，太陽中心説をとるに至ったとされる(Smith EPS, p. 71)。ケプラーは，自然のさまざまな部分の間に均整と類似とを発見しようとする過度な情熱をもち，代数学・幾何学・音楽などと宇宙の体系の間に類推を求め，ティコ・ブラーエの残した膨大な観察記録から，彼の三法則を発見したとされる。スミスは，ケプラーの法則を類推と

呼ぶのである。

　以上，われわれは，幾何学モデル，自然学(物理学)的原因，体系の修正と変革，という3点について，スミスの天文学史叙述を検討したのであるが，スミス自身が言明するように，各体系は，想像力を安定させることにどれだけ適しているかという視角から総括されていた。スミスは，「天文学史」においては，このような道具主義的科学観を前面に押し出したのであるが，彼の主たる研究分野であった道徳哲学においては事情が違っていた。われわれは，とくに経済学に焦点をあわせながら，このことを明らかにする。

3　結合原理としての利己心

道徳哲学の体系

　グラスゴー大学におけるスミスの道徳哲学講義は，自然神学・倫理学・法学・経済学の4部から構成されていた，と伝えられている(Stewart 1794, pp. 274-275)。もっとも，スミス自身の用語法は，必ずしも今日のものと同じではなく，また著作や講義録ごとに微妙な差異を示している。とくに問題となるのは，法学と経済学との区分である。現存する2つの法学講義(1762-63年および1763-64年)は，正義(justice)，治世(police)，国家収入(revenue)，軍備(arms)，という4つの論題からなるが，『道徳感情論』第6版(1790年)の前書きによれば，『諸国民の富』は，後三者に相当するものであり，なお残っている部分が「法学の理論(theory of jurisprudence)」であるとされている(Smith TMS, p. 3, 訳442頁)。したがって，広義の法学は経済学を一部として含むが，狭義の法学は正義に限定され，経済学とは区別される。スミスの道徳哲学体系の第3部を法学とするのは，狭義の用法に依拠するものであるが，これは，スミスがしだいに法学と経済学の課題の違いを明確にし，後者を独立させて先に出版した事情を勘案したものである。

　しかし，われわれは，体系各部の区別と同時に，それらの内容的な関連にも注目しなければならない。道徳哲学体系の主要部分を構成する，倫理学・法学・経済学のなかで，全体の基礎理論を提供する役割を果たしているのは，

『道徳感情論』として出版された倫理学の部分である。スミスによれば，倫理的判断の根拠は，当事者の感情に中立的な観察者が同感するか否かということに存する。当事者の感情の程度が，それを引き起こした原因に適合的か否かという判断は，行為の適宜性(propriety)と不適宜性(impropriety)に関係する。例えば，ささいな出来事に激しく反応するような人がいれば，観察者はそのような振舞いについてゆくことができず，そこには適宜性がないと判断する。また，その感情から生ずる行為が他の者に有益なあるいは有害な効果をもつ場合には，受益者・被害者の感謝および憤慨をも考慮して判断することになる。例えば，誰かが正当な理由なしに他の者に危害を加えるとき，観察者は加害者の度を越した感情を否認し，被害者の憤慨を是認する。このようにして，加害者の行為は罪過(demerit)と判断され，逆に，他の者に有益な効果をもつ行為は功績(merit)と判断される。法学が対象とする正義の徳とは，他人に危害を加えないということであるが，これは，罪過が倫理的に否認されるということに根拠をもっている[13]。スミスによれば，正義は社会の支柱であり，私益追求のさいにも，正義に反することがあってはならない。「富と名誉と地位を目指す競争において，彼は彼の競争者を追い抜くために，できるだけ力走していいし，あらゆる神経，あらゆる筋肉を緊張させていい。しかし，彼がもし，彼らのうちの誰かを押しのけるか，投げ倒すかするならば，観察者たちの寛大さは完全に終了する」(Smith TMS, p. 83, 訳131頁)。『諸国民の富』において，利己心にしたがって行動するものとされる諸個人も，他の者を犠牲にして自分の利益を追求するわけではない。市場経済がうまく機能するためには倫理と法の枠組みが必要である，というのがスミスの経済像であった[14]。

スミスは，倫理および法との関係で経済活動を考察するだけではなく，社会的関係の領域の一部として，これを位置づけようとする。スミスによれば，社会のなかでのみ生存できる人間は，相互に依存しあう関係にあるが，諸個人を結合する絆は，家族内，同等者間，為政者・人民間ではそれぞれ異なっている。家族は愛着と慈恵によって結合され，為政者と人民は服従によって結合されるが，匿名の同等者間にはそのような関係は成立しない(Smith

TMS, pp. 80-81, 訳 126-127 頁)。匿名の同等者間では，アトム化された個人が，相互に侵害しないという消極的な正義の徳を前提として，「善行の金銭的交換」によって必要な援助を与えあう。経済学者が第一に対象とする領域は，この同等者間の相互依存関係にほかならない。3つの相互依存関係を，それぞれ家族・市民社会・国家と呼ぶならば，経済学が第一に関心をもつ領域は，市民社会ということになる。市民社会においては，人間の個別化と最も発展した社会的な相互依存関係とが同時に現れるのである。しかも，スミスの歴史認識によれば，諸個人の自立化を促すのは，商工業の発展であり (Smith LJ, p. 332)，自立した個人が現れるのは，歴史の一段階においてであると考えられていた。スミスは，歴史の発展段階を，狩猟・牧畜・農業・商業という4段階に区分するのであるが，自立した個人の相互依存性が問題となるのは，商業社会においてであった[15]。スミスの経済学は，この商業社会を対象として，「ニュートン的方法」に基づいて，少数の結合原理から諸現象を首尾一貫して説明しようとするところに成立したのである。

　商業社会の仕組みの分析は，『諸国民の富』第1編・第2編のいわゆる理論編で行われている。しかし，「天文学史」と『諸国民の富』理論編とを対比してみると，結合原理によって説明されるべき事実の性質が異なっていることがわかる。スミスの経済理論において取り上げられる事実は，天文学における観測事実に比べて，抽象の度合が高いものであった。天文学は，攪乱されない理想的な状況に近いものが自然に与えられているという点で，諸科学のなかでも特異な地位を占めている。また，天文学以外でも，実験が可能な分野であれば，自然には与えられないとしても，理想的な状況を管理実験によって実現することができる。しかし，社会科学においては，社会全体を対象とする実験は，望むべくもない。社会科学においては，攪乱要因を排除して理想的な状況をつくるという操作は，研究者の抽象力に依存せざるをえない。スミスの経済理論においても，取り上げられている事実は，それなりに加工された事実であった。スミスは，少なくとも2つの意味で，理想化の操作を行った。

　第1は，人間活動の類型化である。社会現象を，集団の心理や集計量によ

ってではなく,個人の次元までさかのぼって説明するという意味で,スミスは方法論的個人主義の立場に立っていたといえるのであるが,その場合の個人が,個性をもった生身の人間ではなく,商品経済的に類型化された行為を行うだけの人間であることはいうまでもない。つまり,人間の多面的な活動のなかから,経済的な側面のみを抽象し,もっぱら経済的行為のみを行う人間模型が問題とされる。そこでは,人間は利己的かつ合理的に行動するものとされ,それ以外の側面は捨象されるのである。第2は,制度の理想化である。例えば,スミスは,『諸国民の富』の第1編第7章で,諸個人の自由競争を仮定して,市場でどのようにして自然価格が成立するのかという議論をするわけであるが,現実には,統制的経済政策や独占などによってそれが妨げられていることを認めていた。つまり,経済法則を純粋に取り出すためには,これを攪乱する要因を捨象しなければならなかったのである。つまり,天文学においては,火星や金星の実際の運動がそのまま説明されるべき事実になったが,経済理論においてはそうではなかった。結合原理によって結びつけられる事実は,行動類型と制度について,加工され理想化された事実であった。理想化を行ってはじめて,少数の周知の原理によって諸現象を結合するという「ニュートン的方法」を適用できるようになったし,経済過程に法則が成立する状況を示すことができたのである。スミスは,このようにして,経験科学の模範としたニュートン体系にならった経済理論を構築した。『諸国民の富』のなかには,確かに数多くの歴史的事実の記述が含まれているが,少なくとも一般的な理論を取り扱う場合には,理想化の操作が行われていたことを忘れてはならないのである。

利己心の正当化

スミスの道徳哲学において,諸現象を結びつける結合原理とされたのは,倫理現象については同感(sympathy)であり,経済現象については利己心(self-interest)であった。利己心とは,自分の利益を追求するという動機を意味するが,同時に,その利益追求は合理的に行われるものと考えられていた。ここで合理性とは,スミスが慎慮(prudence)の徳として述べているも

のを意味する。慎慮の徳とは，行為の帰結を識別する理性と，将来の利益のために現在の利益を抑制する自己規制とからなる。スミスによれば，「われわれ自身にとって最も有用な資質は，なによりもまず，われわれがそれによってすべてのわれわれの行為の遠い諸帰結を識別しうるような，そして，それらから結果しそうな利点や損失を予見しうるような，すぐれた理性と知性である。そして第2には，自己規制であり，それによってわれわれは，将来のあるときのいっそう大きい快楽を獲得するか，いっそう大きい苦痛を回避するかするために，現在の快楽を抑制（abstain）したり現在の苦痛を忍従したりすることが可能になるのである。それら2つの資質の結合に，慎慮の徳が存するのであって，それはすべての徳のなかで，個人にとって最も有用な徳なのである」(Smith TMS, p. 189, 訳287-288頁)。このような慎慮の徳は，適宜性を有する行為として倫理的に是認される。経済現象の結合原理とされたのは，このような意味での合理性を伴った利己心であった。

　では，人間はなぜ合理的に振舞うのであろうか。スミスは，理性や自己規制といった資質は，人間本性に根ざすものであるとともに，社会的に要求されるものでもあると考えていた。例えば，貯蓄は将来の利益のために現在の欲望を自己規制することを意味するが，スミスは，貯蓄行動について次のように述べている。「貯蓄するように人を駆り立てる本能は，われわれの生活状態をよりよくしようという願望であり，それは総じておだやかで冷静なものではあるが，母親の胎内からわれわれに同行してきたものであり，しかもわれわれが墓に入るまで決してわれわれから離れぬものなのである」(Smith WN, p. 341, 訳537頁)。しかし，貯蓄行動を本能によるものと考えると，文化圏によって人々の貯蓄意欲が異なり，経済成長の速度が異なるということが説明できなくなる。したがって，なんらかの歴史的な要因を考慮に加えなければならないのであるが，スミスもこの点を無視していたわけではない。スミスは，諸個人が完全に孤立した主体ではなく，規範的な拘束を受けながら行為する存在であるということを認めていた。スミスによれば，現在の享楽を控え，貯蓄をして資本を蓄積することは，社会的に是認される行為なのである。当事者は，「この一方のやり方で行為することによって，われわれ

は各人の尊敬と明確な是認を受けるに値するのだということ，他方のやり方で振舞うことによって，われわれは彼らの軽蔑と嘲笑の対象となるのだという意識」(Smith TMS, p. 190, 訳289頁)をもつことになる。このような意識をもつことによって，各人は中立的な観察者が是認しうるような程度に自分の感情や行為を抑制することになる。この場合の中立的な観察者とは，たんに利害関係がない者を意味するだけではない。何が是認され，何が否認されるのかという経験から形成される一般的諸規則は，社会的な規範を意味する。スミスによれば，この規範は，人々の道徳的意識のなかに内面化される。内面化された中立的な観察者の指令は，社会の道徳的状態を示すものであり，それが人々の行為を拘束して，経済活動の相違を生み出すことになるのである。

　本能にせよ規範的拘束にせよ，これらは経済主体の意識を規制するものである。理性・自己規制および利己心といった概念は，すべて経済主体の意識に関わるものとして提出されている。しかし，経済学者は，どのような根拠に基づいて，経済主体の意識について語ることができるのであろうか。ホッブズに始まるイギリス道徳哲学の系譜は，シャフツベリやハチスンを含めて，人間の利己性をもはや否定しえないものとして認めていた(水田 1976)。しかし，知的伝統は，「経済主体は利己心に基づいて行為している」という主張を正当化するものではない。自然現象の結合原理と同様に，経済現象の結合原理である利己心も，研究者にとっては観察可能なものではないのである。すでにみたように，自然哲学においては，結合原理は，観察可能な現象を結びつけるための道具とみなされた。では，スミスは，利己心については，どのように考えていたのであろうか。われわれはこの問題を，類推と受容可能性という2つのアプローチに分けて考察しなければならない。第1に類推であるが，これは，道徳的判断の基礎となる同感概念について，スミスが述べていることから派生する方法である。スミスは，観察者が同感によって当事者の心理を知る方法について，次のように述べている。「われわれは，他の人々が感じることについて，直接の経験をもたないのだから，彼らがどのような感受作用を受けるかについては，われわれ自身が同様な境遇において何

を感じるはずであるかを考えるよりほかに、観念を形成することができない。……そして、われわれが、彼の諸感覚がどうであるかについて、なんらかの概念を形成しうるのは、想像力だけによるのである」(Smith TMS, p. 9, 訳5-6頁)。観察者(経済学者)は、他の人々(経済主体)が感じたり考えたりすることについて、直接には知ることができない。そこで、自分が同様な境遇にあるならばどうであろうかと想像し、これに基づいて、他の人々が感じたり考えたりすることを類推によって知ろうとする。すでに述べたように、類推は、結合原理を発見するための最も代表的な方法とみなされたものであった。この方法は、後述するように、シーニアやJ. S. ミルによっても用いられた方法であった。しかし、類推は類推でしかない。この方法による限り、経済主体の動機とされる利己心は、想像力の産物にとどまらざるをえず、経済現象を結合するための便利な道具とみなされざるをえないのである。しかし第2に、スミスは、受容可能性というアプローチも示唆していた。スミスは、利己心が経済現象の結合原理として正当化されるためには、利己心による説明が人々に対して説得力をもたなければならないと考えた。この点が、道徳哲学における結合原理の実在性に関係するのである。スミスは、自然哲学と道徳哲学の結合原理の性格は、異なるものであると考えていた。「自然哲学の体系というものは、非常にもっともらしくみえるかもしれないし、長い間世間で非常に一般的に受け入れられるかもしれないのに、しかも、自然のなかになんの基礎ももたないかもしれず、真理に対して、どんな種類の類似性ももたないかもしれない。……しかし、道徳哲学の諸体系については、事情が違うのであって、われわれの諸道徳感情の起源を説明すると称する著者が、われわれをそれほどそっくり欺くことも、真理へのあらゆる類似からそれほど非常に逸脱することも、ありえないのである」(Smith TMS, p. 313, 訳394頁)。なぜならば、自然哲学の場合とは違って、道徳哲学の体系は、人々の心理や身近な体験そのものを問題にするのであるから、人々は自分の心理や体験に照らして、その真偽を判定しうるからである。つまり、説得力あるものとして人々に受容される見解は、それ相応に真理に接近しているものといいうることになる。結合原理の親しみ深さという規準は、自然哲学に

おいては，結合原理が道具であることに対応していたが，道徳哲学においては逆に，その実在性を保証するものとなる。つまり，道徳哲学の結合原理は，人々の心理や体験に一致する限りで，その実在性が保証されるのであるから，スミスの経済学における利己心も，究極的には人々の日常的な体験に照らして判定されなければならない。利己心によって経済現象が引き起こされるという説明を，人々が説得力あるものとして受け入れるならば，それは真であると考えられるのである。

見えざる手

アダム・スミスは，人間が特定の状況に置かれたときに，彼らが利己心にしたがってどのように行為し，その結果どのような社会的帰結が生じるのか，ということを推理した。その場合の状況というのは，解明すべき目的に応じて想定されたものであり，架空の状況をも含んでいた。分業の発生，貨幣の発生，自然価格の成立，資本の投下順序などは，いずれも，そのような状況に置かれたときに人々はどのように振舞うだろうか，という観点から考察されている。例えば，狩猟を主たる産業とする社会があり，しかもその成員は自立して生計を営む個人であるとする。このような状況に臨んだとき，われわれだったらどうするだろうか，これがスミスの推論の出発点となる。この設問に対するスミスの解答は，周知のように，自分自身の利益に対する関心から，自分の得意とする財の生産に特化し，他の必要なものは交換によって手に入れようとする，ということであった。自由な競争が行われている商業社会において，自分が資本家や労働者，あるいは地主であったらどうだろうか等々，読者は，スミスが設定した状況に置かれたならばどうするだろうか，と考えることを求められる。もしスミスの説明に説得力があると思うならば，利己心という結合原理による説明は成功したことになるのである。

スミスは，さらに，個々人の行為がどのような意図せざる社会的結果をもたらすか，ということを考察する。利己心と意図せざる結果との関係は，スミスの因果概念と密接に結びついていた。われわれがこれまで考察してきた因果概念は，いわゆる作用因に基づくものであったが，歴史的にみれば，こ

れが唯一の考え方ではなかった。すなわち，アリストテレスは，物事の原因として，物事が何であるかという形相因，物事のもとのものを指す質料因，物事の運動がそれから始まる作用因，物事の生成や運動が目指すところを指す目的因，という4原因をあげたのであるが，近代に至って，これが作用因に一元化されることになった。とくに，スミスの因果論を検討する場合に問題となるのは，作用因と目的因との関係である。スミスも近代的な因果概念にしたがって，作用因から物事を説明すべきだと考えるのであるが，彼は，目的因を完全に排除したわけではなかったのである。

「食物の消化，血液の循環，それから引き出されるさまざまな体液の分泌は，動物の生命の偉大な諸目的のために，すべてが必要な働きである。それでもわれわれは決して，それらを，その作用因から説明するようには，諸目的から説明しようとは努めないし，血液がそれ自体で循環したり，食物がそれ自体で消化したり，しかも循環または消化という目的への，展望または意図をもってするとは想像しない。……ところが，諸物体の働きを説明するにさいしては，われわれは決して，このように作用因を目的因から区別することを，やりそこないはしないのに，精神の働きを説明するにさいしては，われわれは非常に，これら2つの違った物事を，相互に混同しがちなのである」(Smith TMS, p. 87, 訳136頁)。

アリストテレス-スコラ的自然像においては，物体もその本来の場所を求めて運動するものとされたのであるが，近代の機械論的自然像においては，物体の内在的目的は否定されることになった(広重・伊東・村上 1975, 98頁)。スミスは，この考え方を人間や社会の現象にも適用すべきであると考えた。つまり，人間の行為も，目的因ではなく作用因によって説明すべきであると考えたのである。近代の自然観によれば，手を離した石が落下するのは，石が目的の場所へ向かおうとするからではなく，重力という外部の原因によって動かされるからである。人間は目的をもって動くのだから，行為の説明としては目的因の方が適当であるように思われるかもしれない。しかし，スミスが人間の行為について目的因というときには，私的目的ではなく社会的目的を意味し，個々人が公共の利益を目的として行為するということを意

味している。人間が自分の利益を求めて行為を行うのは，利己心という作用因に突き動かされるものと解釈するのである。したがって，スミスの経済学は，作用因としての利己心から行為を説明し，その行為の意図せざる結果として，公共の利益という社会的目的が達成されるという論理構成をとる[16]。個々人の行為は，利己心に「よって」行われるのであって，公共の利益を実現する「ために」行われるのではない。これはちょうど，落下する石は，重力に「よって」動かされるのであって，本来の場所にゆく「ために」動くのではない，というのと同じである。このようにして，スミスは，自分の経済学を機械論的世界観に合致するものとしたのである。

公共の利益は，個々人が目的とするものではなく，意図せざる結果として実現される。これはいうまでもなく，後にスミスの名前と結びついて人口に膾炙するようになった，「見えざる手(invisible hand)」の考え方である。「見えざる手」について，スミス自身は，次のように述べていた。

「いうまでもなく，通例あらゆる個人は，公共の利益を促進しようと意図してもいないし，自分がそれをどれだけ促進しつつあるのかを知ってもいない。外国の勤労の維持よりも国内の勤労のそれを好むことによって，彼はただ自分の安全だけを意図するにすぎないし，また，その生産物が最大の価値をもちうるような仕方でこの勤労を方向づけることによって，彼はただ自分の利得だけを意図するにすぎぬのであるが，しかも彼は，この場合でも，他の多くの場合と同じように見えざる手に導かれて，自分が意図してもみなかった目的を促進することになるのである」(Smith WN, p. 456, 訳679-680頁)。

ここでスミスが「公共の利益」と呼ぶものは，彼の経済学の対象にしたがって，一国の物質的な富の増大を指している。「見えざる手」の意味は，諸個人が自分の利益を追求して，自由に資本投下の部面を決定することによって，結果的に最大の公共的利益が達成されるということにほかならない。「見えざる手」の考え方は，資本の投下順序論だけではなく，『諸国民の富』の全体を貫いているといってよい。そして，この考え方は，市場機構における個と全体との関係について，後世の経済思想に甚大な影響を与えるもので

あった。しかし，ここで注意しなければならないのは，すでに指摘したように，スミスの経済理論は，事実そのものというよりも，理想化された状況を考察の対象としていたということである。実は，スミスの場合，理想化された状況は，「純粋なもの」という意味だけではなく，「望ましいもの」という意味ももっていた。周知のように，スミスは，統制的な経済政策を支持する「商業の体系」を激しく批判し，それに対して「自然的自由の体系」を対置した。すなわち，「優先させたり，あるいは制限したりするいっさいの体系が以上のようにして完全に撤廃されれば，自然的自由という自明で単純な体系が自ずから成立する」(Smith WN, p. 687, 訳1008頁)。名誉革命(1688年)後のイギリスの政治経済情勢のなかで，スミスが対決しようとしたのは，経済的諸規制と独占資本であった。彼は，国王に対する国民の権利と自由が確保されるに至った名誉革命後の政治体制を「自由の体系」(Smith LJ, p. 269)と呼んで評価し，この革命によって，人々の勤労を刺激するのに最も重要な私有財産の安全が保証されるに至ったと述べる。しかし，富裕を促進するもう1つの要因である経済活動の自由は，まだ確保されていなかった。この観点からスミスが理想として提唱したのが「自然的自由の体系」であった。スミスは，イギリスでこれが完全に達成されているとは考えておらず，また完全に達成されうるとも考えていなかった(Smith WN, p. 471, 訳701頁)。すなわち，「見えざる手」が十分に作用するための経済制度は，事実として存在したのではなく，目指すべき秩序として提示されていたのである。

　本章の核心を要約すると，次のようになる。社会科学は，歴史的に，自然科学との共通性と異質性とを自覚することによって，自己を規定してきたという面をもつのであるが，スミスもまた，その例外ではなかった。スミスは，少数の周知の原理によって現象全般を因果的に結合することに成功したニュートン体系を，学問の理想と考えた。しかし彼は，ヒュームの因果分析の影響を受けて，自然科学においては，因果関係の必然性を経験的に導出することはできないとし，現象を因果的に首尾一貫して説明しうる理論は，想像力を安定させるがゆえに正当な理論として選択される，という道具主義的見地に立つことになった。ここから，彼の天文学史叙述においては，各体系がい

第1章　アダム・スミスの「ニュートン的方法」

かなる規準を満たしたときに，想像力を安定させることができ，したがって説得力あるものとして受容されえたか，という視角が全面に出ることになったのである。これに対して，道徳哲学においては，対象が人間精神であるということから，人々にとって親しみ深い結合原理は，相応の実在性を主張しうるものとみなされた。つまり，『諸国民の富』において経済的諸行為の原因とされたのは，合理性と結合した利己心であったが，人々がこのような説明を自分の体験に合致するものとして受け入れる場合には，この結合原理の実在性を主張しうることになるのである。

1）　ここであらかじめ，本書全体の表記に関係する事柄について述べておくことにしたい。複数の版がある著作については，本書の全体を通じて，原則として最終版を取り上げている。それ以外の版を取り上げる場合には，その旨を明示する。引用文中の傍点は原文イタリックを表し，スラッシュは改行を表す。訳書がある場合にも，訳語の統一等のために訳文を変更している場合がある。訳者の方々のご寛恕を請うしだいである。また，訳書に原書ページが付されている場合には，訳書のページを省略する。
2）　17・18世紀には，哲学(philosophy)と科学(science)という2つの言葉は区別なく用いられたが，とくにスコットランドでは，科学よりも哲学という言葉が好まれた(Redman 1997, p. 104)。したがって，学問も，自然哲学(natural philosophy)・道徳哲学(moral philosophy)というように呼ばれた。ここで道徳哲学というときの"moral"とは，「倫理的」という意味に限定されるものではなく，むしろ「精神的」という意味であって，「社会的」という意味をも含んでいる。
3）　科学理論の認識上の地位をめぐる諸問題については，Nagel(1961)第6章を参照されたい。
4）　「天文学史」あるいはスミスの認識論を取り扱った論考として，Bittermann(1940)，出口(1971)，遠藤(1997)，榎本・石井(1969)，Hetherington(1983)，Megill(1975)，長尾(1987)，生越(1977)，Raphael(1977)，酒井(1990)，篠原(1986)，Skinner(1979)，只腰(1995)，田口(1975)，Thomson(1965)，Wightman(1975)，などがある。
5）　"physics"という用語は，科学史の慣例にしたがって，古代・中世のものは「自然学」と訳し，近代以降のものは「物理学」と訳すことにする。
6）　17・18世紀の個人主義的な思想家たちにとって，人間本性は倫理学や社会理論を形成する際の立脚点であったわけであるが，この人間本性を理性よりも本能や感情に引きつけて捉えようとする系譜が存在する。スミスは，シャフツベリ，ハチスン，ヒュームと連なるこの系譜上に位置しているのである(Morrow 1923, p. 21, 訳40頁；Willey 1940, p. 108, 訳121頁)。人間本性の基軸と考えられた感情が，自然哲学の基礎を論ず

25

る場合にさえも，出発点にくるべきであるとされた点は，とくにヒュームの影響を受けたものであった(Skinner 1979, pp. 14-17, 訳 21-24 頁)。

7) 諸対象の分類に関する議論で注目に値するのは，分類に伴って形成される一般観念・一般名辞の起源と性格とに関するスミスの見解である。彼は「古代論理学・形而上学史」において，普遍たるイデアが個物から離れて実在するというプラトンの考えを批判し，これは事物の本性からというよりも，言語の本性から生じたものであると述べる(Smith EPS, p. 125)。事物の分類は，普通名詞の形成に対応するわけであるが，スミスはこれの起源について，その「言語起源論」で，最初特定の対象に与えられた名辞が，その後類似の対象に拡大されて，一般名辞が形成されると説いた(Smith 1761, pp. 203-205, 訳 507-509 頁)。一般観念がかつて普遍と呼ばれたものに相当し，その普遍の性格について，スコラ哲学内部に，普遍は個物に先立つ実在であるとする実念論と，普遍は個物に付された名辞にすぎないとする唯名論との対立があり，イギリス経験論が後者を継承したということは周知の事柄であるが，スミスもまた，明らかにその系譜上にあったのである。上述のようなスミスの見解は，唯名論のなかでも，ヒューム流の代表説に近いものということができる。ヒュームは，「ある観念は本性上特殊であるが，他を代表する点において一般的である」とするのである(Hume 1739-40, p. 22, 訳① 55 頁)。

8) 結合原理は観察不可能な紐帯に関するものであるが，スミスは，観察可能な事実と客観的実在との関係についてはどのように考えていたのだろうか。イギリス経験論が，しだいに，感覚経験によって捉えうる範囲を超えて独立自存する事物そのものの存在に関与することを慎む方向に進んだことは，周知の通りである。しかしスミスは，執筆時期不明の「外部感覚論(Of the External Senses)」において，固体性，延長，運動または静止などの物体の第一性質を，認識主観から独立に存在する実体(Substance)の性質であると述べている(Smith EPS, pp. 136-137)。これはスミスがロックの段階にとどまっていたことを示しているから，ワイトマンはこの論文を，スミスがヒュームの哲学を理解する前に書かれたものであろうと推測している(Wightman 1980, p. 133)。いずれにせよ，われわれのここでの関心は，観察不可能な結合原理の問題にあるのだから，「外部感覚論」についての解釈は保留することができる。

9) なお，スミスの論理では，自然哲学的に理神論を根拠づけることは困難である。「古代自然学史」によれば，自然現象を一貫して説明しうる哲学体系が形成されない時代には多神教が対応するが，体系が形成されると，宇宙は完全な機械とみなされるようになり，その原因たる創造主が推測されるようになる，という(Smith EPS, pp. 113-114)。これは，理神論が依拠した「神の存在の自然神学的証明」といわれるものにほかならないのであるが，スミス自身の考えでは，このような哲学体系は想像力の考案物であって，実在的なものであるとはいえないのだから，創造主の観念もまた想像力の産物にすぎないということにならざるをえないのである。

10) 道具主義の立場を代表する論者の 1 人であるエルンスト・マッハは，彼の思惟経済説の先駆者としてスミスの名前をあげている。「思惟の経済(Die Ökonomie des Denkens)，つまり事実の経済的叙述，これが科学の本質的な課題である」という見解は，

「決してまったく新しい思想だというわけではない。アダム・スミスにさかのぼることができるし，P. フォルクマンもいうように，発端を尋ねればニュートンにまでさかのぼることができる」(Mach 1922, S. 40-41, 訳44頁)。スミスもマッハも，ともにヒュームの影響を強く受けていたのであるから，両者の科学観が類似したものになったとしても不思議ではない。

11) この点については，Wightman(1980, p. 22)を参照されたい。
12) スキナーは，スミスの叙述が，クーンのパラダイム論に類似することを指摘している(Skinner 1979, p. 35, 訳43頁)。
13) この点が最も端的に表されるのは，所有権を獲得する方法の1つとして，先占(occupation)を論じた箇所である(Smith LJ, pp. 16-18)。
14) スミスのいう利己心とは，制限のない利己心ではなく，いわゆる「啓蒙された利己心(enlightened self-interest)」を意味する。啓蒙された利己心にしたがう行為とは，他人の側の同様な自由を妨害しない限りで，自分もまた自由に行為するということを意味する(Keynes, J. N. 1917, p. 116, 訳112頁)。
15) スミスの商業社会の概念については，島(1980)を参照されたい。
16) 作用因・目的因という考え方が，スミスの経済学において重要な役割を果たしていたという点については，内田(1962, 119-125頁)を参照されたい。

第2章　リカードウの「顕著な場合」

1　リカードウの方法論

問題の所在

　理論と現実との関係という問題は，つねに経済学方法論の中核をなす問題の1つであった。歴史的にみれば，経済学がたんなる時論の段階を超えて，一般的な原理の探究に向かうとともに，経済学はこの問題を抱え込むことになった。したがって，アダム・スミスの頃にはすでに，あるいはそれ以前から，この問題は実際には存在していたということができる。しかし，経済学の原理を事実の記述から明白に切り離して論じ，この問題を一挙に顕在化させたのは，なんといってもリカードウ(David Ricardo, 1772-1823)であった。リカードウの主著『経済学および課税の原理』(On the Principles of Political Economy, and Taxation ; 1st ed., 1817, 2nd ed., 1819, 3rd ed., 1821)は，それまでの経済学と比べて驚くほど抽象的であったため，当時の論者たちの間に，そのような方法に対する疑念を引き起こすことにもなった[1]。19世紀イギリスの経済学方法論は，リカードウに代表されるような抽象的な原理をどう評価するか，という問題を1つの軸として展開することになったのである。しかもこの問題は，ひとり古典派のみに関わる問題ではなかった。古典派以後の時代においても，この問題はくり返し議論の対象となったのであり，その意味でリカードウの経済学は，現在まで続く方法論上の係争問題の源流の1つとなったのである。

本章は，とくに原理と現実との関係に焦点をあてながら，リカードウ『経済学原理』の方法を考察しようとするものである。そのさい，われわれは，リカードウがマルサスに宛てた手紙のなかで，原理を明らかにするために「顕著な場合(strong cases)」を想定した，と述べていることを手がかりにする。それによれば，リカードウにとって原理とは，他の原因によって攪乱されない場合の因果関係のことであり，「顕著な場合」とは，その原理を解明するために他の原因によって攪乱されない状態を想定することにほかならない。したがって，「顕著な場合」を一言で特徴づけるとすれば，経済現象間の因果関係を探究するための思考実験(thought experiment)の方法ということができる。本章の課題は，『経済学原理』に即してこの方法の実態を探究することにある。周知のように，リカードウは『経済学原理』序文において，「地主・資本家・労働者の間の分配を規定する諸法則を決定することが，経済学における主要問題である」(Works 1, p. 48)[2]と述べ，彼の主たる関心が分配論にあったことを明らかにしている。したがってわれわれも，彼の分配論に即してその背後にある方法を考察することにする。リカードウは地代・賃金・利潤のそれぞれについて，「顕著な場合」を想定していくつかの因果関係を明らかにし，それらを因果の連鎖として結合することにより，資本蓄積論の図式を作り出した。すなわち，資本蓄積の進行→労働需要の増加→賃金の上昇→人口の増加→穀物需要の増加→穀物の生産に必要な労働量の増加→穀物価格の上昇→地代の増加・貨幣賃金の上昇→利潤率の低下，という図式である。しかし，これらの因果連鎖の各段階は，他の原因によって攪乱されないという条件の下で成立するのであるから，資本蓄積の進行に伴って利潤率が低下するという結論に至るには，おびただしい数の仮定が必要になる。リカードウの経済学は，そのような多数の仮定の下でのみ成り立つものであった。それは，すべての抽象的経済学にとって，程度の差はあっても，避けられないことだったのである。

　リカードウが抽象的経済学を作り出すに至った背景として，いくつかの事情が指摘されている。リカードウの弟モージズ(Moses Ricardo)は，1824年に発表した「デイヴィド・リカードウの思い出(A Memoir of David

Ricardo)」のなかで，リカードウが古典主義的教育を受けなかったことが，「深遠な思索の習慣」を身につけるのに好都合であったと述べ，「若くして，リカードウ氏は抽象的・一般的推理を好むようになった」と証言している (Works 10, pp. 4-5)。ウォルター・バジョットは3つの事情を指摘している。第1は，リカードウが株式仲買人であったという事情である。というのは，株式を取引する者は，感覚によって捉えうる物体には関心をもたず，「期待」という，目で見ることも手で触れることもできない要素に心を集中させるからである (Bagehot 1895b, p. 198, 訳251頁)。第2は，リカードウがユダヤ人であったという事情である。ユダヤ人が金融業という感知できないものを扱う仕事において示してきた天性の才能が，リカードウの経済学にも現れている，というのである (Bagehot 1895b, p. 199, 訳252-253頁)。マーシャルも，リカードウが抽象的な推論を好んだのは，その民族的特性に由来するものだと述べている (Marshall 1885, p. 153)。第3は，ジェームズ・ミルの影響を受けたことである。ジェームズ・ミルは，統治に関するすべての理論が人間本性に関する少数の単純な公理から演繹されうると論じていたので，「ジェームズ・ミルの学説は，リカードウにとって，長らく断片的に考察していた諸真理をできるだけ少数の原理から体系的に演繹したいという内在的な欲望を刺激するものであったに違いない」というのである (Bagehot 1895b, p. 204, 訳257頁)。アレヴィ (Halévy 1928, p. 272)，ウィンチ (Winch 1966, p. 368)，ハチスン (Hutchison 1978, chap. 2) も，リカードウの方法に対するジェームズ・ミルの影響を強調している。これに対してスラッファは，リカードウが25歳頃に，暇な時間を数学・化学・地質学・鉱物学の研究に充てたことを重視する。スラッファによれば，「いずれにせよ，これらの初期の数学や科学の研究は，(それらを吹き込んだ人が誰であろうとも)リカードウ特有の精神型に対して，ジェームズ・ミルやベンサムのような彼の後年のよき指導者の教えよりも，より多くの決定的影響を与えたに違いない，ミルやベンサムの手引きは，本来法学や道徳哲学の手引きであった」(Sraffa 1955, p. 35)。このように，リカードウの抽象的経済学の起源については，さまざまな指摘がなされているが，決定的といえる要因をあげる

ことはできない。

　われわれが問題にしなければならないのは，リカードウの個人的な事情というよりも，彼の抽象的な経済学が，経済学方法論史上どのような位置を占めているのかということである。そのような観点からみるならば，リカードウの経済学は，隠れていた問題を顕在化させ，経済学の性格についての方法論的考察を刺激する契機になったものだということができる。経済学の発展のなかで，「理想化(idealization)」という方法は，すでにリカードウ以前に，多かれ少なかれ実質的には使用されていた。スミスの『諸国民の富』は，経済学の一般的原理だけではなく事実の記述を豊富に含んでいたために，「理想化」の操作が目立たなかったにすぎない[3]。事実，リカードウ以後には，同じ仕方ではないとしても，理想化された状況を考察対象とする抽象的な経済学が，着実に拡大を続けていったのである。したがって，もしリカードウがいなかったとしても，遅かれ早かれなんらかの形で，経済学における理想化という問題は顕在化していたであろう。リカードウの『経済学原理』は，その過程を一気に短縮するという役割を果たしたのである。しかもリカードウは，問題を明示するだけではなく，自らそれに回答を与えようとした。すなわち，経済学にはそもそも抽象を必要とする事情があるのであり，抽象的経済学は正当化されうる，というのである。その意味で，リカードウは，彼の没後に本格化することになる方法論的反省の先駆けでもあったということができる。19世紀の経済学方法論がスミスから継承したものは，「天文学史」に示されたような科学方法論ではなく，『諸国民の富』のなかに潜んでいた理論と現実との緊張関係という問題だったのである。

「顕著な場合」

　リカードウは，1820年5月4日付けのマルサスへの手紙において，『経済学原理』の方法について端的に次のように述べている。

　「われわれの意見の相違はある点では，あなたが私の意図しているところ以上に私の本を実際的なものだと考えていらっしゃる点に帰することができると思います。私の目的は原理を明らかにすることでした。そのために私は

顕著な場合(strong cases)を想定してこれらの原理の作用を示そうとしたのです。私は例えば，土地に実際に加えられた何かの改良がその生産物を一挙に2倍にするなどと考えたことはありません，けれども改良の結果(effect)が他の作用原因(operating cause)によって乱されないときどういうものとなるかを明らかにするために，この程度に及ぶ改良が採用されたと想像してみたのであり，私はこういう前提からは正確に推理したと思っています」(Works 8, p. 184)。

つまりリカードウは，原理を明らかにするために「顕著な場合」を想定したということ，そして「顕著な場合」とは，ある原因の結果がどのようなものとなるかを明らかにするために，その原因の作用が他の原因の作用によって乱されないものと想定することを意味する，と述べているわけである。したがって，この発言から判断する限り，リカードウにとっての経済学の原理とは，他の原因によって妨害されない場合の，経済現象間の因果関係を指すものと考えることができる。少なくとも，これがリカードウのいう原理の意味の1つであったことに疑いはない。このような現象間の関係は，他の原因によって妨害されない場合には，つねに成り立つということが含意されている。つまり，そのような規則性を法則と呼ぶならば，経済現象間にも法則が成立するものと考えられている。言い換えると，経済学の原理とは，因果法則の意味での経済法則を示しているのである。われわれがこれからみるように，『経済学原理』においては，他の原因によって妨害されない場合を想定するために，(1)問題の原因の作用を誇張する，(2)他の原因が作用しないものとみなす，という2つの方法が用いられている。これらの方法は，それぞれ「誇張(exaggeration)」および「孤立化(isolation)」の方法と呼ぶことができるが，いずれも理想化を行うための方法にほかならない。上の引用文は第1の方法に言及するものであるが，『経済学原理』のなかで主として用いられているのは第2の方法であるから，リカードウの「顕著な場合」には両方が含まれるものと解釈することができる。第2の方法の場合には，リカードウの「顕著な場合」とは，「他の事情が不変ならば(ceteris paribus)」という周知の方法を，とくに因果関係の探究に適用したものに等しい[4]。い

ずれにせよ,「顕著な場合」とは,他の原因によって妨害されない場合を想定する方法であり,リカードウの経済学において解明すべき因果法則はひとつではないから,strong case も principle も,複数あるわけである[5]。

ここで,「顕著な場合」を想定して原理を解明するという方法の形式的構造について,述べておくことにする。問題の原因を c_1,その結果を e_1 とすると,この因果関係は,「もし c_1 ならば,e_1 である」という形式の命題で表現される。この形式の,「もし……ならば」の部分は前件,「……である」の部分は後件と呼ばれる。リカードウの「顕著な場合」においては,他の原因は作用しないという条件があるのだから,正確には,「もし c_2, …, c_n ならば,(もし c_1 ならば,e_1 である)」と表現しなければならない。あるいは,「もし c_1, c_2, …, c_n ならば,e_1 である」と表現しなければならない[6]。ところがリカードウ自身は,「c_2, …, c_n」を明示したうえで「もし c_1 ならば,e_1 である」と述べているわけではなく,これらを暗黙のうちに前提としている場合が多い。したがって,リカードウの議論の構造を明らかにするためには,まず暗黙のうちに前提とされている「c_2, …, c_n」を明るみに出すことが必要となる。もちろん,「c_2, …, c_n」をすべて列挙することは不可能であるが,少なくともリカードウが自覚していたと思われる諸条件,すなわち『経済学原理』のなかに散在している諸条件だけでも一箇所に集めて明示しなければならない。そうすることによってわれわれは,リカードウが「顕著な場合」を想定して経済学の原理を明らかにするといっていたことの実質的な内容を,理解することができるのである。われわれは,リカードウが主題とした分配論についてこのことを試みるわけであるが,その考察に必要な限りで,まず価値論を取り上げることにする。

相対価値変動の諸原因

リカードウは,『経済学原理』の第1章第1節において,「人間の勤労によって増加しえないものを除外する限り,労働が実際にすべてのものの交換価値の根底である,ということは経済学における最も重要な学説である」(Works 1, p. 13)と述べ,さらに,「もし商品に実現された労働量がその交換

価値を規定するならば，労働量のあらゆる増加は，労働が投下された当の商品の価値を増加させ，同様にあらゆる減少はそれを引き下げるに違いない」(Works 1, p. 13)と述べる。この第2の引用文は，リカードウの労働価値説の2つの側面を表している。すなわち，「商品に投下された労働量に比例して商品の交換価値が決定される」という側面と，「ある商品に投下された労働量が増加(減少)するならば，その商品の交換価値は上昇(下落)する」という側面とである。引用文では，前者から後者が導かれるように述べられているが，リカードウにとって重要だったのは前者ではなく後者であった[7]。というのも，後に述べるように，彼の分配論および資本蓄積論に関係するのは，後者だからである。ではリカードウは，どのような根拠から，「ある商品に投下された労働量が増加(減少)するならば，その商品の交換価値は上昇(下落)する」という関係が成立すると考えたのであろうか。

この場合，ある商品を生産するのに必要な投下労働量の増加(減少)が原因で，交換価値の上昇(下落)が結果である。したがって，リカードウが，どのような条件の下でこの因果関係が成立するものと考えたのか，ということが問題となる。この因果関係は，先に述べたように「もし c_1 ならば，e_1 である」と表現されるのであるが，正確には「もし c_2, …, c_n ならば，(もし c_1 ならば，e_1 である)」と表されなければならない。ではリカードウの投下労働価値説において，「c_2, …, c_n」に相当するものは何であろうか。つまり，他のどのような諸原因が作用しないものと想定されているのであろうか。ここで他の諸原因とは，「もし c_1 ならば，e_1 である」という関係を妨害することができる原因を指している。リカードウは，次のような諸条件を設定して，「もしある商品の生産に必要な労働量が増加(減少)するならば，その商品の交換価値は上昇(下落)する」という関係を妨害する諸原因が作用しないものと想定する。(1)どの商品も労働によってその量を増加しうる(Works 1, p. 12)，(2)どの商品の生産についても競争が無制限に作用している(Works 1, p. 12)，(3)異なった質の労働が受ける評価には変動がない(Works 1, p. 20)，(4)流動資本・固定資本の比率，固定資本の耐久性，流動資本の回収期間はどの商品の生産においても同じである(Works 1, p. 29)，

または，これらに差異がある場合には賃金の変動によって相対価値が変化するが，この変化はないものとする(Works 1, p. 36)，(5)需要の変動による交換価値の変動もないものとする(Works 1, p. 92)。ほかにもあげることができるであろうが，これだけでも，「顕著な場合」を想定して原理を明らかにするという方法の，1つのあり方を知ることはできる。例えば，ある商品に対する需要が減少する場合には，その商品の生産に必要な労働量が増大しても，その商品の交換価値は上昇しないかもしれない。「もしある商品の生産に必要な労働量が増加するならば，その商品の交換価値は上昇する」というためには，需要の変動による交換価値の変動がないということが，その前提となるのである。このことは，他の諸条件についても全く同様である。

　リカードウは，価値論冒頭においては，上記の諸条件を暗黙のうちに仮定しているのであるが，しだいにその条件を明示するという仕方で議論を進める。リカードウの投下労働価値説が生産費説の枠内にあるものだということが示されるのも，価値論の後半に至ってからである[8]。リカードウの考えでは，一定の条件の下で，交換価値を決定するのは生産費であり，生産費は労働にかかる費用と一般的利潤とからなる。すなわち，「マルサス氏は，ひとつの物の費用と価値とは同一であるべきだというのが，私の学説の一部である，と考えているようである。──氏のいう費用が，利潤を含む『生産費』の意味であるならば，その通りである。上記の章句では，これは氏の意味するところではない，それゆえに，氏は明らかに，私の真意を理解していない」(Works 1, p. 47)というわけである。他の諸原因によって妨害されない場合に，投下労働量の増減が交換価値を増減させるのは，投下労働量の増減に比例して労働にかかる費用が増減し，さらにこれに比例して一般的利潤が増減するからである。上記(1)～(5)の諸条件は，投下労働量の増減が生産費の増減と比例関係をもち，そして生産費が交換価値を決定する，という関係が成り立つために必要な条件なのである。

　リカードウは，交換価値変動の原因を発見する方法について次のように述べているが，その場合にも，上記の諸条件を暗黙のうちに前提としている。

　「2つの商品が相対価値において変動する，そしてわれわれはどちらにこ

第2章　リカードウの「顕著な場合」

の変動が現実に起こったのであるかを知りたいと思う。もしも一方の商品の現在価値を，靴，靴下，帽子，鉄，砂糖，および他のすべての商品と比較してみると，それがこれらすべての物の以前と正確に同一量と交換されることがわかる。もしも他方の商品を同じ諸商品と比較してみると，それがこれらの商品のすべてに対して変動したことがわかる，その場合に，われわれは，かなりの蓋然性をもって，変動はこの後の商品に起こったのであって，それと比較した諸商品に起こったのではない，と推論してもよい。さらに，これらのさまざまな商品の生産に関連したすべての事情をもっと詳しく検討して，靴，靴下，帽子，鉄，砂糖，等々の生産には以前と正確に同一量の労働と資本が必要であるが，しかしその相対価値が変動したただ1つの商品を生産するには以前と同一量は必要でないということがわかるならば，蓋然性は確実性に変わり，われわれは変動はそのただ1つの商品の側にあることを確信し，そこでその商品の変動の原因をも発見するのである」(Works 1, pp. 17-18)。

　つまり，リカードウは，上記の諸条件を前提としたうえで，ある商品の生産に必要な労働量を増減すると，これに伴って商品の交換価値が増減するということから，労働量の増減が交換価値の増減の原因である，と主張するのである。いうまでもなく，この主張は，中間の競争過程を省略して，その結果のみを指摘するものにほかならない。2つの量が連動して変化するときに，一方を他方の原因とみなす方法は，J. S. ミルのいう共変法(Method of Concomitant Variations)である。ここで共変法とは，他の条件を不変としたうえで，ある条件のみを量的に変化させ，それに続いて起こる現象の量的変化を観察する，という方法を意味する。例えば，ABCという一組の条件があるとき，BCをそのままにしてAの量のみを変化させるものとし，この変化をA^1, A^2, A^3で表すことにする。これに引き続いて起こる現象abcのうちbcは不変で，aのみが量的に変化するものとし，この変化をa^1, a^2, a^3で表すことにする。つまり，

　　　$A^1BC \rightarrow a^1bc$
　　　$A^2BC \rightarrow a^2bc$

37

$$A^3BC \to a^3bc$$

という関係があるものとする。例えば，他の条件を不変として，ある物体を加熱したり冷却したりすると，その物体が膨張・収縮するというような関係がその例である。Aの量の変化とともに，aの量が変化するのであるから，Aがaの原因であるということがわかる，というのである。しかしミル自身は，共変法を用いて原因を発見することには限界があると述べている。というのは，共変法によっては，Aの変化とaの変化とがある共通の原因の結果である，という可能性を排除できないからである。

ミルの共変法は，実際の管理実験を念頭に置いたものであったが，リカードウの方法は，現実の実験ではなく思考実験によるものであった。上記の諸条件(1)～(5)を満たしたうえで，ある商品の生産に必要な労働量のみを変化させるということは，現実に行いうることではない。もちろん，思考実験といっても，全く恣意的な想定の下で行われているわけではない。市場で取引される商品の大多数は労働によってその量を増加しうる商品であること，異なった質の労働に対する評価は一度できあがるとなかなか変化しないこと，賃金変動による交換価値の変化は軽微であること，需要の変化による交換価値の変化は一時的なものであること等々，リカードウは，上記の諸条件を想定する根拠について述べている。しかしいずれにせよ，諸条件(1)～(5)が変化する場合には，たとえ商品の生産に必要な労働量が増減しても，商品の交換価値がそれに対応して増減しなくなることは確かである。問題は，リカードウが，なぜ交換価値変化の原因としてとくに投下労働量に注目し，他の諸原因が作用しないものとみなしたのか，ということである。価値論を構想する場合，例えば，需要の変化も想定に入れて，日々の交換価値の変動や労働によって増加しえない商品にも適用できるように，交換価値決定論を一般化することも，同様に根拠のあることだからである。実は，リカードウの価値論における想定は，彼の分配論・資本蓄積論を基礎づけるために必要なものであった。つまり，本章の第2節・第3節で論ずるように，「もしある商品の生産に必要な労働量が増加するならば，その商品の交換価値は上昇する」

という関係は，資本蓄積とともに利潤率が低下すると主張するために必要であり，この関係を導くために上記のような想定が必要だったのである。さらにいえば，資本蓄積とともに利潤率が低下するという主張がなぜ行われたのかといえば，穀物法を廃止しなければそうなるおそれがあると主張するためであった。要するに，穀物法廃止の主張を根拠づけるために，それに適した想定が行われたのである[9]。

リカードウが分配論で用いるのは，交換価値を金との交換比率すなわち価格で表した命題，つまり「もしある商品の生産に必要な労働量が増加するならば，その商品の価格は上昇する」という命題である。この命題が成り立つためには，上記(1)〜(5)の条件に加えて，(6)貨幣の価値は不変である(Works 1, p. 46)，という条件も必要となる。ある商品の生産に必要な労働量が増加しても，貨幣用金属の生産に必要な労働量も増加する場合には，つまり貨幣の価値も上昇する場合には，この商品の価格は不変であったり下落したりする可能性があるからである。リカードウは，「読者は，私が，この主題をより明確にするために，貨幣の価値を不変とみなし，それゆえに，あらゆる価格変動は商品の価値の変更に帰しうるものとみなしている，ということを銘記していてもらいたい」(Works 1, p. 110)と述べる。貨幣の価値を不変と仮定すれば，商品価格の変動は，すべてその商品の生産に必要な労働量が変化したことに起因するものとして処理することができる。したがって，正確にいえば，「もしある商品の生産に必要な労働量が増加するならば，その商品の価格は上昇する」というときの「もし……ならば」は，「もし……ならば，かつそのときに限り」という意味である。以上のようにして，分配論における議論が準備されたことになる。例えば，リカードウが，穀物1クォータの価格が4ポンド10シリングから4ポンド14シリングに上昇したという場合，これは，穀物の生産に必要な労働量が増加したことを意味するのであって，賃金変動や需要の変動や貨幣価値の変動などによるものではない，ということが議論の前提となるのである。

2 分配を規定する諸法則

地　代

　『経済学原理』第2章「地代について」で論じられるのは,「地代の本性(nature)と, その上昇または低下を規制する諸法則」である。第2章の冒頭では, まず地代の定義が与えられる。リカードウによれば,「地代は, 大地の生産物のうち, 土壌の本源的で不滅な力の使用に対して地主に支払われる部分」(Works 1, p. 67)であり, 土地に投下された資本に対する利潤と混同されてはならないという。その理由は, 地代が増加するときには利潤が減少するというように, 地代と利潤とは逆方向に増減するので, 両者が混合している場合には, 地代そのものの運動が観察できなくなるからである。「すべての進歩した国においては, 年々地主に支払われるものは, 地代と利潤との両性質を兼有しているから, 時によっては, 対立する諸原因のそれぞれの結果により変動をこうむらないこともあるし, また他のときには, これらの原因の一方もしくは他方が優勢となるに応じて増進したり減退したりすることもある」(Works 1, p. 68)というわけである。したがって, 地代の上昇または低下を規制する諸法則を研究するためには, 地代と利潤とが混合していない状態を作り出さなければならない。しかしいうまでもなく, この状態を現実に作り出すことは不可能であるから, 思考においてこのような状態を想定しなければならない。リカードウは,「本書の以下の部分において, 私が土地の地代について論ずる場合にはいつでも, その本源的で不滅な力の使用に対して土地の所有者に支払われる報償について論じているものと, 理解してほしい」(Works 1, pp. 68-69)と述べる。したがって, ここで彼は, 地代論における仮定の1つを明らかにしているわけである。

　では, このような地代は, なぜ生じるのであろうか。言い換えると, 地代の本性とは何であるのか。この問題に対するリカードウの回答が, 一定量の資本・労働によって得られる収益の差額が地代になる, という周知の議論であった。この議論は, 土地がすべて地主によって占有されているということを前提とする。収益の差額は, 土地の質や位置に差異がある場合, また同一

の土地に資本・労働が順次投下される場合に生ずる。後者の場合には，追加投資の収益が逓減するものと考えられている。いずれにせよ農業資本家は，よりよい条件で土地を借りようとして収益の大きい土地の地代をつり上げ，結局どの土地を借りても，費用を回収した後には一般的利潤しか手元に残せないことになる。最劣等条件の土地部分には地代が支払われず，それよりも大きい収益はすべて地代として地主のものになるというわけである。これが，地代の本性に関するリカードウの議論の概略である。しかし，リカードウの主たる関心は，以上のような地代論を用いて，人口の増加とともに地代が増加してゆくと主張することにあった。つまり，いま述べたような議論は，「地代の上昇または低下を規制する諸法則」を論じるための出発点となるべきものであった。

地代の上昇または低下を規制する諸法則のうち，リカードウがとくに重視するのは，いうまでもなく地代の上昇を規制する諸法則の方である。リカードウは，この諸法則を，人口の増加→穀物需要の増加→穀物を生産するのに必要な労働量の増加→穀物価格の上昇→地代の増加，という因果法則の連鎖からなるものと考えていたように思われる。したがってわれわれは，これらの因果法則を順次取り上げて検討し，その背後に前提とされている諸条件を明るみに出すように，努めることにする。

第1に，「もし人口が増加するならば，穀物需要が増加する」という因果関係は，正確に表現するためには，「もし……ならば，（もし人口が増加するならば，穀物需要が増加する）」といわなければならない。では，ここで暗黙のうちに想定されている条件は何であろうか。リカードウは，『経済学原理』のなかで，少なくとも次のような条件を示している。(1)「人口が同一で，それ以上に増加しなければ，穀物のどんな追加量に対する需要もありえない」(Works 1, p. 79)，すなわち，1人あたりの穀物消費量は一定である。これに含意されているともいえるが，(2)穀物価格が上昇しても，穀物に対する需要量は減少しない(Works 1, p. 103)。しかもリカードウは，われわれが次節でみるように，賃金が上昇するときに人口が増加するものと考えているので，ここで人口の増加というのは，実は労働者人口の増加を意味している

ことになる。あるいは，労働者人口が増加するとき，総人口もそれに比例して増加すると仮定していることになる。しかし，労働者人口であれ総人口であれ，「もし人口が増加するならば，穀物需要が増加する」という関係が成り立つためには，上記(1)(2)の条件が不可欠であることは明らかであろう。

　第2に，穀物需要の増加→穀物を生産するのに必要な労働量の増加，という因果関係の場合はどうであろうか。この関係は，短期的な中間段階も明示すると，穀物需要の増加→穀物の市場価格の上昇→穀物生産部門の利潤率上昇→穀物生産の拡大→穀物を生産するのに必要な労働量の増加，ということになるであろう。リカードウは，短期的な市場価格の変動や利潤率の不均等が生じることを認めつつも，これを捨象して議論を進めるという方法を採用する。リカードウの議論の主軸は，利潤率が均等化している価格，すなわち自然価格に関わるものであった。したがってわれわれも，この部分を詳しく検討することは控えることにする。ただ，捨象される中間段階の因果連鎖にも，暗黙の前提があることに変わりはない。例えば，穀物生産部門の利潤率上昇→穀物生産の拡大という関係が成り立つためには，(1)「誰でも，資本を自分の好むところに使用することが自由である限り，当然その資本のために最も有利な用途を探し求めるであろう」(Works 1, p. 88)という仮定，すなわち，どの資本家も自分の利益が最大になるように投資先を選ぶ，という仮定が必要である。これは，いわゆる「経済人の仮定」を意味する。これ以外の諸条件も指摘できるであろうが，リカードウの議論の主軸にしたがって，市場価格の変動がおさまった状態に注目することにしよう。

　そこで重要なのは，穀物需要の増加→穀物を生産するのに必要な労働量の増加，という関係が成り立つためには，次のような諸条件が必要になるということである。(2)土地の量が有限で，かつ肥沃度・位置に差異がある(Works 1, p. 70)，(3)追加投資による収穫は逓減する(Works 1, p. 71)，(4)優等地における収穫逓減を防止し，劣等地耕作を不要にするような，農業上の改良は行われない(Works 1, p. 79)，(5)優等地から劣等地へと耕作が拡大する(Works 1, p. 72)。そして，(6)穀物の輸入が制限されている(Works 1, p. 126)。ここで，ある商品の生産に必要な労働量とは，したがってまた穀

物の生産に必要な労働量とは，最も不利な事情の下で商品1単位を生産するのに必要な労働量という意味である。すなわち，「ここにいう最も不利な事情とは，生産物の必要とされる分量のためには，その下でも生産を続行せざるをえない，その最も不利な事情の意味である」(Works 1, p. 73)。そのため，上記(2)〜(6)の諸条件を前提とすると，穀物需要の増加に伴って，国内の穀物生産を拡大しなければならず，より不利な事情の下で生産を行うことになり，穀物1単位の生産に必要な労働量はますます増加してゆくことになるのである。

第3に，穀物を生産するのに必要な労働量の増加→穀物価格の上昇という関係は，価値論ですでに考察した法則，つまり「もしある商品の生産に必要な労働量が増加するならば，その商品の価格は上昇する」という法則の一例である。したがって，これについては何も付け加える必要はないであろう。

第4に，穀物価格の上昇→地代の増加，という関係が成立するための条件は何であろうか。穀物の価格が上昇するということは，劣等地耕作または同一土地への追加投資が行われることを意味し，一定量の資本・労働によって得られる収益の差額が増大することを意味している。したがって，ここで問題にしている関係が成立するための条件は，増大してゆく収益の差額が地代として地主のものになるための条件と同じものである。そのような条件として考えられるのは，次のようなものである。(1)土地が地主によって占有されている(Works 1, p. 69)，(2)農業資本家は，できるだけ高い利潤率を求めて競争する(Works 1, p. 72)，(3)地主は，より高い地代を払う農業資本家に土地を貸す(Works 1, p. 72)，(4)地代と利潤とが混合していない(Works 1, p. 68)。以上のような資本家・地主の行動様式によって，穀物生産の有利な事情と不利な事情との間に生ずる差額が，地代として地主のものになるわけである[10]。

賃　金

リカードウは，『経済学原理』第5章において，地代に次ぐ分配範疇として賃金を取り上げ，賃金の騰落を規制する諸法則について検討する。賃金の

騰落もまた，因果関係の観点から考察されるのであるが，リカードウは，貨幣の価値を不変と仮定したうえで，賃金を騰落させる2つの原因として，「第1に，労働の供給と需要。第2に，労働賃金が支出される商品の価格」をあげる。しかし，賃金の騰落といっても，資本蓄積に伴う3階級間の分配率の変化という問題関心から，リカードウにとってとくに問題だったのは，賃金の騰貴の方であった。したがって，これら2つの原因も，主として賃金を騰貴させる原因として扱われている。賃金を騰貴させる原因，さらには賃金騰貴のもたらす結果が，問題なのであった。第1の原因との関係でいえば，資本蓄積の進展→労働需要の増加→賃金の上昇→人口の増加という因果連関が問題であり，第2の原因との関係でいえば，穀物価格の上昇→貨幣賃金の上昇という連関が問題であった。では，これら各々の因果関係が成立するためには，どのような条件が必要なのであろうか。順次検討を加えてみることにしよう。

まず第1に，資本蓄積の進展→労働需要の増加，という関係について検討しよう。ここで資本蓄積とは，先行する期間に得られた利潤が資本に転化されて，資本の量が増加することにほかならない。その場合，リカードウは，資本の量を実物で考えており，「資本は一国の富のうち生産に使用される部分であり，そして労働を実行するのに必要な食物，衣服，道具，原材料，機械，等々からなっている」(Works 1, p. 95)と述べる。そして，資本の量が増加するという場合，その価値が増加することもあるし増加しないこともあるが，いずれにせよ「両方の場合に，賃金の市場率は上昇するであろう，というのは，資本の増加に比例して労働に対する需要が増加するであろうし，なされるべき仕事に比例して，それをなすべき人々に対する需要があるだろうからである」(Works 1, p. 95)という。ところで，資本蓄積によって資本量が増加しても，同時に労働節約的な機械が採用されるならば，労働需要は増加しない。つまり，資本蓄積の進展→労働需要の増加という関係は，(1)労働需要を減少させるような機械の採用はない，ということを条件として成立するのである。周知のように，リカードウは『原理』第3版において，第31章「機械について」を新たに追加し，機械の採用が労働に対する需要を減少

させる可能性がある，ということを認めた。しかし，上の引用文にみられるように，分配論の本体においては，労働節約的な機械の採用は考慮せず，資本量の増加はそれに比例する労働需要を生み出すものと仮定しているのである。また，資本量が増加しても，それが国外に流出する場合には，労働需要は増加しないのだから，資本蓄積の進展→労働需要の増加という関係が成り立つためには，(2)資本が国外に流出しない，という条件も必要になる[11]。

第2に，労働需要の増加→賃金の上昇という関係であるが，これは，あらためて検討を加える必要もないような，需給関係による価格変動の一例にほかならない。リカードウは，需要と供給との関係で商品の価格が騰落するという関係を認めており，労働の価格はその一例なのである(Works 1, p. 94)。「労働は希少なときは高く，豊富なときは安い」(Works 1, p. 88)というわけである。ただ，この場合に注意を要するのは，「賃金が上昇する」とは，貨幣賃金だけではなく実質賃金も上昇することを意味しているということである。この点は，賃金上昇の結果として労働者人口が増加する，というために不可欠な点である。したがって，「もし労働需要が増加するならば，賃金が上昇する」という関係についても，リカードウは，少なくとも1つの条件を前提としていることになる。つまり，賃金財の価格が上昇するとしても，しばらくの間は貨幣賃金の上昇がそれを上回る，という条件である(Works 1, p. 96)。

第3に，賃金の上昇→人口の増加という関係についてはどうであろうか。リカードウは，実質賃金が上昇する場合に人口が増加するものと考えているのであるから，ここにいう人口とは労働者人口のことでなければならない。あるいは，労働者人口が増加すると，それに比例して総人口も増加すると考えているのかもしれないが，その理由は述べられていない。いずれにせよ，実質賃金が上昇するとき，まず労働者人口が増加するものとみなされていることに変わりはない。この関係は，労働者階級のある特定の行動様式を条件として成立する。つまり，労働者は，賃金が上昇すると，慰安品や享楽品(comforts and enjoyments)を手に入れるよりも子供をつくる方を選ぶ，という行動様式である(Works 1, p. 100)。リカードウは，マルサスにしたがっ

て、「有利な事情の下では、人口は25年で倍になりうるものと計算されてきた」(Works 1, p. 98)と述べる。リカードウの用語を使うと、ここで「賃金が上昇する」とは、労働の市場価格が労働の自然価格を上回ることを意味する。「労働の自然価格とは、労働者たちが、平均的にいって、生存し彼らの種族を増減なく永続させうるのに必要な価格のことである」(Works 1, p. 93)。労働の自然価格によって購入される食物・必需品・便宜品は、慣習によって変化するが、一定の時代・国においては定まっている(Works 1, p. 96)。慣習的に定まっているこの自然価格を、賃金が超過すると、労働者は子供をつくる行動に出るというわけである。

第4に、穀物価格の上昇→貨幣賃金の上昇という関係は、どのような条件を前提としているのであろうか。リカードウによれば、「賃金は必需品の価格に依存し、そして必需品の価格は主として食物の価格に依存する」(Works 1, p. 119)。したがって、食物の主要部分をなす穀物の価格が上昇する場合には、その分だけ賃金が上昇しなければならない。なぜそのようになるのかといえば、(1)労働者の生活水準が非常に低いため、主要生活物資である穀物が不足する場合には、その生存を維持できない(Works 1, p. 101)、(2)穀物以外の賃金財の価格は不変、または若干のものについては上昇し、いずれにせよ穀物価格の上昇分を相殺するくらいに低下するということはない、という条件が仮定されているからである(Works 1, pp. 103-104)[12]。リカードウは、工業製品の価格は下落する傾向がある、ということを認めていた(Works 1, p. 94)。しかし、この点を賃金論に組み込むと、穀物価格の上昇→貨幣賃金の上昇という関係を攪乱してしまうため、その作用は捨象されている。(1)(2)の条件から、穀物価格が上昇するときには賃金上昇が要請されるわけであるが、それが実現する過程として、2通りの可能性が示唆されている。すなわち、穀物価格が上昇しても貨幣賃金が上昇しない場合には、労働者人口が減少し、その結果として賃金が上昇するという過程(Works 1, p. 94)、あるいは、必需品の価格が上昇する場合、労働者はより高い賃金を要求し、資本家はその支払いを余儀なくされるという過程である(Works 1, p. 118)。どちらの過程が考えられていたとしても、穀物価格の上昇→貨幣

賃金の上昇という関係が成り立つためには，(1)(2)の条件が不可欠であるといわなければならない。

利　潤

　『経済学原理』第6章「利潤について」の課題は，「利潤率の永続的変動と，その結果である利子率の永続的変更との原因は何か，を考察することである」(Works 1, p.110)とされる。このうち利子率は，究極的かつ永続的には利潤率によって支配されるものとみなされ，ここでは考察が省略されている。したがって，第6章では，もっぱら利潤率の問題が考察されるわけであるが，その結論は，貨幣賃金の上昇により利潤率が低下する，ということであった。この関係が成り立つことを論証するためにも，やはり多くの条件を仮定することが必要となる。しかしそれらの条件のほとんどは，これまでにみてきた諸条件と，それに基づいて成立することが示された因果法則からなっている。以下では，すでに現れた条件や法則にも必要な限りで言及しながら，「もし貨幣賃金が上昇するならば，利潤率が低下する」という関係が成り立つための条件について考察する。

　まず価値論において，ある一定の条件の下で，「もしある商品の生産に必要な労働量が増加(減少)するならば，かつそのときに限り，その商品の価格は上昇(下落)する」という法則が成立することが示された。したがって，穀物についていえば，穀物1単位を生産するのに必要な労働量が増加するならば，単位当たりの穀物価格は上昇する。反対に，穀物1単位を生産するのに必要な労働量が減少するならば，単位当たりの穀物価格は下落する。そして，穀物の価格が変化するのは，このいずれかの場合に限られる。ということは，この法則は，(1)もしある商品の生産に必要な労働量が不変ならば，その商品の価格は不変である，という関係を含意していることになる。リカードウはここから，投下労働量が不変ならば，その労働量によって生産される穀物の価格はつねに不変であると考えた。つまり，同じ労働量によって生産されるならば，生産される穀物の量が変化しても，それらの穀物価格は変わらないということである。例えば，10人の労働で180クォータ生産される場合

と,同量の労働で170クォータ生産される場合とでは,それぞれの穀物価格の総額は変わらないわけである。

リカードウの数値例にしたがって,この考え方を例解しよう。10人の労働で,1等地では小麦180クォータ,2等地では170クォータ,3等地では160クォータ,4等地では150クォータが生産されるものと仮定する。1等地のみが耕作されているとき,1クォータ当たりの価格が4ポンドとすると,180クォータでは合計720ポンドになる。2等地が耕作に引き入れられ,ここで穀物価格が決定されるようになると,ここでは170クォータしか生産できないが,投下労働量はやはり10人分なのであるから,穀物価格の総額は以前と同じはずである。つまり170クォータが720ポンドに値することになる。このとき,1クォータ当たりの穀物価格は約4ポンド4シリング8ペンスに上昇する。同様に,3等地が耕作に引き入れられる場合には,160クォータが720ポンドに値し,1クォータ当たり4ポンド10シリングになる。さらに4等地が耕作に引き入れられる場合には,150クォータが720ポンドに値し,1クォータ当たり4ポンド16シリングになるわけである。

この第1の条件に次いで,(2)「土地の生産物のうち,地主と労働者とが支払いを受けた後に残る分量は,必然的に農業者に属し,彼の資財の利潤を構成する」(Works 1, p. 112) という条件が加わる。つまり,固定資本や原料の補塡分は捨象される。しかも,地代論で示されたように,(3)最も不利な事情の下で生産された商品部分が価格を決定するのであるが,そこでは地代が支払われない。したがって,(2)(3)からの帰結であるが,商品の価格は賃金と利潤とに分解されることになる。また,(4)有利な事情と不利な事情との間に生ずる穀物生産高の差額は,すべて地代として地主のものになり,農業資本家の手元には同じ量(額)だけしか残らない。先の数値例を用いていえば,150クォータ(720ポンド)を超える差額は地代として地主のものになり,どの農業資本家も手元に残すことができるのは150クォータ(720ポンド)のみである。しかしこのとき,穀物価格の上昇により貨幣賃金が上昇するわけであるから,必然的に利潤は減少し,利潤率は低下することになる。しかもこの利潤率の低下は,一部の資本にのみ現れる現象ではない。さらに,(5)利

潤率は均等化する傾向がある，という条件が加わり，これによって，貨幣賃金が上昇するとき，利潤率は一般的に低下することになるのである(Works 1, p. 119)。

3 原理と現実

資本蓄積の帰結

　リカードウは，その価値論と分配論において，「顕著な場合」を想定して経済現象間の因果関係を探究した。われわれは，本章の第1節・第2節で，それらのうちの主要なものを個別的に検討してきたわけであるが，これまでに検討したものを，ここでまとめて列挙してみることにする。すなわち，価値論では，①もしある商品の生産に必要な労働量が増加するならば，その商品の価格は上昇する。地代論では，②もし人口が増加するならば，穀物需要が増加する，③もし穀物需要が増加するならば，穀物の生産に必要な労働量が増加する，④もし穀物の生産に必要な労働量が増加するならば，穀物価格が上昇する，⑤もし穀物価格が上昇するならば，地代が増加する。賃金論では，⑥もし資本が蓄積されるならば，労働需要が増加する，⑦もし労働需要が増加するならば，賃金が上昇する，⑧もし賃金が上昇するならば，人口が増加する，⑨もし穀物価格が上昇するならば，貨幣賃金が上昇する。利潤論では，⑩もし貨幣賃金が上昇するならば，利潤率が低下する。以上10個の因果関係が，リカードウの価値論と分配論のなかに含まれていたことを，われわれはここまでにみてきたわけである。

　以上10個の因果関係を，前後が接続するように並べ替えると，周知のようなリカードウ資本蓄積論の図式ができあがる。すなわち，

資本蓄積の進行 ─⑥→ 労働需要の増加 ─⑦→ 賃金の上昇 ─⑧→ 人口の増加 ─②→ 穀物需要の増加 ─③→ 穀物の生産に必要な労働量の増加 ─④→ 穀物価格の上昇 ─⑤⑨→ 地代の増加・貨幣賃金の上昇 ─⑩→ 利潤率の低下

という図式である。①はこの図式のなかに現れないが、前節でみたように、④と⑩の関係が成り立つことを根拠づけるために用いられている。

　リカードウによれば、利潤率が低下すると資本蓄積の動機が衰える。「農業者や製造業者の蓄積の動機は、利潤の減少のたびごとに減少し、彼らの利潤が非常に低くて、彼らの煩労と、彼らがその資本を生産的に使用するさいに必然的に遭遇しなければならない危険とを、十分償うに足りないときは、全く消滅するであろう」(Works 1, p. 122)というわけである。資本蓄積の衰退は望ましくない事態であり、なんらかの経済政策によって阻止できるのならば、そのような政策を実施すべきである、と彼は考えた。その政策というのは、いうまでもなく穀物輸入の自由化であった。穀物輸入の自由化によって外国から安価な穀物が輸入されれば、上記の因果連鎖の③の部分を断ち切ることができる。リカードウの原理は、このような形で、穀物輸入自由化論の根拠づけに用いられた。つまり、資本蓄積の衰退は望ましくないという価値判断と結合して、穀物輸入を自由化すべきであるという政策提言の基礎となったわけである。

　そこで、原理が政策提言の基礎になったという点を、詳しく検討してみることにしよう。当時のイギリスにおいて、事態を放置すればやがて利潤率の低下が起こると予測され、これが望ましくないと考えられるならば、なんらかの手段を講じてこれを阻止すべきであるという結論に至るはずである。このうち、リカードウが利潤率の低下を望ましくないと考えていたことには疑問の余地がない。そこで問題は、リカードウが、事態を放置すれば利潤率が実際に低下することになると考えていたのかどうか、という点にある。この問題を考察するためには、われわれは、原理と現実との関係について考えなければならない。その場合に注意を要するのは、リカードウの原理が、「顕著な場合」を想定して明らかにされたものであったということである。つまり上記の因果連鎖の各段階は、他の原因によって妨害されないという条件の下で成り立つものであった。はたしてリカードウは、この条件が満たされていると考えて、利潤率低下を予測したのであろうか。この問題を考察するために、われわれは、上記の因果連鎖の最初の部分、すなわち「資本蓄積の進

行→労働需要の増加」を取り上げて，検討してみることにする。それ以下の部分についても構造は全く同じである。

　「資本蓄積の進行→労働需要の増加」という関係が成り立つためには，「労働需要を減少させるような機械の採用がない」という条件が必要であった。したがって，正確に表現すれば，「もし労働需要を減少させるような機械の採用がないならば，（もし資本が蓄積されるならば，労働需要が増加する）」となるが，この命題は，「もし資本が蓄積され，かつ労働需要を減少させるような機械の採用がないならば，労働需要が増加する」という命題と同じことである。これらの命題は，時間・空間を特定していない一般的な命題であり，特定の経済的事実について述べたものではない。その意味で経済学の原理なのであり，経済法則なのである。もちろん，時間・空間を特定しない一般的命題といっても，経済法則の適用範囲にはおのずと限界がある。法則が成立するための諸条件を満たしうる可能性がある場所は，歴史的・地理的に限られているからである。いま問題にしている法則についていえば，大枠として資本主義経済が成立していることが必要である。

　いずれにせよ，この原理を特定の状況に応用して将来を予測するためには，時間・空間を特定した状況において，「資本が蓄積され，かつ労働需要を減少させるような機械の採用がない」という条件が満たされていなければならない。予測は次のように行われる。

　　もし資本が蓄積され，かつ労働需要を減少させるような機械の採用がないならば，労働需要が増加する。
　　19世紀初頭のイギリスにおいては，資本が蓄積され，かつ労働需要を減少させるような機械の採用がない。
　　ゆえに，19世紀初頭のイギリスにおいては，労働需要が増加する。

　「19世紀初頭のイギリス」というのは，時間・空間の特定としては厳密なものとはいえないが，リカードウの事実認識について云々する場合には，この程度の特定しかできない。さてリカードウは，「19世紀初頭のイギリス

においては，資本が蓄積され，かつ労働需要を減少させるような機械の採用がない」という事実認識をもっていたのであろうか。当時のイギリスにおいて，やがて利潤率が低下するということを予測するのであれば，そこに至る因果連鎖の第1段階として，この事実認識をもっていなければならないはずである。まず，「資本が蓄積されている」という点については，問題がないと思われる。リカードウが，このような事実認識をもっていたということに関して，疑問をさしはさむ者はいないであろう。問題となるのは，「労働需要を減少させるような機械の採用がない」という点である。リカードウは，『原理』第3版で「機械について」という章を新たに付け加え，機械の使用が労働需要に与える影響について考察している。そこで彼は，機械が採用されても全体としての労働需要は変わらないという従来の見解を変更し，機械の採用は労働需要を減少させることがあると述べる。もし機械の採用によって労働需要が減少するというのが当時の事実であったのならば，リカードウの資本蓄積論の図式は，その最初の段階から「19世紀初頭のイギリス」には適用不能になるであろう。しかし，リカードウによれば，機械の採用が労働需要を減少させるのは，ある仮定された条件の下においてのみなのである。

「私が試みた論述が，機械は奨励されてはならない，との推論に導かないであろうことを，私は希望する。原理を解明するために，私は，改良された機械が突然に発明され，そして広範に使用されるものと，仮定してきた。しかし，実をいえば(the truth is, that)，これらの発明は漸次的であり，そして資本をその現用途から他に転用するという作用をするよりも，むしろ，貯蓄され蓄積された資本の用途を決定するという作用をするのである」(Works 1, p. 395)。

すなわち，機械の採用が労働需要を減少させるという原理も，「顕著な場合」を想定して明らかにされた原理であり，そこで想定された条件が現実に存在する場合にのみ，この原理は現実に適用可能となる。しかし，「実をいえば」，そのような条件は満たされておらず，機械の採用が労働需要の総量を減少させるという事態は現実のものではない。リカードウの事実認識は，新しく発明された機械は，旧来の資本に追加される資本において，採用され

るというものであった。したがって労働需要は，資本蓄積とともに，従来と同じ率においてではないが，いずれにせよ増加することになる。以上のように，リカードウは，「19世紀初頭のイギリスにおいては，資本が蓄積され，かつ労働需要を減少させるような機械の採用がない」という条件が満たされていると考えていたように思われるのである。しかし，『原理』第3版の新機械論は，リカードウの体系にとって，致命的なものになる危険性があった。もし資本蓄積とともに労働需要が増加しないならば，利潤率の低下へと帰結する資本蓄積論の図式が，その最初の段階から成り立たないことになるからである。こうして，新機械論は，『原理』第3版においても分配論の本体には組み込まれず，「19世紀初頭のイギリス」の事実にも合致しないものとして処理されることになった。

　リカードウの資本蓄積論の図式が，全体として，当時のイギリスの現実に適用可能であったのかどうかを検討するためには，第2段階以下の部分についても，同じように吟味しなければならない。しかし，そこで仮定されているすべての条件について，リカードウの事実認識を知ることは容易ではない。なぜならば，彼の『原理』は，文字通り経済学の原理を考察したものであって，事実の記述を目指したものではないからである。われわれが，図式の各段階について，リカードウの事実認識を確かめようとしても，ただちに壁に突き当たってしまうのである。

　さらに注意しなければならないのは，資本蓄積論において想定されている諸条件のうちのいくつかは，現実には満たされていないということが容認されていることである。リカードウは，必需品の騰貴によって賃金が上昇し，その結果利潤率が低下すると述べた後で，次のような事実認識を示している。

　「そうしてみると，利潤の自然の傾向は低下することにある，というのは，社会が進歩し富が増進するにつれて，要求される食物の追加量は，ますます多くの労働の犠牲によって取得されるからである。利潤のこの傾向，いわばこの引力は，幸いにも，必需品の生産に関連のある機械の改良によっても，またそれによりわれわれが以前に要求された労働の一部分を放棄することができ，それゆえに労働者の第一次的必需品の価格を引き下げることができる，

農業科学上の諸発見によっても，しばしば阻止されている」(Works 1, p. 120)。

つまり，機械の改良や農業科学上の諸発見によって，上記の図式の⑨や③の段階が，少なくとも短期的には阻止されることが認められている。長期的にみて，利潤率低下の傾向とこれを阻止する傾向と，いずれがまさるのかということについての見通しは示されていない。仮にリカードウが利潤率低下の傾向がまさると考えていたとしても，その結果が現れるのに要する期間はどれほどなのか，10年なのか20年なのか，あるいは50年なのか，われわれはリカードウの考えを確認することができないのである[13]。しかし，ここでわれわれは，リカードウが資本蓄積論において目指していたものは予測ではなかった，という解釈を提出することにしたい。

予測と実践

リカードウの資本蓄積論は次のような形式をもっている。いま，「利潤率が低下する」という結果をeとし，利潤率が低下するための諸条件をc_1, c_2, …, c_rとすると，両者の関係は，「もしc_1, c_2, …, c_rならば，eである」というように表現できる。これは，資本蓄積論の図式をひとつの命題に集約したものにほかならない。つまり，c_1は「資本蓄積が進行する」という条件であり，c_2, …, c_rは，資本蓄積論の図式が暗黙のうちに想定しているその他の諸条件の全体である。やがて利潤率が低下すると予測するためには，当時のイギリスにおいて，c_1, c_2, …, c_rの条件が満たされているのでなければならない。しかしリカードウは，各々の条件が満たされているのかどうかに関する事実認識を必ずしも示してはおらず，さらに，いくつかの条件については，しばしば満たされない場合があるということを容認している。したがって，リカードウの議論によっては，実際の利潤率が低下するかどうかは決定できないのである。もしc_1, c_2, …, c_rが満たされるならば，eという結果が生じる，というだけであって，c_1, c_2, …, c_rが現実に満たされているかどうかは明らかではないからである。リカードウの資本蓄積論が利潤率の低下を予測するものであるならば，その予測の根拠は薄弱であるとい

第2章　リカードウの「顕著な場合」

わなければならない。

　確かにリカードウは，原理を事実に照らしてテストすることを肯定する場合がある。つまり，原理が事実と一致する場合には受容され，一致しない場合には放棄されるという趣旨のことを述べる場合がある。その代表的な例は，初期の論文「ボウズンキト氏の『地金委員会報告書に対する実際的観察』への回答」(Reply to Mr. Bosanquet's 'Practical Observations on the Report of the Bullion Committee', 1811)のなかの，次のような一節であろう。

　「このような吟味に地金委員会の報告がいまやさらされているのであり，その反対者ですら推理と議論では非の打ちどころがないことを認めているような理論が，事実への訴えによって打ちひしがれるということを公衆が信ずるように，といわれるのである。われわれは告げられる，『この原理ははっきりと述べられており，理性はそれを強く容認するようにみえるとはいえ，それは一般的には正しくないし，事実と背離している』。これこそテストであり，この重要な問題がテストされることを私は長い間待ち望んでいた。経験によって正しいと認められていると思われた諸原理に同意しない人々が，わが国の通貨の現状の原因についての自分なりの理論を述べるか，あるいは，彼らが，私の最もかたく信奉するものと矛盾していると考える諸事実を指摘する，ということを私は長い間待ち望んでいた」(Works 3, pp. 160-161)。

　しかし，このようなテストが可能なのは，関係するすべての原因が考慮されている場合に限られる。リカードウは，1815年10月7日付けのマルサスへの手紙において，次のように述べている。

　「もし私があまりに理論的に失するとすれば，実際そうだと信じますが，——あなたはまたあまりに実際的だと思います。経済学には非常に多くの組合せがあり，——非常に多くの作用原因がありますから，変差を起こすすべての原因を確かめてその結果を適切に評価したという確信がない限り，ある特定の学説を支持するために経験に訴えることには大きな危険があります」(Works 6, p. 295)。

　はたしてリカードウは，利潤率の低下という結論を事実によってテストしようとしていたのであろうか。もしテストしようとするのであれば，利潤率

の低下という結果に関して変差を起こすすべての原因を確かめたうえで、それを行わなければならない。リカードウは、経済学の原理としては、多くの原因が作用しないものと仮定して利潤率の低下を導いた。しかし、仮定した諸条件が19世紀初頭のイギリスにおいて満たされているとは述べていない。すべての原因を考慮するのであれば、作用しないものと仮定された諸原因が実際にも作用していないということを、確かめなければならない。あるいは、少なくとも利潤率の低下傾向を妨害するほど強力ではないということを、確かめなければならないのであるが、リカードウはこれを行っていないのである。実は、リカードウの関心は、利潤率の低下を予測することにあったのではない。彼の第一の関心は、利潤率の低下を防ぐことにあり、そのような観点からすると、予測は不可欠なものではなかったのである。つまり、リカードウの資本蓄積論は、利潤率の低下を引き起こす諸条件を明らかにしたうえで、利潤率の低下を防ぐにはそのような条件を除去すればよい、と主張するために用いられたのである。

　このことを理解するために、因果関係の知識を実践に利用する方法について、簡単な例を取り上げて考察することにしよう。われわれが「もしAならば、Bである」という知識をもっているとき、例えば「もしマッチを擦るならば、火がつく」という知識をもっているとき、われわれはこの知識を少なくとも2つの方法で利用することができる。第1に、火をつけることが有用な状況においては、実際にマッチを擦って火をつける。第2に、火をつけてはいけない状況においては、マッチを擦らない。あるいは、危険を避けるためにマッチをその場から除去してしまう。つまり、結果が有用な場合にはその原因を作用させ、結果が有害な場合にはその原因を取り除こうとする。リカードウが、彼の資本蓄積論を経済政策に応用するときに考えていたのは、この第2の場合である。利潤率の低下という有害な結果は、当面は反対に作用する諸原因によって阻止されているとはいえ、やがて表に現れるかもしれないというおそれがある。したがって、利潤率の低下傾向が反対に作用する諸原因を凌駕していなくても、利潤率の低下を促進する諸原因については、政策によって除去できるものは除去してしまうべきである、と考えたのだと

思われる。つまりリカードウは，経済現象間の因果関係についての知識を，結果を生じさせないために原因を除去するという形で，実践に応用したのである。

　いまの議論を，予測との関係で考えてみよう。予測というのは，「もしマッチを擦るならば，火がつく」という法則を使って，実際にマッチを擦るときに，「火がつくだろう」と考えることを意味する。つまり，将来の事実を予測するためには，マッチを擦るという初期条件が現実に満たされていなければならない。一般的にいえば，初期条件は，人間の働きかけなしに実現することもあるし，人為的に実現させることもある。人為的に実現させる場合には，因果関係の知識を予測に用いることと，実践に応用することとは，同じ事態の2面にすぎない。しかし，結果を生じさせないために原因を除去するという形での実践は，予測を伴わない。経済現象についても同様である。やがて利潤率が低下すると予測するためには，そのための諸条件が満たされているのでなければならない。ところが，そのような条件は満たされていない。その場合には，やがて利潤率が低下すると予測することはできないのである。リカードウの資本蓄積論は，将来を予測するものではない。そうではなく，利潤率低下に至る諸条件が当面は現実のものになっていないとはいえ，それが現実のものになる可能性はあるのだから，その危険を取り除くために，経済政策の変更を求めているのである。要するに，リカードウの資本蓄積論は，予測を行うためではなく，結果を生じさせないために原因を取り除くという形で，実践の指針として用いるために考案されたものなのである。

　リカードウの資本蓄積論の図式には，われわれが取り上げただけでも，数多くの条件が隠されていた。これらの条件のいずれかを取り除くことによって，多かれ少なかれ利潤率の低下を阻止することができる。それらの諸条件のなかでリカードウが注目したのは，いうまでもなく，「穀物の輸入が制限されている」という条件であった。この条件を除去すること，すなわち穀物輸入を自由化することによって，彼の資本蓄積論の図式は成立しなくなり，利潤率の低下も起こらないはずである。しかし，ここでただちに生じてくる疑問は，「穀物の輸入が制限されている」という条件以外の条件を取り除い

ても，利潤率の低下を阻止することができるのではないか，という疑問である。例えば，「優等地における収穫逓減を防止し，劣等地耕作を不要にするような，農業上の改良は行われない」という条件が除去されるならば，すなわち農業上の改良が大いに進むならば，やはり利潤率の低下は阻止されるであろう。しかし農業上の改良は，地主や農業資本家が行うことであって，政府が行うことではない。リカードウの経済学も，経済政策を導くための経済学，つまりポリティカル・エコノミーという性格をもっていた。資本蓄積論を実践の指針として用いるという場合の実践とは，あくまでも政府の政策という意味での実践なのである。このように考えると，利潤率低下をもたらす諸条件のなかで，経済政策によって取り除くことができる条件は，ごくわずかであることがわかる。

では，結果を生じさせないために原因を取り除くという形で，資本蓄積論を実践に応用するリカードウの立場は，論理的には正しいといえるのだろうか。このことを最後に考察してみよう。穀物輸入を自由化するということは，利潤率低下を引き起こす諸条件のひとつが実現されないようにすることである。本節冒頭の表記を用いると，「利潤率が低下する」という結果をeとするとき，「もしc_1, c_2, …, c_rならば，eである」という命題のcのひとつが実現されないということを意味する。仮に他のすべての条件が実現しても，cのひとつが実現されないならば，前件は偽になる。「もし……ならば，……である」という仮言命題は，前件が真ならば後件も真であるという関係を表すが，前件が偽の場合には後件の真偽は決定されない。例えば，「もしマッチを擦るならば，火がつく」という命題の前件が偽の場合，つまりマッチを擦らない場合にも，火がつく原因はほかにもたくさんあるのだから，この場合に火がつくかつかないかは決定されない。リカードウの資本蓄積論についても同様のことがいえる。穀物輸入の自由化によって，「もしc_1, c_2, …, c_rならば，eである」の前件が偽になっても，利潤率が低下するのかしないのかということは決定されない。例えばスミス説のように，資本量の増加が原因となって利潤率が低下することがあるかもしれない。また，リカードウが想像もしていないような因果連鎖によって，利潤率低下が起こるかも

しれない。したがって，穀物輸入を自由化すれば必ず利潤率の低下を阻止しうる，と主張するわけにはいかないのである。しかし，少なくともリカードウの考えでは，穀物輸入の自由化は，利潤率の低下を防ぐための最も有力な政策であった。彼は，自分の原理にしたがって，原因を除去することによって結果を阻止するという方法を用いたのである。

　要約しよう。リカードウの『経済学原理』における主題は，穀物輸入を制限したまま資本蓄積が進展すると，利潤率が低下することになる，という関係を明らかにすることであった。そしてこれを根拠として，利潤率の低下を防ぐためには穀物の輸入を自由化しなければならない，という実践的な方針が提起された。しかし，リカードウは，将来実際に起こる事態として利潤率の低下を予測していたわけではなかった。というのは，現実には利潤率の低下を阻止する諸原因が作用しているということを，理解していたからである。リカードウの利潤率低下論は，「顕著な場合」を想定して論証されたものであった。つまり，多くの条件を設けて，これらの条件が満たされる場合には利潤率が低下する，というものであった。いうまでもなく，このようにして明らかにされた経済学の原理は，現実の経済にそのまま適用しうるものではない。「顕著な場合」として想定された諸条件は，リカードウが問題としていた19世紀初頭のイギリスにおいてさえ，すべて満たされていたというわけではない。リカードウの事実認識には不明な点が多いが，想定された諸条件と現実とが一致していないことを，彼自身が容認する場合さえあった。したがって，リカードウが将来実際に起こる事態として利潤率低下を予測していたというのであれば，その予測の根拠は薄弱であったといわなければならない。実際，『経済学原理』の文言をみる限り，リカードウは将来の現実として利潤率が低下するとは述べていない。利潤率を低下させるように働く原因と，それを阻害する原因とが，ともに作用していると述べているのである。われわれは，リカードウが将来を予測するという形で原理と現実とを結びつけていた，と考えることはできないのである。

　穀物輸入の自由化という主張にとって，利潤率低下の予測は不可欠なものではない。要は，利潤率低下が起こらないように，穀物輸入を自由化すると

いうことなのである。つまり，経済学の原理は，ある出来事を引き起こす諸条件を明らかにすることによって，それが起こらないようにするための実践の指針を与える。現実の事態として，その出来事が起こるのか否か，不確定であってもかまわない。リカードウの関心は，利潤率低下を予測することではなく，それが起こらないようにするにはどうしたらよいのか，という点を解明することにあった。リカードウは，原因を除去することによって結果を防止するために，経済学の原理を用いた。しかし，事態を放置すれば利潤率が低下するかもしれないという不安を，同時代人が共有しているのでなければ，この原理は説得力をもたない。その不安がなくなるとともに，リカードウの利潤率低下論も説得力を失ってゆく。リカードウにおいては，原理と現実とがこのような形で，結びついていた。経済学の原理は，そこで導かれた帰結が現実には起こらないようにするために用いられたのである。

1) 例えば，ポリティカル・エコノミー・クラブの設立メンバーの1人であったマレット（John Lewis Mallet）は，1820年1月12日付けの日記のなかで，リカードウについて次のように述べている。「彼は，フランス人の表現でいえば，やたらと原理を使う人（hérissé de Principes）である。彼は，彼の研究したあらゆる問題について，凝り固まった考え方と，数学的真理の場合のような見解をもって，人に対する。……私が経済学に関する彼の見解に疑問をもつのは，この人の考え方の性質そのもののためであり，彼が経験と実際とを全く無視するためである」（*Political Economy Club*, vol. 6, ix）。
2) 本章で限定なしに"Works"という場合には，*The Works and Correspondence of David Ricardo*, ed. by P. Sraffa, 11 vols., London: Cambridge University Press, 1951-73（堀経夫ほか訳『リカードウ全集』全10冊，雄松堂書店，1969-78年）を指す。
3) この点について，シュンペーターは次のように述べている。「スミスは冷静にいろいろな性質の多数の事実を取り出す。それゆえに彼は多くの人にとって『帰納的』にみえる。しかしながら理論的問題においては，たとえ鋭さや深さを緩めることができるとしても，本質的にはリカードウの進んだ道以外を進みえないのである。このような理論的問題においては，スミスの個別観察は例証であり付加物であるにすぎない」（Schumpeter 1924, S. 60, 訳144頁）。これは，すでにケアンズが述べていたことであった。「スミスが歴史に頼るのは，つねに例証あるいは確証のためである。彼は歴史を学説の基礎とすることはなかった」（Cairnes 1875, pp. 114-115）。
4) "ceteris paribus"という方法および用語が，経済学においていつから使われるよう

になったのか明らかではないが，ウィリアム・ペティはすでにこの言葉を用いている(Petty 1662, p. 51, 訳90頁)．

5）「顕著な場合」とは，ハチスンによれば，なんらの組織的観察にも基づかない全く無限定の仮定を意味する(Hutchison 1978, p. 45, 訳53頁)．ホランダーによれば，それは説明のための意図的な単純化を意味するが，リカードウは過度な単純化には反対していたという(Hollander 1987, pp. 331-334, 訳416-420頁)．馬渡によれば，「顕著な場合」を想定するということは，演繹の前提について帰納や検証を行わない一種の仮説的な演繹法を採用することに近いという(馬渡 1990, 29頁)．ブラウグも，リカードウは仮説演繹モデルを採用していたと述べる(Blaug 1992, p. 53)．しかし，「顕著な場合」を仮説と呼ぶ場合には注意が必要である．第6章で詳しく述べるように，当時仮説という言葉は，(1)発見のさいに帰納に頼らないという意味と，(2)攪乱要因を捨象するという意味と，少なくとも2つの意味で用いられていた．「顕著な場合」は，後者の意味で仮説と呼ぶことはできるが，帰納による発見という問題には関与しないのである．

6）$[c_2 \wedge \cdots \wedge c_n \rightarrow (c_1 \rightarrow e_1)] \equiv (c_1 \wedge c_2 \wedge \cdots \wedge c_n \rightarrow e_1)$．

7）「価値に対する労働投入量の影響についてのリカードウの議論というのは，実は，価値の変化に対する労働投入量の変化についての議論なのである」(Sowell 1974, p. 129)．

8）リカードウ価値論を生産費説の観点から考察した論考として，中村(1986)，竹永(1987)，深貝(1988)などがある．

9）ある明確な結論を得るために，それに都合のよい仮定を置いて推論するリカードウの態度については，シュンペーターの辛辣な批評がある．「例えば，利潤は小麦の価格に'依存する'というのは，リカードウの有名な理論である．……利潤はおそらく他の何ものにも依存しえないであろう．なぜなら，その他のすべてのものは'所与のもの'，すなわち凍結されたものだからである．この理論は決して反駁されえないものであり，欠けているものはただセンスのみであるといったような，みごとな理論である．このような性格の結論を実際問題の解決に適用しようとする習慣を，われわれはリカードウ的悪弊(Ricardian Vice)と呼ぶことにする」(Schumpeter 1954, p. 473)．

10）この議論においては，農業が地主・資本家・労働者によって資本主義的に行われているということが自明の前提とされている．この前提が歴史的・地理的に相対的なものであるということを，リカードウが自覚していたのかどうかは，明らかではない．リカードウの地代論が歴史的・地理的に限定されたものであることをはじめて明確に指摘したのは，リチャード・ジョーンズであった．ジョーンズによれば，リカードウが考察しているような「農業者地代(farmer's rent)」は，地球上の全耕地の100分の1にも満たない地域でしかみることができないというのである(Jones 1831, pp. 13-14, 訳13-14頁)．しかし，ホランダーの解釈によれば，リカードウは，自分の経済学が依拠している制度的枠組み(純収益最大化という行動仮説やテクノロジーの状態)が，地理的・時間的に限定されたものであることを自覚していたという(Hollander 1987, pp. 327-330, 訳412-416頁)．

11）資本の国外流出ということに関して，リカードウは相反する見解を述べている．一

方では，外国よりも自国の方が利潤率が低い場合でも，「経験の示すところでは，資本がその所有者の直接管理下にないときの，資本の想像上ないし実際上の不安は，各人が，彼の出生しまた親戚たちのいる国を去って，その固有化したすべての習慣をつけたままで，異国の政府と新しい法律とに自らを託することに対してもっている自然の嫌悪と相まって，資本の流出を阻止するものである」(Works 1, p.136)としながら，他方では，「機械の使用が一国家内で阻止されても安全である，ということは決してありえない，というのは，もしも資本が，機械の使用によってこの国に与えられるであろう，最大の純収入を収めることを許されないとすれば，それは海外に運び去られるだろうからである」(Works 1, p.396)と述べる。引用文の出所は，それぞれ，第7章「外国貿易について」と第31章「機械について」とであるが，その主題ごとに資本家の行動様式についての仮定が変更されているのである。しかし，資本蓄積の進展→労働需要の増加という関係を問題にする場合には，資本の国外流出がないと仮定していたはずである。

12) 本文では，農産物を原料とする製造品の価格が上昇すると述べられているが，数値例では，そのような価格上昇はないものとして計算が行われている。この点について，リカードウは次のように述べる。「これらすべての計算において，私はただ原理を解明することだけを望んだのである。だから，私の基礎はすべて，勝手にまたたんに例証のために仮定されたものである，ということはほとんどいう必要がない。増加しつつある人口が要求する相次ぐ穀物量を取得するのに必要な労働者数の差異，労働者の家族によって消費される分量，等々を述べるにあたって，私がいかに正確に説明したとしても，結果は，程度こそ異なれ，原理においては同一であったであろう。私の目的は問題を単純化することにあった。それゆえに，私は，労働者の食物以外の必需品の価格の増加を少しも斟酌しなかった。その増加は，それらのものをつくる原材料の価値増加の結果であり，そしてもちろんさらに賃金を増加させ，そして利潤を引き下げるであろう」(Works 1, pp.121-122)。つまり，この場合の原理とは，農産物価格の上昇→貨幣賃金の上昇→利潤率の低下という因果連鎖のことであり，穀物以外の賃金財価格は不変でも上昇しても，原理には影響がないというわけである。

13) ブラウグは，リカードウの学説の運命はその予測の正確さに依存していたとし，しかもその予測は，1830-40年代に利用可能であった統計的証拠によって反証されていたと述べる(Blaug 1958, p.187, 訳280頁)。これに対して，ドゥ・マーキは，リカードウが理論のテストのために必要であると考えていた期間は，おそらく25年以上の長期であり，また予測が正確でなくても立法者に助言を与えることはできると考えていた，と述べる(de Marchi 1970, pp.263-265)。

第3章　マルサスの「帰納法」

1　『人口の原理』

問題の所在

　19世紀の経済学方法論においては，帰納法と演繹法との対立が大きく取り上げられた。とくに，19世紀後半に歴史学派が登場するとともに，2つの方法の対立は，ますます喧伝されるようになった。そのような状況のなかで，スミスにおいては2つの方法が統一されていたが，リカードウは一方の演繹法を継承し，マルサス（Thomas Robert Malthus, 1766-1834）は他方の帰納法を継承した，という古典派方法論史についての理解が形成されていった[1]。このような理解は，さまざまな変形を伴いながら，多くの論者によって支持されてきた。例えば，ジョン・ネヴィル・ケインズは，端的に次のように述べている。「アダム・スミスのなかに看取される帰納的傾向に関していえば，その継承者はマルサスに見出される。これに対して，抽象的・演繹的傾向の継続と発展とについては，われわれはリカードウに目を向ける」(Keynes, J. N. 1917, p. 11, 訳14頁)。ジョン・メイナード・ケインズもまた，父にならうように，「経済学上の議論においては，リカードウは抽象的でア・プリオリな理論家であり，マルサスは帰納的かつ直観的な研究者で，事業ならびに自分自身の直観に準拠して吟味しうる事柄からあまりに遊離することを嫌ったのである」(Keynes, J. M. 1951, p. 95)と述べている。マルサスを歴史学派に連なるものと考える経済学者もいた。例えば，ロッシャーによれば，彼

の歴史的方法は，「リカードウの学派には遠いが，もともとその学派に反対するものではなく，かえってその成果を感謝して利用しようとするものである。それはむしろ，マルサスおよびラウの方法に近い」(Roscher 1843, v, 訳 20 頁)という。マルサスを歴史学派と結びつける見解は，マーシャルの発言のなかにも見出すことができる。「『人口の原理』の第 2 版 (1803 年) において，マルサスは，事実の広範で綿密な叙述のうえに立って論じたので，歴史派経済学の創立者の 1 人ともいえるようになった」(Marshall 1920, p. 179)。マルサスの方法を帰納法とし，リカードウと対立するものとみなす見解は，多くの論者によって共有されたものであり，現在でも根強く残る見解であるといってよい。

　しかしながら，このような理解に対しては，異論も提出されている。次のようなシュンペーターの見解は，その代表的なものということができる。「例えば供給過剰に関する論争において，マルサス（およびシスモンディ）がリカードウの手続きはあまりに抽象的であるとして反対し，リカードウ自身はその議論の抽象的性質を強調したときに，両者はただ絶望のため息を言葉に言い表していたにすぎない。このさい，マルサスおよびシスモンディが，後年の方法論争において用いられるようになった意味でリカードウの『方法』に対して本当に反対した，と推論するのは全く誤りであろう。……言い換えると，マルサスとシスモンディとは，リカードウとは異なった仕方で，しかも一部分は異なった事実を見つめて理論化したのであって，彼らが実際に行ったことは，後のシュモラー学派やアメリカ制度学派が一時企てたこととは異なって，理論化それ自体には少しも反対していなかったということを証明しているのである」(Schumpeter 1954, p. 539, 訳 1133 頁)。ブラウグもまた，リカードウとマルサスとの間に重大な方法論上の差異はないと述べている。「マルサスは，はっきりと述べているわけではないが，リカードウの演繹的アプローチとは正反対の帰納的方法がスミスの議論のなかに存在する，ということに気づいていた。しかし実際には，マルサスの推理のスタイルはリカードウのそれと同一であり，価値の問題や『一般的供給過剰』の可能性に関する両者の広範な不一致は，実質的な方法論上の差異をなんら伴っては

いないのである」(Blaug 1992, p. 54)。つまり，シュンペーターやブラウグによれば，マルサスは，演繹的経済理論を支持するという点で，リカードウと同様の方法を採用していたというのである。

マルサスの方法に関する評価の食い違いを，われわれはどう考えたらよいのだろうか。結論からいえば，シュンペーターやブラウグの解釈の方が適切であり，マルサスとリカードウとを対立させる見解は，帰納法の意味があいまいであったために生じたものであった，ということができる。第1に，確かに帰納法という言葉が演繹法と対立する意味で用いられることがあった。この時代の経済学における演繹とは，理想化された状況の下で，ある経済的原因が作用するときに生じる結果を推論する方法を意味していた。これに対して，理想化の操作を行わず，与えられたままの事実から経験的法則を導く方法が帰納法と呼ばれることがあった。この意味での帰納法が，社会科学の唯一の正しい方法であると主張されるときには，確かに演繹法と対立するものになった。しかし，マルサスが用いていた帰納法はこれではなかった。つまり，理想化された状況の下での演繹を拒否して，現実に与えられた事実から経験的法則を帰納することで満足する，という方法を採用したわけではないのである。第2に，演繹法を補完するものとして帰納法が用いられる場合もあった。つまり，演繹の前提を形成するときと，演繹の結論を確証するときに，用いられる帰納法がそれである。この意味での帰納法は，演繹法となんら対立するものではない。マルサスは，確かに帰納法を用いていたが，それは演繹法と対立するものではなく，演繹法を補完するものとして帰納法を用いていたのである。しかも，演繹の前提を形成するためではなく，演繹の結論を確証し，これを正当化するために用いていた。リカードウとマルサスとの相違は，演繹法と帰納法との相違ではなく，演繹の結論を確証するために収集された経験的データの分量にあったのである。以下本章では，リカードウの方法との関係に留意しながら，マルサスの方法の特徴を明らかにする。

『人口の原理』初版

マルサスの方法を帰納法であると評価する論者は，主として『人口の原

理』に注目する。したがって，われわれもまず，人口の原理の意味を確認するとともに，それが帰納法とどのような関係にあるのかということを検討することにしよう。『人口の原理』初版において，マルサスはまず，疑うことのできない2つの公準(postulata)あるいは法則(laws)を置く。その2公準とは，「第1，食料は人間の生存に必要であること。第2，両性間の情念は必然であり，ほぼ現在の状態のままであり続けると思われること」(Works 1, p. 8, 訳417頁)[2]である。これらの2公準は，帰納法によって導かれたものではない。少なくとも，マルサスは，これらの2公準を導くためのデータを示してはいない。マルサスの方法を特徴づける広範な事実調査は，2公準を導くためのものではなかった。彼はむしろ，これらの2公準を，例証を必要としないくらい自明なものとして，冒頭に掲げているのである。そのうえで，マルサスは，この2公準に基づいて，次のような諸命題を導く。すなわち，「人口の力は，人間のために生存手段を生産する地球の力よりも限りなく大きい。人口は制限されなければ，等比数列的に増加する。生存手段は等差数列的にしか増加しない」という命題，および，人口が食料の水準まで抑制される過程で「窮乏(misery)と悪徳(vice)」とが現れる，という命題である(Works 1, p. 9, 訳418頁)。しかし，一見して明らかなように，2公準からこれらの命題が必然的に導かれるわけではない。論証を欠陥のないものにするためには，暗黙のうちに前提とされているものを，補ってやらなければならない。しかし，マルサスはこれらの諸命題が導出されたものとみなして，それらを，「経験，すなわちすべての知識の真の源泉と基礎」(Works 1, p. 10, 訳419頁)に照らして確証しようとする。確証されるべき諸命題は，次のように定式化される。「人口が生存手段なしに増加できないことは，あまりにも明瞭な命題であって，例証を必要としないほどである。／生存手段があるところでは，人口がつねに増加することを，かつて存在したすべての国民の歴史が，十分に証明するであろう。／そして，人口の優勢な力は，窮乏あるいは悪徳を生み出さないでは制限されないこと，これらのあまりに苦い成分が人生において大きな部分を占めること，また，それらを生み出したと思われる物理的諸原因の永続性は，強い確信を抱かせるに足る証拠をもって

いる」(Works 1, p. 17, 訳 427 頁)。『人口の原理』の大半は，これらの諸命題を正当化することに向けられているのである。

　実際には，マルサスの人口の原理は，マルサス以前に発見されていた。シュンペーターが述べるように，「マルサスがその『人口の原理』初版(1798年)において示したすべての事実や議論は，その分析ならびに応用の詳細に至るまで，すでに非常に多数の著作家によって彼以前に十分に練り上げられていたのであるから，これらは 90 年代の初頭には広く受け入れられていたといってよい」(Schumpeter 1954, p. 578)。「人口の原理」の発見者はマルサスではなかったということは，他の研究者によっても指摘されている(Winch 1987, p. 3, 訳 5 頁)。これは，マルサス自身が認めていたことでもあった。マルサスは，自分の議論は新しいものではなく，ヒューム，アダム・スミス，ウォーレスなどによってすでに説かれていたものであるということを認めていた。「人口は，制限されない場合には，25 年ごとに倍加し続ける」(Works 1, p. 12, 訳 421 頁)という命題も，1643 年から 1760 年に至る時期のアメリカの経験に関してプライスが述べていたことに基づいている(Works 1, p. 40, 訳 453 頁)。したがって，実際には，経験に照らして確証されるべきものとされた諸命題は，疑う余地のない 2 公準から導出されたのではなく，先人の業績から借用されたものであった。しかし，そのことは問題ではない。重要な点は，初版刊行後に収集された経験的・統計的データが，すでに発見されていた諸原理を例証するために利用されたということである。われわれは，マルサスの「歴史的」「帰納的」な研究方法を検討するために，『人口の原理』第 2 版を参照しなければならない。

第 2 版以降

　マルサスは，『人口の原理』第 2 版において，証明すべき事柄を次のような 3 つの命題に整理した。「1. 人口は必然的に生存手段によって限定される。2. 人口は，あるきわめて強力かつ明白な制限によって阻止されなければ，生存手段が増加するところではつねに増加する。3. これらの制限，および優勢な人口増加の力を押しとどめ，その結果を生存手段と同じ水準に保つ制

限は，すべて道徳的抑制，悪徳，および窮乏に分解することができる」(Malthus 1803, p. 23)。初版との相違は，いうまでもなく，「道徳的抑制 (moral restraint)」が付け加えられたということである。マルサスは，『人口の原理』第2版においても，例証すべき3命題のなかの第1命題はほとんど例証を必要としないほど明らかなものであるとし，例証の大部分を，第2・第3命題に充てた。マルサスは，第2版以降，第6版に至るまで，これらの命題を経験的・統計的データによって例証しようとした。第2命題についていうと，例えば，1790年から10年ごとに実施されたアメリカの人口調査を利用し，さらに移民による増加の影響をも考慮したうえで，次のような結論を下している。「アメリカで実施された最近の人口調査からわかるように，全州を一緒にすると，人口はなお25年以内に倍加し続けている」(Works 2, pp. 305-306, 訳350-351頁)。第3命題については，第2命題以上に精力的に例証が集められた。すなわち，現実の人口がどのようにして食料の許容する水準まで抑制されているのかということが，おびただしい事実によって例証されている。マルサスの帰納法は，発見の方法ではなく，正当化の方法だったのである。

　人口が制限される仕方に関する例証は，実証的・規範的という二重の観点から行われた[3]。生存手段が許容する範囲を超えて増加する人口は，なんらかの方法によって制限されなければならない。マルサスは，そのような制限をいくつかに分類する。究極的制限(ultimate check)は食料の不足であるが，現実の飢饉の場合を除けばそれが直接に作用するわけではない。直接的制限(immediate check)となるものは種々ありうるが，それらは予防的制限(preventive checks)と積極的制限(positive checks)とに区分される。予防的制限とは，出生を抑制し，人口の増加をあらかじめ防止することであり，積極的制限とは，生まれた人間の寿命が短縮されることによって，人口が事後的に抑制されることを意味する。この二分法は価値評価を含まない実証的観点からの分類法であるということができる。しかし，マルサスはさらに，規範的な観点から別の分類法をこれに重ねあわせた。その分類法が，第3命題に示されている道徳的抑制・悪徳・窮乏である。予防的制限は，規範的観点か

らみると，道徳的抑制と悪徳とに区分される。予防的制限のうち，「不規則な満足を伴わない結婚の抑制」が道徳的抑制であり，「不規則な満足」すなわち「乱交，不自然な情欲，姦通，および密通の結果を覆い隠すための不当な方法」などを伴って人口増加が予防されることは悪徳である。積極的制限は，「あらゆる不健全な職業，苛酷な労働や寒暑にさらされること，極度の貧困，劣悪な児童保育，大都会，あらゆる種類の不摂生，あらゆる種類の普通の疾病と伝染病，戦争，疫病および飢饉」などを含むが，規範的な観点からみると，自然の法則から不可避的に生じる窮乏と，人間が自ら引き起こす悪徳に基づく窮乏とに区分される (Malthus 1803, pp. 18-19)。人口に関する事実の問題を検討する場合には，規範的観点よりも実証的観点の方が基本的なものなのであるが，マルサス自身は道徳的評価に熱心だった。

　しかし，どちらの観点から考察するにしても，マルサスの人口の原理は，すべての現象を説明することができ，どの現象によっても反証されない，という性格のものであった。つまり，現実の人口の状態がどのようなものであっても，積極的制限および予防的制限が異なった程度で作用しているものとして説明できるので，すべての事例がいずれかの制限を例証するものになる。また，どのような制限も，規範的な観点からみれば，必ず窮乏・悪徳・道徳的抑制のいずれかに分類されるため，すべての事例が第3命題の例証となる。例えば，国民の生活水準が向上し，生存手段に対する人口の圧力が感じられなくなっても，その事態はマルサスの原理を反証するものではない。それは，予防的制限が強力に作用しているということを示すにすぎない。規範的観点からみても，その予防的制限は，「不規則な満足」を伴う悪徳か，それを伴わない道徳的抑制か，いずれかに分類されるのだから，どのような事例もマルサスの原理を例証するものとなるのである。このようなマルサスの議論は，予測の反証可能性を科学の規準とみなす反証主義の立場からすれば，許しがたい反証逃れの態度にみえる。例えば，ブラウグは次のように述べる。「マルサスの人口理論は，理論の仮面をかぶったトートロジーに危険なまでに近づいている。……マルサスの理論は，それが実際のあるいは考えられるどんな人口変動にも適用できないがゆえに，反駁されえない。それは，現実世界

について語ると称するが，その語ることが真であるのは，それ自身の用語の定義によってなのである」(Blaug 1997, p.70)。しかし，マルサスの人口理論の課題は，予測ではなく説明にあった。マルサスによれば，「それぞれの制限が作用する範囲や，それが繁殖力全体を阻害する割合を確かめることは明らかに不可能であるから，人口の現状についての正確な推論をそれらからア・プリオリに導くことはできない。……したがって，とるべき唯一の途は，物理研究におけると同様の手続きを踏むこと，すなわちまず事実を観察し，次いで集めうる最善の手がかりからそれを説明するということである」(Malthus 1803, p.107, 1807 年版で追加)。したがって，マルサスの人口理論を内在的に評価するためには，それが事実の説明として説得力をもつものであったのか否か，ということが問題にされなければならない。その問題は，後にシーニアやケアンズによって取り上げられることになるのであるが，われわれは第7章でそれを検討することにする。

2 マルサスの方法論

因 果 論

いずれにせよ，マルサスが帰納法を確証の方法として用いたということは，その帰納法が演繹法と対立するものではなかったということを示している。この点は，マルサスの『経済学原理』を検討することによって，さらに明白になる。われわれは，とくにリカードウの方法との異同に注意しながら，マルサス『経済学原理』の検討を行うことにする。確かに，ある前提からの演繹によって経済学の一般的原理を導くという方法を支持する点で，マルサスはリカードウと同様の方法論的立場に立っていた。しかし，両者の方法が全く同一であったというわけではない。というのは，演繹を行うさいに，リカードウは単一原因論をとったが，マルサスは複合原因論を支持していたからである。また，結論を歴史的・統計的データによって確証するという点で，リカードウが消極的であったのに対して，マルサスはそれを重視したという点でも，両者は異なっていた。以下，マルサスの『経済学原理』に即して，

彼の議論を具体的に検討することにしよう。

　マルサスは，『経済学原理』の序文で，方法論上の諸問題に関する見解を述べている。その見解のなかで注目しなければならないのは，マルサスの因果論と経験的テストに関する見解とである。まず因果論であるが，経済現象を因果論の枠組みによって考察しようとする態度は，古典派全体に共通するものであった。とくにリカードウとの関係で注目に値するのは，マルサスの複合原因論である。マルサスによれば，経済学者の間に存在する誤謬と見解の相違とは，主として，「簡単化し一般化しようとする軽率な試み」(Works 5, p. 4, 訳上 7 頁) に基づいている。そのような試みのなかでもとくに問題なのは，経済現象を単一の原因から説明しようとする試みである。すなわち，「経済学においては，簡単化しようとする願望が，特定の結果を生み出すにあたって，1 つ以上の原因が作用することを認めたがらないようにさせた」(Works 5, p. 8, 訳上 8 頁)。この批判は，明らかにリカードウに対して向けられたものであった。前章でみたように，リカードウは，ただ 1 つの原因のみが作用し，その他の諸原因によっては攪乱されない「顕著な場合 (strong cases)」を想定して，経済学の原理を解明しようとした。つまり，他の原因によって攪乱されない場合の因果関係が，リカードウにとっての原理の意味であった。しかし，マルサスは，このような方法によっては現実の事態を説明することはできないと考えていた。例えばマルサスは，1812 年 2 月 23 日付けのリカードウへの手紙のなかで，通貨の過剰が為替に及ぼす影響という問題に言及して，次のように述べている。「実際，最も科学的な人をしばしば押しやる単純化の願望が，あなたを誘って，正確には 2 つの原因に帰属する諸現象を 1 つの原因に帰せしめ，あなたの学説に不利となるように (少なくとも私には) 思われる事実に十分な重要性を認めさせなかったように思われます。正直にいって私はいまなお，これらの事実をあなたの原理に基づいてすべて十分に説明することはできないと考えています」(Ricardo Works 6, p. 82, 訳 94 頁)。つまり，リカードウとマルサスとは，経済現象を単一の原因から説明するのか，複合的な原因から説明するのかという点で，見解を異にしていたのである。両者はともに演繹的な経済理論を支持していたので

あるが，このような相違があったために，演繹の方法や結論はおのずから異なるものとなった。この点については，次節で具体例をあげて考察する。

　経済現象間の因果的秩序に関するマルサスの見解には，複合原因論のほかにもいくつかの注目すべき点がある。第1に，マルサスは，原因となる現象と結果となる現象との間で循環が起こる場合があることを指摘する。「相互に作用し反作用するところの，経済学における原因と結果との循環の作用を，その結末を予知するためにはっきりと追求し，これにしたがって一般的規則を打ち立てるということは，多くの場合においてきわめて困難な仕事である。しかし，……この科学の改良と完成のためにも，またそれから期待されうる実際上の利益のためにも，このような研究をすることは疑いもなく望ましいことである」(Works 5, pp. 13-14, 訳上 18-19頁)，というのである。マルサス自身の真意は必ずしも明らかではないが，ここには，因果関係についての興味深い見解が示唆されている。例えば，AとBという2つの要因がある場合に，あるときはAが原因でBが結果となるが，他のときにはBが原因でAが結果となる，という関係があることを示唆しているものと解釈できる。相互に作用し反作用するということが，AとBとの同時の関係を示しているのであれば，両者は因果性というよりも相互依存性を示すことになる。しかし，マルサス自身が指摘したかったのは，同時に作用しあう関係ではなく，原因と結果との交代ということであり，その意味では，やはり因果論の枠内で考えていたものと解釈されるのである。第2に，経済現象間の因果関係には，修正や限定を加えなければならないものがあることを指摘する。すなわち，ある種類の原因が作用する強度と効力との程度が異なる場合があるだけではなく，同じ原因が逆の結果を引きこすことさえある。例えば，貯蓄と富の増大との間には，貯蓄が増大すれば富も増大するという因果的な関係があるが，最も望ましい中間点を超えて貯蓄が行われると，逆に富の増大にとって有害なものに転化する，というのである。この指摘は，後述するJ. S. ミルの方法論との関連で注目に値する。ミルによれば，社会現象は力学的アナロジーを用いて研究することができる。すなわち，個々の原因の結果を加算することによって，全体としての結果を求めることができる。しか

し，ここでマルサスが指摘しているのは，全体としての結果が，個々の結果の総和ではなく，相互の関係に依存して変化する場合があるということである。つまり，力学的アナロジーが使えない場合があるということを示唆しているのである。第3に，予測の困難を指摘する。経済現象は複数の原因の結合によって生み出されること，原因と結果とが循環したり，因果関係に修正と限定が必要になったりすること，さらに原因が作用する強度が異なっていたり，未知の原因が存在したりするかもしれないこと，これらの事情が経済的予測を困難なものにする。実際にマルサスは，経済的予測は精密なものにはなりえないとし，予測の誤りが許容されなければならないと考えていた (Works 5, pp. 8-9, 14, 訳上9, 19頁)。結論の確実性という点で，経済学は精密科学ではない科学のなかに含まれるというのである。後述するように，この議論はJ. S. ミルに連なるものである。

経験的テスト

　マルサスの方法論的見解のなかで，因果論とならんで注目に値するのは，経験的テストを重視する点である。マルサスは，経済的予測には困難が伴うことを認めていたが，経済理論の結論を既知の事実と照らしあわせて，経験的テストにかけることは必要であると考えていた。経験的テストは，誤った理論を拒絶(rejection)するための規準となる。確かに，理論が提供する説明に2, 3の例外があったからといって理論を拒絶する必要はないが，一般的な経験と矛盾する理論は拒絶されなければならない。「早まった一般化への傾向はまた，経済学の主だった著者たちのなかのあるものをして，彼らの理論を経験のテストにかけることを好まないようにさせる。孤立した事実を不当に強調したり，あるいは多くの注目すべき現象を説明するはずの首尾一貫した理論が，その現実性と関連とについて十分に吟味される機会をもたないでいる2, 3の矛盾した外観のために，ただちに無効にされる，と考えたりすることは誰よりも私の最もとらないところである。しかし，確かにどのような理論であっても，一般的な経験と矛盾するものは，正しいものとして受け入れられることを主張するどんな権利をももちえないものである。この

ような矛盾は，それを拒絶するのには，完全なかつ十分な理由である，と私には思われる」(Works 5, p. 10, 訳上 12 頁)。マルサスによれば，この規準にしたがうと，リカードウの利潤論は拒絶されるべき誤った理論であるということになる。この点については次節で述べる。

　経験的テストには，誤った理論の拒絶以外にも，次のような役割がある。第 1 に，経験的テストは，正しい理論を確証(confirm)するという役割をもっている。マルサスによれば，彼の人口理論は，そのような経験的テストに合格し，確証されたものであった。すなわち，「もし，われわれが知っているあらゆる国に現に存在しているような社会状態によって，人口理論が最も際立った仕方で確証される，と私に考えられなかったならば，私は私が相変わらずもっている人口理論に関する確固不動の信念を決してもたなかったであろう」(Works 5, p. 10, 訳上 12-13 頁)。『人口の原理』に含まれている事実の記述は，確かにマルサスの原理を確証するために集められたものであった。しかし，前節でみたように，マルサスの人口の原理は，人口に関するどのような現象によっても確証されるものであったから，その確証例は至るところにあった。したがって，テストの仕方については批判される余地があるが，少なくともマルサスにとっては，人口理論の正しさを確信させるのに十分な経験的証拠があると考えられたのである。第 2 に，経験的テストは，理論において無視されていた攪乱原因を発見するために必要である。「ある理論は，正確であるようにみえるかもしれないし，また与えられた前提の下では実際に正確であるかもしれない。さらにこれらの前提は，この理論がまさに適用されようとするところの前提と同じものであるようにみえるかもしれない。しかし，前には注意されなかった相違が，結果と期待された結果とが相違することで示されるかもしれないのである」(Works 5, p. 10, 訳上 13 頁)。すなわち，マルサスは，一般的な経験と矛盾する理論は拒絶されなければならないとする一方で，理論と現実とが一致しない場合には，理論で無視された攪乱原因を補ってやらなければならないと述べているのである。ここには，経済学の方法についての深刻な問題が潜んでおり，それはやがて J. S. ミルやケアンズによって取り上げられることになる。その問題とは，あ

第3章　マルサスの「帰納法」

る理論に対する変則事例が観察されたとき，経済学者はどのように対処したらよいのか，という問題である。反証されたものとみなしてその理論を廃棄すべきなのか，それとも，攪乱原因を補うことによって理論を防衛すべきなのか。マルサスは，両方の選択肢を提示しており，その選択は研究者の判断に委ねられているのである。第3に，経験的テストは，経済理論を実践に応用するために必要なものであった。「本書の明確な目的の1つは，頻繁に経験に照らすことによって，また特定の現象を生み出すさいに同時に作用するすべての原因を包括的に考察しようと努力することによって，いくつかの最も重要な経済学の規則を実際に応用できるように準備することである」(Works 5, p. 16, 訳上23頁)。マルサスの『経済学原理』の正式なタイトルは，『経済学原理──その実際の応用を目的として』であり，ここにすでに実践的応用へのマルサスの意欲が現れている。マルサスによれば，何がなされうるか，またそれをどのように行うか，ということを知ることは，最も貴重な種類の知識であり，それに次ぐものは，何がなされえないか，またなぜわれわれはそれをなしえないのか，ということを知ることなのである(Works 5, p. 14, 訳上19頁)。以上，誤った理論の拒絶を含めて，これら4点が経験的テストの意義であった。

　しかしマルサスは，経験的テストの意義を高く評価する一方で，経験に訴えることに伴う誤謬にも警戒を促している。「研究を導くこの方式には，疑いなく，単純化への傾向から生ずる誤謬とは反対の誤謬に陥るおそれがある。たんに共存するだけの偶然的であるにすぎないある現象が原因と間違えられるかもしれない」(Works 5, p. 16, 訳上23頁)。例えば，スミスは，18世紀前半の偶然的な事実から，富んだ国では小麦が廉価であり，その輸入量は少ないという結論を導き，ここから，輸入される分量は国内生産の邪魔にはならない，という誤った実践的結論を導いたという。時間的に前後関係にあるにすぎない2つの現象間に因果の関係を読み込む誤謬は，「前後即因果の虚偽(post hoc, ergo propter hoc)」と呼ばれるが，経験に訴える場合には，この種の誤謬に陥らないようにしなければならない，というのがマルサスの主張であった。一方には経験に追従する誤謬があり，他方には経験に十分に照

らさない誤謬があるから，真理にできるだけ接近するためには，できるだけ両極端の正しい中間を追求しなければならない(Works 5, p. 17, 訳上 24-25頁)。中庸は，マルサスにとって，学問研究の指針ともなるものであった。

　経験的テストを可能にするために，マルサスは，経済学の概念を定義するにあたって，測定可能性を重視した。すなわち，「もしわれわれがセー氏とともに，経済学を経験に基づきかつ経験の成果を知らせることのできる実証科学たらしめようと望むならば，われわれはその主要な用語を定義するにあたって，その増減を評価しうるものだけを包含するようにとくに注意しなければならない。そしてそれを引くことがきわめて自然でかつ有用であるように思われる線は，物質的なものを非物質的なものから分離する線である」(Works 5, p. 28, 訳上 45頁)。例えば，富という概念は，次のように定義される。「私は富を，個人または国民が自発的に占有するところの，人間にとって必要であり有用でありあるいは快適である物質的なものである，と定義したい」(Works 5, p. 28, 訳上 46頁)。つまり，富が物質的なものと定義され，サーヴィスが富から除外されたのは，サーヴィスの量が測定不可能と考えられたからであった。また，需要という概念も，測定可能性の観点から定義される。供給は売りに出された商品の分量であるから測定可能であるが，需要は商品を購買しようとする人々の意志であるから，それ自身は観察・測定のできるものではない。そこでマルサスは，「需要は，需要者が彼らの欲望を満たすために払う意志と能力とをもっているところの，貨幣での犠牲によって，表現され測定されるであろう」(Works 5, p. 52, 訳上 85-86頁)と述べ，支出される貨幣(一般的購買手段)という観察可能な量によって，需要が測定されるという見解を示す。その結果，「なんらかの商品に対する需要は，その一般的購買手段と結びついたところの，商品を購買しようとする人々の意志である」(Works 5, p. 51, 訳上 85頁)と定義されることになったのである。しかもマルサスは，貨幣によって意志を測定するためには，貨幣の価値が不変でなければならないと指摘している。このような議論は，後にジェヴォンズやマーシャルが，支出される貨幣量によって限界効用の大きさを間接的に測定しうると述べたことを彷彿とさせるものである。

以上で述べたことは，マルサス自身が明示している経済学方法論である。しかし，われわれにとってより重要なのは，明示されている方法論を手がかりとして，『経済学原理』で実際に用いられている方法を分析することである。

3 『経済学原理』

複合原因論

マルサスが実際に用いている方法を解明するために，具体的な例に即して検討することにしよう。われわれは，『経済学原理』第1編第5章にみられる利潤率の変動論を取り上げて，このことを明らかにする。前章でリカードウの利潤率低下論を考察しているので，この事例は，リカードウの方法との異同を明らかにするうえで，適当なものであるということができる。マルサスによれば，利潤率とは，生産された商品の価値とそれを生産するのに必要な前払いの価値との差額が，前払いの価値に対してとる比率のことである。前払いは，賃金とその他の部分とに区別することができるが，両者の割合に応じて総利潤を割り振ると，賃金部分に割り振られた利潤部分の比率は，前払い全体の価値に対する総利潤の比率と同じになる。したがって，賃金部分に対する利潤部分の比率を考察することによって，利潤率の変動を研究することができる，とマルサスは考えている。さて，マルサスによれば，そのような利潤率に影響を及ぼす2つの主要な原因が，利潤を制限する原理(limiting principle of profits)と利潤を規制する原理(regulating principle of profits)と呼ばれるものである。制限原理とは，土地に使用された最終の資本の生産性のことであり，これによって，生産物の価値のなかに占める，使用された労働者を扶養することに充てられる部分の比率が，大きかったり小さかったりする。すなわち，もし生産性が高ければ，労働者を扶養したうえでなお農業資本家の手元に残る部分は大きくなるから，利潤率は高くなる。他方，規制原理とは，「同一価値の資本に基づいて同一量の労働で生産した生産物の，需要および供給によって決定される価値の変動」(Works 5, p.

223, 訳下 84 頁)のことである。マルサスによれば，生産物の価値はそれによって支配される労働の量によって尺度されるのであるが，ある生産物量が支配しうる労働量は，労働の供給と需要とによって決定される。すなわち，もし労働供給が相対的に大きければ，賃金は下落するので，利潤率は高くなる。そこで，「生産物の価値のそのような変動は，主として，資本が使用する労働と比較して，労働を維持するための基金(funds)を含んだ資本が豊富であるか稀少であるかによって，引き起こされる」(Works 5, p. 223, 訳下 84 頁)ということになる。

　マルサスは，はじめにこれらの2つの原因を分離して考察し，その後で2つの原因が同時に作用する場合を考察する。「この第2の原因はつねに第1の原因を修正しているが，しかしそれらの原因を分離して考察することが望ましいであろう」(Works 5, p. 219, 訳下 78 頁)というわけである。そこでまず，第1の原因が単独で作用する場合であるが，その場合には，次のような仮定が置かれることになる。①資本と人口とが同一率で増加する。②農業における熟練は変更されない。③外国から穀物を獲得する手段がない。④租税がなく，地代が支払われた後の生産物は資本家と労働者との間で分割される。⑤同一の生産物のすべての部分に対する需要が等しく，すべての部分が同一の価値をもつ。⑥初期には肥沃な土地のみが耕作されるため，労働の生産力が大きく，穀物賃金率も利潤率もともに高い。さて，このような仮定の下で，人口の増加に対応する食料需要の増加をまかなうために劣等地の耕作あるいは既耕地への追加投資が行われると，どのような事態が生じるのか。マルサスによれば，その帰結は，一定量の労働が生み出す生産物の量が徐々に減少するということである。しかし，賃金には生産物の減少に比例して低下するほどの余裕はないから，労働の支払いに充てられる部分は利潤の支払いに充てられる部分をしだいに蚕食するようになり，「そして利潤率はもちろん規則正しく減少し，貯蓄の能力と意志とがなくなることによって，蓄積の増進は停止してしまうであろう」(Works 5, p. 219, 訳下 79 頁)。このような推理の仕方，すなわち，いくつかの仮定を置いて，ある1つの原因のみが作用する場合の結果を求めるという推理の仕方は，リカードウが「顕著な場合」を

想定して原理を解明するといっていた推理の仕方と，なんら変わるところがない。しかも，この第1の原因は，リカードウの利潤率低下論においても主要な原因とみなされていたものであった。その限りでは，マルサスはリカードウと同じタイプの演繹的方法を採用していたということができるのである。

しかし，マルサスは，複数の原因が結合して生ずる結果を重視するという点で，リカードウとは異なっていた。つまり，第1の原因のほかに，第2の原因の作用をも考慮し，両者が同時に作用する場合の結果の混合を考察しようとするのである。マルサスは，第2の原因の作用を明瞭にするために，次のような仮定を置く。①一国の資本および生産物(労働を維持するための基金)が引き続き増大する。②ある不可思議な影響によって一国の人口増大が阻止され，人口に対する需要を十分に充たしえない。このような仮定の下では，「需要および供給の大原理」(Works 5, p. 224, 訳下86頁)によって，賃金率が騰貴し，それに対応して利潤率は低下する。「もし資本および生産物の連続的増大が起こり，一方人口は，肥沃な土壌と豊富な食料とがあるにもかかわらず，ある隠された原因によって資本および生産物の増加と歩調を合わせることができないとすれば，そのときには利潤は徐々に削減されるようになり，次々と起こる削減によって，ついに蓄積の能力と意思とは作用しなくなるであろう」(Works 5, p. 224, 訳下85頁)。ここで，資本よりも人口の方が速やかに増加するという仮定を置けば，結論は逆になる。すなわち，賃金率は下落し，それに対応して利潤率は上昇する，という結論が導かれる。したがって，純粋に理論的な推理としては，つまりある仮定の下での推理としては，利潤率の動向は仮定の設定の仕方に依存することになる。利潤率の現実の動向を決定するのは，現実の与件である。さらにまた，第1の原因と第2の原因とが同時に作用する場合にどのような事態が生じるのかということもまた，現実的な条件に依存している。そこでわれわれも，マルサスの現実認識について考察しなければならない。

原理の応用

第1の原因と第2の原因とが同時に作用する場合に，どちらが優勢になる

のかという問題についてのマルサスの結論は，少なくとも当面の事態においては，第1の原因よりも第2の原因の方が影響が大きい，というものであった。マルサスは第1の原因の強力な作用は認めるのであるが，しかし，「この原理は最終的にはまさに最大の力をもっているけれども，その進行は極度に遅くかつ漸進的である。そしてそれが，その最終目的地へ向けてほとんど認知しえない歩調で進みつつある間は，第2の原因が，それを完全に克服する結果を生み出し続け，しばしば20年または30年間，あるいは引き続き100年間でさえ，第1の原因にしたがうときにとるべき行程とは全く異なる行程を，利潤率がとるように仕向けるのである」(Works 5, p. 228, 訳下91頁)。事実，当時のイギリスの状況は，このような見通しを裏づけている，とマルサスは考えていた。「すべての国において起こるのが観察されるところの平和の時期と戦争の時期との間の利潤率の相違は，主として，需要と比較しての資本および農産物が豊富であるかあるいは稀少であるかに帰しうるのであって，土地における労働の生産性の変動には帰しえない，と実際にいわれるであろうがそれは真実であろう」(Works 5, p. 230, 訳下95頁)。このような見通しを裏づけるために経験的証拠が示されているので，それをみることにしよう。

現実の事態においては，主要な2原因以外に，それらを攪乱し修正する諸原因も作用している。マルサスは，利潤率に影響を与えるそのような諸原因として，①農業における改良，②労働者の個人的努力の増大，③穀物価格の騰貴，④機械の改良による製造品価格の低下，をあげている。これらはすべて，農業利潤率を上昇させ，さらに利潤率の均等化過程を通じて商工業利潤率をも上昇させるものと考えられている。さて，マルサスは，利潤率の現実の動向を確認するさいに，利子率の動向が利潤率の動向の指標になるものとみなしている。1793年の対仏戦争開始以前の平和な時期には利子率は低く，それ以後の戦争の時期には利子率は高くなった。マルサスによれば，1793年の平和な時期には，資本および農産物が相対的に過剰であるため，穀物の価格は下落し，賃金は騰貴するかあるいは少なくとも停滞的であった。さらに，皮革・鉄・木材などの資本財が騰貴したことを付言するならば，この時

期に農業利潤率が低かったことは，簡単に説明することができる，という。1793年以降の戦争の時期には，資本と農産物とに対する法外な需要があるために，それらは相対的に不足する。さらに，農業上の改良，個人的努力の増大，機械の改良による製造品価格の低下，穀物価格の騰貴といった，利潤率を上昇させる副次的な諸原因も共同に作用したために，劣等地耕作の進展にもかかわらず，利潤率は上昇した。「したがって，耕作に引き入れられた最後の土地の肥沃度という点を，利潤を決定する唯一の原因であるとし，あるいは主要な原因でもあるとして，長々と論究することは，最も誤った結論へと導くものに違いない」(Works 5, p. 233, 訳下101頁)。これが，マルサスの事実認識であり，リカードウに対する批判であった。

以上の議論から明らかなように，マルサスは，複合原因によって現実の経済現象を説明しようと試みる点でリカードウと異なっており，利潤率を低下させるに至る最も強力な原因に関する事実認識という点でもリカードウと異なっていた。しかし，演繹的な経済理論の方法を支持しており，収穫逓減による利潤率の低下傾向も認めていたという点では，リカードウと共通するものをもっていた。したがって，例えば，イギリス歴史学派の先駆者とされるリチャード・ジョーンズが行ったようなリカードウ批判には，与することができなかった。この点は，1831年5月31日付けのウィリアム・ヒューエル宛ての手紙から窺うことができる。「私はいま，リカードウ氏に対する逆風があまりにも強くなっていることに，危惧の念を抱いています。そして，ジョーンズ氏は正しい方向をやや逸脱している，とさえ思います。リカードウ氏が地代増加の唯一の原因として農業資本の収穫逓減を力説する点は，確かに全くの誤りなのですが，ジョーンズ氏はそのことを示そうとするあまり，農業や製造業における改良によって阻止されない場合には，ある制限された範囲内で，そのような収穫逓減の自然的傾向が作用するという疑うことのできない真理をも否定しようとしているように思われます」(in de Marchi and Sturges 1973)。

マルサスの方法を要約すると，次のようになる。『人口の原理』においては，自明な2公準あるいは先行者の著作から得られた知識に基づいて原理を

導き，その原理を豊富な事実によって例証するという方法が用いられた。マルサスが経験的テストを重視する見解を示したこと，そして実際に原理の例証となる事実を精力的に収集したことは，マルサスの方法がもっぱら帰納的であったかのような印象を与えた。その帰納法は，演繹法と対立して，特殊な事実からの一般化によって原理を発見する方法であるかのごとく誤解されたのである。しかし，マルサスの帰納法は，発見の方法ではなく，すでに得られている原理を経験的事実に照らして正当化する方法であった。マルサスの『経済学原理』は，ある前提からの演繹によって一般的原理を導くという点で，リカードウと同一の方法論的立場をとっていた。しかし，マルサスとリカードウとは，経済現象を複合原因から演繹するのか，単一原因から演繹するのかという点で，対立していた。両者はまた，演繹によって導かれた原理の経験的テストを重視するのか否か，という点でも対立した。マルサスは，経済現象に影響を及ぼす主要な諸原因をできるだけ考察に含め，原理と経験的事実との適合の可能性を高めようとしていたのである。

1) ハチスン(Hutchison 1998)は，方法論に関するリカードウとマルサスとの応酬を，「第1次『方法論争』(the first '*methodenstreit*')」と呼んでいる。
2) 本章で限定なしに"Works"という場合には，*The Works of Thomas Robert Malthus*, 8 vols., edited by E. A. Wrigley and D. Souden, London : William Pickering, 1986 を指す。
3) この点は，ブラウグが指摘している。「この『実証的』二分法のうえに，マルサスは，制限を窮乏，悪徳，道徳的抑制に区分するという『規範的』三分法を重ねあわせた」(Blaug 1997, pp. 66-67)。

第4章　経済学の課題と領域

1　古典派の経済学方法論

シーニア，J. S. ミル，ケアンズ

　18世紀末から19世紀初頭にかけて，経済学は独立した学問分野としての形をしだいに整えていった。経済学が独立した学問分野として形成されるとともに，他の分野とは区別される経済学固有の領域や方法とはいったい何であるのか，という反省が行われるようになった。スミス，リカードウ，マルサスにおいても，すでにみたように，方法論的な自覚がなかったわけではない。しかし，彼らの方法論上の見解は，その大部分が，著作や書簡のなかで断片的に示されているだけで，およそ体系的なものとはいえなかった。本格的な方法論的反省は，スミス，リカードウ，マルサスなどの後に，1820年代以降に行われたといわなければならない。というのは，これ以後の方法論上の議論は，著作や書簡のなかに埋もれるのではなく，方法論そのものを主題とする論文や著書の形で現れるようになり，また，先行する議論をふまえて自説を展開するという形をとるようになって，方法論そのものが経済学のなかの一部門として登場したからである。この時代に，経済学方法論の形成に大きく貢献した論者として，シーニア (Nassau William Senior, 1790-1864) と J. S. ミル (John Stuart Mill, 1806-1873) とをあげなければならない[1]。そして，両者の議論をふまえて古典派の経済学方法論を体系化したのが，ケアンズ (John Elliot Cairnes, 1823-1875) であった。そこで，われわれ

はまず，この3人の経済学方法論に対する取り組みを概観することから考察を始めることにしよう。

アダム・スミスは，グラスゴー大学において道徳哲学の一部として経済学を講じたのであったが，19世紀に至って，イギリスのいくつかの大学に，独立した経済学の講座が設けられるようになった。イギリスにおける最初の経済学教授は，1805年にイースト・インディア・カレッジの教授に就任したマルサスであった。彼の職名は当初，「一般的歴史，政治，商業および金融の教授(Professor of General History, Politics, Commerce and Finance)」であったが，この名称は後に「歴史および経済学の教授(Professor of History and Political Economy)」に変更された(Pullen 1987, p. 283)。そして，2人目が，1825年にオックスフォード大学のドラモンド経済学教授(Drummond Professor of Political Economy)に任命されたシーニアであった。この教授職は，銀行家であり福音伝道者であったヘンリー・ドラモンド(Henry Drummond, 1786-1860)の寄付によって設立されたもので，講座担当者は，5年間の期限つきで任用され，毎年最低9回の講義を行うこと，少なくとも講義の1回分を公刊すること，等々の義務を負っていた(Spiegel 1991, p. 290)。シーニアは，1825-30年および1847-52年の2度にわたってこの教授職に就任し，また，1831年には一時的であったがロンドンのキングズ・カレッジの経済学教授に就任した。彼は，大学教授以外にも，救貧法や工場法に関する政府の委員を務めるなど，当時最も著名な経済学者の1人であった(Bowley 1937, pp. 22-23)。

しかし，周知のように，シーニアに対する評価は，論者によって非常に異なっている。例えば，マルクスが彼を俗流経済学者として罵倒するのに対して(Marx 1890, S. 623)，シュンペーターは，リカードウと同格，あるいはむしろ上位にいる経済学者として彼を評価するのである(Schumpeter 1954, pp. 484, 576)[2]。われわれがここでシーニアを取り上げるのは，彼が経済学方法論を最も早い時期に自覚的に論じた経済学者だからであり，この点に関する彼の業績が注目に値するものであることに，疑問の余地はない。シーニアが方法論的考察を行っている著作は，次のようなものであった。①オック

スフォードにおける1826年の講義録,『経済学入門講義』(*An Introductory Lecture on Political Economy*, 1827), ②マルサス人口論を批判した著作,『人口に関する二講』(*Two Lectures on Population*, 1829), ③主著,『経済科学要綱』(*An Outline of the Science of Political Economy*, 1836), ④J. S. ミルの『経済学試論集』と『経済学原理』とに対する書評論文,「経済学に関するJ. S. ミルの見解」(J. S. Mill on Political Economy, 1848), ⑤オックスフォードにおける1847-52年の講義録,『経済学入門四講』(*Four Introductory Lectures on Political Economy*, 1852), ⑥イギリス科学振興協会F部門(Section F of the British Association for the Advancement of Science)における講演,「統計科学」(Statistical Science, 1860)。以下, シーニアの方法論上の見解については, これらの著作を中心として検討を加えることにする。シーニアは, 新しい学問として登場した経済学に対して, 多くの無理解や誤解が存在することを感じていた。例えば, 経済理論と政策提言とを混同したり, 理論よりも事実の収集を重視したりする態度は, シーニアには, 経済学の進歩を妨げるものであると思われた。そのような混乱を解消しようとする努力が, 彼の方法論的考察を前進させることになったのである。

　シーニアに次いで経済学方法論に取り組んだのは, J. S. ミルであった。周知のように, ミルは, 19世紀中葉のイギリスにおいて, 経済学の第一人者であっただけではなく, 道徳科学全般についてみても, 当時を代表する知識人の1人であった。その学問は, 経済学だけではなく, 哲学・倫理学・論理学・心理学・政治学等々に及んでいた。その意味で, 経済学の哲学的基礎を反省するという役割を担うのに, 適した素養をもっていたということができる。ミルは, 経済学方法論の考察に着手した時間的な順序という点ではシーニアに若干遅れたが, その議論はシーニアよりも包括的であり徹底的であった。ミルの議論が公表されるとともに, シーニア自身もその影響を受け, ミルに対して自分の距離を測りながら, その議論を展開してゆくようになるのである。後世に与えた影響という点でも, ミルはシーニアを大きく上回っている。ミルが哲学的・方法論的考察を行っている著作は多数あるが, とくに経済学方法論に関係するものとして, 以下の3著作に注目しなければなら

ない。① 1844 年に刊行された『経済学試論集』の第 5 論文「経済学の定義と方法」(On the Definition of Political Economy ; and on the Method of Investigation Proper to It)。この論文は，そもそも 1831 年秋に執筆され，1833 年夏に書き直されて，1836 年 10 月に London and Westminster Review 誌上に発表されたものを，若干修正したものであった。② 1843 年に初版が出版され，1872 年に第 8 版が出版された『論理学体系』(A System of Logic : Ratiocinative and Inductive)。ライアンが指摘するように，この『論理学体系』こそ，ミルの全思想を統一する役割を担うものであった (Ryan 1987, ix)。③ 1848 年に初版が出版され，1871 年に第 7 版が出版された『経済学原理』(Principles of Political Economy, with Some of Their Applications to Social Philosophy)。いうまでもなく，ミルの経済学上の主著である。

経済学の成熟という状況を背景として，この学問分野の性格を反省しようとする試みが始まったとき，ミルは経済学方法論の任務をはっきりと自覚していた。ミルによれば，経済学方法論の任務は，あるべき方法論について語ることではなく，現に存在する経済学の方法論的特徴を反省することにあった。すなわち，ミルの念頭にあったのは，規範的方法論ではなく記述的方法論であった。ミルによれば，「ある科学の定義は，その科学自身の創造に先立つということはなく，それに後続するというのがつねであった。都市の壁と同じく，それは，後から建てられる建物の容器となるためにではなく，すでに存在している集合体を囲むために設けられたのである」(Mill CW4, p. 310, 訳 155-156 頁)。堅固に構築されているようにみえる科学であっても，その基本的諸概念に関する第一原理が漠然としたものにとどまっていることは，めずらしいことではない。ミルによれば，このような事態，すなわち不安定にみえる基礎の上に堅牢な上部構造が築き上げられるという事態は，なんら不思議なことではない。というのは，どの個別科学にとっても，この科学そのものは何であるのか，これを他の分野から区別する性質は何であるのかという研究ほど，高度の分析と抽象とを必要とする研究はほとんどないのであって，このような研究は，その科学自体の展開に遅れて進まざるをえな

いからである。ある科学を定義し，これにふさわしい方法を確定しようとする試みは，その科学そのものが十分に展開された後で，その営為のなかに暗黙のうちに含まれていた方法論を，明示しようとする試みにほかならない。方法論は，論理的順序としては科学の最初に位置するものであるが，実際の研究の過程では，当初は意識されることはないのであって，それがはっきりと姿を現すのは，時間的順序からいうとむしろ過程の最後の段階になってからである，というのである。

　われわれが経済学方法論の形成という問題を考察するさいに，取り上げなければならない第3の人物は，ケアンズである。ケアンズは，東インド会社に勤務しながら研究を行ったミルとは対照的に，大学教授として経済学に携わった人物であった。彼は，1823年にアイルランドに生まれ，1842年にダブリンのトリニティ・カレッジに入学，1854年に修士(Master of Arts)の学位を得た。大学教授としての経歴は，1856年に同カレッジのホェートリー経済学講座担当教授職(Whately professorship of political economy)に就任したことに始まり，続いてゴールウェイのクィーンズ・カレッジにおける経済学・法学教授(1859-70年)，ロンドンのユニヴァーシティ・カレッジにおける経済学教授(1866-72年)を歴任した。シュンペーターは，1873年にミルが逝去した後で，誰がイギリス第一の科学的経済学者であるかと問われたならば，誰でもケアンズの名前をあげたであろう，と述べている(Schumpeter 1954, p. 533)。ケアンズの著作のなかで，経済学方法論という観点からみて，とくに注目すべき著作は以下のものである。①『経済学の性格および論理的方法』(*The Character and Logical Method of Political Economy*)，初版1857年，第2版1875年。これは，ダブリンにおける講義を土台として出版された方法論上の主著である。この書は，イギリスにおいて長らく権威ある教科書とみなされ(Keynes, J. N. 1917, p. 12, 訳15頁)，方法論史上の画期的な労作と呼ばれるべきものであった(Schumpeter 1954, p. 534)。興味深いことに，すでに1884(明治17)年に，第2版の日本語訳が現れている。伴直之助訳『経済要義』(経済学講習会)がそれであるが，今日のわれわれにとっては読みやすいものではなく，また一般に入手も困難なので，訳書の頁

数は併記しない。②金問題に関する研究など,経済学関係の論文集,『理論および応用経済学論集』(*Essays in Political Economy, Theoretical and Applied*, 1873)。③経済理論上の主著,『経済学の若干の主要原理の新展開』(*Some Leading Principles of Political Economy Newly Expounded*, 1874)。

　ケアンズは,自分自身が,スミス,マルサス,リカードウ,J.S.ミルを代表者とする学派の一員である,という強い自覚をもっていた。したがって,その方法論も,この学派が事実上採用していた方法論を明らかにしようとしたものであり,あるべき方法論を新たに提示しようとしたものではなかった。確かに,スミスからJ.S.ミルに至る学派といっても,各論者の間にかなりの見解の相違があることは,ケアンズ自身も認めていた。しかし,彼はそのような見解の相違を強調するのではなく,共有されている基本的な考え方を取り出そうとしたのである。したがって,ケアンズの方法論は,リカードウとマルサスとの対立点とか,J.S.ミルがリカードウをどのように修正したかとか,そういった問題には関心を示していない。ケアンズの関心は,古典派経済学者間の対立にではなく,いわば古典派の外部からなされた批判,とくに理論を否定する傾向をもつ批判に対して,理論的な経済学そのものを防衛することにあったのである。

　「最後の古典派」と呼ばれるケアンズが活躍した時期は,経済問題をめぐる議論が,一般的な原理を軽視する方向へと向かった時期であった。ケアンズが『論理的方法』の初版を出版したのは1857年であったが,彼が方法論の必要性を痛感したのは,当時,自由貿易政策の成功を転機として,イギリス経済学の論調に変化がみられたからであった。ケアンズによれば,自由貿易政策の実際上の成功が経済学の正しさを証明するものとみなされ,経済学の原理を学んでいない者も,その成功にあやかろうとして経済学者を自称するようになった。原理を学んでいない者が参入してきた結果,原理的な議論よりも事実の証拠が重視されるようになり,原理を修得した者も公衆に迎合する態度を示すようになった。このような風潮は,原理が観察事実と食い違う場合には,原理を否定するという傾向をもつものであった。しかし,ケアンズの考えでは,経済学を取り巻くそのような状況は,経済学説の性格とそ

れらが支持されたり反駁されたりするさいの証明の種類とについて，あいまいで非科学的な見解が流布しているために生じたものであった。このような事態に臨んで，ケアンズは，経済学の方法を明示しなければならない，と考えたのである(Cairnes 1857, pp. 3-7)。したがって，ケアンズの方法論は，観察事実から古典派の原理を弁護するという意味で，防衛的な色彩を強く帯びることになった。しかし，そのような弁護論は逆に，経済理論の性格やその検証といった問題について，素朴で楽天的な見解を凌駕する洞察をもたらすことになったのである。

　ケアンズの方法論は，ミルの場合と同様に，第一義的には規範的な方法論ではなく記述的な方法論であった。すなわち，彼は自分が展開する方法論を，「明示的に述べられているか否かにかかわらず，アダム・スミスからJ. S. ミルに至るまで，経済学の知識の進歩に最も効果的に貢献したすべての著作家によって採用されてきた方法」(Cairnes 1857, p. 59)であると自認していた。しかし，ミルやケアンズは，彼らが明示しようとした古典派の方法論を支持していたのであるから，その方法論は，記述的であるとともに規範的なものでもあった。もし彼らが，他学派との方法論争に臨んでいたならば，彼らは断固として古典派の方法論を擁護するために論陣を張ったであろう[3]。彼らの時代には，1870年代以降に顕在化するような方法論争は起こらなかったが，やがて論争されることになる諸問題はほとんど現れていた。したがって，彼らの方法論は，歴史学派の批判に対しても，実質的な回答となっていたのである。

古典派経済学

　ところで，われわれが考察する範囲は，アダム・スミスからケアンズまでであるから，経済学史上の区分でいうと，いわゆる古典派経済学(Classical Political Economy, Classical Economics)の範囲ということになる。しかし，古典派経済学という用語は，いくつかの異なった意味で用いられているので，ここで若干の注意をしておかなければならない。古典派経済学という言葉を最初に考案したのは，周知のようにマルクスである。マルクスは，労働価値

説を支持した経済学者を，古典派経済学者と呼んだ。すなわち，「商品を二重の形態の労働に分析すること，使用価値を現実的労働または合目的的な生産的活動に，交換価値を労働時間または同等な社会的労働に分析することは，イギリスではウィリアム・ペティに，フランスではボアギュベールに始まり，イギリスではリカードウに，フランスではシスモンディに終わる古典派経済学の1世紀半以上にわたる諸研究の批判的最終成果である」(Marx 1859, S. 37)。すなわち，ここでマルクスは，自分の学説の先行者たちを古典派経済学者と呼んでいるのである。

ところが，やがて J. M. ケインズは，マルクスとは異なる意味で，この用語を使い始めた。つまり，「セー法則」を支持する経済学者たちが古典派経済学者であるというのである。ケインズはマルクスとは逆に，自分とは異なった考えをもつ者たちを批判するために，この用語を使用した。「『古典派経済学者』とは，リカードウ，ジェームズ・ミルおよび彼らの先行者たち，すなわちリカードウ経済学において頂点に達した理論の建設者たちを総称するために，マルクスによって発明された名称である。私は，おそらく語法違反ではあろうが，(例えば) J. S. ミル，マーシャル，エッジワースおよびピグー教授を含めたリカードウの追随者たち，すなわちリカードウ経済学の理論を採用し完成した人たちをも，『古典派』のなかに含めるのを慣習としている」(Keynes, J. M. 1936, p. 3)。マルクスとケインズという非常に大きな影響力をもった人物が，異なった意味で古典派経済学という概念を用いたために，その後の研究には少なからぬ混乱が生まれることになった。本書では考察をイギリス古典派に限定しているので，ボアギュベール，シスモンディ，セーといったフランスの経済学者たちが古典派に含まれるのかどうかという問題については，関与しない。しかし，考察範囲をイギリスに限定したとしても，問題が簡単になるわけではないのである。

古典派経済学という用語には，マルクス説・ケインズ説のほかに，さらに第3の用法がある。それは，スミスからケアンズに至る時期の一連のイギリス経済学の系譜を古典派経済学とするものであり，ブラウグはこれを「標準的な意味における『古典派経済学』」と呼んでいる(Blaug 1997, p. 151)。マ

ルクス説では，マルサスおよびJ.S.ミルが古典派から除外され，ケインズ説でもマルサスが除外される。しかし，経済学史上の区分としては，スミス，リカードウだけではなく，マルサス，J.S.ミルをも古典派の代表者とみなすのが普通である。問題は，この4名に加えて，誰をその他の代表者として付け加えるかということである。例えば，シュンペーターは，この4名に加えてシーニアを代表者とみなしている。「『古典派経済学者』という言葉は，本書では1776年から1848年までの間に著作を発表した，主要なイギリス経済学者を指すのに用いる。そのうち著名なものは，アダム・スミス，リカードウ，マルサス，シーニアおよびジョン・ステュアート・ミルである」(Schumpeter 1952, p. 75)。ここにはケアンズの名前があげられていないが，ケアンズは，古典派の最盛期が過ぎてから現れた古典派経済学者とされている (Schumpeter 1954, p. 534)。シーニア，ケアンズだけではなく，さらに多くの者が取り上げられる場合もある。例えば，ロビンズは，次のように述べている。「イギリス古典派経済学者とは，ディヴィッド・ヒュームおよびアダム・スミスというスコットランドの2大哲学者とその後継者たちである。後継者の大部分はロンドン・ポリティカル・エコノミー・クラブの初期の2世代に属し，とくにリカードウ，マルサス，トレンズ，シーニア，マカロックおよびミル父子がいる。ジェレミー・ベンサムもこれに含める。彼はしばしば認められている以上に経済学者として非常に重要である。また，ケアンズを除くつもりもない」(Robbins 1978, p. 2, 訳2頁)。このように，スミスからケアンズに至る系譜といっても，スミス，リカードウ，マルサス，J.S.ミル以外に，誰を古典派の代表者に数えるのかということについては合意が成立していない。さらに，この意味での古典派経済学の一般的な特徴は何かということについては，よりいっそう意見が分かれている。したがって，第3の説を通説と呼ぶとしても，これにはさまざまな変種がありうることを認めなければならない。しかし，古典派経済学の厳密な範囲および一般的特徴については異見がありうるとしても，スミス，リカードウ，マルサス，J.S.ミルを古典派の代表者とすることは，確かに今日の経済学史研究における標準的見解ということができる。その意味では，マルクス説やケインズ説より

も，第3の説の観点から古典派を考える方が適切であると思われるのである。

　本書で古典派経済学という場合には，上記の第3の説を基本的に踏襲している。すなわち，古典派経済学とは，スミスを出発点とし，主としてリカードウ，マルサス，J.S.ミルによって展開された一連の経済学を意味するものとする。そして，そのような意味での古典派経済学の一般的特徴を，方法論的な観点から明らかにすることが，本書の課題となる。ここで，方法論的な観点からする古典派経済学の一般的特徴をあらかじめ述べておくならば，次のようになる。第1に，経済学は富の生産と分配を規定する法則を研究する科学である。富の現象は他の社会現象から分離して取り扱うことができるので，経済学は他の社会研究の領域から独立した科学となりうる。また，科学であるからには，富の現象は規範的観点からではなく，実証的観点から考察されなければならない。第2に，経済法則は，与えられた事実から直接的帰納によって導かれるのではなく，理想化された状態を想定して行われる演繹によって導出される。演繹とは，ある状況の下で，ある経済的原因が作用するときの結果を推論することを意味する。観察事実は，主として演繹の結論を検証するときに利用される。第3に，演繹の基本前提は，経済人の仮定，人口の原理，収穫逓減の法則である。これらの基本前提にいくつかの副次的前提が付け加えられて，推論の出発点となる状況が決定される。第4に，経済学は精密科学ではなく，精密な予測を行うことはできない。したがって，予測が反証されたとしても，ただちに経済理論の修正が必要になるわけではない。経済理論は，予測ではなく，現象を説明し解釈するために用いられる。以上である。もちろん，スミス，リカードウ，マルサス，J.S.ミルが，これらの一般的特徴を均等に備えていたというのではない。とくにスミスは，古典派の出発点を与えただけであり，これらの特徴を部分的にしか備えていない。古典派の特徴が全面的に現れるのは19世紀に入ってからであるといわなければならない。その方法論的特徴が，シーニア，ミル，ケアンズの研究を通してしだいに明らかにされていったのであるが，それを最も鮮明に提示したのは，ケアンズであった。「最後の古典派」と呼ばれるケアンズは，古典派経済学が生産的な時期を終えて，まさに黄昏を迎えたときに，その一

2　富の科学

経済学と社会科学

　経済学の自己認識へ向けた考察が始まったとき，研究者たちが最初に直面した問題は，経済学の課題と領域という問題であった。経済学はかつて，倫理学・政治学・法学などの，古い伝統のある学問のなかに埋め込まれていた。経済問題に関する議論は，西洋においては古代ギリシアにまでさかのぼることができるが，例えばアリストテレスは，主としてその『ニコマコス倫理学』と『政治学』のなかで，貨幣・利子・交換価値といった問題を論じていた。中世においては，例えばトマス・アクィナスが，『神学大全』の正義論のなかで，経済問題を考察していた。すでに述べたように，アダム・スミスは，グラスゴー大学において道徳哲学の一環として経済学を講じていたが，その道徳哲学は，自然神学・倫理学・法学・経済学の4部からなっていたと伝えられている。しかし，スミスの時代には，経済学はしだいに独立した学問としての姿を現してきた。すなわち，スミスにしても，道徳哲学体系の各部分を均等に研究したわけではなく，とくに後半生においては経済学の研究に全力を注がなければならなかった。1人の学者の手で道徳哲学のすべての分野を包括することが，困難になっていたのである。シュンペーターが述べるように，「ハチスンにとっては，一挙に道徳哲学ないし社会科学の完全な体系を生み出すのは当然のこととされたが，アダム・スミスがこれを不可能だと悟ったのは非常に重要なことである。このような仕事をする時代はすでに過去のものとなり，新しい素材——事実ならびに分析の両者——を吸収することが，時間のすべてをとる仕事になったのである」（Schumpeter 1954, p. 142）。道徳哲学の個々の部門で考慮すべき素材が増加してゆき，これらの素材がそれぞれ専門的研究を必要とするようになって，各専門家は自分の部門に集中せざるをえなくなった。スミス以後の古典派時代には，さらにはっきりと，道徳哲学者の手元にあった経済知識が，経済学専門家の研究のな

かに吸収されていったのである。しかし，新しい学問である経済学が個別科学として自立するためには，経済問題に関する研究が量的に増加するだけではなく，倫理学・政治学・法学などの伝統的な学問に対して，経済学固有の領域を確保し明示する必要があった。シーニアや J. S. ミルの経済学方法論は，まずこの問題に取り組まなければならなかった[4]。そのさいに彼らが念頭に置いたのは，富を経済学の主題にするという，スミスが敷設した路線であった。

　シーニアの場合には，経済学が当時「ポリティカル・エコノミー」と呼ばれていたことと関連して，まず経済学と政治との関係を明確にすることが課題となった。シーニアは『経済学入門講義』において，経済学を次のように定義する。「富とは何か，富はどのような要因によって生産されるのか，富はどのような法則にしたがって分配されるのか，そして可能な限り最大の富を各個人に与えるように，生産を促進し分配を規制しうる制度や慣習とはどのようなものか，ということを教える科学」(Senior 1827, p. 7)，すなわち一言でいえば，富に関する科学である。シーニアによれば，これまで経済と政治との関係は不明確であった。多くの論者が，ポリティカル・エコノミーという名称の下に，立法者あるいは政治家の問題である国民の一般的厚生の領域まで踏み込んで論じてきた。しかし，経済学が考察すべきものは，国民の一般的厚生ではなく，富である。富は人間の一般的厚生にとって必要な要素ではあるが，唯一の要素ではないし，もちろん最重要な要素でもない。その意味で，経済学は政治を行うための補助科学の 1 つなのである。政治に関わる現象を，社会現象の全体と同一視することは，当時としてはめずらしいことではない。事実，シーニアは，包括的な社会研究の分野を「立法の科学 (Science of Legislation)」と呼んでいた (Senior 1836, p. 2, 訳 4 頁)。より正確にいえば，政治と社会とが区別され，さらに社会のなかの経済領域が区別されなければならないが，これらを区別する試みそのものが進行中だったのである。いずれにせよ，経済学の考察対象を，政治から区別し，社会現象の全体ではなく富の現象に限定すること，これがシーニアの議論の眼目であった。では，富とは何であると考えられていたのか。

当時の経済学者が富について語る場合，スミスの重商主義批判，すなわち富と貨幣とを同一視することは誤りであるという批判が出発点となっていた。スミスは，消費することのできる必需品や便益品を富と規定したのであるが，後継者たちは，さらに踏み込んで富概念を規定しようとした。シーニアは，『経済科学要綱』において，富を次のように定義する。「富という言葉の下に，われわれは，譲渡ができ，供給に制限があり，かつ直接間接に快楽を生みもしくは苦痛を防ぐ一切のものを，そしてそれらのもののみを含ませる。言い換えれば，交換(交換という言葉は，絶対的購買ならびに賃借を示すのに用いる)のできるもの，さらに言い換えれば，価値を有するものをいう」(Senior 1836, pp. 27-28, 訳 58-60 頁)。つまり，あるものが富であるためには，譲渡可能性(Transferableness)，供給制限(Limitation in Supply)，効用(Utility)という3つの性質を備えていなければならない。『経済学入門四講』においては，これら3性質のほかに，占有(appropriation)可能であることという性質が付け加えられている(Senior 1852, pp. 68-69)。さてシーニアによれば，効用とは，直接間接に快楽を生み苦痛を防ぐ富の力あるいは性質であるが，それは諸物に内在する性質ではなく，諸物と人間の快苦との関係を表現するものである。供給制限は，すでに死亡している画家の作品など決して供給を増やせないものと，労働によって任意に供給を増やせるものと，両方に当てはまる性質であり，3性質中最も重要であるとされる。また，シーニアによれば，個人の諸能力も富の一種に含まれる。この能力は完全に譲渡されうるものではないが，ある期間に生ずる有益な成果は譲渡されうる，というのである。したがって，この3つの性質を備えている限り，無形のサーヴィスも富の品目中に含まれることになる(Senior 1836, p. 51, 訳 108-109 頁)。

シーニアは，以上のような3性質をもつものという富の定義を言い換えて，交換のできるもの，価値を有するものを富と定義する。しかし，価値という用語は，富という用語以上にやっかいなものであった。というのは，当時，経済学上の重要な用語の意味が論者によって異なっているという問題が顕在化し，論争が行われていたからである(Sowell 1974, pp. 139-143；柳沢

1991)。シーニアによれば，とくに議論の的になったのが価値という用語の意味であった(Senior 1836, p. 13, 訳30頁)。ある用語についてのさまざまな定義のなかで，どれが適当なものであるのかを判断するためには，定義を行うさいのなんらかの原則に依拠しなければならない。そのような原則を明示しようとした当時の有力な論者は，いうまでもなくマルサスであった。マルサスによれば，経済学上の用語は，第1に，教育ある人々が日常的に理解する意味と一致するように定義すべきであり，第2に，さらに立ち入った区別が必要な場合には，経済学における最も著名な学者にしたがうべきであり，第3に，定義を変更する場合には，より有用であることが証明されなければならず，第4に，新しい定義は他の定義と矛盾してはならず，またつねに同じ意味で，あるいは意味を明示して使用しなければならない，というのであった(Malthus Works 8, pp. 6-7, 訳11-13頁)。シーニアは，価値という言葉を，それが一般に普及している(popular)意味において使用すると述べる(Senior 1836, pp. 6, 13, 訳12, 30頁)。したがって，このような用語の使用法は，マルサスの4原則に照らしあわせてみると，第1原則に類似しているということができるが，「教育ある人々」という限定はついていない。シーニアが一般に普及しているとみなした価値の意味は，次のようなものであった。「価値はあるものを交換における授受に適するものにする性質，言い換えれば，売買・賃貸借に適するものにする性質を意味する。このように定義すれば，価値は，2対象間に存在する相互関係を表示するのであるが，価値が表示する正確な関係とは，一定量の他物と交換されうるあるものの量なのである」(Senior 1836, p. 13, 訳30頁)。つまり価値とは，あるものの交換可能性という性質であり，その大きさは交換比率によって表現されるということになる。そして，商品の価値の大きさは，需要と供給という2種類の原因によって決定される。「日常言語(ordinary language)では，商品に効用を与える力を需要という言葉によって，また商品の量を制限する障害の弱さを供給という言葉によって指示する」(Senior 1836, p. 14, 訳31-32頁)。商品が交換されるということは，それらの商品が占有されており，しかも譲渡可能であるということを含意するのであるから，価値を有するものは，効用・供

給制限・譲渡可能性という性質をもつものということができる。このようにしてシーニアは，以上の3性質を備えたものが富であるというのを，価値を有するものが富である，と言い換えることができた。そして，シーニアの定義によれば，交換が存在しない共同体には富がないことになるが，彼は，確かにそのような共同体には経済学的な意味での富は存在しない，と断言する (Senior 1836, pp. 22-25, 訳 48-55 頁)。つまり，シーニアのいう富は市場で取引されるものに限定されており，したがって経済学の対象も市場経済に限定されるのである。

しかし，以上のようなシーニアの富概念は，必ずしも他の経済学者の見解と一致するものではなかった。シーニアは，自分の定義がリチャード・ホェートリーを除く他のいかなる経済学者の定義とも一致しない，ということを認めていた。シーニアによれば，彼の見解と異なる他の経済学者の見解は，次の3つの説にまとめることができる。第1に，富を物的生産物に限定する説，第2に，富を人間労働によって生産または獲得されたものに限定する説，第3に，価値を有するものを富と定義することに反対する説，がそれである。シーニアによれば，富は物的形態をもつものである必要はなく，無形のサーヴィスであってもよい。また，労働生産物である必要もなく，効用・供給制限・譲渡可能性があって交換可能であれば，自然に与えられるものであってもよい。そして，もし価値が問題にならなければ，すなわち交換が存在しなければ，そこには経済学的な意味での富は存在しないのである。経済学を「富の科学」とみなすことは古典派経済学者の一般的特徴であったが，富の概念は彼らの間で微妙に違っていた。シーニアの富概念は，古典派の立場を忠実に記述するものではなく，彼の独自の立場を示したものであると考えなければならない。経済学を「富の科学」とみなす点では，古典派経済学者の間には一般的な合意があったが，富の内容については，必ずしも合意が成立していたわけではないのである[5]。

J. S. ミルもまた，「定義と方法」において，経済学は富の生産と分配とを規制する法則に関する科学であるとし，経済学は富の科学であるという課題設定に賛成する。ミルによれば，「富とは，労働なしに限りない量が得られ

るものを除いて，人類にとって有用または快適なすべての対象である，と定義される」(Mill CW4, p. 314, 訳163頁)。また，『経済学原理』においては，「富とは，交換価値を有するあらゆる有用または快適なものである。あるいは，富とは，労働または犠牲なしに欲するままの量が得られるもの以外の，あらゆる有用または快適なものである」(Mill CW2, p. 10, 訳① 44頁)と定義されている。しかしミルは，シーニアとは異なる意味で，富というものを考えていた。すなわち，富の観念には蓄積しうるということが絶対に必要であるから，労働が遂行されている間だけ存在し，どのような対象にも固定されないようなサーヴィスは富には含まれない，というのである(Mill CW2, pp. 48-49, 訳① 104-106頁)。富の現象を考察することが経済学の課題であるとすると，富の概念に対応して，経済学の領域が若干変わることになる。その意味で，シーニアとミルとでは，経済学の領域とされるものが若干違っていたということができる[6]。

　ミルによれば，経済学は富の生産と分配とを規制する法則に関する科学であったが，富の交換や消費は，どのように位置づけられていたのであろうか。富の交換や消費についての考察もまた，経済学の課題とされることがあったからである。まず交換についてみると，交換こそが経済学の主題であるとする考え方があった。この立場を代表する人物であるホェートリーによれば，人間とはまさに「交換を行う動物」であり，経済学はこの観点からのみ人間を取り上げる。経済学で取り扱われる富もまた，交換可能な商品に限定されており，実際に交換こそが経済学の主題となっている。ホェートリーは，このような考え方に基づいて，「ポリティカル・エコノミー」よりも，「交換の科学(Science of Exchange)」を意味する「カタラクティクス(Catallactics)」の方が経済学の名称として適切であると主張した(Whately 1832, pp. 6-7)。これに対してミルは，経済学の領域を交換に限定することは，あまりにも狭い見方であると批判する。経済学の2大部門である生産と分配のうち，交換が関係するのは分配だけであり，しかも慣習ではなく競争が分配を規制する要因となっている場合だけである。「『生産』の条件や法則は，社会の制度が『交換』に依存していなかったとしても，あるいは『交換』を許さなか

ったとしても，やはり今日の通りのものであったであろう」というのである (Mill CW3, p. 455, 訳③ 17-18 頁)。すなわち，ミルによれば，交換は分配を実行する機構の1つにすぎず，経済学の領域は交換論に限定されるものではなかった。実際に，当時の経済学の領域は，交換論の領域と一致するわけではなかった。社会全体の生産物量の増加，それらの諸階級への分配という問題が，古典派経済学者の大きな関心事だったからである[7]。

　消費論もまた，独立した領域ではなく，生産論・分配論の一部に組み込まれるべきものと位置づけられた。富の消費に関する考察が経済学の領域に入るのかどうかという問題について，ミルは次のように述べている。経済学者のなかには，富の生産と分配だけではなく，富の消費をも経済学の領域内に含ませる者がいるが，富の消費は生産や分配から独立した主題とはなりえない。消費の法則なるものは，人間の享楽の法則以外のものではありえず，経済学者たちが消費を論じるのは，決して消費それ自体のためではなく，さまざまな種類の消費が生産と分配とにどのような影響を与えるのかということを研究するためなのである。すなわち，消費論という項目の下で論じられているのは，「第1に，生産的および不生産的消費の区別，第2に，あまりに多量の富が生産され，そして生産された富のあまりに大きな部分が将来の生産のために充用されるということは可能であるのか否かという研究，第3に，課税の理論，すなわち次の2つの問題――それぞれの特定の租税は何人によって支払われるのか(分配の問題)，および特定の租税はどのように生産に影響するのか」(Mill CW4, p. 318, 訳 171 頁)ということであるから，独立した消費論としてではなく，生産論および分配論のなかで論ずる方が適当だというのである。

　経済学の領域に関するミルの考察は，道徳科学(moral science)に含まれる他の諸科学との関係を考慮しながら経済学を位置づけようとする点で，シーニアの議論よりも包括的であり徹底的であった[8]。「定義と方法」において，ミルは，道徳科学の対象は道徳的または精神的性質を有する存在としての人間であると述べる。道徳科学の領域は，個人としての人間を考察する場合と，社会状態をなして生活する人間を考察する場合とに，大きく2つに区

分される。個人としての人間を考察する領域は，純粋精神哲学(pure mental philosophy)と呼ばれ，社会状態をなして生活する人間を考察する領域は，社会経済学(social economy)，社会経済の科学(science of social economy)，思弁的政治学(speculative politics)，政治学の科学(science of politics)，社会科学(social science)，社会の自然誌(natural history of society)，政治社会の科学(science of political society)，社会の科学(science of society)などと，さまざまに言い換えられている(Mill CW4, pp. 320-321, 訳 174-175 頁)。注目に値するのは，「社会」および「政治」という言葉が，社会現象全般を表す言葉として用いられているということである。これらの多様な用語のなかで，この分野を表す言葉として定着したのは，いうまでもなく「社会科学」という言葉であった。経済学は，社会状態にある人間を考察するものであるが，そのすべてを取り扱うわけではなく，ただ富を所有しようという欲求をもち，この目的を達成するための諸手段の有効性を比較しうる存在としての人間にのみ関係する。すなわち，道徳科学の一部分として社会科学があり，社会科学の一部分として経済学がある，という位置づけが与えられたのである。

『論理学体系』では，その第 6 巻が「道徳科学の論理学」の考察に当てられているが，道徳科学を「個々の人間の科学」と「社会における人間の科学」とに区分し，経済学を後者の一下位部門として，富の現象にのみ関わる科学と位置づける見解は，「定義と方法」以来一貫している。経済学の位置づけに関して，『論理学体系』で新たに登場したのは，オーギュスト・コントに対する反論であった。『論理学体系』では，社会科学は社会学(Sociology)とも呼ばれるのであるが，社会学という呼称は「便利を旨とした粗雑な表現(convenient barbarism)」とされている。この社会学という言葉がコントに由来するものであることはいうまでもない。コントは，社会現象は総体として研究されなければならず，独立科学としての経済学は存立不可能であると主張していたから，ミルはコントに対して反論する必要に迫られたのである。この問題は，やがて歴史学派や制度学派によっても取り上げられ，経済学方法論上の 1 つの焦点となってゆく。

第 4 章　経済学の課題と領域

　ミルは，コントの批判をふまえて，総合的社会科学と経済学との関係について，次のように論じた。ミルによれば，社会科学あるいは社会学は，社会の一般的科学(general science of society)と特殊的な社会学的研究(special sociological enquiries)とに区分される。社会の一般的科学は，一般に社会の状態を生ずる原因は何であるか，その状態を特徴づける現象は何であるか，ということを考察する。ミルによれば，社会の状態というのは，すべての大きな社会的事実または社会的現象の，同時的な状態である。すなわち，「共同社会の全体およびその階級に存在する，知識の程度，ないし精神的および道徳的教養の程度，産業の状態，富とその分配の状態，共同社会の慣習的な職業と，その各階級における分業，階級相互のいろいろな関係，共同社会の人々が人類にとって最も重要な主題のすべてについて抱いている共通の信念と，これらの信念を抱くときの確信の度合，彼らの嗜好，性格，その美的進歩の程度，統治の形態，重要な法律や慣習，等々」である(Mill　CW8, pp. 912-913, 訳⑥141頁)。どの社会的事実も，同一社会の他のあらゆる部分から影響を受けるが，それはあたかも，動物の身体組織の種々の器官や機能の間に存在する共感性(consensus)のようなものである。他の諸部分と調和しえない部分がそのなかに入り込むことはできない。これらの社会的事実については，あらゆる組合せが可能なのではなく，ある一定の組合せだけが可能なのであり，これらの社会的事実の間には共存の斉一性が認められる。したがって，社会の一般的科学において，社会の状態の変化を研究する場合には，これらの社会的事実を一体のものとして取り扱わなければならない，ということになるのである。

　これに対して，特殊的な社会学的研究においては，社会の一般的な状態を固定したうえで，新しい原因を導入した場合にどのような結果が生ずるのか，ということを考察する。例えば，どこかの国の現在の社会状態を前提として，いま貿易政策を変更するならばどのような結果が生ずるのか，という考察をするような場合がこれにあたる。ミルによれば，社会的事実の間に共感性が存在するからといって，社会の一部分に注目する研究が不可能になるわけではない。「種々異なった種類の社会的事実は，種々異なった部類の原因に，

直接にかつ第一に，主として依存していることが，真理でなくなるわけではない。したがって，これらの原因を別々に研究することが有利であるし，かつそうしなければならないのである」(Mill CW8, p. 900, 訳⑥ 122 頁)。経済学が対象とする富の現象は，直接にかつ第一に，主として富の欲望によって作用する人間行為に依存している。富の現象が富の欲望に直接的に依存しているという関係が，一個の独立した科学としての経済学を可能にする。つまり，暫定的に他の社会的事実を無視することが許されるのである。

『コントと実証主義』において，ミルは，社会現象の諸側面はすべて互いに作用・反作用の関係にあるから，富の現象のみを分離して研究することはできないというコントの批判を，コントによる経済学批判のなかで，価値を認めることができる唯一のものであると評価した (Mill CW10, p. 305, 訳 86 頁)。しかしながら，そのように評価しつつも，コントの批判は的はずれであると述べる。社会体の共感性という事実が示しているのは，経済学の議論の限定性である。特殊的な社会学的研究は，ある社会状態を前提としているのであるから，その議論を他の社会状態にそのまま適用することはできない。とくに経済学者が陥りがちな誤りは，「人類の現在の経験を普遍妥当的なものとみ，人間の一時的または地方的性格にすぎないものを人間本性そのものと取り違えること」である (Mill CW10, p. 306, 訳 87-88 頁)。ミルによれば，社会体の共感性は，経済学の議論がある社会状態に依存するということを示すものであって，個別科学としての経済学が不可能だということを示すものではないのである。

コントの経済学批判に対するミルの反批判は，ケアンズに引き継がれた。ケアンズは，スミスから J.S. ミルに至るイギリス経済学の学派においては，経済学を「富の科学(the Science of Wealth)」とみなす点で合意が成立している，と述べる (Cairnes 1875, p. 26)。富とは，「経済的と呼ばれる現象のクラス」(Cairnes 1875, p. 27) と同じ観念を表現するものだとされる。ケアンズの方法論は，先行者の議論をふまえて提出されたものであったから，すでに克服されたと思われる問題は，その残骸が残っていたとしても，あらためて取り上げる必要はないものとして処理されている。すなわち，経済学の主

題は富であり，富は科学的な取扱いが可能な主題であること，つまり，富の生産と分配とに関する法則が存在すること，その根拠のひとつは，人間の経済活動が，たんなる気まぐれや偶然に左右されるのではなく，広範にかつ恒常的に作用する諸動機に支配されるからであるということ，これらのことはすでに承認されたものとみなされている。さらに，生産と分配の法則に関する知識は，一般教育においても実際上の目的においても有用であるということ，このような知識は，実際家の常識としてではなく体系的な研究によって獲得されるものであること，富の動機は宗教や道徳に関する感情や義務に反するものではないこと，これらもまた当然のこととして議論の前提に置かれている。そのようなケアンズにとって，経済学を一個の独立科学と位置づけることは，すでに自明なことであった。しかし，コントの影響力が大きかったために，その主張を無視することはできず，社会現象は統一的に研究されなければならないというコントの主張に対して，反論を行う必要があることを認めたのである。

　ケアンズは，「コント氏と経済学」(1870年)という論文で，詳細にコントを批判した。ケアンズによれば，この論文はそもそも，「経済学の論理的方法」に関する著作の序章にすることを意図して書かれたものであった。経済学の論理的方法を論ずる前に，そもそも経済学の存在を認めないコントの見解を，論駁しておく必要があったのである。「イギリスとフランスで，アダム・スミスの後継者たちからなる学派によって展開された経済学は，実証哲学が要求する正当な理論の条件を満たしておらず，科学と呼ぶのにふさわしくない，というのがコント氏の見解であった」(Cairnes 1870, p. 267)。コントの見解では，すべての社会的現象，すなわち経済・政治・法律・宗教・教育・芸術等々の諸現象は，すべて相互に結合しているのであるから，この結合を無視して考察を進めることはできない。社会現象は，すべて単一の研究領域のなかに包括されなければならないのであって，社会的諸事実はその「総体(the ensemble)」において研究されなければならない，というのである。これに対してケアンズは，科学史に照らして見れば経済学者の見解が正しいことがわかる，と反論する。すなわち，科学史の教訓として，諸科学の

成功は,「その対象が厳密に制限され明晰に定義されるのに比例していたのである」(Cairnes 1875, p. 27)。人類が宇宙の出来事について思索し始めた頃は, 自然現象が総体として取り扱われ,「万物の根源は何であるか」といった問題が提出された。しかし, そのような思索は, あいまいな推測を生み出すだけで, 事物の真の関係を解明するものではなかった。やがて, 生活実践上の必要性と, ある種の現象の例外的な異観を説明しようとする動機に促されて, 総体の精神に代わって専門化の精神(the spirit of specialization)が現れ, 現象の特定の側面に注目するようになって, 幾何学, 天文学, 力学, 化学, 解剖学, 生理学などの諸科学が成立した。このように, 出来事を説明したり有用な成果をもたらしたりする科学は, 総体の研究によってではなく, 要素の研究によってもたらされたのである。これがケアンズの考えであった。

　しかし, コントによれば, 自然科学で有効であった方法が, 社会科学でも有効であるとはいえない。なぜならば, より単純な科学の方法を, より複雑な科学の研究に適用することはできないからである。コントが構想した科学の階梯によれば, 諸科学は主題の複雑さに応じて順序づけられる。すなわち, 主題の単純なものからならべると, 数学・天文学・物理学・化学・生物学を経て, 社会学が最も複雑な現象を扱う分野として位置づけられる。物理的現象の場合には, 要素の方が総体よりもよく知られているが, 現象が複雑になるにつれて, それを構成する諸要素の連帯(solidarity)の度合が高まり, 要素よりも総体の方がよく知られているという状態に至る。よく知られているものから未知のものへと研究を進めるのが, 帰納論理の根本原理なのであるから, 有機体を扱う科学, とくに社会有機体を扱う社会学においては, 集合体から要素へという方向で研究を進めなければならない, というのである。このようなコントの議論に対して, ケアンズは次のように反論する。まず,「要素」や「社会の総体」といった用語の意味を明らかにしなければならない。もし要素が社会を構成する諸個人を意味し, 社会の総体が人間総体を意味するのであれば, 個人よりも人間総体の方をよく知っているというのは, 明らかに真ではない。確かに, もし要素が社会の経済的・宗教的・政治的等々の側面を意味し, 人間がそれらの諸側面すべての影響下にあるという意

味で，社会の総体について語るのであれば，確かに社会はその総体において研究されなければならない。なぜならば，「われわれは，純粋に宗教的な人間にも，純粋に産業的な人間にも，純粋に政治的な人間にも出会うことはない。社会的行為，社会的状況を，なんらかの単一の影響に帰することは，ほとんど不可能である。あるがままの人間は，抽象的な人間ではなく，多かれ少なかれすべての原因の影響下にある歴史的な人間なのである」(Cairnes 1870, p. 278)。しかしこれは，社会現象のみの特徴ではない。自然現象においても，われわれは，純粋に化学的な現象や，純粋に光学的な現象や，純粋に力学的な現象に出会うことはない。その意味では，自然現象もまた総体において与えられているのであるが，研究上の必要から，それぞれ特定の側面を分離しているのである。コントの経済学批判の根底にあるのは，現象が複雑になるにつれて，それを構成する諸要素の連帯の度合が強くなる，という考えである。しかし，関係の緊密さ・相互依存性の密接さが連帯の意味であるとすると，現象の複雑さと連帯の強度とは必ずしも比例するものではない。例えば，水は酸素と水素というわずか2種類の要素からなるという意味で単純なものであるが，酸素と水素との連帯はきわめて強固なものである。コントは，物理的現象における諸要素の連帯よりも，社会現象におけるそれの方が強固であるということを主張するけれども，実際には何も証明していない，というのである。コントとミル，ケアンズとの対立は，問題を解決するものというよりも，その後の論争の出発点となるものであった。経済学は一個の独立した科学たりうるのか，それとも総合的な社会科学のなかでのみ存立しうるのかという問題は，その後の経済学方法論において，くり返し問い直されることになるのである[9]。

経済学と心理学

ミルの『論理学体系』では，道徳科学は「個々の人間の科学」と「社会における人間の科学」とに区分され，経済学は後者の一下位部門とされた。しかし，「個々の人間の科学」が経済学と無関係であったわけではない。人間本性の研究は，社会現象の解明にとっても基礎になるものとみなされたので

ある。すなわち，社会のすべての現象は，人間本性の現れであり，人間本性が確定した法則にしたがうならば，社会の現象も，この法則の帰結である確定した法則にしたがうことになる(Mill CW8, p. 877, 訳⑥ 79-80 頁)。「定義と方法」においても，同じ趣旨のことが述べられていた。すなわち，社会科学は，「個人の心の本性に関する全科学を予想する。というのは，後者の科学が認める法則はすべて社会の状態においても作用し，社会科学の真理とはこれらの単純な法則が複雑な事情の下で実現される様式の叙述にほかならないからである」(Mill CW4, p. 320, 訳 175 頁)。したがって，人間本性の科学そのものは，社会科学には属さないが，社会科学の基礎をなすものと考えられていた。とりわけ，人間精神・人間本性の一般的諸法則を研究する心理学は，人間に関する最も基礎的な科学として，社会現象を解明するための鍵を提供すると考えられた。

　ここには，「心理学は，実際あらゆる社会科学がそこから出発しなければならず，またその言葉であらゆる基本的説明が行われなければならない基地である」(Schumpeter 1954, p. 27) と考える立場，すなわち心理主義 (Psychologism) の立場が表明されている。心理主義は，ミルだけではなく，シーニアやケアンズの議論のなかにもみられる。しかし，このような心理主義は，古典派経済学方法論の独自の特徴というよりも，17 世紀以来の近代思想の伝統というべきものであり，古典派の方法論も，そのような大きな思想潮流のなかにあったということなのである。近代以前のアリストテレス-スコラ的自然像においては，自然の物体も霊魂をもち，目的をもって運動するものと考えられたのであるが，17 世紀の「科学革命」は，物体から霊魂を追放し，機械論的自然像を作り上げることになった (Butterfield 1957, pp. 7-8, 訳上 28-29 頁)。このような物心二元論を確立したのは，周知のようにデカルトであり，これによって世界が物質と精神とに明確に分離され，科学もまた自然科学と道徳(精神)科学とに区分されたのである。人間や社会を体系的に研究しようとする動きが起こったとき，自然現象とは異なる人間現象の特徴として，「精神」が取り上げられ，これを研究する分野である心理学が道徳科学全体の基礎とされたのは，まさに自然なことであった。人々が社会

的事物の理解を，宗教にではなく，社会的事物そのもののなかに求めようとしたとき，どうしても人間の行動や心理を探究し，われわれの心がどのように機能するのかという探索を，主要課題の1つとせざるをえなかったのである(Schumpeter 1915, S. 26-27, 訳 44 頁)。人間本性の働きに関する研究は，17世紀にロックなどが着手し，18世紀になって，ヒューム，ハートリー，コンディヤックなどによって本格的に展開されるようになった。しかも，その研究の延長上に，社会の科学が構想されていたのである。「これら3人が哲学的思索を行ったのは，たんに哲学的思索を行うという目的のためではなく，社会の科学——あるいはその諸科学——の基礎となるべき人間または人間本性の科学を展開するためであった。すなわち彼らは，他の何者であるよりもまず，メタ社会学者ないしは哲学的人間学者であった」(Schumpeter 1954, p. 124)。

　古典派の方法論者たちは，心理学的なものの見方を経済学の基礎と考えていたが，そうだからといって，経済学を心理学に還元したわけではなかった。彼らは，ここでもまた，経済学の独立性を確保するために，心理学と経済学との間の境界を明確にしようとしたのである。この点を最もはっきりと示したのは，ケアンズであった。ケアンズによれば，「心理学者の任務は，自分自身の心のなかに生起するもの，あるいは他の人々の心のなかに生起すると思われるものを内省することによって，われわれの精神構造の諸現象が相互に継続し産出しあうところの諸法則を，確定しようと努めることにある」(Cairnes 1875, p. 47)。これに対して経済学者の任務は，心の諸法則を研究することではなく，それを所与として受け取り，そこから出発することにある。すなわち，経済学者は，「土壌の性質が依存する物理的法則を説明しようとはしないし，地主と借地人の心のなかにあって契約の条件を左右する利己心という感情の性質を分析しようとも思わない。彼はそれら両者を，分析され説明されるべき事実としてではなく，確認され考慮に入れられるべき事実として受け取る。すなわち，主題ではなく，推理の基礎とみなすのである。それ以上の情報がほしい場合には，他の科学に頼らなければならない。彼は，物理的事実を化学者や生理学者に委ね，精神的事実は心理学や倫理学の学者

に委ねるのである」(Cairnes 1875, p. 53)。したがって，富の現象の原因や法則を探求する作業は，物理的あるいは精神的な事実であれ，政治的あるいは社会的な制度であれ，なんらかの非経済的な現象に到達するときに終了し，その時点で経済学の問題としては解決されたものと考えられる。「経済学の諸前提は，他の知識分野の結論であり，他の知識分野に最も近い現象 (proximate phenomena) である」(Cairnes 1875, pp. 87-88)。富の現象をこの種の原因にまでさかのぼったときに，経済学者の探究は，その本来の終着点に達したことになる。したがって，「そのような原因を，経済科学に関する『究極的なもの』とみなすことは正当である」(Cairnes 1875, p. 54)。経済学の性格に関する以上のような考察をふまえて，ケアンズは，経済学を次のように定義した。「人間本性の諸原理および外的世界の物理的諸法則，そしてそれぞれの人間社会の政治的・社会的諸条件を，究極的事実として受け取り，それらの結合作用から生ずる富の生産と分配とに関する諸法則を研究する科学，あるいは，富の生産と分配とに関する諸現象の原因を，人間本性の諸原理および物理的・政治的・社会的な外的世界の諸法則と諸事象のなかに探究する科学」(Cairnes 1875, p. 71)。このようにしてケアンズは，心理学をはじめとする諸科学と経済学との間の境界を設定し，経済学の固有の領域を確保しようとしたのである。

経済学と自然科学

経済学の領域を確定しようとする試みは，経済学と自然科学との関係という問題をも提起することになった。というのは，1つには，経済学も道徳科学の一部とされたから，道徳科学と自然科学との関係という問題を，考慮しないわけにはいかなかったからである。しかし，それ以上に経済学は，自然科学あるいは技術との関係という点で，特有の領域問題を抱えていた。例えば，富の生産に関する法則を考察するという場合，農業にせよ工業にせよ，富の生産を自然科学的な観点，あるいは純粋に技術的な観点から考察することも可能であったから，そのような観点と経済学的な観点との違いを示さなければならなかったのである。経済学における農業や工業の取扱いは，穀物

の栽培法の研究や，織機の効率性の研究とどのように異なるのか，ということが問題になった。ただし，ここで注意しなければならないのは，経済学と自然科学との相違が強調されたのは，それぞれが研究対象とするものの領域についてであって，研究方法についてではなかった。後述するように，研究方法については，両者の共通性が強調されることが多かったのである。

シーニアは，『経済学入門四講』のなかで，科学の分類について次のように述べている。「諸科学は，取り扱う素材と，前提を引き出す源泉の双方について異なる，2つの大きな部類に分けられる。物理科学（physical science）および精神科学（mental science）がそれであるが，後者はしばしば道徳科学（moral science）とも呼ばれる。物理科学の本来の主題は，物質の諸性質であり，精神科学の本来の主題は，人間の心の諸々の感覚・能力・習慣である」(Senior 1852, p. 22)。しかし，われわれは，物質から切り離された心についての経験をもたないし，そのような心の存在は考えることさえできない，とシーニアは述べる。心は，身体を通じてのみ活動するのであるから，精神科学は，多かれ少なかれ物質をも考慮しなければならない。とはいえ，精神科学は，人間の心に与える効果についてのみ，物質的対象を考慮する。例えば美学は，一見すると物質的対象そのものを取り扱っているかのようにみえるが，あくまでも人間の心に与える効果についてのみ物質的対象に関係する。この意味で，経済学もまた精神科学にほかならない。シーニアによれば，経済学者はさまざまな物質的対象を取り扱うのであるが，ただ精神現象との関連においてのみそれらに関わるのである。経済学者は，蒸気機関を可能にする力学的・化学的諸法則について語るのではなく，人々が蒸気機関を建設しようとするさいの諸動機を説明しようとする。経済学のすべての専門用語は，需要・効用・制欲などのように，純粋に精神的な観念を表現しているか，あるいは，富・資本・地代・賃金・利潤などのように，人間の心のある種の感情の結果や原因となる対象を表現しているか，いずれかであるというのである(Senior 1852, pp. 32-35)。

実は，この問題に関する議論は，ミルの方が時間的に先行していた。ミルの「定義と方法」によれば，人間の知識は，物理科学（physical science）と，

道徳科学(moral science)との2つの部門に区分される。道徳科学は,心理科学(psychological science)または精神科学(mental science)と言い換えられることもある。生産過程が両方の観点から研究されうることをみても明らかなように,知識の2つの部門の間の差異は,それらが取り扱う事柄の違いにあるのではない。ミルによれば,両者の差異は取り扱う法則の種類にある。すなわち,人間と外界の対象とが関係して生ずるあらゆる事柄は,物質に関する法則と人間精神の法則との共同作用から生ずる。例えば,人間の労働による穀物の生産についてみると,物質の法則とは,地中で種子を発芽させる土壌および植物生命体の諸特性と,その維持のために食料が必要となる人体の諸特性とであり,精神の法則とは,人間が生活資料を所有したいという欲望をもち,それゆえに,生活資料を獲得するための手段を用いようとする,ということである。物理科学が物質の法則を取り扱い,道徳科学が精神の法則を取り扱うということは当然であるが,精神の法則にのみ依存するという現象はなく,精神そのものの現象ですら部分的には身体の生理学的諸法則に依存する。したがって,道徳科学は,精神の法則だけではなく,多かれ少なかれ物質の法則をも考慮しなければならない。このことは道徳科学の一部門である経済学にも当てはまる。経済学は,その主題に関係する限りで,精神の諸法則だけではなく物質の諸法則をも前提として受け取り,これらの共同作用からどのような結果が生ずるのかということを研究する科学である,ということになる(Mill CW4, pp. 314-318, 訳 164-171頁)。

　同様の考え方が,『経済学原理』においてもくり返されている。すなわち,富の原因は物理的原因と精神的原因とに分けられる。富の物理的原因とは,物質の性質と,それについての知識の状態(物理科学およびこれに基づく技術)とであるが,富がもっぱら物理的原因の観点から研究される限りでは,そのような研究は経済学の対象ではない。しかし,「その原因が道徳的ないしは心理的原因であり,制度および社会関係または人間本性の諸原理に依存する限り,それらの探究は物理科学にではなく,道徳科学ないし社会科学に属し,いわゆる経済学の対象になるのである」(Mill CW2, p. 21, 訳① 61頁)。すなわち,経済学は,精神的原因を中心としながらも,必要な場合には物理

的原因をも考慮に入れて，それらの結合によってどのような結果が生ずるかを考察するというのである。「経済学は，このような外的自然の諸事実と人間本性に関する諸真理とを組み合わせて，第二次的あるいは誘導的法則(the secondary or derivative laws)を追跡しようとするものである」(Mill CW2, p. 21, 訳① 62 頁)。注意しなければならないのは，精神的法則にせよ物理的法則にせよ，それら自身は経済法則ではないということ，経済法則とは，それらから導き出される第二次的法則だということである。

「存在の 2 大部門，すなわち物と心との関係における経済学的思惟の位置」(Cairnes 1875, p. 43) という問題は，ケアンズにも継承された。ケアンズの解釈によれば，J. S. ミルとシーニアとを比較してみると，両者の見解には微妙な食い違いがみられる。問題となるのは，①経済学は，心の法則と物の法則とに等しく依拠するのか，②経済学が対象とするのは心の法則であり，それと関係する限りで物の法則を考慮するのか，ということであった。ミルの場合には，②を示唆する文脈もあったが，その結論は①であった。これに対して，シーニアの主張は明確に②であった。ケアンズ自身は，①の見解を支持する。経済学の主題は富であり，富は物的対象であるけれども，その対象は物的であるがゆえに富となるのではない。それが富となるのは，価値をもつからである。すなわち，心によってそれらの対象に付与された性質をもつからである。したがって，経済学の主題をなす富は，純粋に物的なものでも，純粋に心的なものでもなく，複合的な性格をもつものといわなければならない。経済法則もまた，心の法則と物の法則との両方に等しく依拠する。例えば，地代を規制する法則は，地主と借地人の利益追求の仕方に関する心的法則と，土地収穫逓減という物的法則との，両方に基づくものと考えられる。もちろん，シーニアも，経済学が物的対象を考慮に入れるということを否定したわけではない。したがって，シーニアとケアンズとの相違は，たんなる重点の置き方の相違に帰着するようにも思えるのであるが，両者の見解の相違は，経済学の実質的な内容と関連していたともいえる。というのは，富の概念について，ケアンズがもっぱら物質的福祉をあげたのに対して，シーニアは物にこだわらず，非物質的なサーヴィスをも認めていたからである。

物的富を経済学の対象と考えたケアンズは，経済学が物的なものに依存する側面を，重要視する傾向があったということができる。

3 科学とアート

実証と規範

経済学の課題と領域とを確定しようとする試みは，経済学と他の科学とを区別するという問題のほかに，経済学から規範的要素を排除するという問題とも関係していた。規範的要素を排除して，経済学固有の課題と領域を，事実の認識という実証的側面に限定しようとしたのである。経済学における実証と規範との区別が明示されるに至った年次について，ターレンス・ハチスンは次のように述べている。

「『経済学の科学』の『実証的』命題を，政策勧告や倫理的ならびに政治的公準，あるいは政策目的を擁護する学説から，明示的・組織的かつ持続的に区別し分離しようとする試みは，19世紀の第2四半期の古典派後期の著者たちにさかのぼることができる。その区別が根をおろしたということのできる実際の年次を，(1829-30年に執筆された) J. S. ミルの論文『経済学の定義およびそれに適当な研究方法について』とナッソー・シーニアの『経済学要綱』とがはじめて現れた1836年と決めても，奇抜すぎるということはないであろう」(Hutchison 1964, p. 23, 訳17頁)。

実証と規範との区別が「根をおろした」正確な年次を定めることに異論があるとしても，シーニアやミルの頃に，この問題が自覚的に取り上げられるに至ったことは確かである[10]。そして，実証と規範とが厳密に区別されなければならないという立場は，それ以後の経済学方法論の主流になっていった。再びハチスンの言葉を借りれば，

「規範的命題と実証的命題との間のこの二分法，および，それが明快に適用されうるし，また適用されねばならないという仮定は，ナッソー・シーニアおよびJ. S. ミルから，ケアンズ，J. N. ケインズ，パレートおよびマックス・ウェーバーを経て，ロビンズおよびフリードマンに至るまでの約100年

間，経済学の『正統的』方法論のほとんど基本的な教義であった」(Hutchison 1964, p. 18, 訳 10 頁)。

経済学的考察が始まったときから，論者たちは，個人の行為，政府の政策，そして経済制度の作用について，実証的に考察するだけではなく，それらに対して賛成したり反対したりしてきた。シーニアやミル以降の「正統的」方法論は，そのような実践的勧告は，少なくとも科学的経済学者の資格においては行うことができないし，また行うべきではないと宣言したのである。しかし，そのような「正統的」方法論は，シーニアやミルによって唐突に主張されたものではない。経済学の歴史的な歩みのなかで，徐々に形成されてきた考え方が，彼らによって自覚的に表明されたというのが真相なのである。

よく知られているように，経済(economy)という言葉は，ギリシア語のオイコノミアが語源となっている。オイコノミアは，さらにさかのぼると，「家計」を意味するオイコスと「慣習，掟，法」を意味するノモスとに分かれる。つまり，経済という言葉は，もともとは「家計を取り仕切る方法」，すなわち「家政」を意味するものであった。それが国家に拡大適用されて，「政治的経済(political economy)」と呼ばれるようになった。「政治的経済」を書名とした最初の著書は，Antoyne Montchrétien, *Traité de l'économie politique*(1615)であるといわれるが，イギリスでは，James Steuart, *An Inquiry into the Principles of Political Economy*(1767)であった。ステュアートによれば，「経済(Oeconomy)とは，一般的にいって，家族のあらゆる欲望を，慎重にかつ節約に努めながら，まかなうアート」(Steuart 1767, Vol. 1, p. 19, 訳①2頁)であり，「家族にとって経済にあたるものが，一国にとっては政治的経済(political oeconomy)なのである」(Steuart 1767, Vol. 1, p. 20, 訳①2頁)。ステュアートは，実践的な関心を隠すことなく，「科学」と「アート」という2つの用語も区別なしに使用している。17・18世紀のポリティカル・エコノミーは，実践的な政策論という性格をもち，その意味で，まさに「政治経済学」と呼ばれるべきものであった。実践的な政策論がなんらかの価値判断を背後にもたなければならないことは，あらためていうまでもない。軍事力の支えとなる国力を蓄えること，

国民の福祉を増進すること，これらが政策目的とされるのも，それが望ましいと評価されるからである。重商主義時代の経済学者たちが政策勧告を行う場合にも，明示的にであれ暗黙のうちにであれ，望ましいものについてのなんらかの判断が伴っていたのである。

　重農学派やアダム・スミスにとっても，ポリティカル・エコノミーは実践的な政策体系を意味するものであった。スミスは，経済学の課題について次のように述べている。「為政者または立法者の科学の一部門と考えられている経済学は，2つの別個の目的を立てている。その第1は，人民に豊富な収入または生活資料を供給すること，もっと適切にいえば，人民が自分たちのためにこのような収入または生活資料を自分で調達しうるようにすることであり，第2は，国家すなわち共同社会に，公務を遂行するのに十分な収入を供給することである。経済学は，人民と主権者との双方を富ますことを意図しているのである」(Smith WN, p. 138, 訳643頁)。しかし，重農学派やスミスの場合には，そのような実践的目的を達成するための最も望ましい政策が，経済的自由主義であった。つまり彼らは，政府の介入を最小限に制限して，市場メカニズムの自由な作用に委ねることが，政策目的を達成するための最良の手段であると論じた。その主張を裏づけるために，彼らは，政府の介入がない場合の市場メカニズムの自由な作用を研究したのであるが，その結果，ポリティカル・エコノミーは，政策的介入のための研究から，市場メカニズムの作用の研究へと，その重点を移すことになった。シジウィックが述べるように，重農学派やスミスとともに，「経済学は主として『何であるべきか』よりもむしろ『何であるか』の研究になった。しかしこれは，富の生産と分配に関する現行の過程についての経済学者の考察において，それらの2つの観念が少なくともかなりの程度まで同一視されたからであった」(Sidgwick 1901, p. 19)。すなわち，彼らの場合には，市場メカニズムの自由な作用そのものが「何であるか」という研究は，同時に「何であるべきか」についての研究でもあったのである。19世紀の経済学者に求められたのは，事実の研究と実践的勧告との分離を，さらに明確なものにし，市場メカニズムの自由な作用を分析しても，その結果を科学の名において「望まし

い」と評価するべきではない，という禁欲的方針を明示するということであった[11]。

　経済問題の議論においては，政府の政策や経済制度の作用だけではなく，個人の経済行為に対しても規範的評価が行われていた。このことは，時代をさかのぼるほど普通の事柄になる。例えば，徴利(usury)という行為はアリストテレスやスコラの倫理によって悪とされたし，奢侈(luxury)はプロテスタンティズムなどの倫理によって悪とされた。しかし，経済学者たちは，倫理的観点を無視したわけではないが，少なくとも経済問題として考察する場合には，経済学的観点と倫理的観点とを分けて取り扱う方向へと進んでいった。徴利の道徳的是非をめぐる論争は，18世紀の後半になっても死滅しなかったが，そのような論争とは別に，低利子率が景気に及ぼす効果，利子率の決定メカニズム，あるいは利子の源泉といった問題に関する議論が，17世紀以降しだいに活発になっていった。また，奢侈という行為は道徳的に無害であるのか，非難されるべきものであるのかという問題は，「イギリスで大いに論争されてきた哲学上の一問題」(Hume 1752, p. 309, 訳46頁)であったが，この行為についてもまた，倫理的観点からではなく経済的観点から考察しようとする試みが現れてきた。例えば，経済学をアートと考えていたステュアートも，個人の経済的行為については，次のように述べている。「私の主題は道徳論ではないのだから，奢侈という用語を政治的な意味以外には考える必要がない。すなわち，仕事を生み出し，富者の需要を満たす者たちにパンを与える原理と考えればすむのである」(Steuart 1767, Vol. 1, p. 50, 訳① 30頁)。しかし，古典派の時代になっても，経済的行為を倫理的観点から評価するということが経済学文献のなかから消え去ったわけではない。例えば，アダム・スミスがダイヤモンドには使用価値がほとんどないという場合，その判断は消費者自身の判断ではなく，装飾品はつまらないものであるという，スミス自身の価値観の表明となっていたのである。また，マルサスが，人口の予防的制限という点では同じ効果をもつ行為であっても，一方を悪徳とし他方を道徳的抑制としたのも，事実判断と価値判断とを重ねあわせていたことを示している。19世紀初頭の経済学方法論は，個人の行為に関

するそのような規範的評価をも，経済学から分離しなければならなかったのである。

　実証と規範との峻別という問題は，それほど古いものではなく，18世紀の道徳哲学の文脈のなかに現れたものであった。この区別はそもそもヒュームに由来するのであるが，ヒュームは，『人間本性論』の第3編「道徳について」のなかで，次のように述べていた。

　「私がこれまでに出会ったいかなる道徳体系においても，私はつねに気がついていたのだが，著者はしばらくは普通の推理の仕方で進み，神の存在を立証し，人間のさまざまな事柄について講評する。ところが，そのとき私は突然気づいて驚くのだが，私が出会うどの命題も，である(is)およびでない(is not)という普通の繋辞の代わりに，べきである(ought)またはべきでない(ought not)で結合されているのである。この変化はほとんど気づかれないが，きわめて重大である。なぜならば，このべきであるやべきでないはある新しい関係，すなわち断定を表現しているので，それは講評され説明される必要があり，そして同時に，いかにしてこの新しい関係がそれとは全く異なる他のものから演繹されうるのか，その理由を示す必要があるからである。そして，その理由を与えることは，全く想いもよらないことのように思われるのである」(Hume 1739-40, p. 469, 訳④ 33-34頁)。

　ヒュームによれば，「である」という事実の判断と，「べきである」という当為の判断とは，その性格が異なるものであり，一方から他方を演繹的に導出することはできない。ヒュームの考えでは，行為を引き起こすのは理性(reason)ではなく情念(passion)である。行為は情念が快苦を与える対象を求めることによって引き起こされる。理性は，快苦を与える対象の存在を知らせたり，それを獲得する手段を発見したりすることによって，行為に影響を与えることができるだけである。理性は真偽の発見を課題とするのであるが，真偽とは観念間の関係または事実との一致・不一致に存する。しかし，情念は本源的事実であって，他のものとの一致・不一致を問うものではないから，真偽は問題にはならず，理性の対象ともならない。行為を引き起こす情念は能動的原理であるが，行為を規制するだけの理性は非能動的原理であ

る。道徳的善悪の評価もまた，理性ではなく情念に対して向けられ，情念に影響を与えて行為を左右することになる。「日常経験の教えるところによれば，人々はしばしば義務の支配を受け，不正義の考えによってある行為を思い止まり，責務の考えによって他の行為に駆り立てられる」(Hume 1739-40, p. 456, ④ 14 頁)。すなわち，ある行為や性格が有徳あるいは悪徳であるというのは，その行為や性格がある特殊な種類の快または不快な感情を惹き起こすからである。すなわち，「道徳性は，判断されるというよりも，より適切には感じられるのである」(Hume 1739-40, p. 470, 訳④ 34 頁)。道徳的善悪の区別は，理性によってではなく道徳感情によってなされる，というのがヒュームの考えであった。

　道徳性の根拠をどのように考えるとしても，「である」という事実判断と「べきである」という価値判断との区別は，経済学においても，しだいに明確なものになっていった。例えば，貧困が存在するという事実判断と，貧困を解消すべきであるという価値判断とは，その性格が異なる。実証と規範との二分法をとる立場からすれば，後者は前者から直接導かれるものではない。後者を導くには，貧困が存在するという事実判断だけではなく，貧困は望ましいものではないという価値判断が，同時に前提とされていなければならない。貧困が望ましいものではないという判断は，たとえ一国民すべてが同意する価値判断であったとしても，やはり事実判断とは異なるものといわなければならない。経済政策を行うさいの価値判断は，実践家としての政治家が行わなければならない。科学者としての経済学者の任務は，政治によって与えられる価値を所与として，貧困を減らす方法を教示することである。経済学者が，経済学者としての資格において価値判断を行い政策勧告を行うことは，越権行為といわなければならない。これが，今日普通に，経済学における実証と規範との区別として語られることの意味である。しかし，19 世紀前半に，はじめて経済学方法論において実証と規範との区別が問題になったときには，事実判断と価値判断との区別だけではなく，一般的厚生と経済的厚生との区別が，同時に取り上げられていた。シーニアが問題にしたのは，何よりもまず後者の区別だったのである。

一般的厚生と経済的厚生

シーニアの『経済学入門講義』によれば，富に関する科学は，理論的部門(theoretic branch)と実践的部門(practical branch)とに分かれる。理論的部門は，富の性質，生産および分配を説明することを課題とし，後述するようなごく少数の一般的命題から演繹的に展開される。その結論は，前提と同じく一般的であり，とくに富の性質と生産とに関する結論は，普遍的に真であるとされる。他方，富の分配は，特定の国の特定の制度，例えば奴隷制・穀物法・救貧法などの制度によって影響を受けがちであるが，概して事物の自然状態(natural state of things)を定めることは可能であり，特定の攪乱原因によって生み出される例外は後で説明すればよい，とされている (Senior 1827, pp. 7-8)[12]。経済学の第2の部門をなす実践的部門においては，どのような制度が富の増進に適しているのかを確定することが課題となる。ところが，実践的部門は，理論的部門の結論をその前提として用いるだけではなく，現象からの帰納に基づく諸事情をも考慮しなければならない。というのは，実際の諸問題に取り組むためには，一般的な理論的部門においては無視しても差し支えなかった諸事情を斟酌しなければならないからである。例えば，救貧法・遺言相続法・植民地・十分の一税などの諸制度が，富の生産と分配とにどのような影響を及ぼすのかということを検討するためには，人間のさまざまな動機や気候・風土をも考慮に入れなければならない。これらの諸事情をもれなく列挙して考慮するのはきわめて困難であるから，実践的部門の結論は不確実で不正確なものにならざるをえない。これに対して，理論的部門の結論は，確定した前提に基づいているので，推論に誤りがない限り，確実で正確なものとなる(Senior 1827, pp. 8-10)。ここで注目しなければならないのは，実践的部門の結論であっても，経済学の理論的部門の結論に直接的に依拠するものであれば，後者と同等の確実性・普遍性をもつことができるとされている点である(Senior 1827, p. 11)。後の著作では，実践的部門は，非経済的な事情をも考慮しなければならないという意味で，「統治のアート(art of government)」に吸収されるのであるが，経済学の理論

的部門に直結するものだけは,「経済のアート (art of Political Economy)」として残されるのである。

　シーニアの主著である『経済科学要綱』においては,経済学は「富の性質,生産,および分配を論ずる科学」と定義され,科学としての経済学と「統治のアート」とが対比されている。『経済学入門講義』においては,理論的部門と実践的部門の両方が科学とされていたのであるが,『経済科学要綱』においては,理論的部門のみが科学とされ,実践的部門は「統治のアート」のなかに包摂されている。彼によれば,これまで多くの経済学者が,経済学 (Political Economy) という名称をより広い意味で使用し,立法者あるいは政治家の問題である一般的厚生の領域まで踏み込んで論じてきた。しかし,このような広範な研究は,1つの著作,1人の精神力の限界を超えるものであり,むしろ経済学の考察領域を富に限定する方が,より明瞭で完全で有益な研究を生み出すことができる。統治のアートは多数の動機を考慮するが,富に関する欲求はそのなかの1つでしかない。富は人間の一般的厚生にとって必要な要素ではあるが,唯一の要素ではないから,経済学は「統治のアート」にとって,多数の補助科学のなかの1つにとどまる。「経済学者の結論がいかに一般的でいかに真理であろうとも,そのために,一言でも助言を行う資格が与えられるわけではない。そのような特権は,人々の一般的福祉を促進したり妨害したりするかもしれないすべての原因を考察する著者あるいは為政者に属すのであって,たとえ最重要なものであっても,そのなかの1つだけを考察する理論家に属すものではない。経済学者の任務は,一般的原理を述べることであって,これを推奨したり諌止したりすることではないのである」(Senior 1836, p.3, 訳7頁)。経済学が部分的な学問にとどまるがゆえに,経済学者は政策勧告を行うことはできない。したがって,ここでシーニアが,科学としての経済学と「統治のアート」とを区別し,経済学者は政治家に対して勧告を行うことができないと主張する根拠は,経済学が部分的な学問にとどまるということであって,事実判断と価値判断とを峻別しなければならないということではなかったのである。

　さらに,後の『経済学入門四講』では,「統治のアート」のほかに「経済

のアート」という部門が明示されている。経済のアートは,「富の生産と蓄積に最も役立つ制度と習慣とを指摘するアート」と定義される(Senior 1852, p. 36)。経済のアートは,主として経済の科学に基づいて構築される。その意味で,多くの非経済的事情を考慮しなければならない「統治のアート」と区別されるのである。しかし,ここで注目すべきことは,富の生産に役立つ制度や習慣は経済のアートの課題となるが,分配の観点からみて望ましい制度や習慣についての研究は,ここには含まれないということである。「さまざまな社会状態の下で,どのような富の分配が最も望ましいのか。そして,ある国がそのような分配を行うために,採用すべき手段は何か。これらはすべて興味深く困難な問題であるが,航海術が天文学の一部をなさないように,われわれが使用する言葉の意味においては,経済の科学(Science of Political Economy)の一部をなすものではない」(Senior 1836, p. 2, 訳 3-4 頁;Senior 1852, pp. 36, 47)。シーニアにとって,あるべき分配制度について語り,それを実現するための手段を検討することは,経済学の領域外に踏み出すことを意味する。すなわち,所有権や相続といった分配の枠組みに関する考察は,経済のアートではなく統治のアートの課題とされているのである。しかし,これが統治のアートの課題とされるのも,統治のアートが価値判断を引き受けるからではなく,人類の幸福を包括的に考察するからである。結局,シーニアの場合には,事実判断と価値判断との区別という論点は明示されることなく,統治のアートの包括性と経済学の部分性とが対比されるにとどまっていたのである。

とはいえ,1860 年にイギリス科学振興協会 F 部門の会合で発表された論文「統計科学」には,科学とアートとの関係についての別の考察が含まれていた。それによれば,「科学とは,存在する事実に関する言明であり,アートとは,未来の事実を引き起こしたり,それに影響を及ぼしたりしうる手段に関する言明である。科学は前提を取り扱い,アートは結論を取り扱う。科学はただ記憶と判断のための材料を提供することを目指す。科学は知識の獲得以外のどのような目的も必要としない。アートは意志に影響を及ぼそうとする。アートは実現されるべき目標をあらかじめ仮定し,その目的を達成す

るための最も容易で安全で効果的な行為を指摘する」(Senior 1860, p. 19)。シーニアがこの論文で主張していることは，F部門が「経済科学および統計学部門(The Section of Economic Science and Statistics)」と命名されているにもかかわらず，そこで発表された論文の多くが，科学ではなくアートに属するものになっている，ということであった。すなわち，「経済学者が指令(precepts)を与えるときにはいつも，すなわち，彼が読者に何かをなすように助言したり，何かをなさないように助言したりするときにはいつも，彼は科学からアートに——一般的には，道徳のアートや統治のアートに——迷い込むのである」(Senior 1860, p. 21)。ここでいわれていることは，科学としての経済学の部分性とアートの包括性ということではない。科学が存在する事実について語るのに対して，アートは目的を提示し，その目的を実現するための手段について語るという対比が，ここに示されているのである。シーニアのこのような見解は，実はミルが「定義と方法」や『論理学体系』ですでに述べていたことであった。科学とアートとの関係について，まさに古典的といえる議論を展開したのはミルであり，ミルの議論は，その後の経済学方法論にも多大な影響を与えることになったのである。

実践的推論

　ミルは，「定義と方法」論文において，科学とアートとは，アートが多くの科学を前提とする分野であるという点で異なるだけではなく，科学が事実を取り扱い，アートが指令を取り扱うという点でも異なっている，ということを指摘していた。アートが多くの科学を前提とするという点について，ミルは次のように述べている。

　「科学とアートとの間に明瞭かつ広範な分界線を引こうとする最も有力な理由の1つは，次のものである。——すなわち，科学における分類の原理は原因の分類にしたがうのが最も便宜であるが，アートは必ず，それが生み出すことを特有の目的としている結果の分類にしたがって分類されなければならない，ということである。ところで，物理学においても道徳学(morals)においても，1つの結果は普通は複数の原因の同時作用に依存しているが，

これらの原因のうちのいくつかが別個の科学に属することがしばしばある。……それぞれのアートは，1つの科学ではなく，科学全般を，あるいは少なくとも多数の異なった科学を予想するのである」(Mill CW4, p. 331, 訳194頁)。

　しかし，ミルによれば，科学とアートとの相違はこれだけではない。科学が真理の集成であるのに対して，アートは行為の規則を与えるものである，という点でも異なる。ミルによれば，人間本性の法則のうち，たんなる一個人としての人間に属するものは，純粋精神哲学の主題とされるのであるが，純粋精神哲学は，事実としての人間本性を研究する以外に，もう1つの主題をもつものとされる。すなわち，人間本性の法則のうち，他の個人との接触によって呼び起こされる個人的な感情，例えば義務の感情や是認への欲求などと，これらに関係する行為がそれである。純粋哲学のこの部分は，道徳学あるいは倫理学と呼ばれている。「道徳そのものは，科学ではなくてアートであり，真理ではなくて規則(rules)である」(Mill CW4, pp. 319-320, 訳173頁)。このような意味での科学とアートの区分が，「である(is)」と「べきである(ought)」との区別をなす。すなわち，

　「これら2つの観念は，悟性が意志と異なり，また文法上の直説法が命令法と異なるのと同様に，相互に異なったものである。一方は事実を，他方は指令を取り扱う。科学は真理の集成であり，アートは行為のための一群の規則または指針(directions)である。科学の言語は，これは云々である，またはこれは云々でない，これは起こる，またはこれは起こらない，である。アートの言語は，これをせよ，あれを避けよ，である。科学は，現象を認識し，その法則を発見しようと努めるが，アートは，ある目的を立てて，これを実現する手段を求める」(Mill CW4, p. 312, 訳160頁)。

　この引用文によれば，目的を実現するための手段を見つけ出すことは，アートの課題であるかのように述べられている。しかし，『論理学体系』においては，そのような手段の発見は科学の任務であるとされる。「定義と方法」論文では，科学とアートとの相違が強調されていたが，『論理学体系』になると，両者の相違に加えて，両者の関係が明確なものにされるようになる。

それによれば，科学とアートとは，相互に組み合わされて，一種の実践的三段論法を構成するものとされるのである．

「アートの規則と科学の理論との関係は，次のように特徴づけることができる．アートは到達すべき目的を提案し，この目的を定義し，これを科学に手渡す．科学はこれを受け取り，これを研究すべき現象または結果とみなして考察する．そして，その原因と条件とを研究して，これを生起させる事情の組合せに関する定理とともに，これをアートに送り返す．それからアートは，これらの事情の組合せを検討し，その組合せのいずれが人間の力によって可能であるかを調べ，それに応じて，その目的が到達できるかどうかを宣言するのである．それゆえ，アートが供給する唯一の前提は，最初の大前提であり，それは与えられた目的の達成が望ましいと主張するものである．次いで科学がアートに，ある行為の遂行がこの目的を達成するという命題(これは一連の帰納または演繹によって獲得される)を貸し与える．これらの2つの前提から，アートはこれらの行為の遂行が望ましいと結論する．そして，これが実行可能でもあることがわかると，その定理を規則または指令に変換するのである」(Mill CW8, pp. 944-945, 訳⑥ 199頁)．

この関係を図式的に表すと，以下のようになる．参照の便宜のために，三段論法の大前提に相当するアートを［アート①］，結論に相当するアートを［アート②］と呼ぶことにしよう．

　　目的Eの達成は望ましい　　　　　　　　　　　　［アート①］
　　行為Aは目的Eを達成するための手段である　　　　［科学］
　　ゆえに，行為Aの遂行は望ましい　　　　　　　　［アート②］

　目的に関する教義，すなわち［アート①］に関する教義を，ミルは目的論(teleology)と呼ぶ．一般に目的論という用語は，これとは違った意味で，すなわち目的論的説明という意味で用いられることもあるので，注意しなければならない．目的論的説明とは，例えば，血液の循環を心臓の収縮・拡張という原因によってではなく，「血液は身体の各部分に酸素や栄養を運ぶた

めに循環する」というように，目的因によって説明する方法のことである。ここにいう目的論とは，目的論的説明のことではなく，望ましい目的，目指すべき目的に関する議論のことである。何かをなすべきであるという主張，あるいは何ものかが望ましいという主張は，科学の命題とは異なる[13]。科学の命題は事実を主張するものであるが，目的論の「命題」は，何ものかが存在すべきことを主張する。すなわち，「述語がべきであるまたはでなければならない(*ought* or *should be*)という言葉で表現される命題は，述語があるまたはであろう(*is,* or *will be*)で表現される命題とは，一般に全く異なっている」(Mill CW8, p. 949, 訳⑥ 207 頁)。ミルの場合には，この目的論は，功利主義倫理学によって与えられる[14]。すなわち，「実践のあらゆる規則がしたがわなければならない一般的原理，およびその規則を検討するためのテストとは，人類，あるいはむしろあらゆる感性的存在者の幸福を促進すること，言い換えると，幸福の増進が目的論の究極の原理であるということである」(Mill CW8, p. 951, 訳⑥ 211 頁)。ここで幸福というのは，「快楽および苦痛からの解放という比較的低俗な意味での幸福を指すとともに，人生を，現在はほとんど普遍的にそうである状態，すなわち，たわいのない無意義な状態にするのではなく，高度に発達した能力をもった人間として望みうる状態に人生を高めるという，より高い意味での幸福をも指すのである」(Mill CW8, p. 952, 訳⑥ 212-213 頁)。

　科学の課題は，［アート①］によって与えられた目的を達成するための手段についての知識を提供することである。ここでミルが念頭に置いている科学知識とは，「出来事 x に続いて出来事 y が生じる」といった因果関係に関する知識である。因果関係としては，出来事 x は原因であり出来事 y は結果となるが，これを目的・手段関係に翻訳すると，出来事 y は目的であり出来事 x は手段となる。すなわち，出来事 y を生じさせることが目的であるとき，出来事 x を人為的に作用させることができるならば，その目的を実現することができる。ミルによれば，そのような道具的知識を提供することが科学の任務なのである。その場合，目的は科学の外から与えられなければならない。すなわち，「科学的な観察または推理を行う者は，たんにそれ

だけでは実践の助言者とはならない。彼の役割はただ，ある帰結がある原因から生じること，ある目的を達成するためには，ある手段が最も効果的であることを示すことにある。目的それ自体が追求されるべきものかどうか，もし追求されるべきものであるならば，どんな場合に，またどの程度にそうなのか，このことを決定するのは，科学研究に携わる者としての彼の仕事ではない。科学のみによって，これを決定する権能が彼に与えられるわけではいのである」(Mill CW8, p. 950, 訳⑥ 208 頁)。科学者としての資格において目的を提示することはできない。これがミルの考えであった[15]。

　［アート②］が実行可能なものであるならば，それは一般的な規則または指令となる。ある状況における行為の一般的規則が作成されているならば，その状況に直面したときに，そのつど演繹を行って行為の仕方を決めるという必要がなくなる。その規則にしたがって行為を行えば，行為と究極目的との関係を自覚していなくても，その目的を推進しうることになる。とくに，諸事情を分析する時間や手段が欠けていたり，自分の判断が信頼できない場合には，これらの規則によって行為の仕方を決めるのが最も危険の少ない方法であるということができる。しかし，規則を導くときに前提とされた科学が不完全である場合には，その規則は欠陥をさらけ出す。例えば，行為Aに対して反対に作用する原因を見逃している場合には，行為Aを遂行しても目的Eは達成されない。さらに，規則にしたがうことによって目的Eが達成されるとしても，その目的Eは，「もっと望ましいものでありうるかもしれない他の目的と衝突することがありうる」(Mill CW8, p. 946, 訳⑥ 203 頁)。したがって，「特殊な例に適合する行為の方針を，ある仮定された普遍的な実践的格率から演繹するだけで，思弁的科学の原理にたえず立ち返ることの必要性を見逃す人々が犯している誤謬は，明白である」(Mill　CW8, p. 946, 訳⑥ 202 頁)。したがってミルは，一度定めた規則に安住することなく，科学の進歩とともに，規則を吟味し直すことを求めている。このようにミルは，功利主義の原理は，個々の行為に適用されることもあるとはいえ，主として実践規則を導くために用いられると考えており，基本的には規則功利主義の立場に立っていたということができるのである (小泉 1988, 144 頁)。

経済制度の評価

　すでに述べたように，ケアンズは，経済学を「富の科学」であると性格づけていた。その意味は，富の現象は分離して独自に取り扱うことができるということであったが，それと同時に，経済学はアートではなく科学であるということもまた含意されていた。ケアンズによれば，一定の実践的目的を実現しようとするものは，科学と呼ぶことはできない。貧困状態の緩和，土地所有制の改革，協同組合的産業の拡張，通貨の規制等々のような経済政策であれ，社会そのものの再組織化のような野心的な計画であれ，「もしその目的が一定の実践的目的を成就することにあるのであれば，それは科学の性格を全くもたず，科学と称することはできないといわなければならない」(Cairnes 1875, p. 34)。確かに経済学の出発点はアートにあったが，いまでは，なによりもまず科学とみなされている。すなわち，「経済学は，幾何学・天文学・力学・化学と同様に，実践的要請にその起源をもち，アートをその出発点としている。経済学は，交易によって特定の国民を豊かにするという，実践的目的を追求するものであった。……やがて議論は，実践的計画の攻撃と弁護から，これらの計画によって統制しようとしていた諸関係の秩序を支配する自然法則の検討へと，急速に移行していった」(Cairnes 1870, p. 273)。科学としての経済学は，どの実践的目的に対しても中立的であり，そのどれかを推奨したり貶したりするものではない。経済学は，所与の目的を達成するための手段についてデータを与えるにすぎない。ケアンズは，科学は実践的目的を達成しようとするものではないと述べるのであるが，法則の探究が実践的目的に寄与することを否定したわけではない。つまり，科学的知識によって，人間は自然の解釈者・支配者になるのであり，自然にしたがうことによって自然を支配するのだ，という(Cairnes 1875, p. 36)。周知のように，これはフランシス・ベーコンのスローガンであったが，このスローガンは，自然科学だけではなく経済学にも適合するものと考えられたのである。ただし，実践的問題の場合には，純粋に経済的な側面のみではなく，政治的・道徳的・教育的等々の側面をも考慮に入れなければならないから，

経済学が提供しうるデータは一部分にとどまる。したがってケアンズは，基本的には事実と価値との区別という観点から，科学とアートとを区分するのであるが，同時に経済的厚生と一般的厚生との区別をも意識していた。

　ケアンズの議論のなかでとくに重視されているのは，経済制度の評価という問題である。重農学派やスミスの経済学は，特定の経済秩序，つまり私有財産制度や競争的市場制度を是認するような含意をもっていた。この分野における規範的評価の問題が自覚されるようになったのは，社会主義が代替的な制度として提唱されるようになってからであった。J. S. ミルによれば，私有財産制と共有財産制との優劣の比較は，「2制度のうちどちらが人間の自由と自主性の最大量を許すか」という観点から行われるべきものであったが，このような観点はミルの倫理学上の見地に基づくものであって，経済学上の見地に基づくものではなかった。経済学者としての立場において，特定の経済制度を「あるべきもの」として正当化したわけではないのである。この点は，ケアンズによってより明確に論じられた。ケアンズによれば，既成の社会秩序を正当化したり批判したりするために，経済学が用いられる場合が確かにあった。セーの議論が，まさにそのようなものであった。ケアンズによれば，経済問題に関するセーの推理は，一貫して，社会主義的教義を横目にみながら進められていた。セーの目的は，たんに富の理論を解明するだけではなく，私有財産制度をはじめとする既成の社会秩序を正当化し，これを社会主義者の攻撃から防衛することにもあった。すなわち，富の分配の理論と既成の社会制度の正当化という2つの問題が，区別されることなく論じられていたというのである。セーによれば，各生産要因に対する報酬である地代・利子・賃金は，各生産要因が生産に寄与した効用の尺度となるものである。つまり，土地・資本・労働が最終生産物を作り出すさいに，それぞれ果たした機能の効用に基づいている。セーの議論においては，「これらの3つの生産要因の所有者の間への，生産物の分配を規制する別個の経済諸法則が混同されるのであるが，それは，既成の社会構造を防衛するために『道徳的』議論を導入し，地主・資本家・労働者は，社会的便宜と公平という観点からみて，同じ資格をもつものと位置づけようとしたからであった」(Cairnes 1875, pp. 30-31)。つまり,地主・資本家・労働者は,搾取したり搾取されたりする関係にあるのではなく,同様に社会の福祉に貢献し,公平にその分配に与っているというわけである。ケアンズによれば,経済学は,レッセ・フェールであれ共産主義であれ,特定の社会体制を支持したり非難したりするものではない。賃金・利潤・地代の理論があるからといって,労働者・資本家・地主という3階級からなる社会を是認しているわけではない。賃金・利潤・地代の理論が経済理論の一部をなすのは,これらが,現存社会における富の分配形態であり,説明を求められている現象だからである,というのである。しかし,ケアンズ以後になっても,古典派経済学が仮定する競争秩序を,理論上の仮説としてではなく政策的主張として解釈し,これを実践的観点から批判する論者は後を絶たなかった。

4 経済法則の探究

　以上のように,古典派の経済学方法論においては,経済学をなによりもまず科学であると考え,その応用としてアートを構想するという態度が明確に打ち出された。その場合,科学という知識分野の課題は,法則を探究することにあるとされた。科学としての経済学の課題が法則の探究にあるという見解は,ミルやケアンズによって,方法論として公式に表明されたのである[16]。ミルの「定義と方法」論文は,文字通り,経済学の定義を検討している部分と方法を検討している部分とに分かれるが,定義について論じている部分の最後の箇所で,経済学の完全な定義が与えられている。それによれば,経済学とは,「社会の諸現象のうち,富の生産のために行われる,人類の結合された諸操作から生ずるものの法則を,それらの現象が富以外の他のなんらかの目的の追求によって修正されない限りにおいて,追究するところの科学」(Mill CW4, p. 323, 訳180頁)である。『経済学原理』においても,経済学の課題は,「富の性質,その生産および分配の法則」(Mill CW2, p. 3, 訳①31頁)を研究することにある,と定義されている。ケアンズもまた,科学の目的は法則の解明であると述べる(Cairnes 1875, p. 34)。ケアンズによ

れば，自然諸科学においても，その課題は，なんらかの実践的計画を提唱することではなく，自然の法則を解明することにある。経済学の場合，考察する対象は自然諸科学とは異なるが，「その方法，その目的，その結論の性格は，自然諸科学と同じである」(Cairnes 1875, p. 34-35)。すなわち，経済学は，富の現象を固有の対象とし，「富の現象が相互に共存しあるいは継起するさいの法則を解明するのである」(Cairnes 1875, p. 35)。さらにケアンズは，経済学の課題が法則の解明にあるということを，端的に次のように述べる。「そこで，われわれが富の現象の諸法則について語るときに念頭に置いているのは，経済現象の間に示される恒常的な関係ということである。経済学という科学は，これらの法則の解明を課題としているのである」(Cairnes 1875, p. 36)。

経済学の課題が法則の探究であるというとき，「法則」という概念が意味するものは何であるのか。ミルによれば，「科学においては，なんらかの種類の規則性が認められる限り，この規則性の本性を表現する一般命題を法則と呼ぶのが習慣になっている」(Mill CW7, p. 316, 訳③ 62 頁)。ここで一般命題(general proposition)または全称命題(universal proposition)とは，主語の外延に含まれるすべての対象に言及する命題のことであり，最も簡単な法則の形式をあげると，例えば，「もし人間であるならば，それは死を免れない」「もし金属を十分に熱するならば，それは溶ける」といった命題がこれにあたる。つまり，これらの例においては，ある部類(人間，金属)に属するすべての個体について，一定の属性(死を免れない，十分に熱するならば溶ける)が共通にみられる，という規則性が表現されている。自然現象にも社会現象にも，多くの規則性が潜んでいるが，これらの規則性を表す一般命題が法則にほかならない。経済現象においても，生産や分配に関する現象のなかになんらかの規則性が共通に認められるとき，これを表現する一般命題が経済法則ということになるのである。

ミルやケアンズが法則の探究を経済学の課題と考えたのは，法則の知識が政策的応用と結びついていたからであった。ある政策目的を達成するために経済法則の知識を利用するという考え方は，先に示したミルの実践的三段論

法を用いて解釈することができる。先に述べたように、ミルの実践的三段論法は、次のような推論の形式をもっていた。

  目的Eの達成は望ましい　　　　　　　　　　　［アート①］
  行為Aは目的Eを達成するための手段である　　［科学］
  ゆえに、行為Aの遂行は望ましい　　　　　　　［アート②］

このような推論の仕方は、例えば次のように具体化される。

  労働者階級の所得水準を向上させることは望ましい［アート①］
  労働者人口の減少は、労働者階級の所得水準を向上
   させるための手段である　　　　　　　　　　［科学］
  ゆえに、労働者人口の減少は望ましい　　　　　　［アート②］

　もちろん、以上の図式は、アートと科学との関係を単純化して示したものにほかならない。実際の政策論議においては、このように簡単な推論ですむことはまれである。例えば、［アート①］そのものが複数の政策目的を含む場合もある。というよりも、実際に政治的決定が問題になる場合には、複数の政策目的の間での選択あるいは調整ということが、重要になることはいうまでもない。ミルの場合には、そのような選択・調整を行うための究極の規準となるのが、目的論の一般的原理、つまり功利主義の原理であると考えられていた。すなわち、「目的論の一般的原理が参照されなければならないのは、その目的と他のなんらかの目的との間の優先問題が決定されなければならないときのみである」(Mill CW8, p. 950, 訳⑥ 209 頁)。また、科学の部分についても、仮定している諸事情を明示し、さらに労働者人口の減少がもたらす副作用を指摘するのでなければ、道具的知識としては欠陥のあるものであろう。しかし、この簡単な例で問題としているのは、アートと科学との関係である。つまり、科学としての経済学は、その政策目的を所与のものとして、それを達成するための手段についての知識を提供する、ということであ

る。ミルの賃金基金説によれば，平均賃金は社会全体の賃金基金を労働者人口で割ったものに等しい。したがって，平均賃金を引き上げようとすれば，賃金基金を増加させるか，労働者人口を減少させるかしなければならない。労働者人口の減少が，労働者階級の所得水準を向上させる手段であるということは，科学としての経済学の知識に基づくものということになる。もちろん，そのような科学の知識が正しいか否かが問題になるが，その吟味は科学の領域において行われ，規範的な判断が関与してはならない。政策目的と経済法則の知識とに基づいて，［アート②］が具体的な政策として提言される。このような推論の仕方が，経済学の原理を社会哲学に応用するということの意味である。周知のように，ミルの経済学上の主著の正式な題名は，『経済学原理，および社会哲学に対するそれらの原理の若干の応用』であった。ここで原理とは，経済法則の体系を意味している。社会哲学とは，社会科学の全体を含むだけではなく，目的論をも含むものと解釈することができる。したがって，社会哲学に対する経済学原理の応用とは，まさに上で述べたような推論を意味するものと考えられるのである。

　経済法則の知識を政策に応用するという考え方は，17世紀から18世紀にかけて，徐々に準備されてきたものであった。その場合，イギリス経済学の伝統として，経済法則という場合には，なによりもまず因果法則が念頭に置かれていた。重商主義の時代から，初期の経済学者たちは，問題となっている経済現象の原因を発見し，その原因に政策的に対処することによって，有益な結果を生み出し，有害な結果を除去しようとした。例えば，17世紀初頭に現れた利子論を取り上げてみよう。「もし利子率が高ければ，交易が衰退する」という因果関係は，トーマス・カルペパーによって主張され，後にジョサイア・チャイルドによって再説されたものである。カルペパーによれば，微利の利益がきわめて容易，確実，かつ大であるならば，一方では，富裕な交易業者(地主・農業者・高級職業人)が交易をすてて微利を始め，他方では，借り手である新進の交易業者が破滅したり，意気をそがれたりすることになる。当時，イギリスの法定最高利子率はオランダのそれよりも高かったから，カルペパーによれば，この利子率の格差こそが，イギリスにまさる

オランダの繁栄を説明するものと思われたのである(Culpeper 1621, pp. 3-5, 訳 263-265 頁)。利子率の高低が，経済的繁栄の状況を説明する。したがって，交易を活発にするためには，利子率を人為的に引き下げればよいという政策提言がなされることになる。この学説自体の当否は別として，注目に値するのは，このようなアプローチの仕方である。ここには，経済現象における因果関係を解明し，その知識を用いて政策を実施しようとする態度が，素朴な形で示されている。アダム・スミスの著作の題目『諸国民の富の性質と諸原因とに関する一研究』は，同じような問題関心を継承していることを端的に示している。国富を増進させるという政策的な要請に応えるためには，国富の増進という結果をもたらす諸原因を明らかにし，それらの諸原因を政策的に作り出してやらなければならない。あるいは，それらの作用を妨害している要因が存在するのであれば，妨害要因を除去してやらなければならない。スミスの場合には，経済活動の自由を保証し，政府の役割を限定する「自然的自由の体系」が，国富の増進に最も適しているということを論証することが課題となったのである。経済学の課題が，経済法則の探究にあるということは，リカードウによってはっきりと述べられた。リカードウによれば，「地主・資本家・労働者の間の分配を規定する諸法則を決定することが，経済学における主要問題である」(Ricardo Works 1, p. 48)。リカードウは，抽象的なモデルを構成することによって，経済問題を政治的・宗教的・倫理的問題から分離することに寄与しただけではなく，法則の探究を経済学の課題とみなす方法論を確立するうえでも，大きな影響を及ぼした。要するに，経済学者たちは，政策目的・経済法則・具体的な政策提言の間の区別を徐々に明らかにしつつあった。ミルが行ったことは，経済政策あるいは立法全般をめぐる論議において，未分化のまま論じられていた諸項目の間の関係を明確なものにする，ということだったのである。

1) 例えば，ジョン・ネヴィル・ケインズは，イギリスにおける経済学方法論の端緒について次のように述べている。「経済学の方法的原理を明確に定式化した最も初期のイ

ギリス経済学者は，シーニアおよびJ. N. ミルであった」(Keynes, J. N. 1917, pp. 11-12, 訳15頁)。

2) ただし，利潤は労働日の最後の1時間に生産されるのだから，労働日を1時間短縮すると利潤が消滅してしまう，という悪名高い「最終1時間説」については，マルクスだけではなく，シュンペーターもその誤謬を指摘している(Schumpeter 1954, pp. 485-486)。

3) シーニアの場合には，ミルやケアンズに比べて，あるべき方法論の主張が前面に出る傾向があった。これは，シーニアが，リカードウおよびマルサスの説と自説との違いを強調し，「学派の方法」よりも「自分の方法」を前面に出したことに由来する。これに対してミルおよびケアンズは，リカードウやマルサスが実際に採用していた方法を解明するのだという態度をとった。

4) 「この期間のすべての定義は，他の社会科学ないし道徳科学に対する経済学の自律性を強調している，——これはもちろん，両者の間の密接な関係を認めることとは完全に両立する」(Schumpeter 1954, p. 535)。

5) 古典派の方法論者にとって，経済現象とは富に関する現象を意味したが，経済現象は違った観点からも捉えることができる。「経済的(economic)」という言葉は，「富」に対応する形容詞として用いられるだけではなく，「目的に対する手段の理性的な適応」を意味する言葉としても使用される(Keynes, J. N. 1917, p. 1, 訳6頁)。したがって，どちらの意味で用いるかによって経済学の課題と領域とが違ってくる。この点に注目し，また限界革命以後の経済学を念頭に置いて，経済学の課題と領域とについての考え方を転換しようとしたのが，ライオネル・ロビンズであった。ロビンズは，富を物質的なものに限定したうえで，物質的厚生の原因について研究することを経済学の主題とする考え方を，経済学の物質主義的定義(Materialist Definition)と呼び，これに対して自らの希少性定義(Scarcity Definition)を対置した。希少性定義とは，「経済学は，諸目的と代替的用途をもつ希少な諸手段との間の関係としての人間行動を研究する科学である」とする考え方である(Robbins 1984, p. 16, 訳25頁)。物質主義的定義によれば，ある種類の行動，すなわち物質的厚生の獲得に向けられた行動が経済学の対象となるが，希少性定義によれば，行動の種類ではなく行動の特定の側面が経済学の主題となる。ロビンズの用語を借りるならば，古典派の大部分は物質主義的定義を支持していたが，シーニアはそうではなかった。富の項目のなかにサーヴィスを入れていたからである。

6) 古典派内部での富概念の相違とは別に，古典派の富概念はあまりにも抽象的であるという批判が，後に歴史学派によって行われるようになった。例えば，クリフ・レズリーは，次のように批判した。富には多数の異なった種類があり，それがもたらす経済的結果にも大きな差異がある。イギリスの富は，土地・建物・家具・衣類・貨幣・絵画など多様なものから構成され，古代・中世・近代という社会の各状態，東洋と西洋，男性と女性によっても，所有する富が異なっている。このような富の差異とその性格の変化が，「富の真の科学においては，原因と結果の両方に関して，研究されるべきである。富は交換価値をもつすべてのものを包括するというすでに述べた定義は，これらのもの

の差異と変異，それらを支配する社会および社会的進化の諸法則に光を投ずることのない，たんなる抽象にすぎない」(Leslie 1876, p. 219)。これに対して，経済学が取り上げる欲望とは，一般的購買力すなわち貨幣に対する欲望であり，その一般的購買力によって多様な目的が実現されることを否定するものではない，という反論を行ったのがマーシャルや J. N. ケインズであった (Marshall 1920, p. 22 ; Keynes, J. N. 1917, pp. 121-122, 訳 118-119 頁)。なお，クリフ・レズリーの方法論については，佐々木(2000)を参照されたい。

7) ヒックスは，交換の理論を意味する「カタラクティクス」に対して，富の理論を意味する「プルトロジー(plutology)」を対置し，古典派経済学の立場は後者であったとする。ここでプルトロジーとは，「実質社会生産物の定義，それを増加する方法，それが分配される仕方」に関心をもつリサーチ・プログラムを意味する。これに対して，1870 年代以降に登場したいわゆる「限界主義者」は，生産と分配にではなく，交換にその経済学の基礎を求めたから，むしろ「カタラクティスト」と呼ばれるべきであるとする (Hicks 1976)。

8) "moral philosophy" の場合と同様に，"moral science" というときの "moral" とは，「倫理的」に限定されるものではなく，むしろ「精神的」という意味である。したがって，"moral science" は「精神科学」と訳す方が適切であるようにも思われる。実際，ミルの『論理学体系』がドイツ語に訳されたときには，"moral science" は "Geisteswissenschaft" と翻訳された (丸山 1985, 26-27 頁)。しかし，シーニアやミルは "mental philosophy" や "mental science" という言葉も用いているので，これらと区別するために，"moral science" は慣例通り「道徳科学」と訳すことにする。

9) イギリスにおいて，コントの主張を継承して論陣を張った経済学者の代表は，イングラムである。イングラムは，1878 年に行われたイギリス科学振興協会 F 部門の会長講演において，コントの所説を援用して古典派経済学を批判した。イングラムによれば，コントの経済学批判は，(1)富の事実に関する研究を孤立化させること，(2)過度に抽象的であること，(3)演繹を不当に重視すること，(4)結論を絶対的なものとして表明すること，に向けられたものであった (Ingram 1878, p. 48)。彼はさらに，1885 年に『エンサイクロペディア・ブリタニカ』第 19 巻に掲載した論文「経済学(Political Economy)」においても，同じ趣旨の議論を展開した。これを受けて，1885 年の F 部門会長講演で，孤立化的方法を支持する立場からイングラムに反論したのが，シジウィックであった。シジウィックによれば，「社会的有機体のさまざまな機能の共感性」といったあいまいな一般化は，実際の役には立たない。経済領域と他の社会諸領域とが関係する程度は実にさまざまなのだから，考察する経済問題に応じて，どのくらい他の社会諸領域を考慮する必要があるのかということを決めなければならない，というのである (Sidgwick 1885, pp. 44-42)。マーシャルもまた，同年のケンブリッジ大学経済学教授就任講義のなかで，コントの批判に対して反論している (Marshall 1885, pp. 163-165)。

10) ジェームズ・ミルもまた，1836 年に発表した論文のなかで，科学としての経済学の有用性を政策的応用とは別のところに求める見解を示している。彼によれば，身体また

は精神に快をもたらすものが有用なものであるが，経済学は，富の生産・分配・交換・消費という込み入った現象について，「全体としての観望(commanding view)」を与え，それによって精神に快をもたらすがゆえに，有用なのである(Mill, J. 1836, pp. 372-373)。

11) 経済学はアートではなく科学であると主張されるようになると，政策論を連想させる"political economy"という名称は，経済学の性格を正しく表現していないと考えられるようになっていった。経済学の名称として，"economics"が用いられるようになるのも，このような事情があったからである。この用法を決定的にしたのは，マーシャルがその主著の題目を"Principles of Economics"としたことであったが，マーシャルは，"political economy"よりも"economics"の方が望ましいとする理由について，次のように述べている。「なるほど経済学は，目的がどうあるべきかということを政治家が決定するのを助けるだけではなく，その目的を達成するための広範な政策のなかで最善の方法は何であるかということを決定するのも助ける。しかし，実際家であればとうてい無視できないような多数の政治問題を回避するのであるから，経済学は，科学およびアートであるというよりも，むしろ純粋・応用の両面をもつ科学なのである。したがって経済学は，"political economy"という狭義の用語よりも，"economics"という広義の用語によって，よりよく表現される」(Marshall 1920, p. 43)。もちろん，"political economy"という用法が，全く廃れてしまったわけではない。17・18世紀とは違った意味においてではあるが，今日でも経済と政治との関連を重視する場合には，あえて"political economy"という言葉が使用されるのである。

12) 富の生産に関する結論は普遍的に真であるが，富の分配は特定の制度の影響を受けがちであるという議論は，J.S.ミルの生産・分配二分法論との関連で，注目に値する。後で詳しく述べるように，J.S.ミルはその『経済学原理』において，生産の法則は物理的真理の性格をもっていて変更することはできないが，分配の法則は人為的なものであって変更可能である，という生産・分配二分法論を唱えた(Mill CW2, pp. 199-200, 訳② 13-15頁)。生産の法則が普遍的に真であると考える点では，ミルはシーニアと一致する。しかし，分配論に関しては，シーニアが，究極的には分配に関しても事物の自然状態を定めることができると考えていたのに対して，ミルはむしろ分配の歴史的相対性を強調した。シーニアのいう分配の自然状態が何を意味するのかということは，必ずしも明らかではない。むしろ，シーニアが富の分配は特定の国の特定の制度の影響を受けがちである，とためらいながら述べたことが重要なのであって，これをミルが徹底させたということができるのである。

13) あるべきものに関係する知識であっても，これを科学と呼ぶことができると主張する論者もいる。例えば，J. N. ケインズは，上記の［アート①］の部分も科学に分類する。「とくに注意すべきは，知識のある一部門は，それがあるべきことに関係するというだけでは，必ずしも科学とは別個のアートの範疇に属することにはならない。論理学と倫理学とは，それぞれ正しい推理と正しい行為とに関係するが，両者ともに科学である」(Keynes, J. N. 1917, p. 35, 訳36頁)。J. N. ケインズは，そのようなタイプの科学を

「規範的または規制的科学(normative or regulative science)」と呼び，「あるべきこと(what ought to be)」の規準に関する一群の体系化された知識と定義する。したがって，上記の［アート②］のみがアートと呼ばれる。「アートとは，所与の目的を達成するための規則の体系と定義されうる。実証的科学の目標は斉一性の立証であり，規範的科学の目標は理想の決定であり，アートの目標は指令の定式化である」(Keynes, J. N. 1917, pp. 34-35, 訳 35 頁)。

14) ミルの場合，目的とすべきものは，最終的には事実によって基礎づけられる。すなわち，「ある対象が見えることを証明するには，人々が実際にそれを見るほかない。……同じように，何かが望ましいことを示す証拠は，人々が実際にそれを望んでいるということしかない，と私は思う」(Mill CW10, p. 234, 訳 496-497 頁)。しかも，人々は幸福を望んでいるだけではなく，幸福のほかには何も望んでいないのであるから，功利主義の規準は，道徳の唯一の規準として証明される。これは，いわゆる倫理学上の自然主義(naturalism)であり，「である」という事実から「べきである」という価値・当為を導こうとする立場である。しかし，目的の基礎づけがどのようになされるにせよ，科学は目的を所与として，その目的を達成するための手段の考察に限定される。その意味で，科学とアートとが問題にされる場面では，存在と当為とが分離されることになる。

15) ここでミルが論じていることは，M. ウェーバーのいう，目的の「技術的批判」に通ずるものである。ウェーバーによれば，科学の役割は目的を立てることではなく，ある目的を達成するための適当な手段を確定し，またその目的が与えられた状況の下で達成可能であるかどうかを判断することであり，さらに，ある目的が達成可能である場合，その手段としての行為がどのような意図されない結果を生むのか，その目的の達成にはどんな犠牲が伴うのか，ということを明らかにすることである(Weber 1904, S. 149-150, 訳 31-33 頁)。20 世紀初頭のドイツで「価値判断論争」が激しく闘わされたことは有名であるが，科学と価値判断とをめぐる議論は，イギリスではかなり先行して行われていたのである。

16) 後に J. N. ケインズは，法則を探究するだけではなく，その法則が体系的に結合されていることをもって，科学とみなすことができると述べた。「科学とは，形式の一般性を有する真理の，結合され体系化された集合体と定義されうる。一般性を欠く真理は科学を構成することはできないし，一般法則も相互に分離していて結合されていないならば，科学を構成することはできない」(Keynes, J. N. 1917, p. 150, 訳 146 頁)。ミルやケアンズも，実質的には法則の体系的結合という科学の概念を支持している。

第5章　帰納法と演繹法

1　帰納法の意味

一般化の手続き

　シーニアにとって，科学としての経済学の任務は，事実を蒐集して記述することではなく，少数の前提から演繹によって結論を導出することにあった。彼によれば，経済学者が事実の蒐集を過大視し，推論過程をなおざりにしていることは，経済学の進歩を妨げている事情の1つであった。経済学の一般原理が依拠している事実は，少数の文，少数の言葉で述べることができるのであり，必要なのは，これらから正確に推論することである，というのであった(Senior 1836, p. 4, 訳8頁)。しかし，なぜそうでなければならないのかということを，シーニアは厳密に論じたわけではなかった。ケアンズは，経済法則を発見するための方法として，帰納法を用いることはできないとし，経済現象の研究は演繹法によらなければならないと述べた(Cairnes 1875, pp. 76-77)。すなわち，複数の原因が同時に作用することによってある現象が生じている場合には，個々の原因と結果との継起関係を観察によって確かめることはできない。帰納法によって因果関係を探究するためには，実験が不可欠なものだからである。すなわち，「このような高度の複雑さが現象を特徴づけている場合，すなわち，すべて同時に作用する多数の原因が現象に影響を及ぼすことが避けられない場合，そのような現象とそれらの諸原因および諸法則との結合を，帰納的につまり特定の事実から上向的に論ずること

によって確定するためには，1つの条件が不可欠である。すなわち，言葉の厳密な科学的な意味において，実験を行う力が不可欠なのである」(Cairnes 1875, p. 77)。つまり，AがBの原因であるということを確定するためには，A以外の原因がBに影響しないような理想的な状況を実験的に作り出すことが不可欠の前提となる。ところが，経済学者は，研究対象の性格上，このような実験を行うことができない。したがって，このような場合には，帰納法ではなく演繹法によって法則を探究しなければならない，というのである。この議論は，まさにミルのものであった。経済学の研究手続きは帰納法ではなく演繹法でなければならないという主張は，ミルによって確立された立場であり，後続する理論派の経済学方法論の原型となったものであった。経済学の方法として適当なのは帰納法なのか演繹法なのかという問題は，1870年代以降，ドイツやイギリスの歴史学派が理論派の演繹法を批判するに至って，経済学方法論上の大問題として議論されるようになった。しかし，この大問題は，帰納法や演繹法という用語の意味があいまいなまま議論されるという「大問題」を抱えていた。すでにケアンズによって指摘されていたことであるが，「『帰納法』という表現は，帰納論理についての著作家によってさえ，かなり自由な意味で使用されている表現」(Cairnes 1875, p. 74)だったのである。このことは，演繹法についても同様であった。とくに，この問題について非常に大きな影響を及ぼしたミルの議論そのものが，必ずしも明晰なものではなかったのである[1]。われわれは本章で，両概念を明晰にすることによって，帰納法対演繹法の論争につきまとっていた混乱を取り除きたいと思う。

　ミルは，『論理学体系』の第3巻第2章で，帰納を次のように定義している。

　「帰納とは，精神の操作であって，われわれはこれによって，特殊の1つまたは1つ以上の事例において真であると知られたものが，これとある特定の指摘可能な点において似ているすべての事例においても，真であろうと推論することである。言い換えると，帰納とは，一部類のある個別者について真であるところのものが，部類全体について真であると結論する手続き，ま

第5章　帰納法と演繹法

たはあるときに真であるものが，類似の事情の下では，すべてのときに真であると結論する手続きである」(Mill CW7, p. 288, 訳③ 12 頁)。

　このように定義された帰納は，特殊なものから一般的なものへの上昇，個々の事実から法則への上昇ということを意味している。例えば，ソクラテスは死んだ，プラトンも死んだ，……n 番目の人間も死んだ，ゆえに「すべての人間は死を免れない」，というように結論を導く手続きがこれにあたる。しかし，一見して明らかなように，この手続きには，いわゆる帰納的飛躍(inductive leap)の問題がある。既知の事例において真であったということは，未知の事例においても真であるということを保証するものではない。1 から n 番目までの人間が死んだからといって，n＋1 番目以降の人間も必ず死ぬということにはならない。

　帰納的一般化を正当化する根拠について，ミルは 2 つの考えを示している。その 2 つとは，自然過程の斉一性の公理と道具主義的法則概念とである。自然過程の斉一性(the uniformity of the course of nature)の公理とは，「自然には並行の事例が存在すること，一度生起したものは，事情が十分な程度の類似性をもつときには，再度生起すること，再度に限らず，同一の事情が生起するたびごとに生起すること」(Mill CW7, p. 306, 訳③ 44 頁)を意味する。したがって，この公理を前提とする限り，ある 1 つの事例について真であるものは，それに十分類似する他の事例においても真であるとみなすことができる。もし自然過程の斉一性の公理が成り立つならば，一度生起したものは，事情が十分な程度の類似性をもつときには再度生起するのであるから，n＋1 番目以降の人間も死ぬと推論することができる。

　しかし，帰納の前提としてこの公理を用いることは，論点窃取の虚偽(Assumptio non Probata)を犯すものとして批判される。すなわち，論証に先立って，容認すべきではない命題を前提として用いる虚偽を犯しているというのである。ソクラテスは死んだ，プラトンは死んだ，……n 番目の人間も死んだ，ゆえに「すべての人間は死を免れない」という推論は，次のような三段論法の形に書き換えることができる。

139

ソクラテス，プラトン等について真であるものは，すべての人間について真である
　　ソクラテス，プラトン等は死を免れないものである
　　ゆえに，すべての人間は死を免れないものである

この三段論法の大前提は，自然過程の斉一性の公理を前提として導かれている。

　　ある事例について真であるものは，それに十分類似するすべての事例について真である
　　ソクラテス，プラトン等は，すべての人間に十分類似している
　　ゆえに，ソクラテス，プラトン等について真であるものは，すべての人間について真である

　ところが，帰納推理の前提とされている自然過程の斉一性の公理の根拠は明らかではない。したがって，これを前提として承認する前に，その依って立つ根拠を先決問題として問わなければならないのである(速水 1932, 399-404頁)。これに対してミルは，自然過程の斉一性の公理は，帰納の前提であると述べる一方で，帰納の結果でもあると主張する。
　「自然過程は斉一であるという命題は，その表現の最も適当な仕方がどうであろうとも，帰納の基本原理であり，一般的公理である。しかし，この広範な一般化を，帰納的手続きを説明するものとして持ち出すことは大きな錯誤である。これに反して，私はこれ自らが帰納の一事例だと考えている。最も明瞭であるとはいいがたい種類の帰納だと考えている。われわれの行う最初の帰納ではなく，最後の帰納の1つなのである」(Mill CW7, p. 307, 訳③46頁)。
　確かに，自然過程の斉一性の公理を暫定的に仮定して，帰納によって各種の事例に関する一般命題を導き，これらの一般命題が新たな事例のテストにも耐えることが確認されてゆくならば，自然過程の斉一性の公理に対する確

証例も増えてゆくと考えることができるかもしれない。しかし，確証例が増えたとしても，「すべて」の事例を包括することは原理的に不可能なのであるから，この公理が最終的に検証されることはありえない。結局のところ，各種の一般化は自然過程の斉一性の公理を前提とし，自然過程の斉一性の公理は各種の一般化を前提とするという循環論法に陥ることになるのである。

このように，われわれが経験する個々の事例をいくら集めても，未知の事例をも包括する一般命題を導くことはできない。自然に関する知識を表すものとして命題を捉える限り，一般命題が経験によって正当化されることはない。しかしミルは，命題というものを，自然に関する知識という観点からだけではなく，われわれの行為の指針のための覚書という観点からも考察する。すなわち，「後者の見地から考察するときには，命題はわれわれの知識の一部としてではなく，われわれの実践的な緊急性(practical exigency)に対処するための手段とみなされなければならない。これによってわれわれは，ある対象が2つの属性の一方を所有するのを見たり聞いたりするとき，それはまた他方の属性をも所有するものと推論することが可能になるのである」(Mill CW7, p. 180, 訳② 48頁)。例えば，ある対象Aが「人間」の諸属性を所有するとき，「すべての人間は死を免れない」という一般命題から，その対象Aも「死を免れない」という他方の属性を所有するものと推論することが可能になる。われわれは，このようにして将来を予測し，将来に備えるわけである。「すべての人間は死を免れない」という命題は，これまでに死亡したすべての人々を超えて，現在生きている人々やこれから生まれる人々をも包括する一般命題であるから，自然に関する知識としては，先に述べたような飛躍があるといわざるをえない。しかし，飛躍があったとしても，われわれは実践的な観点からこのような一般命題を必要としているのである。

帰納についてのこのような考え方は，推論の仕方と密接に関係していた。ミルにとって真の推論といえるものは，演繹ではなく帰納であった。ミルによれば，推論(inference)または広義の推理(reasoning)とは，1つの命題を先行する他の命題から導くことにほかならない。ミルはこのような推論を3つの種類に区分する。その3つの種類とは，①帰納，②演繹(論証，三段論

法，狭義の推理），③特殊から特殊への推論，である（Mill CW7, pp. 162, 193, 訳② 13, 71頁）。これら3種類の推論の関係を図式化すると，次のようになる。

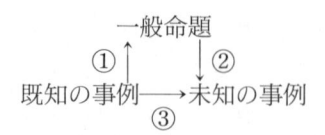

```
        一般命題
     ①↑  ↓②
   既知の事例──→未知の事例
            ③
```

簡略に表現すると，帰納とは，特殊から一般に推論することであり，演繹とは，一般から特殊に推論することである。より正確にいうと，帰納とは，1つの命題をそれよりは一般的でない命題から推論することであり，演繹とは，1つの命題をそれと同等であるか，またはより一般的な命題から推論することである。例えば，多数の人間が死亡したという既知の事実から，「すべての人間は死を免れない」という一般命題を導く手続きが①の帰納である。一般命題は未知の事例をも包括するのであるから，一般命題を導く過程で，すでに推論が行われている。ミルによれば，一般命題は，すでに行われた推論の記録にほかならない。②の演繹において行われるのは，この記録を解釈して，新たな事例がこの一般命題に包摂されるかどうかを，決定することである。「あらゆる論証は1つの公式の解釈である」（Mill CW8, p. 944, 訳⑥ 197-198頁）。すなわち，

　　すべての人間は死を免れない
　　Aは人間である
　　ゆえに，Aは死を免れない

という演繹（三段論法）は，これまでに死亡した多くの人間とAとが十分に類似しているということを根拠にして，Aも「死を免れない」という属性をもつものと推論するわけである。したがって，帰納によって一般命題を形成し，その一般命題を用いて演繹を行うということは，実は③の特殊から特

殊を推論することと同じことになる。つまり，これまでに多くの人々が死亡したという既知の事実から，それらの人々に十分類似するAもいずれは死ぬであろうと推論するのである。

「すべての推論は特殊から特殊に及ぶ。一般命題はすでになされたそのような推論をたんに記録したにすぎず，またもっと多くの推論をするための短い方式である。三段論法の大前提はそのような種類の方式で，結論はこの方式から導いた推論ではなく，この方式にしたがって導かれた推論である。真の論理的前件すなわち前提は特殊的事実であって，これから一般命題が帰納によってまとめられるのである」(Mill CW7, p. 193, 訳② 71 頁)。

さて，このようなミルの議論を，われわれはどのように評価したらよいのであろうか。帰納と演繹，したがってまた一般命題の役割とは，既知の事例から未知の事例への推論を組織化することにある。帰納に基づく一般命題は，自然に関する知識としては飛躍を含んでいるが，われわれの実践的な必要を充たすためには，便利なものである。ミルのこのような見解は，一種の道具主義(instrumentalism)であるということができる。道具主義の科学観によれば，重力や素粒子などの観察不可能な理論的対象は，真でも偽でもなく，ある現象から他の現象を導くための道具とみなされる。一般命題は，観察不可能な理論的対象というわけではないが，やはり一種の道具という性格をもつものと考えることができる。というのは，自然に関する知識という観点から考察される限り，一般命題は，真とはなりえない。一般命題はむしろ，既知の事例から未知の事例を推論し予測するための道具としての機能を果たしているのである[2]。

ヒューエルの帰納法

ミルにとって，「帰納とは，一部類のある個別者について真であるところのものが，部類全体について真であると結論する手続き」のことであったが，その頃帰納の意味として主張されていたものは，これだけではなかった。なかでも，別な帰納概念を提唱していた有力な人物が，ウィリアム・ヒューエル(William Whewell)であった。ヒューエルは，この時代を代表する科学

史・科学哲学者のひとりで，法則や帰納の理解をめぐってミルと論争を行った人物であった。ハーシェル，ジョーンズ，バベッジなどとともに，「ケンブリッジ帰納主義者(Cambridge Inductivists)」(de Marchi and Sturges 1973, p. 379；Hollander 1985, p. 38)と呼ばれることもある。しかし，帰納についての考え方はメンバーによって異なっていて，必ずしもヒューエルの考え方がグループ全体の考え方を代表していたわけではない。経済学との関わりも深く，リカードウ批判家，数理経済学の先駆者，ジョーンズの著作の編集者，マルサスを帰納主義者の陣営に勧誘しようとした人物としても知られている。

　ヒューエルは，カントの影響を受けて，認識における主観的要素と客観的要素とをともに重視し，われわれの知識は理念(Ideas)と感覚(Sensations)との結合によって成り立つと考えた。ヒューエルのいう理念とは，人間の思考の枠組みとなるものであり，それらの理念によってわれわれの感覚が結合され秩序づけられて，知識が成立するというのである。空間・時間・因果性・数・類似性などが理念とされるのであるが，これらの理念が特殊な場合に限定されたものが概念(Conceptions)と呼ばれる。例えば，空間の理念が限定されて円や楕円の概念となり，原因の理念が力学的な原因として限定されて力という概念になる。そのような概念による事実の統括(Colligation of Facts)が帰納と呼ばれた。例えば，「惑星の軌道は太陽を1焦点とする楕円である」というケプラーの第1法則を例にとると，ヒューエルによれば，この法則は，惑星の位置についての事実と，楕円という概念とが結合して成立しているものと考えられる。すなわち，「事実は知られているが，はじめは孤立していて，相互に結びつけられていない。発見者が自分の精神の内から結合の原理を提供するのである。真珠はあっても，だれかが糸で通すまでは，つながれないのである」(Whewell 1840, Vol. 2, p. 214)。帰納とは，狭い意味では事実の統括のことであったが，広い意味では，これを補完する前後の過程を併せた手続き全体を意味する。すなわち，事実の統括は，これに先立つ知識の諸要素の明瞭化(Clarification of the Elements of Knowledge)と後続する統括の検証(Verification of the Colligation)とによって補完されな

ければならない。知識の諸要素の明瞭化は，概念の解明(Explication of Conceptions)と事実の分解(Decomposition of Facts)とからなる。また，事実の統括によって仮説が発見されたならば，それは検証されなければならない。すなわち，仮説はすべての事実を説明しなければならず，また観察されていない事実を予測する能力を備えていなければならない。さらに，帰納の統合(Consilience of Induction)が実現されなければならない。帰納の統合とは，低次のレベルの一般化を，より包括的な一般化へと統合してゆくことを意味し，仮説の単純性を高めるものとされる。例えば，ケプラーの法則やガリレオの自由落下の法則などが，ニュートン力学によって統合されたことなどがその例である[3]。

　ミルは，ヒューエルのこのような帰納概念を批判する。ミルによれば，「ケプラーは彼が考えたものを事実に押し入れたのではなく，ただそれを見たのである」(Mill 1872, p. 295, 訳③ 23頁)。確かに人間は，太陽系を一望することはできず，惑星が楕円軌道を描いていることを直接に観察することはできない。与えられているデータは，地球から観測した惑星の運動の記録である。そのため，ケプラーは，この観察事実そのものから楕円という概念を抽象することはできず，他の分野においてすでに獲得していた概念のなかから，観察事実を正確に表すような概念を仮説的に当てはめてみなければならなかった。このような事情があったために，観察事実に概念を付加することによって一般化が行われるというヒューエル説が生じたのである。しかし，その軌道をわれわれが直接に知覚できないとしても，それはわれわれの感覚器官の能力が限定されているせいであって，そのものがそこにないからというわけではない。事実がある概念の下に正しく部類分けされているとすれば，事実そのものの内に，概念が写し取るところのものがあるからにほかならない。ミルの見解によれば，惑星の楕円軌道は原理的には観察可能な事実であった。すなわち，もしわれわれが適当な位置にいて十分な視覚器官を具えているならば観察できる事実なのであって，概念の付加を必要とするものではないのである。

　ヒューエルが帰納と呼ぶものは，ミルの観点からすれば帰納ではなかった。

ヒューエルの場合には,観察事実に概念を付加することが帰納であった。すなわち,「特殊な多くの事実を連結して,これをいわば1つの事実とする一般命題は,これらの事実のたんなる総和ではなく,それ以上のあるものである。なぜならば,そこには事実そのものには存在しなかった精神の一概念が導入されているからである」(Mill CW7, p.294, 訳③23頁)。したがって,ヒューエルによれば,ケプラーが与えられたデータに楕円の概念を付加したことは,帰納にほかならなかった。しかし,ミルの場合には,概念の付加は帰納の本質を形成するものではない。帰納とは,観察された事物から観察されていない事物を推論すること,すなわち証明(proof)であった。したがって,もしケプラーが,火星の観察された位置から観察されていない位置を推論したのであれば,それは帰納ということができる。しかし,ケプラーが実際に行ったことは,火星について観察された位置の全系列を,楕円という概念を用いて表現することであった。そこでは推論は行われておらず,したがって,ミルの観点からは帰納と呼ぶことはできないのである。

因果関係を解明する手続き

　ミルには,特殊から全体へと一般化する手続きという帰納概念に加えて,因果関係を解明する手続きとしての帰納という概念があった。「帰納とは,主として結果に対する原因を見つけ出すための過程である」(Mill CW1, p.167, 訳142頁),「自然に存在する因果関係の法則はどんなものであるかを確かめ,すべての原因の結果と,すべての結果の原因とを定めることが,帰納の主要な仕事である。そうしてこれがどのように行われるのかを指摘するのが,帰納論理学の主要な目的である」(Mill CW7, p.377, 訳③167頁),というときの帰納がそれである。帰納という言葉の意味は,論者の間で異なっていただけではなく,ミル自身の著作のなかでも二義的に使われていた。実は,帰納法は経済法則を発見する手続きとして不適当だという主張は,一般化の手続きとしての帰納ではなく,因果関係を解明する手続きとしての帰納に関わるものだったのである。ミルによれば,因果関係を解明する手続きとしての帰納は,実験を必要とする。ところが,社会現象については実験を行

うことができない。したがって，社会科学では，帰納法を用いて因果関係を解明することはできない，とされたのである。

　ここで，一般化の手続きとしての帰納と因果関係を解明する手続きとしての帰納とが，ミルの議論のなかでどのように錯綜していたのかということをみてみよう。例えば，フランシス・ベーコンが「単純枚挙による帰納(inductio per enumerationem simpricem)」と呼んだものについて，ミルは次のように述べている。

　「ヨーロッパ人にとって，数年前まではすべてのスワンは白いという命題は，自然の過程における斉一性の明白な例と思われていた。これらの人々が間違っていたことは，その後の経験が証明したが，この経験のためには50世紀も待たなければならなかった。この長い期間にわたって，人類はこのような斉一性が実際に存在しないところにおいて，斉一性があると信じていた。／古代人が帰納について抱いていた概念によれば，上述の事例も，どの帰納にも劣らず正当な推論の例である。……古代人の考えていた帰納を，ベーコンは次の名称によって適切に記述している。すなわち『矛盾する事例の発見されない場合における単純枚挙による帰納』というのである。それは，われわれの知りえたあらゆる事例において真であるすべての命題に，一般的真理の性格を与えるものである。これは科学的方法に慣れていない人々がしばしば行う帰納の種類である」(Mill CW7, pp. 311-312, 訳③ 52-53頁)。

　2つの帰納概念と関連して，「単純枚挙による帰納」も2つの観点から捉えられている。一般化の手続きとしての帰納という観点からみるとき，単純枚挙による帰納とは，われわれが知りえた事例において例外なく真であるものを，すべての事例において一般的に真であると推論する手続きを意味する。つまり，1羽目のスワンは白い，2羽目のスワンも白い，……n羽目のスワンも白い，ゆえにすべてのスワンは白い，と推論する手続きである[4]。これはまさに，「一部類のある個別者について真であるところのものが，部類全体について真であると結論する手続き」(Mill CW7, p. 288, 訳③ 12頁)なのであるから，一般化の手続きとしての帰納という観点からみれば，正当な手続きということになる。しかし，因果関係を解明する手続きとしての帰納と

いう観点からみれば，これは，科学的方法に慣れていない人々が行う帰納の種類だということになる。科学的方法に慣れていないということの意味は，「単純枚挙による帰納」では，実験を行うことなしに，ただ受動的な観察にのみ頼っている，ということである。

　「経験を求めたり，経験のために実験したり，（ベーコンの表現を用いると）自然に問いかけたりするという考えは，ずっと後で生じたものである。知識の乏しい人にあっては，自然の観察は全く受動的である。現れる事実を受け入れるだけで，もっと以上の事実を求めることに骨折らない。……通俗の概念は単純枚挙の帰納に基づいているのが普通であるが，科学においては，この帰納によって進歩することはわずかである。われわれは研究のはじめにはこの単純枚挙の帰納に頼るべく余儀なくされる。またわれわれはもっと進んだ研究のための手段が欠けているときには，暫定的にこの帰納に頼らなければならないことがしばしばある。しかし自然の精密な研究のためには，もっと確実なもっと有力な道具が必要である。／ベーコンが帰納哲学の創始者であるという一般に彼に与えられた称号を受けるのに値するわけは，とりわけ，彼が帰納に関するこの粗雑な概念の不十分であることを指摘したことによる」(Mill CW7, pp. 312-313, 訳③ 54-55頁)。

　因果関係を解明するためには，たんに受動的に観察するのではなく，実際に実験を行ったり，実験的状況に近い事例を探して観察したりする必要がある。このような意味での帰納が，『論理学体系』第3巻第8章で，「実験的研究の4方法(the Four Methods of Experimental Inquiry)」として示されたものであった。すなわち，一致法(Method of Agreement)，差異法(Method of Difference)，剰余法(Method of Residues)および共変法(Method of Concomitant Variations)という4方法である。これらは，ベーコンやハーシェルによって準備されていたものを，ミルが定式化したものであった[5]。

　因果関係を解明する手続きとしての帰納，すなわち実験的研究の4方法の骨格を示すと，以下のようになる。いま，A，B，C，D……が先行する任意の事情を表し，a，b，c，d……が後続する任意の事情を表すものとする。このとき，一致法とは，

第5章　帰納法と演繹法

　　1．ABC → abc
　　2．ADE → ade

ゆえに，Aがaの原因である，と推論する方法のことである。つまり，一致法の準則(canon)によれば，「研究しようとする現象を含んだ2つ以上の事例が，ただ1つの事情だけを共通にしているとき，すべての事例がそれにおいてのみ一致する事情は，与えられた現象の原因(または結果)である」ということになる(Mill CW7, p. 390, 訳③189頁)。一致法は，管理された実験が不可能なときに用いられる方法であって，自然に与えられる事例のなかに，実験的状況に近似するものを探す手続きである。そのために，A以外にも未知の共通の事情があるかもしれないという可能性を排除できず，因果関係を決定的に明らかにすることはできない。これに対して，差異法ははるかに強力な方法であるとされる。差異法においては，

　　1．ABC→abc
　　2．　BC→ bc

ゆえに，Aがaの原因である，という推論が行われる。つまり，「研究しようとする現象の生起している事例と，その現象の生起していない事例とが，前者においてのみ生起している1つの事情を除いて，すべての事情を共通にしているならば，それにおいてのみ両事例が異なる事情は，その現象の結果であるか，原因であるか，または原因の欠くことのできない部分である」(Mill CW7, p. 391, 訳③189頁)。一致法と差異法とは，両者ともに消去法(methods of elimination)である。それは，ベーコンの時代以来，実験的研究の基礎として理解されているもので，与えられた事例において，問題の現象に随伴しているとみられる諸事情を次々に消去してみて，それらのなかで，問題の現象が存在する場合でも消去されうるものは何か，ということを確かめる手続きである。一致法は，消去できるものは問題の現象とは因果関係が

149

ないとみなし，差異法は，消去できないものが問題の現象と因果的に関係しているとみなす(Mill CW7, p. 392, 訳③ 193-194 頁)。

　剰余法とは，ある与えられた現象から，すでに知られている原因に由来させることのできる部分を控除する方法である。A が a の原因であり，B が b の原因であることがすでに知られているならば，

1. 　A→a
2. 　B→b
3. ABC→abc

ゆえに，C が c の原因である。したがって，剰余法の準則によれば，「ある現象から，以前の帰納によって，しかじかの前件の結果であるとしてすでに知られている部分を控除せよ。そうすれば，現象の剰余部分が残余の前件の結果である」ということになる(Mill CW7, p. 398, 訳③ 205 頁)。ただし，剰余法が有効であるためには，C は残余の現象 c と関係のある唯一の事情であることが確実でなければならない。最後に，共変法とは，先行の事情と後続の事情とがなんらかの仕方でともに変化するときに，そのことから因果関係を推論するものである。例えば，物体の熱の増加と減少に，物体の膨張と収縮とが伴うというような場合が，その例となる。いま，A^1, A^2, A^3, および a^1, a^2, a^3 が 2 つの現象の量的変化を示すものとすると，

1. $A^1BC \to a^1bc$
2. $A^2BC \to a^2bc$
3. $A^3BC \to a^3bc$

ゆえに，A が a の原因である，または因果関係のある事実によって連結している。ここで「因果関係のある事実によって連結している」というのは，2 つの現象の変化がともに起こるとしても，どちらが原因でどちらが結果であるのか必ずしも明らかではないし，また 2 つの現象が共通原因の異なる 2

つの結果であるのかもしれない，という事情があるからである。したがって，「ある他の現象がある特殊な仕方で変化するたびごとに，なんらかの仕方で変化する現象は，その他の現象の原因であるか，結果であるか，または因果関係のある事実によって，これと連結している」(Mill CW7, p. 401, 訳③ 211頁)というのが共変法の準則となる[6]。

　これらの4方法のなかで，因果関係を決定的に明らかにしうるのは差異法のみであり，他の諸方法は多かれ少なかれ欠陥をもっているとされる。差異法が決定的であるとされるのは，それが管理された実験の方法だからである。すなわち，差異法の手続きとは，管理された実験装置のなかで，研究の主題である事情 A を人工的に生起させる手続きにほかならない。「もしわれわれが現象を人工的に生起させることができれば，われわれはこの現象をいわば知悉していることになる。すなわちすべての点において正確に知っている事情のなかでその現象を観察することができる」(Mill CW7, p. 382, 訳③ 176頁)。したがって，実験の管理が完全であるならば，未知の他の原因が入り込むことはない。このようにして事情 A を生起させるときに，続いて事情 a が生起するならば，前者が後者の原因であるということができる。「もしわれわれが前件を人工的に生起させることができ，そうしたときに結果が継起するならば，帰納は完璧である(the induction is complete)。その前件はこの後件の原因である」(Mill CW7, p. 386, 訳③ 182頁)ということになる。したがって，ここで重要なことは，実験の回数ではなく，実験装置が十分に制御されているということである。たとえ1回の実験であっても，帰納は完璧なものとなりうる，というのである[7]。

　「ある場合にはただ1つの事例が完璧な帰納(complete induction)に対して十分であるのに，他の場合には無数の符合する事例が現れて，しかもただ1つの例外も知られまたは推定されることがないのに，全称命題を確立するのにはなお遠いというのは，どういうわけであろうか。この問題に答えることのできる人は，古代の賢人にもまさって，論理の哲学を知っている人であって，帰納の問題を解決したことになるであろう」(Mill CW7, p. 314, 訳③ 58頁)。

「科学的ではない研究者たちの傾向は，あまりにも多く数に頼りすぎていて，事例を分析することをしないこと，その事例の本性を十分に詳細にみて，その事例によって，どんな事情が消去されているか，または消去されていないかを確かめることをしないことである。多くの人々は，結論を，その結論が基づいているようにみえる経験のたんなる量に比例した確信によって主張していて，同じ種類の事例，言い換えると，あまり重要ではないと認められている点を除いては異なっていない事例をいくら積み上げたところで，結論の証明にはなんら加えるところがないということを考えていない。他のすべての例に存在したある前件が消去されている唯一の事例の方が，数だけを増やした最大数の事例よりも，はるかに価値がある」(Mill CW7, p. 437, 訳③ 271頁)[8]。

ミルによれば，これらの4方法は実験的研究の唯一可能な様式であり，因果関係を解明するために用いることのできる直接的帰納(direct induction)の唯一可能な様式であった。「少なくとも私はこれ以外の方法を知らないし，また想像することもできない」というのである(Mill CW7, p. 406, 訳③ 220頁)。したがって，もし社会現象にこれらの4方法が適用できないとすれば，とくに差異法が適用できないとすれば，帰納法によって社会現象間の因果関係を探究することはできないことになる。そしてミルは実際に，社会現象については実験が不可能であるということを根拠として，社会科学では，実験的研究の4方法，すなわち帰納法を直接用いることはできないと主張したのである。しかし彼は，社会科学における帰納法の役割をすべて否定したわけではなかった。ここで注意しなければならないのは，帰納法が適用できないとされる社会現象とは，与えられたままの分析されていない社会現象だということである。ミルによれば，社会現象をその要素にまで分解するならば，その諸要素間の因果関係を帰納法によって研究することは可能である。社会現象を要素に分解するというのは，社会的集合体を個人に分解するだけではなく，人間がもつ複合的動機を個々の動機に分解することをも意味する。したがって，諸要素間の因果関係とは，究極的には，個々の動機とそれに対応する行為との間の関係ということになる。その関係が発見されたならば，次

に，その諸要素が結合した場合の集合的結果を，現実の個人や社会的集合体に接近するまで推論する。この推論は，論証と呼ばれる狭義の演繹の過程をなす。最後に，その集合的結果を現実の事実と照らしあわせることによって検証するのであるが，この検証の過程もまた帰納であるとされる。したがって，社会科学において帰納は，要素的な因果関係を発見する局面と，論証の結論を検証する局面とで用いられる。ミルは，これらの帰納-論証-検証という過程を総称して演繹法と呼ぶのであるから，そのなかには帰納の手続きが含まれていた。このような意味での演繹法が，与えられたままの事実に適用される直接的帰納法と対置されたのである。このことだけをみても，帰納法対演繹法という対立図式は，混乱を招くものであったことがわかる。

2 直接的帰納法の限界

政治学の方法をめぐる論争

以上のことから明らかなように，帰納法対演繹法という図式は，社会科学の研究手続きをめぐる対立を表現するうえで，問題の核心を的確に示すものではなかった。問題の核心は，帰納法と演繹法との対立にではなく，むしろ，与えられたままの社会現象を考察の対象とするのか，それとも与えられた現象を諸要素に分解したうえで考察するのか，という対立にあったのである。つまり，要素還元的方法を支持するのか否か，という対立だったということができるのである。われわれは，ミルの社会科学方法論が形成される過程を振り返ることによって，これを明らかにすることができる。その形成過程とは，「定義と方法」論文が執筆されるに至る過程のことである。ミルが「定義と方法」を執筆した理由の1つは，社会科学の議論のなかに潜んでいた一種の方法論争に答えるためであった。つまり，社会科学上の論争には，事実問題や細目に関する対立とは区別される，原理的な対立とでもいうべきものが存在しており，その根源は，方法に関する把握の相違にあると考えたからであった。ミルがそのような原理的対立を意識するに至ったのは，政治学の方法をめぐるベンサム派とマコーリとの論争に接したからであった。この論

争は，ベンサム派の重鎮であった父ミルの「政府論」に対するマコーリの批判に端を発し，1829年から1830年にかけて，『エディンバラ評論』と『ウェストミンスター評論』とを舞台として行われた[9]。しかし，ここで注意しなければならないのは，直接問題とされたのは政治学であったが，方法論上の対立としては，社会科学一般に通ずるものであったということである。すでに述べたように，「定義と方法」においては，政治学という名称は社会科学という名称と代替的に用いられており，政治学は社会現象全般を研究する分野と考えられていた。少なくともミルは，この論争を，社会科学の一個別分野としての政治学をめぐる方法論争としてではなく，社会科学そのものをめぐる方法論争として捉えていた。この論争においてマコーリは，与えられたままの分析されていない社会現象を，そのまま考察の対象にすべきことを主張していた。ミルは，このようなマコーリに対する批判を試みるなかで，社会現象を解明するためには，これを諸要素に分解したうえで研究しなければならない，という方法を確立したのである。

　論争のきっかけとなったのは，父ミルの「政府論」(1820年)であった。父ミルによれば，人間は快楽を求め苦痛を避けようとする存在であり，その行為はつねに個人的利害という単一の動機によって決定される[10]。この点では為政者も例外ではない。もし為政者の権力が抑制されなければ，為政者は人民を犠牲にしても自分の利益を追求するであろう。したがって，為政者の横暴を抑制するために，それを可能にする代議制が必要になるというのである。一見して明らかなように，この議論は，人間本性についての独特な見解に基づくものであった。すなわち，「これらの推理の連鎖はすべて，はじめに述べたように，人間の行為はその利害に添ってなされるという原理に依拠している。この原理に基づけば，この連鎖は完璧で論争の余地のないものと考えられる。またこの原理も，堅固な基礎の上に立つものと考えられる。人間の行為は意志にしたがい，意志は欲望にしたがい，欲望は善と悪とについての配慮，言い換えると，利害から生じるということは，争う余地のないところである」(Mill, J. 1820, p. 88, 訳171-172頁)。ここにいう善とは快楽のことであり，悪とは苦痛のことである(Bentham 1789, p. 12, 訳83頁)。こ

れに対してマコーリは,「人間本性の原理から統治の科学を演繹することは全く不可能である」(Macaulay 1829, p. 124)と批判する。なぜならば,人間行為に影響を及ぼす動機について,唯一の一般的規則を確定することはできないからである。人間の行為に影響を及ぼす動機は複数あり,それらの相対的な強さは場面によって異なっている。身体的苦痛に耐えて他の目的を目指す人もいるし,貨幣よりも名声を好む人もいれば,その逆の場合もある。人間は,人によって,世代によって,国民によって異なっており,同一人物であっても状況が違えば違った行動をする。また,為政者が富の欲望にしたがうからといって,必ず人民を犠牲にするというわけでもない。長期的な視野をもつ忍耐強い為政者は,自らの長期的な利益の観点から,国民の富を増加させようとする。したがって,ジェームズ・ミルのア・プリオリな方法は誤りであり,それに代えて,すべての実験的科学の方法である帰納法(the method of Induction)を用いなければならないというのである。「帰納法によって,すなわち,——世界の現状を観察することによって,——過去の歴史を根気強く研究することによって,——事実の証拠をより分けることによって,——信頼すべき証拠を注意深く結合・対照することによって,——分別をもってかつ慎重に一般化することによって,——われわれが構成した理論をつねに新事実のテストにかけることによって,——それらの新事実によって理論が部分的にあるいは根本的に不適切であることが証明されるときには,理論を修正あるいは完全に放棄することによって」政治学の研究を進めなければならない,とマコーリは主張したのである(Macaulay 1829, p. 128)。

　この論争は,子ミルにも大きな影響を及ぼした。『自伝』によれば,政治現象を経験的に取り扱うマコーリの方法は誤っているように思われたが,父ミルの理論にも,根本的な限界があるとの印象が残った。論争が始まった当初は,その誤りがどこにあるのかはっきりしなかったが,1830年になって,論理学についての思索を進めているうちに,解決策に気づいたのだという。すなわち,社会現象は,力学にいう「力の合成」とのアナロジーによって研究されるべきものである,というのがそれであった。力学的現象においては,ある物体に加えられる力が原因であり,その物体の運動が結果となる。例え

ば，方向と大きさとが異なる2つの力が，ある物体に加えられるとき，それぞれの力の結果である運動は，別々には現れないで全体として1つの結果を形成する。しかし，2つの力からそれぞれ生ずるはずの2つの結果があらかじめわかっていれば，混合された結果は，それらを足し合わせることによって求めることができる。すなわち，演繹によって求めることができる。社会現象を「力の合成」あるいは「原因の合成」という視点から研究するという方針は，「定義と方法」のみならず，『論理学体系』第6巻「道徳科学の論理学」における社会科学方法論にまで引き継がれた基本方針であった。このようにして，「後に『道徳科学の論理学』について公にしたうちの主要な数章のための基礎が，私の思考のなかに据えられたのであった」(Mill CW1, p. 169, 訳144頁)。つまり，分析されていない事実をそのまま観察するというマコーリの方法は誤っている。しかし，人間の行為が個人的利害という単一の動機によって決定されるとする点で，父ミルもまた誤っている。正しい方法は，人間の動機をまず個々の要素に分解し，個々の動機から生じるそれぞれの行為を明らかにしたうえで，それらを合成して集合的結果を求めなければならない，という結論に到達したのである。

　力学的アナロジーによって社会現象を研究するという基本方針は，ミルの社会科学方法論の大枠を決定するものであった。精神科学・社会科学の方法は自然科学の方法と同一であると考える立場を，方法論上の自然主義(Methodological Naturalism)と呼ぶならば，ミルの立場は，まさにこの自然主義の立場からの方法論的一元論(Methodological Monism)であった。ミルの『論理学体系』は，全部で6巻から構成されており，最初の5巻では主として自然科学の方法論が論じられ，最後の第6巻において，道徳科学の方法論が論じられている。この道徳科学とは，人間の精神現象に関わる科学全体を指すものであり，社会科学，したがってまた経済学をも含んでいる。最初の5巻は，主に自然科学の方法論を論じているとはいえ，それは同時に科学一般に通ずるものであるとされ，したがって道徳科学の方法論にも適用可能であると考えられていた。すなわち，ミルは第6巻のなかで，次のように述べている。「このような著作において，道徳科学の論理学においてなさ

れうるすべてのことは，実質上，既述の5巻において完結されていたし，また完結されているべきである。この第6巻は，これに対する一種の補遺であり，付録でありうるにすぎない。なぜならば，科学一般に通ずる方法を列挙し特徴づけることに成功していたとすれば，道徳科学や社会科学に適用可能な研究方法は，すでに記述されていたはずだからである」(Mill CW8, p. 835, 訳⑥ 6-7頁)。第6巻に残されていることは，すでに論じた方法をどのように選択し適用するか，その適用にあたってはどのような困難があるか，といったことを検討するだけであるというのである。

実験的方法

「定義と方法」では，社会科学の方法について対立する2つの陣営は，それぞれ実際家(practical men)と理論家(theorists)と呼ばれている。ミルは，マコーリに代表される実際家の方法を，特殊的経験からの単純な帰納法であるとし，ア・ポステリオリの方法(the method à posteriori)と呼んだ。この方法は，『論理学体系』では，実験的方法(Experimental Method)または化学的方法(Chemical Method)と呼ばれるようになる。ミルによれば，このような特殊的経験からの直接的な帰納法が誤っているのは，この方法では社会現象間の因果関係を解明することができないからであった。本章第1節で述べたように，帰納とは，特殊から一般へと推論する過程であるだけではなく，「主として結果に対する原因を見つけ出すための過程」でもあった。ミルがマコーリの直接的帰納法を批判するさいに念頭に置いていたのは，これらのうちの後者であり，因果関係を解明するための手続きとしての帰納であった。帰納の任務をこのように考える限り，実際家たちの直接的帰納法は効果のないものとなり，ミルの主張が必然的に勝利を収めることになる。帰納によって因果関係を見つけ出すためには，実験が可能でなければならないが，社会現象についてはそれが不可能だからである。

すでに触れたように，「定義と方法」では，因果関係を見つけ出すための実験的方法として，後に一致法および差異法と呼ばれることになる2つの方法が取り上げられていた。一致法の原型となった方法については，次のよう

に記されている。すなわち，「Bという結果について，Aという原因がなんらかの仕方でこれに貢献しているか否かが問題であるとしよう。周囲の事情がAのみを除いてことごとく変更されている実験を試みて，それでもなおBという結果が生ずるならば，Aはその原因である」(Mill CW4, p. 328, 訳188-189頁)。つまり，2つの事例があって，A以外の事情をそれぞれXおよびYとし，これらは全く異なるものとする。この例では，AかつXの事情の下でもBが生じるし，AかつYの事情の下でもBが生じる。したがって，2つの事例において一致する事情AがBの原因であると推論するわけである。しかし，「定義と方法」では明示されていなかったが，『論理学体系』では，このような一致法には限界があるものとされ，因果関係の推論としては不十分なものであるとされた。というのは，A以外にも未知の共通の原因があるかもしれないし(原因の確定の困難)，AではなくXおよびYに含まれている諸事情がともに原因となっているかもしれないし(原因の複数性)，いくつかの原因が合成して1つの結果を生み出しているのかもしれない(原因の合成)からである。つまり，一致法のみでは，結果からその原因を推論することはできないというのである(Mill CW7, p. 394, 訳③197頁)。

これに対して，差異法は一貫して決定的な方法であるとされている。「Aをそのままにして他の事情を変化させる代わりに，他のすべての事情をそのままにしてAを変化させるとき，この場合もしもBという結果が起こらないならば，Aはまたその存在の必要条件である」(Mill CW4, p. 328, 訳189頁)。つまり，2つの事例があって，A以外の事情をXとするとき，AかつXの事情の下ではBが生じるが，Xのみの事情の下ではBは生じないものとする。したがって，2つの事例に差異を生じさせる事情AがBの原因であると推論するわけである。このような差異法は，『論理学体系』においても，実験的研究の4方法のなかで最強のものとみなされている。しかし，実際問題としては，ただ1つの事情のみが異なっていて，他のすべての事情が同じであるという2つの事例を手に入れることは，決して容易なことではない。自然発生的に与えられる世界のなかで，そのような事例を観察することは，ほとんど不可能であるといってよい。したがって，差異法は，すでに存

在する事情のなかに，完全に確定されている変化を導き入れること，すなわち厳重に管理された実験によるのでなければ，実行することはできない。もしこれができるならば，帰納法によって社会現象間の因果関係を解明することが可能になるのである。

しかし，社会科学では実験を行うことができず，したがって差異法を使用することはできない。このことを明らかにするために，ミルは，制限的貿易政策，すなわち外国商品の輸入禁止政策と，経済成長との間に因果関係が存在するといえるかどうか，という問題を研究する場合を例にあげて考察している。「例えば，国民的富に対する制限的貿易政策の効果に関する決定的実験(crucial experiment)を，われわれはどのようにして得ることができるのか。われわれは，2つの国民が，他のあらゆる点において等しいか，あるいは少なくとも国民的繁栄に役立つ一切のものを精密に等しい程度に所有し，かつ他のすべての点では精密に同じ政策を採用するが，一方の国は貿易制限の制度を採用し，他方の国は自由貿易の制度を採用する，という点においてのみ異なる2つの国民を見出さなければならない」(Mill CW4, p. 328, 訳 190頁)。もしこのような2国がみつかるのであれば，その事例は，ベーコンのいう決定的実験となるであろう[11]。決定的実験とは，「われわれがAとBとの結合に関してかねて抱いていた推定を，その現象を説明しようとする他のすべての仮説を否定することによって，証明に変えるものである」(Mill CW4, p. 328, 訳 189頁)。すなわち，国民的富に寄与する貿易政策は，制限的貿易政策であるのか，それとも自由貿易政策であるのか，という対立する2つの仮説があるとき，問題の事例において，どちらの国民の富が増加しているかによって，一方が否定され他方が証明されるというのである。しかしながら，社会現象において，このようなただ1つの事情のみが異なる事例を見出すことは，もとより不可能である。同一の国における異なった状態を比較するために，制限的貿易政策がないところへこの政策を突然導入するとしても，他の事情が不変のままであるということはありえない。したがって，管理された実験を行うことができない社会現象の研究においては，直接的経験に訴える方法を用いて因果関係の解明を望むことはできないのである。

「定義と方法」における特殊的経験からの直接的な帰納法は，『論理学体系』では実験的方法あるいは化学的方法と呼ばれるようになった。くり返し述べたように，直接的な帰納法によって因果関係を解明するためには，実験を行わなければならないのであるが，社会現象については実験は不可能であるとされた。したがって，実験的方法というときの実験とは，管理実験のことではなく，せいぜい，実験的状況に近い事例を探して観察するということを意味するものにすぎない。他方，化学的方法というときの「化学的」とは，実験的方法が前提としている社会像を示すものである。すなわち，社会は化学的アナロジーによって捉えることができるとする社会像である。化学的現象の場合には，いくつかの元素の組合せから化合物が生ずるときに，各元素の性質がわかっているからといって，化合物の性質を演繹によって知ることはできない。例えば，水素と酸素の性質がわかっていても，これらから形成される水の性質が演繹的に明らかになるわけではない。水の性質は，構成元素からの演繹によってではなく，水に対する新たな実験を行うことによって明らかにしなければならない。新たな実験によって化合物の性質を明らかにしなければならないというところから，化学的方法は実験的方法と呼ばれることになるのである。これに対して，ミルの場合には，社会現象は化学的現象よりも物理的現象に類似していると考えられていた。ここで物理的現象というときに，ミルの念頭にあったのは力学的現象であった。力学的現象においては，原因の合成(Composition of Causes)が，その特徴をなすものとされる。力学的現象においては，2つの力からそれぞれ生ずるはずの2つの結果があらかじめわかっていれば，混合された結果は，それらを足し合わせるという演繹によって求めることができる。したがって，「ある科学が演繹的な科学になるか実験的な科学になるかということは，その科学が取り扱う領域において，同時に作用する原因から生ずる結果が，同じ原因が個々に働くときに生ずる結果の和であるかないかによって決まる」(Mill CW1, p. 167, 訳143頁)。もし社会現象が化学的現象に似ているのであれば，構成要素からの演繹は無効であり，与えられた事実にそのまま向きあわなければならない。その場合には，マコーリの方法が正しいことになる。しかし，ミルの社

会像は力学的なものであった。その力学的社会像は，証明されることなしに議論の前提とされていたのである。

ミルの法則概念

ここで，与えられたままの分析されていない社会現象を考察の対象とする場合と，そのような現象を諸要素に分解したうえで研究する場合との相違を，法則の種類という観点からみておくことにしよう。ミルによれば，与えられたままの事実を対象として直接的帰納法によって社会現象を考察しても，得られるのは経験的法則（empirical laws）だけであって，科学的法則（scientific laws）ではない。科学的法則を解明するためには，彼が単純な法則（simple laws）または要素的法則（elementary laws）と呼ぶものにまでさかのぼって，探究しなければならない（Mill CW7, p. 455, 訳③ 303 頁）。この問題について，ミルは次のように述べている。

「A がつねに D に伴われ，B が E に，C が F に伴われるならば，AB は DE に，AC は DF に，BC は EF に伴われ，このようにして最後に ABC は DEF に伴われることになる。……これらの種々雑多の斉一性が十分な帰納（sufficient induction）と認められるものによって確認されるときは，われわれはこれを普通の呼び方によって自然の法則（laws of nature）と呼ぶ。科学ではこの術語はもっと限定された意味のときに用いられ，最も単純な表現に還元された場合の斉一性を指す。先に用いた例では，7 つの斉一性があった。これらのすべては，十分に確実であると考えられるときには，術語の多少広い意味において，自然法則と呼ぶことができるであろう。しかしこの 7 つのうち本当は 3 つだけが互いに異なってかつ他に依存しない。この 3 つがあらかじめ前提されるとき，他は当然そこから導かれる。それゆえに最初の 3 つが厳密な意味において自然の法則と呼ばれ，他はそう呼ばれない。なぜならば，これらは最初の 3 つのたんなる諸例にすぎないからである。これらは実際上この 3 つに含まれ，したがってこれから結果するといわれる」（Mill CW7, p. 315, 訳③ 59-60 頁）。

みられるように，単純な法則・要素的法則は，自然の法則とも呼ばれてい

る。この例においては，「AならばD」「BならばE」「CならばF」という3つの法則が，単純な法則・要素的法則・自然の法則と呼ばれるものである。他の規則性は，これら3つの究極的法則(ultimate laws)を組み合わせた誘導的法則(derivative laws)ということになる(Mill CW7, p. 484, 訳④ 354頁)。誘導された法則のなかには，その誘導の仕方がわかっているものとわかっていないものとがある。誘導の仕方がわかっているものは，科学的法則と呼ぶことができるが，そうでない場合には，たんなる経験的法則にとどまる(Mill CW8, p. 915, 訳⑥ 146頁)。ここで経験的法則とは，分析以前の事実のなかに観察される規則性であり，いまだ科学的に説明されていないものという含意をもっている。すなわち，経験的法則とは，例えばある地方において，空の一定の景観に一定種類の天候が続くという事実などのことであり，文字通り経験的には知られているが，なぜそうなるのかはわからないというものである。したがって，経験的法則は，局地的にしか通用せず，その適用範囲が限定されていることを特徴とする。

「科学者は経験的法則という名称を，観察と実験とがその存在を示した斉一性に与えている。……経験的法則の概念は，それが究極的法則ではないということを含意している。またそれが少しでも真理であるならば，その真理は説明されうること，かつ説明を必要とすることが，その意味のうちに含まれている。経験的法則は1つの誘導的法則で，その誘導がなお知られていない法則である。……もしこれらの究極的法則や原因を知ったならば，われわれはこの経験的法則の限界は何であるか——それはどんな条件の下にあっては，実現されることを止めるものか——を知るであろう」(Mill CW7, p. 516, 訳④ 406頁)。

科学的法則と経験的法則との区別は，ミルの社会科学方法論において，重要な役割を果たしている。直接の帰納によって，社会現象の間に法則を発見しようとしても，それは経験的法則でしかない。歴史的事実から為政者の一般的な振舞い方を導くことや，シティの人々を観察して実業家の一般的な振舞い方を導くことなどは，経験的法則を求めるものにすぎない。ところが，経験的法則を発見することは，科学の究極目的ではない。経験的法則は，究

極的法則からの誘導の仕方を明らかにされて，科学的法則に転化されなければならない。社会現象の場合には，究極的法則である人間本性の諸法則から経験的法則が誘導されなければならない。この誘導の仕方を明らかにすることこそ，演繹法と呼ばれる手続きの意味だったのである。

幾何学的方法

以上のようにミルは，実際家の方法は，社会科学の方法として適当ではないと考えた。しかし，父ミルに代表されるようなタイプの理論家の方法にも，欠点があると考えていた。ミルによれば，父ミルの誤りは，幾何学とのアナロジーによって政治的現象を捉えようとした点にあった。したがって，『論理学体系』においては，その方法は幾何学的方法(Geometrical Method)あるいは抽象的方法(Abstract Method)と呼ばれることになる。力学的現象においては，複数の力が合成して1つの結果が生じるわけであるが，幾何学においては，これと似た状況は全く存在しない。つまり，力の場合とは違って，幾何学の諸原理は相互に影響を及ぼしあうことがない。「幾何学の1つの原理から生ずる成果が，他の原理から生ずる成果と衝突するようなことはない。1つの幾何学的定理から真であると証明されるもの，他の幾何学的原理が存在しない場合に真であると考えられるものは，他の幾何学的原理によって変更されたり，真ではないとされたりすることはありえない」(Mill CW8, p. 888, 訳⑥100頁)。このような幾何学の特徴を社会現象に当てはめるならば，社会現象はただ1つの原理から演繹され，その結論は他の原理によって修正されることはない，ということになる。そしてミルは，力学的アナロジーの複合原因論と対比するために，幾何学的アナロジーを単一原因論と結びつける。その場合には，社会科学における幾何学的方法とは，社会現象を単一の原因から演繹しようとする方法を意味するものとなる。ミルによれば，幾何学はそもそも共存の秩序を探究する学問であり，継起の秩序である因果関係を探究する学問ではないから，幾何学に原因という概念を用いるのは適当ではないし無理がある。それにもかかわらず，父ミルの単一原因論は，幾何学的方法と呼ばれることになった。次章で述べるように，ミルによる「幾何

学」という言葉の使い方もまた，混乱を生むもとになったのである。

　父ミルによれば，人間の行為はつねにその個人的利害によって決定される。すなわち，単一の動機，単一の原因によって決定される。もしあらゆる現象が，ただ1つの原因の結果だとすれば，この原因の法則の知識によって，われわれの推理に論理的誤謬がなければ，われわれは自信をもってこの現象のすべての事情を予測しうる。しかし，ミルによれば，政治的現象は単一原因によって決定されるわけではない。平均的な統治者の行為であっても，その行為が個人的利害によって決定されると考えることは誤っている。「統治者の性格と行為とは，統治者がその一員であるところの社会にあまねく行き渡っている習慣的な情操や感情，思考と行為との一般的な様式，その社会において統治者の属する階級に特有な感情，習慣，思考様式とによって，(個人的な計算からは独立に)大きく影響される。これらのことを考慮しないならば，彼らの行為体系を理解したり，その謎を解くことはできないだろう」(Mill CW8, p. 891, 訳⑥ 106 頁)というのである。政治現象は，多数の原因が同時に作用することによって決定される。そのため，もしわれわれがどれかの原因を見落としたとすると，他のすべてのものから正しく推理するとしても，その後はただ間違うばかりであろう。「われわれの前提は正しく，推理は正確であろう，しかも結果はその特定の事例においては全く価値をもたないであろう」(Mill CW4, p. 336, 訳 206 頁)。要するに政治的現象を解明するためには，多くの原因が作用していることをふまえて，その研究を行わなければならない，というのがミルの主張の眼目であった。

3　演繹法の必要性

ア・プリオリの方法

　ミルは「定義と方法」において，実際家のア・ポステリオリの方法に対して，理論家の方法を，ア・プリオリの方法(the method à priori)と名づけた。ここで実際家というのが，マコーリを念頭に置くものであることは疑いない。しかし理論家というのは，父ミルに代表されるベンサム派というよりも，ミ

ル自身を指すものと解釈する方が適当である。なぜならば，ア・プリオリの方法は，ミル自身の方法とされているからであり，ベンサム派は，ミル自身と共通点を有する限りで，理論家と呼ばれるからである。ミルの評価するところでは，両者の対立は，一方が理論を全く無視し他方が経験や実践を全く無視している，といった種類の対立ではなかった。両者とも，目指すものは理論化であり，参照するものは経験であったが，理論を形成するさいに依拠する経験の種類が違っていたのである。すなわち，「実際家と呼ばれる人たちは特殊的経験を要求し，特殊な事実から一般的結論に向かって全く上向的に(upwards)議論してゆくが，他方，理論家と呼ばれる人たちはより広い経験の分野を包括しようとして，論じられている問題の範囲よりもはるかに広い範囲を含む一般的原理に向かって特殊な諸事実から上向的に議論した後に，その一般的原理からさまざまの特殊な結論に向かって下向的に(downwards)議論してゆく」(Mill CW4, pp. 324-325, 訳182頁)。例えば，絶対君主は統治の権力を臣民の福祉のために用いることが多いか，あるいは抑圧のために用いることが多いか，ということが問題であるとき，実際家たちは，歴史上の絶対君主たちの行為から，直接的帰納によって絶対君主の行為に関する一般的命題を導こうとする。これに対して理論家たちは，君主だけではなく，人間一般に関する原理に基づいて，推論を行おうとする。すなわち，まず特殊な諸事実から人間本性に関する一般的原理を導き，次にこの一般的原理を用いて，絶対君主という地位に置かれたときに人間はどのように振舞うであろうか，ということを演繹する，というのである。

　ここで一般的原理とされているのは，人間本性に関する要素的法則のことである。ア・プリオリの方法とは，「力の合成」あるいは「原因の合成」を特徴とする現象を取り扱うために，はじめに個々の因果関係を研究し，その後でそれらを組み合わせて複雑な現象を再現しようという方法であった。すなわち，「1つの結果が諸原因の共同作用に依存するとき，もしもわれわれが諸原因を通してその結果を予測または制御する力を獲得したいと思うならば，これらの原因を一時に1つずつ研究し，その法則を1つずつ別々に研究しなければならない。なぜならば，結果の法則は，この結果を決定するあら

ゆる原因の法則から合成されているからである」(Mill CW4, p. 322, 訳 176-178 頁；Mill CW8, p. 902, 訳⑥ 125 頁)。ア・プリオリの方法の第 1 段階は帰納と呼ばれるが，その帰納は，与えられるままの事実を与件として行われるのではなく，そのような事実を諸要素に分解したうえで行われるものであることに注意しなければならない。ア・プリオリの方法においては，まず個々の原因を分離して，それぞれの結果を探究し，要素的な因果法則を求める。そのうえで，問題の事例に関連のある諸原因を取り上げ，それらが同時に作用する場合に，全体としてどのような結果が生ずるのかということを演繹的に推理する。ここで演繹というのは，力学とのアナロジーで考えられており，方向と大きさとを異にする力のベクトルを足し合わせるような計算をモデルとして考えられている。

　社会現象を生起させる諸原因を分離するという作業は，経済学の手続きのなかに典型的に現れる。ミルによれば，経済学においては，社会現象を生起させる諸原因のなかの，一部分のみが考察の対象となる。すなわち，経済学において考慮すべき人間行為の動機は，さしあたり富の欲望と，これに不断に対立する 2 つの動機のみである。他のすべての動機を捨象して，これらの動機のみから生ずる結果を推論することが，経済学の課題なのである。すなわち，経済学は，

　「社会状態の諸現象のうち，富の追求の結果として起こるもののみを予測する。富の欲望に対して不断に対立する原理とみなされる情念や動機，すなわち労働の嫌悪や，高価な贅沢を享楽しようとする欲望を除いて，他の一切の情念や動機を完全に捨象するのである。……経済学は，人間とはもっぱら富を獲得し消費することに専念している存在であると考え，そうして，もしこの動機が，上述の 2 つの不断に反作用を及ぼす動機によって阻止される程度を別として，人間のあらゆる行為の絶対的支配者であると仮定するとき，社会状態をなして住んでいる人間を駆り立てる行為の行程はどのようなものであるかを示すことを目的としている。……さらに進んで，この科学は，これらの種々の作用を支配する法則を研究する。そのさい，人間はその本性の必然から，すでに述べた 2 つの反対動機から生ずる例外を除いては，あらゆ

る場合に小さい富よりも大きい富を選ぶものと想定される。もちろん，どんな経済学者も人間が実際にこういったものだと想定するほど愚かではなかった。ただこれが，科学の必然的に採用しなければならない方法なのである」(Mill CW4, pp. 321-322, 訳 176-178 頁)。

いま引用した非常に有名な文章は，『論理学体系』においてもそのまま再録されている (Mill CW8, pp. 901-902, 訳⑥ 123-125 頁)。社会現象のなかに埋め込まれている経済現象を取り出すためには，与えられた事実をそのまま観察するのではなく，分析によってそれを要素に解体し，経済現象に関係する要素的原因のみを取り出して，その結果となるものを探究しなければならない。そのさいに，経済現象の主要な原因とみなされたのが，富の欲望と，これに不断に対立する2つの動機，すなわち労働の嫌悪と高価な贅沢を享楽しようとする欲望であった[12]。それ以外の動機の研究は，経済学以外の社会諸科学に委ねられる。複雑な社会現象そのものを考察する場合には，取り上げなければならない原因は膨大なものになるはずであるが，最終的には，社会諸科学の共同作業によって，複雑な社会現象が説明されるものと期待されたのである[13]。このようにして，社会科学の方法は，実際家の直接的帰納法ではなく，理論家のア・プリオリの方法でなければならないとされた。

しかし，ミルがここでア・プリオリという言葉を用いたことは，誤解を招くもととなった。というのは，ア・プリオリという言葉は，どうしても「経験に先立つ」という意味で受け取られることが多いために，ミルの経済学方法論も，経験に基づかない恣意的な前提に依存するものと解釈されることになったからである[14]。しかし，「定義と方法」におけるア・プリオリの方法とは，経験に基づかない方法という意味ではなかった。ミルは，方法論上の重要な用語を多義的に用いたために，多くの誤解を招くことになったのであるが，ア・プリオリという言葉もまた，そのような用語の1つだった。われわれは，ミルの著作のなかでア・プリオリという言葉がどのような意味で使われているのかということを，注意深く調べなければならない。

第1に，確かにミルは，ア・プリオリという言葉を，認識の源泉との関係で，「経験に先立つ」という意味で用いる場合がある。例えば，『論理学体

系』第3巻第5章に，次のような表現がみられる。「意志の行為に内在しているエネルギーまたはこの力の感情は，ア・プリオリな知識である。われわれが結果を引き起こす力をもっているという経験に先んじた確信である」(Mill CW7, p. 354, 訳③ 126頁)。このように，経験に先立つという意味でア・プリオリという用語を用いることは，近代哲学の伝統であり，今日でも最も一般的な使い方であるということができる。しかし，「定義と方法」におけるア・プリオリの意味は，これではなかった。ミルは，ア・プリオリという言葉が「経験に先立つ」という意味で用いられることを承知のうえで，そのような意味で用いるのではないと注記しているのである。すなわち，この表現が「全く経験に基づかないものと想定される哲学的思考様式を特徴づけるためにしばしば用いられることは，われわれの知るところである。しかしわれわれは，少なくとも政治的主題に関しては，そのような記述が公正に適用されうる哲学的思考様式なるものを知らない」(Mill CW4, p. 325, 訳 183頁)。では，ア・プリオリの方法というときの「ア・プリオリ」とは，どのような意味で用いられていたのであろうか[15]。

　ミルの場合，ア・プリオリという言葉の第2の意味は，論理に関わるものであり，「演繹的」という意味であった。例えば，『論理学体系』第3巻第6章で，ミルは次のように述べる。「各原因が他の原因から離れて作用するとき，各原因の結果がどんなものであるかをわれわれが知るとすれば，われわれはこれらのものが結合した作動因から何が生ずるかについて，演繹的にあるいはア・プリオリに(deductively, or *à priori*)，正確な予測に到達しうることがしばしばある」(Mill CW7, p. 370, 訳③ 156頁)。また，同書第3巻第16章には，次のような表現がみられる。「一致法によって得た結果はすべて(したがって実験を伴わない単純な観察によって得たほとんどすべての真理は)，差異法によって確認されるか，または演繹的に，言い換えるとア・プリオリに説明される(explained deductively, in other words accounted for *à priori*)までは，この経験的法則という資格で考察しなければならない」(Mill CW7, p. 520, 訳④ 414頁)。さらに，同書第3巻第10章では，多数の原因の合成によって生ずる現象を研究する方法を，端的に「演繹法，または

ア・プリオリの方法(the deductive, or *à priori* method)」(Mill CW7, p. 453, 訳③ 300 頁)と呼んでいるのである。「ア・プリオリ」とは，そもそも「先なるものから」という意味である。したがって，経験に先立つという意味ではなく，前提から結論への推理という意味で用いても，それ自体としてはなんら不都合なことはない。「定義と方法」におけるア・プリオリの方法とは，実は演繹法という意味であった。この意味での演繹法は，そのなかに，帰納の段階と狭義の演繹の段階とを含んでいたのである。

分析・総合の方法

　ミルが提唱したア・プリオリの方法は，科学方法論の系譜という観点からみると，いわゆる「分析・総合の方法(method of analysis and synthesis)」と密接に関係していることがわかる。分析・総合の方法は，その起源を古代ギリシアにまでさかのぼることができるが，近代になってこの方法を定式化し，後世に大きな影響を与えたのは，ニュートンであった(Guerlac 1968)。ニュートンは，その物理学上の業績だけではなく，科学の方法という点でも，多くの信奉者を集めたのである。ニュートンの分析・総合の方法は，彼の『光学』英語版(1717-18 年)のなかで，次のように説明されている。

　「数学と同様，自然哲学においても，難解な事柄の研究には，分析の方法による研究が総合の方法につねに先行しなければならない。この分析とは，実験と観察(Experiments and Observations)を行うことであり，またそれらから帰納によって一般的結論を引き出し，この結論に対する異議は，実験または他の確実な真理から得られたもの以外は認めないことである。なぜなら，仮説は実験哲学では考慮されるべきではないからである。実験と観察から帰納によって論証することは一般的結論の証明にはならないが，しかもなおそれは事柄の性質からみて許される最良の論証の仕方であり，帰納が一般的なものであればあるほど，有力であるとみなすことができよう。そしてもし現象から何の例外も生じなければ，その結論は一般的に成立するといってよい。しかしもしその後なんらかの例外が実験から生じたならば，そのときはじめてこのような例外があるものと明言してよい。この分析の方法によっ

て，われわれは複合物からその成分へ，運動からそれを生じる力へ，一般に，結果からその原因へ，それも特殊な原因からより一般的な原因へと進むことができ，ついには最も一般的なものに到達して論証は終わる。これが分析の方法である。そして総合とは，発見され，原理として確立された原因を仮に採用し，それらによってそれらから生じる諸現象を説明し，その説明を証明することである」(Newton 1730, pp. 404-405, 訳 356 頁)。

すなわち分析とは，(1)複合物をその成分に分解し，(2)実験と観察とによって結果から原因を探究し，(3)その結論を一般化する，という手続きであると解釈することができる。そして総合とは，そのようにして求められた原因から諸現象を説明することを意味する。ミルは，ア・プリオリの方法の第1段階を帰納と呼び，第2段階を論証と呼んでいるが，これらはそれぞれニュートンの分析と総合とに相当するものなのである。本章第1節で述べたように，ミルは(2)の手続きをも帰納と呼び，(3)の一般化の手続きと併せて，帰納の2つの側面をなすものと考えた。しかも，因果関係は1つずつ別々に研究されなければならないのであるから，複合物をその成分に分解する過程が，帰納に先行していなければならない。ミルの場合には，分析という言葉が(1)の手続きに限定され，因果関係を発見するための帰納に先行する手続きとされている。分析が帰納の準備過程と位置づけられることによって，ニュートンの分析は，ミルの場合には帰納と呼ばれることになったのである。『論理学体系』では，分析と因果関係の探究との間の関係は，次のように記されている。「前章の論述によって明らかになったことは，自然におけるどんな後件がどんな前件と不変的に連結しているか，言い換えると，どんな現象が原因と結果として互いに関係しているかを確認する手続きは，ある程度分析(analysis)の手続きであるということである。……この操作は，複雑な全体をこれを構成する各要素に分解するのであるから，われわれはこれを分析的と呼んだのである」(Mill CW7, p. 379, 訳③ 169-170 頁)。さらに，ア・プリオリの方法の第2段階をなす論証は，帰納によって求められた個々の因果関係から出発して，それらを組み合わせて複雑な現象を再現しようとするのであるから，この手続きがニュートンの総合に対応するものであることは，

一見して明らかである。
　「定義と方法」では，ミルは，分析と総合について次のように述べている。
　「実際的哲学者の方法は2つの過程からなり，一方は分析的，他方は総合的である。彼は社会の現状を諸要素に分析しなければならないが，途中でそのいずれの要素も欠落させたり見失ったりしてはならない。個人的人間の経験を参照して，これらの要素のそれぞれの法則を，すなわちその自然的結果がどのようなものであり，他のなんらかの原因によって妨げられない場合にそれだけの原因からどれだけの結果が生ずるかを知った後に，総合の操作が残っており，これらすべての結果を結びつけて，すべての結果が同時に作用したときの結果がどのようなものであるかを，別々の結果から組み立てなければならない」(Mill CW4, p. 336, 訳203-204頁)。
　すなわち，社会科学の一部をなす経済学は，人間行為のなかから富の動機によるものだけを取り出し，他の動機によって妨げられない場合に，それだけの原因からどのような結果が生じるのか，ということを研究する。他の動機がもたらす結果は，道徳科学の他の分野において研究されなければならない。社会現象全体を解明するためには，必要な因果関係が明らかにされた後で，総合の操作が行われなければならない。これはまさに，ミルがア・プリオリの方法として述べていたことであった[16]。このようにして，ミルの場合には，分析・総合の方法が，帰納・演繹の方法と言い換えられることになったのである[17]。

『論理学体系』の演繹法

　ア・プリオリの方法というのは，帰納と演繹との混合された方法であるとされているのであるから，それを演繹法と呼ぶことは，奇妙に思われるかもしれない。しかし，帰納と演繹との混合された方法を演繹法と呼ぶことは，ミルが一貫して用いている用語法なのである。ミルは，『論理学体系』の第3巻第11章で，多数の原因が合成している場合の因果関係を探究するには，演繹法(Deductive Method)を用いなければならないと述べている。すなわち，原因の合成を特徴とする現象を研究する場合には，与えられた現象に対

して直接的に帰納法を適用することはできない。そこで，われわれには演繹法と呼ばれるものしか残されていないというのであるが，ここにいう演繹法とは，まさに帰納と演繹との混合された方法なのであった。すなわち，「演繹法は，3つの操作からなっている。第1は，直接の帰納の操作，第2は，論証の操作，第3は，検証の操作である」(Mill CW7, p.454, 訳③ 302頁)。つまり，諸原因が合成している事例をそのまま研究するのではなく，まずそれを諸要素に分解し，帰納の操作によって個々の因果法則を研究し，次に論証(狭義の演繹)によってそれらを結合し，最後にその結論を現実の事態と比較対照する。したがって，ここにいう演繹法の第1段階と第2段階とが，ア・プリオリの方法に対応するのである。第3段階の検証はア・プリオリの方法には含まれておらず，「定義と方法」では，ア・ポステリオリの方法によって補足されるべき手続きであるとされていた。すなわち，「経済学，および道徳科学の他のすべての部門において，ア・プリオリの方法が唯一の確実なまたは科学的な探究様式であり，ア・ポステリオリの方法，すなわち特殊的経験の方法は，真理に到達する手段としては，これらの主題に適用されえないものであることを明らかにしたので，われわれは，後者の方法がそれにもかかわらず道徳科学において，真理を発見する手段としてではなく，それを検証する手段として，大きな価値をもっていることを示しうるであろう」(Mill CW4, p.331, 訳195頁)。すなわち，「定義と方法」におけるア・プリオリの方法とは，『論理学体系』における演繹法の原型であり，検証の操作を外部にあるものと位置づけるのか，内部にあるものと位置づけるのか，という点で違っていた。しかしいずれにせよ，原因の合成を特徴とする現象を研究するためには，帰納−論証−検証という3段階の操作によらなければならないという方法論は，「定義と方法」の段階で，すでにできあがっていたのである[18]。

『論理学体系』においては，社会科学の方法としての演繹法は，とくに具体的演繹法(Concrete Deductive Method)または物理学的方法(Physical Method)と呼ばれている。たんなる演繹法ではなく，とくに「具体的」という形容詞がついているのは，社会科学における他の演繹法，つまり抽象的

方法(幾何学的方法)と区別するためであった。すなわち，具体的演繹法とは，社会現象を単一原因からではなく，関連する多数の原因から演繹するという方法を意味する。ミル自身の言葉を借りれば，「社会科学は，各結果の法則を，この結果が依存する因果関係の法則から推論する。しかし，幾何学的方法におけるように，たんに1原因の法則から推論するのではなく，相連合してその結果に影響を与えるあらゆる原因を考慮し，その原因の法則を相互に合成することによって，推論するのである。短くいうと，その方法は具体的な演繹法である」(Mill CW8, p. 895, 訳⑥ 113頁)。ここで，ミルが批判しているものを含めて，『論理学体系』で取り上げられている社会科学の諸方法を図式的に整理すると，次のようになる。

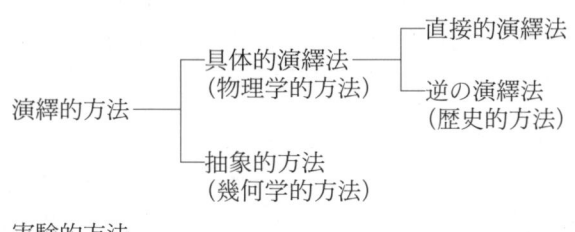

```
                ┌─ 具体的演繹法 ──┬─ 直接的演繹法
                │   (物理学的方法)  │
演繹的方法 ──┤                 └─ 逆の演繹法
                │                    (歴史的方法)
                └─ 抽象的方法
                    (幾何学的方法)

実験的方法
(化学的方法)
```

すなわち，社会科学の方法は，複雑な現実にそのまま取り組む実験的方法ではなく，演繹的方法であるということ，しかも単一の原因の法則から演繹する抽象的方法ではなく，複数の原因の法則から演繹する具体的演繹法である，ということをこの図は示している。

直接的演繹法(Direct Deductive Method)とは，先に言及した「演繹法」と同じものであり，帰納-論証-検証という3段階の操作からなる。したがって，「定義と方法」におけるア・プリオリの方法は，検証の段階を付け加えられて，『論理学体系』においては直接的演繹法に吸収されたのである。これに対して逆の演繹法(Inverse Deductive Method)または歴史的方法(Historical Method)は，より複雑な社会現象を取り扱うための方法として，『論理学体系』で新たに導入されたものであった。この方法は，ミル自身が述べ

ている通り，コントから学んだものである(Mill CW1, p. 219, 訳184頁)。例えば，人類の進歩の仕方というような非常に複雑な現象に対しては，直接的演繹法は適用できない。なぜならば，そこでは考慮しなければならない原因の数があまりにも多く，また人間と環境との相互作用をも考えると，演繹によって結論を導くことは人間の能力を超えるものであると考えられるからである。すなわち，「人間本性の諸原理と，人類の置かれている位置の一般的環境とから出発して，人間の進歩がたどる秩序をア・プリオリに決定し，したがって現在に至るまでの歴史の一般的事実を予測することが可能であったろうと主張する人がいるとは，私は考えていない」(Mill CW8, p. 915, 訳⑥147頁)。逆の演繹法とは，ただちに究極的法則から複雑な事実を演繹するのではなく，まず分析以前の複雑な事実のなかに経験的法則を見出し，次にその経験的法則を究極的法則から演繹するという手続きを指す。つまり，複雑な事実の観察が先で，演繹が後になることから，逆の演繹法と名づけられたわけである。

　逆の演繹法が歴史的方法とも呼ばれていることは注目に値する。歴史的方法は，古典派の演繹法に対立する歴史学派の方法とみなされることが多いからである。ミルはここで，直接的演繹法と歴史的方法とを，相容れないものとしてではなく，相互補完的なものとして位置づけている。つまり，社会の状態そのものが変化してゆくような歴史的過程を直接的演繹法によって研究することはできないから，これを補完するために歴史的方法が必要になる。社会の歴史的進歩を取り扱う場合には，社会的事実の諸要素を切り離すことはできず，それらを一体のものとして考察しなければならない。つまり，歴史的進歩は社会の一般的科学(本書第4章第2節参照)として研究されなければならず，経済的事実を孤立化させることはできないのである。コントやミルの歴史的方法と，ドイツやイギリスの歴史学派が提唱した歴史的方法とは，必ずしも同じものではないが，孤立化的方法が適さない研究領域があることを認め，具体的事実のなかから経験的法則を導く方法を肯定する点で，両者には共通するものがある。歴史的方法が直接的演繹法に代替すると考える者を過激な歴史学派，歴史的方法が直接的演繹法を補完すると考える者を穏健

な歴史学派と呼ぶならば，ミルを穏健な歴史学派と呼ぶことができるかもしれない[19]。しかし，ミル自身は，歴史的方法を用いて具体的な研究を行うことはなかった。ミルによれば，コントの研究業績が，歴史的方法の概念にしたがって社会現象を研究したただ1つの例であった(Mill CW8, p. 928, 訳⑥169頁)。「コント氏は，新しい歴史学派(the new historical school)のなかにあって，歴史から導いたあらゆる一般化を，このように人間本性の法則と結びつけることの必要性を理解していた唯一の人物であった」(Mill CW8, p. 915, 訳⑥147頁)。すなわち，歴史上のあらゆる重要な変化には，それが外部の力によってもたらされたものでない限り，人類の思弁的な能力の変化が先行すること，人類の思弁的能力は神学的段階・形而上学的段階・実証的段階を経ること，これらを経験的法則として導き，次いで，人間精神の構造から思弁的能力の変化を演繹し，思弁的能力の変化から社会状態の変化を演繹する，これがコントによって実行された歴史的方法であった(Mill CW8, pp. 927-928, 訳⑥167-170頁)。ミルは，このような歴史的方法を有効なものと認めながら，自分自身はむしろ，直接的演繹法にしたがって研究を進めたのである。

　ミル解釈として問題になるのは，具体的演繹法と直接的演繹法・逆の演繹法との関係である。『論理学体系』第6巻の編成をみると，第9章「物理学的方法，すなわち具体的演繹法について」，第10章「逆の演繹法，すなわち歴史的方法について」となっており，具体的演繹法と逆の演繹法とが，別々の方法として分類されているかのような印象を与える。しかし，第9章第1節は，「直接的演繹法と逆の演繹法」と題されていて，直接的演繹法と逆の演繹法とが並置されている。ここでわれわれは，逆の演繹法と対になるのは直接的演繹法であって，具体的演繹法というのは両者を包括する名称であると解釈する。その解釈上の根拠は，第1に，具体的演繹法は複数の原因から社会現象を演繹する方法であるとされているが，逆の演繹法も，そのような具体的演繹法の特徴をもっているということ，第2に，具体的演繹法は社会科学の方法そのものを指す名称として用いられており，逆の演繹法も社会現象を取り扱うのであるから，具体的演繹法の一部をなすはずであるというこ

と，これである。しかし，これは分類上の問題であって，いずれの分類法をとろうとも，実質的内容の解釈に対して大きな影響を及ぼすものではない。ミル解釈上，より重要な問題となるのは，「定義と方法」および『論理学体系』で示された経済学方法論と，『経済学原理』で示された実質的な経済学研究との関係，という問題であるといわなければならない。

4 経験的研究の役割

方法論と『経済学原理』

シーニア，ミル，ケアンズの方法論は，いずれも経済学の一般理論に焦点をあてるものであった。しかし，経済学研究の実態として，この時代の経済学が，一般理論の研究に特化していたというわけではない。例えば，マルサスの『人口の原理』，ジェームズ・ミルの『英領インド史』(James Mill, *History of British India*, 1917)，トゥックとニューマーチによる『物価史』(T. Tooke and W. Newmarch, *History of Prices and of the State of the Circulation from 1792 to 1856*, 6 vols, 1838-57) などは，古典派時代に行われた歴史的・経験的研究としてよく知られている。この時代，多くの政府は統計局とか統計委員会などを設置し始めたし，そこで編纂された統計資料を用いて，一国の経済状態を記述したり解釈したりすることも行われるようになった。シーニアは，一方では，経済学の課題が事実を収集して記述することではなく，少数の前提から演繹によって結論を導出することにあると主張していたが，他方では，救貧法やアイルランド問題に関連して事実調査を行っていた。ケアンズもまた，金問題やアイルランド問題についての事実調査に携わっていた。アダム・スミスの『諸国民の富』やJ.S.ミルの『経済学原理』に事実の記述が豊富に含まれていることは，周知の通りである。さらに，この時代の経済学者たちは，理論や事実の研究だけではなく，時事的な政策問題にも関与していた。シーニア，ミル，ケアンズは，経済学固有の領域を純粋理論経済学に求め，その方法論を明らかにしようと努めたのであるが，彼ら自身の研究を含めて，実際に「経済学」の名の下に行われていた研

究は，必ずしも純粋理論経済学だけではなかったのである。そこで，彼らが経済学方法論として明示したものは，実際に行われていた経済学研究とは必ずしも一致しないのではないか，という疑いを抱かせることにもなった。

とりわけ注目を集めたのは，時代を代表する経済学者であったミルの主著『経済学原理』である。すなわち，ミルが「定義と方法」で提唱したア・プリオリの方法や『論理学体系』で示した直接的演繹法と，『経済学原理』で展開した実際の経済学とはどのような関係にあるのか，という問題がミル解釈の係争問題の1つとなったのである。確かに，『経済学原理』のなかには，おびただしい歴史的事実の記述が含まれていた。しかもミルは，たんに事実を記述するだけではなく，実践的な観点からこれらの事実を取り上げていた。したがって，これらを取り扱った諸章は，ミルの経済学方法論とは一致しないような印象を与えがちであった。実際に，ミルの経済学方法論は『経済学原理』の実態とは合致しないということが，多くの論者によって指摘されてきた[20]。では，ミルの経済学方法論と『経済学原理』との関係を，われわれはどのように考えたらよいのであろうか。この問題を考察する場合，われわれは2つの問題点を区別しなければならない。すなわち，第1の問題点は，『経済学原理』における歴史的記述の位置づけということである。結論からいえば，これは経済学方法論からの逸脱を示すものではない。これまで述べてきたように，ミルの経済学方法論においても，事実の収集や帰納の手続きが否定されていたわけではない。すなわち，ア・プリオリの方法はその第1段階に帰納の過程を含んでおり，さらに検証の段階ではア・ポステリオリの方法によって補足されるべきものとされていた。これを継承した直接的演繹法においては，その第1段階と第3段階とで，事実の知識や帰納の手続きが必要になるということが明示された。したがって，事実の記述や帰納の手続きがあるというだけで，ミルの経済学方法論と『経済学原理』との不一致を云々することはできない。実際に，『経済学原理』における事実の記述や帰納の手続きは，論証の結果を検証し，その説得力を高めるために配置されていたのである。第2の問題点は，経済学の原理と社会哲学との関係ということである。ミルの『経済学原理』は，その正式な書名『経済学原理，および

社会哲学に対するそれらの原理の若干の応用』からも明らかなように，経済学の原理の解明だけではなく，その社会哲学への応用も視野に入れたものであった。ところが，直接的演繹法がそのまま適用されうるのは，狭義の原理の部分のみであり，社会哲学への応用の部分は，科学だけではなくアートをも含むから，直接的演繹法だけでは処理することができないのである。したがって，この点では，『経済学原理』は直接的演繹法を超える手続きを含むことになったといわなければならない。要するに『経済学原理』は，アートなどをも含むミルの広義の方法論から逸脱するものではなかったが，直接的演繹法という狭義の方法論には収まらないものとなったのである。われわれは本節で，以上2つの問題点について考察することにする[21]。なお，直接的演繹法の第1段階における帰納の手続きについては，第8章第1節で検討することとし，ここでは第3段階の検証部分の考察に限定する。

農業制度についての研究

　『経済学原理』第2編の第5章から第10章は，事実の記述を多く含んでいるという点で，とくに顕著な部分である。これらの諸章は，奴隷制(slavery)，自作農制(peasant properties)，分益農制(metayer system)，入札小作制(cotteir tenure)といった農業制度に関する具体的な事実の記述を豊富に含んでいる。一見すると，この部分はミル自身の方法論から逸脱するものであるかのような印象を与える。しかし，これらの諸章で述べられていることは，ミルの演繹的な方法を否定するものではない。ここで行われていることは，さまざまな所有関係の下で，人間がどのように行為するのかということを推論し，その結論を検証するために経験的法則を求めるということなのである。問題となるのは，方法論上の相違ではなく，推論の前提および検証の分量が，他の部分と違っているということである。すなわち，推論の前提という点からいうと，ここでは3階級制ではなく1階級制および2階級制を前提として推論が行われており，検証の分量という点からいうと，3階級制を前提とする議論に比べて，検証の部分が不釣りあいなほどに大きなものとなっている。ここで行われていることは，ある制度的状況の下で，富

の欲望をもつ人間がどのように行為するのかを推論し，その結論を検証しようとする試みである。したがって，その議論は，ミルの直接的演繹法に反するものではなく，むしろそれを具体化するものであるということができるのである。

　まず，第2編の第5～10章で，何が論じられているのかを確認しておくことにしよう。これらの諸章は，分配論のなかに含まれてはいるが，分配の法則を主要な問題としているわけではない。奴隷制・自作農制の場合には，生産物が1階級の所有に帰するので，階級間の分配は問題にはならない。分益農制・入札小作制の場合には，2階級の間で分配が行われるのであるが，慣習的に分配が決定される分益農制については，分配の法則は問題とはならない。ミルによれば，経済法則は競争を前提として成立するのであるから，慣習が支配するところでは，そもそも法則が成り立たない。ミルは，分益農制について次のように述べている。「生産物の分割が可変的な規約(convention)によって定められないで固定的な慣例(usage)によって定まる問題である場合には，経済学は分配の法則を研究する必要はない。経済学は，自作農の場合と同じように，ただこの制度が第1には小農階級の状態に対して精神的および物質的にどのような影響を与え，また第2には労働の効率に対してどのような影響を与えるか，その影響を考察すればよいのである」(Mill CW2, p. 299, 訳② 203頁)。実は，これらの諸章でミルがとくに重視しているのは，富の動機を前提とするとき，各農業制度が人口抑制と勤勉への動機をどれだけ強化しうるのか，という問題であった。

　各農業制度のなかで，ミルが最も力を入れて考察しているのは，充てられている紙幅からも明らかなように，自作農制である。ミルによれば，「奴隷制の欠陥は，もはや議論を必要とする問題ではない」(Mill CW2, p. 250, 訳② 110頁)し，「分益農制は，自作農制特有の長所を備えているが，ただその度合が低くなっているのである」(Mill CW2, p. 299, 訳② 203頁)。ミルの時代の係争問題は，アイルランドの入札小作制を廃止した後にどのような農業制度を採用するのかという問題とも関連して，自作農制と資本家的大農業制とでは，どちらが優れているのかということであった。そして，この問題に

関するミルの結論は，過剰人口を予防するという点においても，勤労意欲を高めるという点においても，自作農制の方がまさっているというものであった。イギリスにおいては，資本家的大農業制と比べて，自作農制はあまりよく理解されていない。そこでミルは，自作農制という制度は農民のたゆまぬ勤労と過剰人口の抑制とを同時に可能にするものである，という結論を論証によって導くとともに，他の部分とは不釣りあいなほどの紙幅を充てて，その結論を検証しようとしたのである。

　ミルは『原理』第2編の第6・7章を自作農に関する考察に充てているのであるが，その末尾で次のように述べている。「この形態の土地所有と生産技術の不完全な状態との間には必然的な結合はない。それは，土地がもっている諸力の最も有効な利用ということについて，多くの点において不利であると同時に，やはり多くの点において有利である。現在行われている農業経済の状態のなかで，国民の勤勉と知性と節倹と思慮とに対し，これほど有益な効果を与えるものは，このほかにはひとつもなく，また大体において，これほどその人口の不用意な増加を押さえる傾向をもっているものはない。したがって，国民の道徳的ならびに肉体的厚生にとって，大体においてこれほど好都合な状態はない。雇用労働によるイギリスの耕作制度に比べて，自作農制は労働階級にとって著しく有利な制度であるとみなされなければならない」(Mill CW2, pp. 296-297, 訳② 194頁)。すなわち，自作農が使用する道具は確かに資本家的大農業者のそれと比べれば貧弱であるが，自作農はその弱点を非常な勤勉によって補っており，農業の効率性は決して低くはない。また，自作農は人口の増加を思慮深く抑制しており，その生活は一般に裕福である。したがって自作農制は，雇用労働による耕作制度よりも労働階級にとって有利な制度である。これが，自作農制に関するミルの結論であった。この結論の核心をなすものは，①自作農は非常に勤勉である，②自作農は人口の増加を抑制する，という自作農に関する2つの一般命題である。われわれが検討しなければならないことは，これらの2命題がどのように導かれているのか，これらの2命題は事実によって検証されるのか，ということである。

ミルはこれらの命題を，第1に，自作農制という制度的状況と，その下での人間の動機とから，演繹的に導く。ここで自作農というのは，自分自身で土地を所有している者だけではなく，一定の大きさの地代を地主に支払うという条件で，土地に対する永久的占有権をもつ者をも含んでいる(Mill CW2, p. 278, 訳② 163 頁)。このような制度的状況にある者は，土地の改良や勤労の成果が自分のものになるわけであるから，非常に勤勉に労働するようになる。つまり，3階級制と競争とを想定する場合と同様に，ここでも自作農が富の欲望という動機にしたがって行為するものと考えられており，その富の欲望が自作農制の下で解放されて，たゆまぬ労働を行わせることになる，と推論されるのである。人口の抑制への動機も富の欲望から導かれるのであるが，この場合には，自分自身の生活の豊かさというよりも子供の生活の豊かさが念頭にあるものとされる。「自分よりも悪い運命を子供に伝えたいと思う親はほとんどいない。子供に遺す土地をもっている親は，その子がこの土地によって生活をたててゆくことができるかどうかということを，完全に判断することができる」(Mill CW2, p. 284, 訳② 173 頁)。これに対して，雇用労働者という状況においては，社会全体を考えなければならないから，人口と賃金水準との関係を認識することが難しく，人口抑制への動機が弱くなるというのである。

　第2編の第5～10章は，主として事実の記述と帰納的一般化に充てられているのであるが，そのなかに論証の部分が含まれていることを見逃してはならない。論証は，制度的状況と人間の動機とを前提として，そのような状況において人間がどのように行為するのか，その結果どのような社会現象が現れるのか，ということを導く。その場合，人間の動機として考慮されているのは，主として富の欲望であり，慣習による規制がこれに加えられうるにすぎない。経済的動機以外の他の動機は，ほとんど捨象されている。例えば，地主の動機についてではあるが，ミルは次のように述べている。「地主が正義感あるいは良識をもっていて，競争によって与えられる特典を利用しない，ということはありうることであり，また地主によって，この特典を利用する度合もさまざまであろう。しかし，ひとつの階級または集団の人々のすべて

がその直接の金銭的利害に反した行動をとると期待するわけにはいかないのである」(Mill CW2, p. 315, 訳② 231 頁)。したがって，各農業制度の効果をめぐる論証においても，あくまでも一般的な動機のみが取り上げられ，攪乱的な動機は捨象されるのであるから，やはり仮説的・抽象的な推論であることに変わりはない。しかし，3階級制と競争とを前提とする論証の場合と比べると，その結論に対する検証の厚みが違うのである。

　すなわちミルは，与えられた事実を一般化することによって，帰納的に経験的法則を求め，これによって自作農に関する2命題を検証する操作をも行っている。スイス，ノルウェー，ドイツ，ベルギー，フランス，デンマーク等々の自作農の事例を調べ，それらの個々の事実を一般化して，自作農に関する経験的法則を導くのである。ここでミルが用いている方法は，一致法にほかならない。つまり，自作農制と，勤勉および人口の抑制とがつねに伴って現れることから，前者が後者の原因であると判断しているのである。しかし，すでに述べたように，一致法によって因果関係を探究することには固有の欠陥があり，一致法のみでは因果関係を解明することはできない。というのは，未確認の共通の原因があるかもしれないし，それぞれ別々の原因が同じ結果を生み出しているのかもしれないし，いくつかの原因が合成して1つの結果を生み出しているのかもしれないからである(Mill CW7, p. 394, 訳③ 197 頁)。これらの可能性を排除できない以上，一致法によって求められた一般命題は経験的法則という地位にとどまることになる(Mill CW7, p. 520, 訳④ 414 頁)。しかし経験的法則は，それ自身は科学的法則とはいえないが，理論を検証する有効な手段として機能する。すなわち，「事例の直接の観察と対照とが，われわれに，結果に関する経験的法則を与えるとすれば(それが観察したすべての場合に真であっても，ただ大部分に関してだけ真であっても)，理論に対する最も有効な検証は，理論が演繹によってこれらの経験的法則を導くということなのである」(Mill CW7, p. 461, 訳③ 313 頁)。なお，注意しておかなければならないことは，ここで用いられている方法は，論証から検証へと進む直接的演繹法であって，まず経験的法則を見出し，次にその経験的法則を究極的法則から演繹するという逆の演繹法ではない，という

ことである。なぜならば，前節でみたように，逆の演繹法が用いられるのは，経済的事実を孤立化させることができない場合，すなわち人類の進歩の仕方というような非常に複雑な現象を考察する場合だからであり，また，ミル自身は逆の演繹法を用いたことはなく，コントの研究業績がその唯一の例だと述べているからである。

社会哲学への応用

自作農に関する2命題を検証する議論は，ミル自身が認めるように，他の部分とは不釣りあいなほどの分量をもっていた。これは，ミルの『経済学原理』が「社会哲学」への応用を意図したものであったために，起こったことであった。ミルが『経済学原理』の初版を執筆し刊行した頃，アイルランドは大飢饉に襲われており，アイルランドの入札小作制の改革は，焦眉の課題となっていた。自作農制が優れていることを主張する強力な議論が，自作農制に対して十分な理解をもたないイギリス人を説得するために必要だったのである。

ミルは入札小作制について次のように述べている。「入札小作制という一般的名称によって，労働者が資本家的借地農業者の介在なしに土地に関する契約を結び，かつその契約の諸条件，ことに地代の額が，慣習によってではなく競争によって決定される場合を，すべて例外なしに指すことにしよう。この種の借地制度のヨーロッパにおける主要な実例はアイルランドである」(Mill CW2, p. 313, 訳② 229頁)。入札小作制の場合には，地主と小作人との間の分配は競争によって規制されるので，分配の法則が成立することになるが，その場合の分配の法則とは，「地代は土地に対する需要と供給との関係によって決定される」というものにほかならない。すなわち，入札小作制においては，「地代は競争によって規制され，土地に対する需要とそれの供給との関係に依存している。土地に対する需要は競争者の数に依存するが，競争者とは全農村人口である。したがって，この種の借地制度の効果は，人口の原理の作用を，イングランドにおけるように資本に対してではなく，直接に土地に対して向けるということである。地代は，このような事態におい

ては，人口と土地との割合に依存する。土地は一定した量であるが，人口は無制限の増加力をもっているから，何ものかがこの増加を抑止しない限り，土地に対する競争は地代をつり上げて，それ以上となっては人口が維持されないという最高点まで高めるのである」(Mill CW2, p. 314, 訳② 230 頁)。しかし，名目的な地代はそれ以上に上昇する。ミルによれば，土地を求める競争が激しいために，小作人は支払いうる限度以上の地代を地主に対して申し出るようになり，その結果，実際には支払われることのない名目的地代 (nominal rent) が形成される。すなわち，小作人が支払いうるすべてのものを支払った後にも，多額の未払い金が残るのである。小作人がこのような状態にある場合，勤労および人口抑制への動機はきわめて弱いものになる。「たとえ彼が借り受けている小地面の生産物を格別の努力によって 2 倍にしたとしても，またたとえこの生産物を食べてしまう子供を生むのを思慮深く控えたとしても，彼がそれから得るものは，ただ地主に支払いうるものが前よりも多くなるということだけである。ところが，仮に彼に 20 人の子供があったとしても，なお彼らがまず食事を与えられ，地主はただ残ったものを取りうるだけであろう。……これ以上に労働への動機を欠き，自制への動機を欠く状態というものは，想像することさえできない」(Mill CW2, pp. 318-319, 訳② 239 頁)。問題は，入札小作制をどのような制度によって置き換えるのか，ということであった。

社会哲学という場合，そこには科学だけではなく実践的なアートも含まれることになる。ミルの場合，「アイルランドの民衆の生活を改善すべきである」という目的は，究極的には彼の功利主義思想から出てくるものであるが，それが与えられている場合には，その目的を実現するための手段を教えることは科学の課題となる。経済学者としてのミルは，資本家的大農業制よりも自作農制の方が，目的実現の手段として優れていると主張するのである。「アイルランドも知らなければ海外のどの国をも知らないために，イングランドの慣行を，社会的経済的優越の唯一の尺度とみなしている人々は，アイルランドの窮状に対する唯一の救済策として，入札小作人の雇用労働者への転形を提案している。しかし，これはむしろアイルランドの農業を改善する

方策であって，アイルランド民衆の生活状態を改善する方策ではないのである。日雇労働者の地位は，将来に対する配慮や節倹や自制の習慣を欠いている人々に，これらの習慣を与えるだけの魅力はないのである」(Mill CW2, p. 326, 訳② 253頁)。「土地を耕作する人に対してその土地に対する永続的な利害関係を与えるということは，疲れを知らない精励を保証する手段としてほとんど確実なものである。また，過剰人口に対しても，間違いがないとはいえないまでも，今日までに知られている最善の予防策なのである。この方法が失敗するような場合には，他のどのような方法を用いても，おそらくさらにはなはだしい失敗に終わるであろうし，その弊害はたんなる経済的救済策では克服しえないものとなるであろう」(Mill CW2, p. 327, 訳② 254頁)。自作農制をアイルランドに導入するにあたっては，その実行可能性についても考慮しなければならないわけであるが，それを考慮してもなお，ミルは自作農制の導入を最善のものと考えた。

　以上の議論を要約すると，次のようになる。『経済学原理』第2編「分配論」には，農業制度に関する議論をはじめとして，おびただしい事実とそれに基づく帰納的一般化とが含まれている。しかし，この部分もミルの直接的演繹法と不整合というわけではない。というのは，ここでもミルは，制度的状況と富の欲望とから演繹的に結論を導き，その結論を経験的法則によって検証するという手続きをとっているからである。問題となるのは，この検証の部分が他の箇所と不釣りあいなほどに大きなものとなっている点である。これは，『経済学原理』が社会哲学への応用を1つの課題としていたことに関係している。すなわち，アイルランドにおける入札小作制を廃止して，自作農制を導入すべきであるというミルの主張を説得力のあるものにするために，自作農制が勤労と人口の抑制とを実現する制度であることを，演繹によって論証するだけではなく，事実によって十分に検証する必要があったのである。このことは，『経済学原理』が社会哲学への応用をも目指すものであったということに根ざしている。すなわち，アイルランドの農業制度の改革をめぐって，ミル自身の改革案の説得力を高めるために，検証の部分を厚くする必要があったのである。

1) ミルの社会科学方法論については，いくつかの解釈上の係争問題がある。馬渡の整理によれば，「初期の仮説的方法の位置づけ，『論理学体系』での，観察論，帰納と推論との関係，定義と仮説との関係，演繹の帰納との関係，演繹法の種類についての解釈上の定説が定まっていないし，社会科学の方法と経済学の方法との関係，具体的演繹法と直接的演繹法・逆の演繹法との関係，エソロジーとポリティカル・エソロジーの位置づけなどにおいて，なお解釈の相違がある」(馬渡 1997a, 29-30 頁)。本書では，これらの係争問題について，それぞれしかるべき場所で解釈を示すことにする。
2) 「すべての推論は特殊から特殊に及ぶ」というミルの考え方を道具主義と解釈する見解は，ポパーにみられる(Popper 1974, p. 108, 訳 732 頁)。
3) この部分の記述は，主として Ducasse(1951) に依拠している。
4) 「単純枚挙による帰納」は，しばしば「完全帰納」の意味で用いられるが，ミルはむしろ「不完全帰納」の意味で用いている。ここで完全帰納(perfect induction)とは，観察された事例が全事例を包摂する場合であり，不完全帰納(imperfect induction)とは，観察された事例が全事例の一部にすぎない場合である。ミルによれば，完全帰納は，既知の事実から未知の事実を推論するものではないから，彼の意味での帰納ではない(Mill CW7, p. 289, 訳③ 13 頁)。
5) 後述するように，「定義と方法」では一致法・差異法のみが考察されていて，剰余法・共変法は取り上げられていない。一致法・差異法は，すでにベーコンによって示唆されていた方法であった(Redman 1997, p. 163)。ハーシェルは，一致法・差異法に加えて，剰余法・共変法も提示していたのであるが，ミルがハーシェルを理解し，自分の研究に役立てることができるようになったのは，「定義と方法」を執筆した後，1837 年以降になってからであった(Mill CW1, p. 217, 訳 182 頁)。
6) 以上の 4 方法のほかに，間接差異法(Indirect Method of Difference)もしくは一致差異併用法(Joint Method of Agreement and Difference)というものが取り上げられている。この方法は，一致法を二重に使用することによって，間接的に差異法に類似した条件を創り出そうとするものである。すなわち，

　　1. ABC→abc
　　2. ADE→ade
　　3. 　BC→bc
　　4. 　DE→de

ゆえに，A が a の原因である。その準則は，「問題の現象が生起している 2 つ以上の事例が，ただ 1 つの事情のみを共通にしており，他方，その現象が生起していない 2 つ以上の事例が，その事情の不存在であることを除いて，何ものをも共通にしていないとき，この 2 組の事例がそれにおいてのみ異なる事情は，その現象の結果であるか，原因であるか，または原因の欠くことのできない部分である」(Mill CW7, p. 396, 訳③ 202 頁)。
7) ミルは，差異法が最も強力な方法であることを示す言葉として，「完璧な(com-

plete)」の代わりに,「完全な(perfect)」を用いることもある。例えば,「実験的研究の方法のなかで最も完全なものである差異法(the most perfect of the methods of experimental inquiry, the Method of Difference)」(Mill CW8, p. 881, 訳⑥ 88 頁)といった表現がそれであるが,この場合の"perfect"が,観察された事例が全事例を包摂するという意味での「完全帰納(perfect induction)」とは違うものであることは,一見して明らかである。方法論上の重要な用語が多義的に使われるということは,ミルの方法論の特徴であるから,この点に注意しないと解釈を誤ることになる。

8) ベーコンは,無数の事例を集めて比較するという方法と,たとえ1回だけであっても決定的実験を行うという方法と,2種類の研究方法を提示していた。後に,前者の方法はロバート・フックによって継承され,後者の方法はニュートンによって支持されることになった(Guerlac 1968)。ここでミルが述べていることは,ニュートンと同様に,決定的実験が重要だということである。

9) この論争の経緯については,Lively and Rees(1978b)および矢島(1993)第2章を参照されたい。

10) ウィンチ(Winch 1966, pp. 367-369)によれば,ジェームズ・ミルは,理論と経験との間の相克を認めず,優れた抽象的原理は蓄積された経験を凝縮して表現したものにほかならないと考えていた。しかも,リカードウが「顕著な場合」を主として経済問題に適用したのに対して,ミルはそれを政治学その他にも拡張した。

11) 決定的実験については,Bacon(1620, pp. 180-181, 訳 350 頁)を参照されたい。

12) 富の欲望に対して不断に対立する2つの原理は,すでにシーニアの著作のなかに先に登場していた。「文明社会という機構は,非常に多数の相対立するバネによって動かされている。労働の嫌悪,直接的享楽への欲求,そして蓄積への愛好は,つねに互いに反作用を及ぼしあっている」(Senior 1827, pp. 8-9)。ただしシーニアの場合には,反対に作用する諸動機を考慮しなければならないのは,理論的部門ではなく実践的部門においてであった。なお,以下の叙述では,冗長になるのを避けるために,とくに必要な場合は別として,対立する2つの動機があるということをいちいち注記しない。

13) ミルは『論理学体系』では,考慮しなければならない原因が多くなると,その結果を演繹する作業は事実上不可能になる,ということを認めた。この難点を補完するものとして導入されたのが,後述する「逆の演繹法」であった。

14) 例えばマッハルプは,ミルのア・プリオリの方法を,「基本仮定そのものの客観的検証を否定する方法論的立場」と解釈している(Machlup 1955, p. 142)。

15) 経済学の分野で,経験に基づかない方法という意味でア・プリオリという言葉を用いたのは,ド・クインシーである。ド・クインシーは,リカードウ経済学をカント哲学の観点から基礎づけようとした。すなわち,「リカードウ氏は,素材の暗澹たるカオスのなかに,はじめて矢のような光を打ち込む法則を,悟性そのものからア・プリオリに演繹した。そうして,今日まで試験的な議論の集合にすぎなかったものを,正規の命題からなる科学に作り上げ,はじめて恒久的基礎の上に打ち立てた」(De Quincey 1822, p. 152, 訳 102 頁)。

16) 自然科学だけではなく，道徳科学にも分析・総合の方法が適用できるという考え方は，ニュートン自身によって暗示されていた。「そしてもし自然哲学がその全分野でこの方法を追求して，ついには完成させるならば，道徳哲学の領域もまた拡大されるであろう。なぜなら，われわれが自然哲学によって，第一原因とは何か，神はわれわれに対してどのような支配力をもっているか，またどのような恩恵をわれわれは神から受けているかを知りうる限り，それだけ，われわれ相互に対する義務のみならず，われわれの神への義務もまた自然の光によって明らかとなるであろうからである」(Newton 1760, 357頁)。

17) ミルの後に，経済学の方法として分析・総合の方法を取り上げた有力な論者は，カール・メンガーである。メンガーの「理論的研究の精密的方針(die exacte Richtung der theoretischen Forschung)」は，還元・構成法と呼ぶことができるが，これも分析・総合の方法に連なるものである。メンガーによれば，「倫理的現象の領域での，こうした，理論的研究の精密的方針の本質は，人間現象をその最も本源的な，最も簡単な構成要因に還元し，この要因にその性質にふさわしい程度を与え，最後に，孤立的に考えられた，この最も簡単な要素から複雑な人間現象が構成される法則を研究しようとするところにある」(Menger 1883, S. 43, 訳51頁)。

18) ここでわれわれは，ア・プリオリの方法は仮説的方法・論証的方法・具体的演繹法の3つの演繹法を区別することなく含んでいたが，『論理学体系』に至ってそれらの区別が自覚された，という馬渡説との異同に言及しておきたい(馬渡 1997a, 36-39頁)。ここで，論証的方法といわれているのは幾何学的方法のことであり，具体的演繹法といわれているのは帰納-論証-検証からなる演繹法のことである。本文で述べたように，われわれの解釈では，ア・プリオリの方法とは，帰納-論証の手続きを意味し，後に検証の操作が加えられて演繹法へと継承されたものである。したがって，ア・プリオリの方法が「具体的演繹法」に連なるものであったという解釈に異議はない。問題は，ア・プリオリの方法と，仮説的方法・幾何学的方法との関係である。確かに，『論理学体系』の演繹法は，第1段階に帰納の過程を置いているという点で仮説的方法と異なり，また複数の原因から論証するという点で幾何学的方法とも異なる。したがって，もしア・プリオリの方法が，仮説的方法・幾何学的方法をも含んでいたのであれば，そこには混乱があったといわなければならない。しかし，ここで注意しなければならないのは，「仮説」や「幾何学」という用語の意味である。第6章第2節で詳述するように，ミルはこれらの用語を二義的に使用していた。すなわち，仮説という言葉を，(H1)帰納を伴わない想定という意味と，(H2)攪乱要因を排除して理想化を行う想定という意味と，2つの意味で用いていた。また，幾何学という言葉も，(G1)社会現象を単一の原因から演繹しようとする方法を指す場合と，(G2)幅のない線を想定する場合のような，理想化を伴う想定を置く場合と，2つの場合に用いていた。馬渡説では，ア・プリオリの方法に関連して出てくる仮説および幾何学という言葉が，それぞれ(H1)(G1)と解釈されている。そのために，ア・プリオリの方法には「具体的演繹法」とは異質の方法が混在していた，と解釈されることになった。しかし，われわれの解釈では，ア・プリオリの

方法に関連して出てくる仮説および幾何学という言葉は，それぞれ(H2)(G2)を意味している．仮説という言葉が使われていても，帰納を省略するということを意味しているわけではないし，幾何学という言葉が使われていても，単一原因論を意味しているわけではない．したがって，ア・プリオリの方法のなかに，『論理学体系』の仮説的方法や幾何学的方法が混在していると解釈することはできないのである．

19) 穏健な歴史学派の代表として，例えばロッシャーがあげられるが，シュンペーターによれば，ミルとロッシャーとの間には，研究手続きにおける基本的な相違はない(Schumpeter 1954, p. 540)．したがって，分析的な側面に注目するならば，逆にロッシャーを古典派の後継者と呼ぶこともできるのである(Schumpeter 1954, p. 508)．

20) 例えば，マーシャルは，「定義と方法」では純粋に抽象的な理論が経済学とされていたが，『経済学原理』ではそれから遠く離れ去って，より広範な領域が経済学の研究対象のなかに含まれるようになった，と述べている(Marshall 1885, p. 160)．

21) 馬渡(1997a, 58頁)は，ミルの「方法論の方法」を理論的方法に限定せず，経済学を社会科学の一部門と考えること等々をも含むものとし，そのような意味で，『論理学体系』と『経済学原理』とは方法的に一貫していると主張する．櫻井(1988, 25-26頁)は，ミルは経済学の方法を直接的演繹法としながら，分配論においては逆の演繹法を使用しており，その点で一貫していないとする．早坂(1980)は，コントの影響を受けて構想されたエソロジーおよびポリティカル・エソロジー論は，「定義と方法」には存在しないが，『論理学体系』では取り上げられており，その構想の精神は『経済学原理』でもかなりの程度まで生かされているから，その意味では後の2著作の間には連続性があると主張する．われわれは，エソロジーおよびポリティカル・エソロジー論については，本書第8章で検討する．

第6章　理想化の方法

1　シーニアのJ. S. ミル批判

理想化の要請

　シーニアやJ. S. ミルが経済学の方法について反省を始めたとき，経済学固有の領域として考察の対象としたのは，経済学の一般原理であった。すでにみたように，夾雑物をまじえずに経済学の一般原理を提示したのはリカードウであったから，その意味で，経済学方法論に対して明確な素材を提供したのは，リカードウだったということができる。しかし，一般原理を探究しようとする試みは，『諸国民の富』のなかにもみられたし，遅くとも18世紀の中葉までには，はっきりとした姿を現していた。例えばヒュームは，1752年に公表された論文「商業について」のなかで，次のように述べていた。

　「一般的な推論は複雑にみえるが，それは推論が一般的だからこそそうみえるのである。非常に多くの個々の事柄のなかから，すべての人が一致する共通の事情というものを区別したり，あるいはそれを他の余分な事情から純粋に夾雑物をまじえずに取り出したりすることは，大多数の人には容易なことではない。彼らにとっては，いかなる判断や結論もすべて特殊である。彼らは普遍的な諸命題——これはその下に無数の個別を包括し，1つの科学全体をたった1つの理論のうちに含む——にまで自分たちの見解を拡大することができない。……しかしどのように込み入ってみえるとしても，一般原理は，それが正しくて確実である限り，特殊な場合には妥当しないことがあろ

うとも，事物の一般的ななりゆきにあってはつねに貫徹しているに違いなく，この一般的ななりゆきに注目することは，哲学者の主要な仕事なのである」(Hume 1752, p. 288, 訳9頁)。

　さらに，ステュアートは，1767年に出版された『経済学原理』において，原理とは想定(supposition)に基づくものであると述べ，多かれ少なかれ現実そのものとは距離のあるものだということを認めた。例えば，

　「政治経済の運営の首班に立つ人を，為政者(statesman)という。私は，為政者とはつねに覚醒した意識をもち，自分の仕事に熱心で，有能で腐敗せず，自分の治める社会に対して優しい愛情をもち，あらゆる階級の住民に対して公正無私な配慮を行い，公共の福祉と相容れない場合は個人の利益を無視する人であると想定する。／もし私が1つの実行案を提議しているとすれば，この想定はばかばかしいものであることを認めなければならない。しかし私は原理の究明以上に進むつもりはないのであるから，それは幾何学を取り扱う場合に，点や，直線や，円や，無限を想定するのと同様である」(Steuart 1767, Vol. 1, pp. 168-169, 訳① 138-139頁)。

　経済学者が，一般原理を自覚的に追究し始めるとともに，方法論上の問題も発生することになった。18世紀のヒュームやステュアートにとっても，経済学の一般原理は現実をそのまま記述するものではなく，現実の一面を抽象するものであった。このことは，彼らに続いた古典派経済学の理論においては，いっそう鮮明な形で現れるようになった。古典派の経済理論は，リカードウの理論だけではなく，そのほとんどが多かれ少なかれ抽象的な性格のものだったからである。経済理論の抽象性は，今日でもしばしば非難の対象となる。経済学の外部からの非難だけではなく，その内部においても，経済理論の過度な抽象性に対する懸念が表明されることがある。古典派の時代においても，経済理論の抽象性という問題は，非難の意味を込めて取り上げられることが多かった。そのため，古典派理論を支持する者は，その正当性を擁護する必要に迫られていたのである。問われていたのは，経済理論における理想化(idealization)の根拠と正当性という問題であった。この問題もまた，1870年代以降に歴史学派が興隆するとともに，方法論上の係争問題と

して激しく論争されるようになった。しかしこの問題は，歴史学派の攻撃に先立って，すでに古典派時代に問題にされていたのである。シーニア，ミル，ケアンズの方法論は，そのような課題に応えようとするものでもあった。では彼らは，理想化の根拠と正当性をどのように考えたのであろうか。本章では，この問題について考察することにする。

ミルの「定義と方法」

この問題についての議論で先行したのは，シーニアではなくJ.S.ミルであった。ミルは「定義と方法」において，抽象的な経済理論を擁護する主張を展開し，理想化の根拠と正当性について，その後の議論の原型となるものを示した。ところが，その用語や言い回しには，誤解を招くもとになるものが少なからず含まれており，今日に至るまで，誤った解釈を生み出す源泉を与えてしまった。事実，シーニアはミルの議論を誤解し，その結果，ミルの方法論を厳しく批判することになった。しかし，両者の主張を仔細に検討してみれば，その考え方に大きな違いがないことがわかる。両者の外見上の対立は，シーニアとミルとの間で，方法論上の重要な用語が異なった意味で使われていたということに由来するのである。用語の意味は，シーニアとミルとの間で違っていただけではなく，ミル自身の著作のなかでも違っていた。ミルの著作のなかでア・プリオリという言葉が，経験に先立つという意味と演繹的という意味と，2つの意味で用いられていたことはすでにみたが，ミルは，その他の重要な用語についても同様なことをしていたのである。シーニアとミルの主張を分析して，両者の対立が言葉の使い方の問題に還元されることを明らかにしたのは，ケアンズであった。ケアンズは，論争の混乱を解きほぐす1つの方法を，われわれに対して提示している。しかし，彼らの一連の議論は，たんなる表現上の混乱に還元されるものではない。それは，理想化の根拠と正当性とを明解に論じることが，必ずしも容易なことではないということを示しているのである。

ミルは「定義と方法」において，ア・プリオリの方法は，仮説的・抽象的なものであり，幾何学の方法と類似した性格をもつものであると論じた。す

なわち，「ア・プリオリの方法によって，われわれは，（普通にまたそういう意味で用いられるのであるが）想定された仮説からの推理という意味を表すものとする。これは，数学に限定されるやり方ではなく，いやしくも一般的推理を許すすべての科学の本質をなすものである」(Mill CW4, p. 325, 訳 183 頁)。経済学は，事実からではなく仮説から推理しているし，またそのように推理しなければならない。経済学は仮説の上に築かれているが，その仮説は，定義という名称の下で，他の抽象的諸科学の基礎をなしているものと厳密に類似している。幾何学は，長さはもつが幅はもたないものという線の恣意的な定義を必要とする。これと全く同様に，経済学も，最小の犠牲で最大の富を獲得しようとする人間という，人間に関する恣意的な定義を必要とする。したがって，経済学は，「仮定された諸前提から，すなわち事実のなかに全く根拠をもたないかもしれず，事実と普遍的に一致しているとはみなされない諸前提から，推理する。それゆえに，経済学の結論は，幾何学のそれと同様に，普通にいわれているように，抽象性においてのみ真である。すなわち，一般的原因——考察されている部類全体の事例に共通な原因——しか考慮されていない一定の想定の下でのみ真なのである」(Mill CW4, p. 326, 訳 185 頁)。幾何学において定義されるような線が，実際の線に照応していると考えた数学者は，いまだかつていなかった。同様に，経済学のなかで定義される人間が，現実の人間に照応すると考えた経済学者もいなかった。「しかし，経済学者たちが行論のためにこれを仮定したのは正当であった。というのは，彼らが取り扱うのはただ，人間の行為のうち金銭上の利益を直接かつ主要な目的とする部分のみだからである。また，個別的な 2 つの事例が精密に等しいことがない以上，特定の事例の事情のあるものを考慮外に置くことなしには，一般的格率を定めることが決してできないからである」(Mill CW4, p. 327, 訳 187 頁)。ア・プリオリの方法は「想定された仮説からの推理」を意味するというミルの主張は，経済学は経験に基づかない学問であると主張しているかのような印象を与えることになった。ミルの用語のあいまいさは，今日まで続く誤解を生み出すもとになったのである。

　実際にシーニアは，ミルが経済学を経験に基づかない学問と考えているも

のと解釈し，1848年に『エディンバラ・レヴュー』誌上で，ミルの方法論を批判した。それが，ミルの『経済学試論集』と『経済学原理』とに対する書評論文,「経済学に関するJ. S. ミルの見解」(J. S. Mill on Political Economy, 1848)であった。シーニアは，ミルが経済学を仮説に基づくものと述べたことに対して，次のような批判を加えた。「富と高価な享楽が人間の欲望の唯一の対象であるというミル氏の仮説を，それらは欲望の普遍的で恒常的な対象であるという言明によって，すなわち，あらゆる人間があらゆるときにそれらを欲するという言明によって置き換えるならば，われわれは，後続する推論のための同等に堅固な基礎を据え，恣意的な前提の代わりに真理を置くことになるであろう」(Senior 1848, p. 302)。しかし，あらゆる人間があらゆるときに富を欲するとしても，つねに可能な限り最大の富を追求するというわけではないということ，生身の人間はそれほどに合理的ではないということを，シーニアも認めていた。「なるほどわれわれは，ある特定の様式で行為することによって，明らかに，労働者はより高い賃金を得ることができ，資本家はより大きい利潤を得ることができ，そして地主はより高い地代を得ることができるという事実から，彼らが確実にそのように行為するであろうというさらに先の事実を推論しうるわけではないが，攪乱原因がない場合には彼らはそうするであろう，ということは推論できるのである」(Senior 1848, p. 302)。このような攪乱原因の存在と，それらが作用する力とを明示できるならば，経済学は仮説的(hypothetical)なものではなく，実証的(positive)なものとみなすことができる，というのである。

シーニアによれば，経済学を仮説的なものとして取り扱うことは，不必要であるし，また望ましくないことでもあった。第1に，非現実的な条件の下での事物の状態に関する叙述は，実際に起こっていることに関する叙述ほど，興味深いものではない。第2に，恣意的に仮定された前提から出発する場合，しばしばそのことを忘れて，それらの前提があたかも実際の事実であるかのように錯覚してしまう危険性がある。第3に，観察または意識に基づく前提から推論するときには，もし奇妙な結論が現れるならば，前提か推論かいずれかに誤りがあったことに気づくが，仮説に基づく推論では，このようなテ

ストの手段が失われてしまう。シーニアが観察または意識と仮説とを対立させたのは、仮説は経験科学の方法ではないと考えていたからである。シーニアによれば、すべての科学の前提は、観察・意識・仮説のいずれかに由来する。物理科学と精神科学とは、考察対象が異なるだけではなく、それぞれの前提を導出する源泉についても異なっている。数学は物理科学の一部門と考えられているが、その前提はすべて仮説に基づいているとされる。「量および数のみを取り扱う物理科学、言い換えれば、通常純粋科学と呼ばれる科学は、その前提をすべて仮説から引き出す。数学者は、1つの円の半径がすべて等しいことを確かめるために、それらを測定したりしない。彼は、出発点となる定義から、それらの等しさを推論するのである」(Senior 1852, p. 26)。これ以外の物理科学は、観察に依拠している。例えば、天文学者が惑星の運動を確定し、植物学者が植物を分類することなどは、すべて観察による。これに対して、精神科学の主題は人間の心の働きであり、その前提は主に人間の意識に由来し、意識の対象となる限りで、物的対象の観察にも依拠することになる。シーニアの場合、仮説は精神科学の方法とはみなされていなかった。したがって、ミルが経済学と幾何学との類似性を強調し、両者がともに仮説に基づいているとした議論は、実に承服しがたいものだったのである。

2　J. S. ミルの真意

帰納を伴わない想定

ではミルは、どのような意味で、ア・プリオリの方法は仮説的なものであり、幾何学の方法と類似した性格をもつと述べたのであろうか。ここで注意しなければならないのは、「仮説」や「幾何学」という言葉の多義性である。ミルは仮説という言葉を、(H1)帰納を伴わない想定という意味と、(H2)攪乱要因を排除して理想化を行う想定という意味と、2つの意味で用いていた。また幾何学という言葉も、(G1)社会現象を単一の原因から演繹しようとする方法を指す場合と、(G2)幅のない線を想定する場合のような、理想化を伴う想定を置く場合と、2つの場合に用いていた。最小の犠牲で最大の富を

獲得しようとする人間，すなわち経済人の仮定が，仮説的なものであり幾何学の定義に類似するものであるというとき，ミルが示唆していたのは，(H2)の意味での仮説であり，(G2)の意味での幾何学であった。つまり，経済人の仮定は，富の動機以外の動機や合理的行為を妨げる要因を攪乱要因として捨象し，理想化を行うという意味で仮説なのである。また，経済人の仮定は，幅のない線のような幾何学の定義にも類似している。どちらも，現実の人間や線と精密に一致するわけではないが，近似的には対応する。そのような近似的に真であるものを，精密に真であるとみなして後続する議論を行うところに，幾何学や経済理論の特徴があるというのである。したがって，(H2)の意味での仮説と，(G2)の意味での幾何学とは，ともに理想化の操作を意味するものとして，経済人の仮定の性格を示すために，相互に代替的にあるいは重複して用いられることになった。攪乱要因の存在しない状態を想定するという方法は，シーニアも支持していた方法であった。ところがシーニアは，そのような攪乱要因のない状態を仮説とは呼ばなかったのである。シーニアにとって仮説とは，たんなる定義に基づくものであった。富の動機はすべての人間に具わる普遍的なものであり，たんなる定義ではなく，経験的基礎をもつものと考えられていた。経済理論では他の動機が捨象されるからといって，富の動機そのものの経験的基礎が失われるわけではない。要するに，ミルとシーニアとでは，仮説という言葉の意味が違っていたのである。幾何学についての考え方も違っていた。シーニアの場合には，幾何学は経験科学ではなかったが，ミルの場合には，幾何学も経験科学であった。ミルによれば，幅のある経験的な線を理想化して幅のない線を想定するからといって，それが経験科学でなくなるわけではない。ところが，シーニアによれば，幅のない線は，経験的基礎をもたない定義なのである。シーニアによる誤解の背景には，両者の用語法の相違があったのであるが，さらにいえばミル自身の用語法の多義性があった。ミルの方法論を解釈する場合には，その用語がどのような意味で用いられているのかということに，つねに注意しなければならない。「帰納」「ア・プリオリ」についてみたように，「仮説」「幾何学」「抽象」といった用語もまた，多義的に用いられていたのである。

したがって，われわれはまず，ミルが用いている仮説および仮説的という言葉の意味を分析し，混乱を除去しなければならない。第1に，ミルには，帰納を伴わない想定を仮説と呼ぶ場合がある。この意味での仮説は，「仮説的方法(hypothetical method)」および「純粋に任意な仮説(purely arbitrary hypothesis)」として登場する。まず前者であるが，ミルは，演繹法の第1段階をなす帰納の段階を省略する方法を，文字通り「仮説的方法」と呼ぶ。すなわち，「仮説的方法は，3段階のなかの第1のもの，法則を確かめるための帰納を省略する。そうして他の2つの操作，すなわち論証と検証とだけで満足する。したがって，そこから推理が行われる法則は，証明されたものではなく，仮定されたものである」(Mill CW7, p. 492, 訳④ 367頁)。このように，帰納と仮説とを対立させる考え方は，ニュートンに由来する。先に，ニュートンの『光学』から分析・総合の方法に関する部分を引用したが，そこには次のように記されていた。「数学と同様，自然哲学においても，難解な事柄の研究には，分析の方法による研究が総合の方法につねに先行しなければならない。この分析とは，実験と観察を行うことであり，またそれらから帰納によって一般的結論を引き出し，この結論に対する異議は，実験または他の確実な真理から得られたもの以外は認めないことである。なぜなら，仮説は実験哲学では考慮されるべきではないからである」(Newton 1730, p. 404, 訳356頁)。さらに『プリンキピア』にも，帰納と仮説とを対立させている箇所がみられる。すなわち，科学的方法の規則Ⅳがそれである。「実験哲学にあっては，現象から帰納によって推論された命題は，どのような反対の仮説によっても妨げられるべきではなく，他の現象が現れて，さらに精確にされるか，それとも除外されねばならなくなるまで，真実のものと，あるいはきわめて真実に近いものと，みなされねばならない」(Newton 1760, 訳417頁)。そして，ニュートンは，「われは仮説を作らず」という有名な言葉を残し，運動の法則や引力の法則などは仮説ではなく，現象からの帰納によって導かれたものだと断言したのである(Newton 1760, 訳564-565頁)[1]。

　ニュートンが帰納と仮説とを対立させ，仮説の役割をすべて否定するかの

ような発言を残したことは，その後の科学方法論に大きな影響を与えることになった。ニュートンの威光が，その方法論上の発言にも多大な重みを与えたからである。しかし，19世紀初頭までには，仮説の役割は公然と認められるようになっていた。当時の代表的な科学哲学書であるハーシェルの『自然哲学序説』(1830年)には，発見の方法として，帰納だけではなく仮説も登場する。ハーシェルによれば，「自然のメカニズムはたいてい，その規模が大きすぎたり小さすぎたりして，われわれの感覚によっては直接認知することができない。また自然の作動因は同様に直接の観察をのがれ，それらの結果によってのみわれわれに知られるものとなる」(Herschel 1830, p. 191)。そのような場合には，直接には観察できない自然の仕組みについて，仮説を形成する必要に迫られる。そして，その仮説の帰結を事実と比較することによって，それが真であるかどうかをテストしなければならない，というのである(Herschel 1830, pp. 198-199)。ここに示されている方法は，仮説-演繹-検証という手続きであり，いわゆる仮説演繹法(hypothetico-deductive method)にほかならない。ハーシェルは，発見の文脈と正当化の文脈とを区別し，帰納と仮説のどちらの手続きによって発見されたものであれ，その帰結が事実と一致するならば正当化されるとみなしたのである(Losee 1980, pp. 115-116)。仮説として提出された法則はもちろん，帰納によって発見された法則も，テストされなければならない。なぜならば，法則は，それを導くもとになった事例を超えて，類似のすべての事例に普遍的に適用されうるものだからである。法則を獲得した事例の範囲を超えてわれわれの視界を拡大することは，「その法則に対立する状況に身を置くように熱心に努め，意地悪く例外を見つけ出そうと努力してもそれがみつからないというのでなければ，不可能なことなのである。獲得された法則がこのような極度に厳しい試練に耐える度合に正確に比例して，その価値と重要性とが評価されるべきなのである」(Herschel 1830, p. 167)。ポパーの用語を借りるならば，ここには，積極的に反証(falsification)を求め，反証に耐えるという意味で験証(corroboration)されることを求める，という考え方が示唆されている。ハーシェル自身は，このようなテストを検証(verification)または確証(confirmation)と呼んでおり，それらの用語もとくに区別されることなく使用されていた。

　ミルもまた，科学における仮説の役割を認めた。しかも，ニュートンこそ仮説的方法を有効に用いた人物だというのであった。すなわち，ニュートンは，万有引力の法則が太陽と惑星との間に成り立つという仮説を立て，すでに惑星運動の正確な表現として知られていたケプラーの法則を演繹した。ミルによれば，「仮説とは，真実なものとしてすでにわれわれに知られている事実と一致する結論を，そこから演繹する目的のためにわれわれが作る（実際の証拠のない場合もあれば，明らかに不十分な証拠に基づく場合もある）想定のことである」(Mill CW7, p. 492, 訳④ 367 頁)。科学における通常の意味での仮説とは，真であるとはまだ証明されないが，真であると推測される想定を意味している。なぜならば，それが真であるならば，ある既知の事実を説明するはずだからである。このように，ミルは，確かに科学における仮説の役割を認めていた。しかし，仮説が真であると証明されるためには，仮説的方法の最後の段階である検証が，厳しい条件を満たさなければならないと考えていた。その検証は，第1に，完璧な帰納である差異法の条件を満たさなければならず，第2に，それ以外の仮説によっては現象が説明できないことを示さなければならない。ミルによれば，ニュートンの場合には，この2つの条件が満たされていた。すなわち，太陽と惑星との間に働く中心力をA，諸惑星をBCとすると，中心力があるABCの場合にはケプラーの法則aが生じるが，中心力がないBCの場合にはそれが生じない。しかも，ニュートンの仮説を除いて，いかなる仮説もBCと結合してaを生ずるものではないことが示された。これによってニュートンの仮説は帰納的真理になった，というのである。しかし，一見して明らかなように，第2の条件はあまりにも厳しいものである。ミル自身，ニュートンがどのようにしてこの条件を克服したのかということを述べていないし，ニュートン以外の例も示されていない。いずれにせよミルは，検証の条件を非常に厳しくすることによって，仮説的方法の使用に強い制約を課したのである[2]。

　帰納を伴わない想定という意味での仮説には，仮説的方法のほかに，「純

粋に任意な仮説」と呼ばれるものがある。これは，真であるとは推測されず，既知の事実を説明することも期待されていない仮説である。すなわち，「われわれは空想上の動物を想像し，生理学の既知の法則から，演繹を使ってその動物の自然誌を書き上げることができる。また空想上の共和国を想像し，それを構成する成員からこの国の運命を論ずることができる。かくて純粋に任意な仮説からわれわれが導く結論は，高度に有益な知的活動の成果ということができる。しかしながら，このような結論は実在しない対象の特性がいかなるものであるかを教えるにすぎないのであるから，自然に関するわれわれの知識にはなんら加えるところがないのである」(Mill CW7, p. 229, 訳② 133-134頁)。この場合には，実在しない対象の特性が演繹の結論となるので，その結論を現実の事例によって検証することはできない。仮説的方法と対応させてみれば，ここには第1段階の帰納だけではなく，第3段階の検証も存在しないのである。シーニアは，ミルの仮説をこのような意味のものと解釈した。つまり，「定義と方法」における仮説は，現実の一面を切り取るという意味のものであったにもかかわらず，シーニアはそれを誤解して，現実と全く関係のない想定という意味に解釈したのである。「定義と方法」における仮説は，そのような純粋に任意な仮説ではなかったし，また仮説的方法で用いられるような仮説でもなかった。それは，帰納を伴わないという意味での仮説ではなく，第2の意味での仮説だったのである。

理想化の操作

　ミルにとって，第2の意味での仮説とは，理想化の操作を伴う想定ということであった。このような用法の代表的な例が，幾何学の仮説である。そこで，第2の意味での仮説の考察に進む前に，「幾何学」という言葉の2つの用法について述べておきたい。ミルは第1に，幾何学という言葉を，社会現象を単一の原因から演繹しようとする方法を指すために用いる場合がある。すでに述べたように，『論理学体系』において，社会科学の誤った方法として，「幾何学的または抽象的方法」があげられていた。この方法が不適当であるとされた理由は，この方法が，社会現象を複数の原因からではなく単一

の原因から演繹しようとするからであった。社会現象は多くの原因が合成して成り立つものであるから，単一原因からの演繹は不適当であるとされたのである。しかし，第2に，幾何学的という言葉は，近似的に真であるものを精密に真であるとみなす方法を指すためにも用いられている。この意味では，経済学は，幾何学と類似した方法論的特徴をもつものとされる。つまり，両者とも現実に対して近似的にのみ真である想定を前提としている。経済学では，現実の人間がもっているさまざまな動機を捨象し，富の動機が唯一の動機であるかのように論ずる。「人間の行為のうち，富がその主要な目的ではない部分については，経済学はその結論をこれに適用できるとは自負していない。しかし，富の獲得が一般に認められた主要な目的であるような人間生活の分野もまたある。経済学が問題とするのは，これらの分野だけである。経済学が必然的に行っているやり方は，この一般的に認められた主要な目的を，あたかも唯一の目的であるかのように扱っていることである。これは，等しく単純なあらゆる仮説のなかで，最も真理に近いものである」(Mill CW4, pp. 322-323, 訳179頁；Mill CW8, p. 902, 訳⑥125-126頁)。したがって，経済学は近似的にのみ真であるものを，あたかも精密に真であるかのようにみなすのであり，この点で幾何学と共通する方法論的性格をもつというのである。

　ミルにとっての第2の意味での仮説，すなわち攪乱要因を捨象する想定と，第2の意味での幾何学，すなわち近似的に真であるものを精密に真であるとみなす方法とは，ともに理想化の操作を行うという点で重なりあうことになる。その重複を最もよく表すのが，「幾何学の仮説」と呼ばれるものである。幾何学の公理，例えば「同じものに等しいものは相互に等しい」などは，自然における線や図形にもそのまま当てはまるから，仮説をまじえないで真であるとされる。これに対して，点は大きさをもたず，線は幅をもたないといった幾何学の定義についていうと，そのような定義と精密に合致するような現実の事物は存在しない。現実に存在する点は必ず大きさをもち，線は必ず幅をもっている。この意味で，幾何学の定義は近似的にのみ真なのであるが，これを精密に真であると想定するのが，幾何学の仮説である。ミルによれば，

第6章　理想化の方法

幾何学の公理も定義も，帰納によって経験から一般化されたものにほかならない。幾何学の定義が仮説に基づくという場合の「仮説」とは，帰納を伴わないという意味ではない。幾何学の定義においては，帰納の操作に加えて，理想化の操作が同時に行われるのであるが，帰納の操作が行われることに変わりはない，というのである。すなわち，

「定義と呼ばれるものは，自然的対象に関するわれわれの第1のかつ最も明瞭な一般化であると考えなければならない。これらの一般化の正確さは，一般化である点においては欠点がない。円のすべての半径が等しいということは，それが任意の円について真である限り，すべての円について真である。しかし，どの円についても精密に真であるのではない。近似的にのみ真なのである。近似的にのみ真なのであるから，これを精密に真であるとみなしても，重大な誤謬が実際において起こることはない。これらの帰納もしくはその帰結を，誤差が認められる事例——幅または厚さが認められる線や，等距離からずれている平行線等々——に拡張するときには，われわれの結論をこの偏差に関する新しい1組の命題と結合することによって，われわれの結論を正すのである」(Mill CW7, pp. 225-226, 訳② 128頁)。

つまりミルは，「ある円は近似的に性質Pをもつ」という命題から，「すべての円は近似的に性質Pをもつ」という命題を導くことを，帰納による一般化であると考えた。任意の円について真であることをすべての円について真であると考えるのであるから，帰納的な推論が行われているというのである。そして同時に，円のすべての半径が等しいということは，実際には近似的にのみ真なのであるが，それを精密に真であると考える点で，理想化の操作が行われる。つまり，「すべての円は精密に性質Pをもつ」と想定される。幾何学の定義は，このように特殊から一般へ推論するのと同時に，近似的にのみ成り立つことを精密に成り立つと考えるところに，成立する。このような論法が幾何学の基礎づけとして適切であるかどうかは別として，これがミルの考え方であった[3]。したがって，ミルのいう幾何学の仮説とは，帰納を省略するという意味での仮説ではなく，理想化を伴う想定という意味での仮説なのである[4]。ただし，注意しなければならないのは，幾何学の仮説

は帰納の操作を含むというときの帰納とは，因果関係を解明する手続きとしての帰納ではなく，一般化の手続きとしての帰納であった。ミルの方法論は因果論を基盤とするものであったが，それにもかかわらず，そもそも因果論にはなじまない幾何学の例を用いて方法論を展開しようとしたために，このようなズレが生じることになったのである。

2 種類の仮説の共通性

しかし，ミルはなぜ，(H1)帰納を省略する想定と，(H2)理想化を伴う想定とを，ともに仮説と呼んだのであろうか。実は，帰納を省略する想定と，理想化を伴う想定とには，これらを前提とする演繹の結論に関して，ある形式的な共通性がみられるのである。この共通性があるために，両者がともに仮説と呼ばれたのだと考えられる。ミルによれば，「この2つの場合は，次の事情においては相互に類似している。すなわちわれわれは，2つの場合とも，真理から推理するのではなく，想定から推理する。それゆえに，結論の真理は条件的(conditional)であって定言的(categorical)ではない」(Mill CW7, p. 227, 訳②131頁)。ここで条件的というのは，仮言的(hypothetical)というのと同義である(Mill CW7, p. 83, 訳① 136頁)。すなわち，帰納を省略する想定であれ，理想化の操作を行う想定であれ，それらはいずれも想定であって，真であるとは証明されていない。いま，そのような想定をP，これを前提として導かれる結論をQとするならば，その結論が真であると主張する命題は，「もしPが真であるならば，Qは真である」という仮言命題(hypothetical proposition)となり，「Qは真である」という定言命題(categorical proposition)とはならない。したがって，このような仮言命題を導くことになる想定Pが，仮説(hypothesis)と呼ばれたのである。例えば，ミルによれば，「2物体間の万有引力の大きさは，2物体の質量の積に比例し，2物体間の距離の2乗に反比例する」という命題は，帰納を省略しているという意味で仮説であり，「円とは，定点からの距離が等しい点の軌跡である」という命題は，理想化を伴うという意味で仮説であるが，これらの仮説から導かれた結論は，いずれにせよ「もしPが真であるならば，Qは真である」

第6章　理想化の方法

という形式のものにならざるをえないのである。

　幾何学に限らず，およそ演繹を行う場合には，まず関係する事情を選び出し，他の事情を捨象して前提を確定しなければならない。そのうえで演繹が誤りなく行われるとすると，前提が真であるならば，結論は確実に真となる。つまり，すべての演繹的科学の結論は，演繹が誤りなく行われる限り，「もし前提が真であるならば，結論は真である」という形式のものとなる。それゆえ，ミルは次のように述べるのである。「演繹的科学の形成するすべての一般命題は，言葉の最も厳密な意味において仮説的である。これらの一般命題は，ある想定された一群の事情に基づいている。そして，ある与えられた原因がこれらの想定された事情においてどのように作用するかを，他の事情がこれと結びついていないことを想定したうえで，述べるのである」(Mill CW8, p. 900, 訳⑥ 120頁)。経済学もまた，演繹的科学の一種と考えられていたから，このような意味で，仮説的性格をもつことになる。経済学は，幾何学の仮説の意味で，つまり理想化を伴う想定を行うという意味で，仮説に基づく科学であるとみなされたのである。

　社会現象を単一の原理から演繹しようとする幾何学的方法は，抽象的方法とも呼ばれている。したがって，抽象的方法は，その意味では誤った方法ということになる。しかし，幾何学という言葉が2つの意味で用いられていたように，抽象という言葉も2つの意味で用いられていた。抽象は，誤った方法とされる一方で，経済学にとって不可欠な方法ともされていたのである。ミルは，「定義と方法」においても『論理学体系』においても，経済学の抽象的科学としての性格を強調する(Mill CW4, p. 334, 訳200頁；Mill CW8, p. 904, 訳⑥ 129頁)。その場合の抽象とは，社会現象を単一の原理から演繹する方法を指すのではなく，理想化を伴う想定という方法を指示するものであった。すなわち，幾何学においては，点は大きさをもたず，線は幅をもたないというように，「科学的な便宜のために，われわれはこれらの対象が，われわれの目的にとって重要な特性を除いては，またそれによって対象を考察しようとする特性を除いては，他のいかなる特性をももたないかのようにみなす」(Mill CW7, p. 226, 訳② 129頁)。経済学が抽象的な科学であるとい

205

うことも，このような意味での幾何学との類似性に基づいて主張される。経済学においては，すでに述べた2つの反対動機を除いて，人間は富の欲望のみにしたがって行為するものと想定され，あらゆる場合に小さい富よりも大きい富を選ぶものと想定される。したがって，幾何学の場合も経済学の場合も，重要ではないと考えられた事情を捨象した想定から，すなわち抽象的な想定から演繹することになる。つまり，理想化のさまざまな操作のなかでも，ここではとくに孤立化の操作が強調されるのである。前提となるものは，孤立化の操作によって取り出されるだけであり，それ自身は歪曲されてはいないのだから，暫定的に無視した諸事情を必要に応じて付け加えることができるものと考えられている。「抽象性において正しいものは，つねに，適当な斟酌を加えれば具体性においても正しいであろう。一定の原因が存在し，もしそれが放任されるならば，必ず一定の結果を生ずるとき，この同じ結果は，同時に作用する他のすべての原因によって修正されて，現実に生じた結果に正確に照応するであろう」(Mill CW4, p. 326, 訳185頁)。「もし仮定がそれ自身としては正確で，部分が全体と異なるほどにしか真理と異なっていないならば，この仮定から正確に演繹された結論は抽象的真理を構成する。そして考慮されなかった事情の結果を加減して完成されると，結論は具体性においても真であり，実際に適用されうるものとなるであろう」(Mill CW4, pp. 329, 訳191-192頁)。つまり，経済学における抽象は，幾何学において幅のない線を仮定することと同じような操作であると考えられている。ミルによれば，経済学の最も著名な教師たちによって理解され教授されてきた経済学は，本質的に抽象的な性格のものであり，それはまた科学の正当な手続きでもあったのである。

3　ケアンズの総括

　ケアンズによれば，ミルに対するシーニアの批判は，「実証的」および「仮説的」という言葉の意味があいまいであったために生じた批判にほかならなかった。「実証的」および「仮説的」という言葉は，演繹の前提につい

て用いられる場合もあれば，演繹の結論について用いられる場合もある。シーニアの批判は，両者の用法を混同したことに由来するというのである。
「第1に，われわれは，科学の前提の性格との関係で，科学を『実証的』あるいは『仮説的』なものと記述することがある。われわれが数学を仮説的科学と呼ぶのは，この意味においてである。数学の前提は，心が作り出した恣意的な概念であり，現実に存在する世界のなかには，それに対応するものは何もない。そして，われわれが数学と実証的な物理科学とを区別するのは，この意味においてである。後者の前提は，現存する自然のなかに含まれているのである」(Cairnes 1875, pp. 60-61)[5]。しかし，科学の結論の性格との関係では，物理科学も仮説的な科学ということになる。すなわち，「力学の研究者は，摩擦の攪乱的影響を見落としているかもしれない。天文学者は，彼が取り組んでいる問題の解決にとって，ある惑星の引力が本質的な要素であるかもしれないにもかかわらず，その惑星の存在を知らないということがあるかもしれない。したがって，どちらの結論も，事実に対して適用されるときには，攪乱原因が存在しない場合には真である，ということができるだけである。言い換えると，結果に影響を及ぼすすべての原因を前提が包摂しているという仮説に基づいて，それらは真であるということになる」(Cairnes 1875, p. 61)。この意味においては，演繹的推理を用いる科学は，その前提が包括的なものである場合を除いて，すべて仮説的なものとみなされる。

　経済学の場合もまた，力学や天文学の場合と同様に，その前提は実証的な事実を表しているが，その結論は仮説的な真理を表すものとされる。例えば，人間は最少の犠牲で富を獲得しようとするという主張は，事実のなかに基礎をもつものであり，実証的な真理を表している。行為の完全な自由が認められる場合には，この原理からの論理的な帰結として，他の事情が同じならば，労働者はできるだけ賃金の高い職場に移ろうとするし，資本家はできるだけ大きい利潤が得られるような投資の仕方を追求しようとする。その結果，賃金率や利潤率は，労働者や資本家が支払った犠牲に比例するものとなる。しかし，現実の問題としては，賃金率は国ごとに異なっており，イギリスの賃金率がフランスのそれの倍であるとしても，フランス人労働者は英仏海峡を

渡ろうとはしない。つまり，自分の国に対する愛着が，富の欲望を抑制するのである。経済学の結論は，多かれ少なかれ単純化された前提から導かれるのであるから，現実の経済的事実と必ずしも一致するものではない。すなわち，「経済学者は，本質的事情を見落としていないという確信をもつことはできないし，すべての事情を前提に含めることは事実上不可能である。したがって，すでに言及した演繹的な物理科学の場合と同様に，経済学者の結論は明らかに，攪乱原因がない場合にのみ事実と対応するのであり，言い換えると，それらは実証的真理ではなく仮説的真理を表しているのである」(Cairnes 1875, p. 64)。しかも，経済学の本来の任務は，前提となる事実を証明することにあるのではなく，それらの前提から結論を演繹することにある。「したがって，経済学は仮説的科学に分類されるべきであるということは，明らかに正当であると思われるのである」(Cairnes 1875, p. 65)。

これに対してシーニアは，「仮説的」という言葉を，結論の性格に関係するものとしてではなく，もっぱら前提の性格に関係するものとして用いていた。すなわち，シーニアによれば，経済学の前提は現実の事実のなかに基礎をもつのであるから，それは仮説的なものではなく実証的なものとみなされなければならない。そして彼は，もし前提が現実の事実に基づいているのであれば，それらから論理的に導かれた結論も，実際の現象を表しているに違いない，と主張していたのである。しかし，他方でシーニアは，経済学の前提が包括的なものではないということも認めていた。すでにみたように，シーニアといえども，経済学に登場する人間が現実そのままの人間であると主張していたわけではなかった。経済学に登場する人間は，攪乱原因がない場合には，経済学が想定するように行為するであろう，と述べていたのである。そして，そのような前提から演繹された結論を実際の経済現象と対応させるためには，前提で無視されていた攪乱原因を考慮しなければならない，と述べていたのである。シーニアが，経済学は仮説的科学ではなく実証的科学であると規定したのは，そのような意味においてであった。したがって，ケアンズによれば，シーニアのミル批判は言葉のうえの問題にすぎないものとなる。シーニアもミルも，そしてまたケアンズも，経済学の前提は現実的な基

礎をもつものではあるが，現実の一部を取り出したものにすぎず，そこから演繹された結論は，攪乱原因がない場合にのみ現実の事態と精密に対応する，と考える点では一致していたからである。このような性格を有する経済学を仮説的科学と呼ぶか実証的科学と呼ぶかということは，たんなる言葉のうえの問題にすぎない，というのがシーニアの批判に対するケアンズの総括だった。

1) 「われは仮説を作らず」という格率が何を意味するのかということは，必ずしも明らかではない。有力な解釈は，この場合の仮説は仮説一般を指すのではなく，引力(重力)の原因についての仮説のみを指すというものである。この解釈が正しければ，ニュートンは仮説一般を否定したのではないことになる。
2) レドマンは，「注意深く検討するならば，ミルの立場は，実際には今日の仮説演繹法である」と解釈する(Redman 1997, p.194)。その根拠は，ミルが仮説的方法を認めていること，また帰納という用語には，仮説の使用をも含む科学的手続き一般を意味する広義の用法があること，これである。広義の帰納とは，(1)問題を認識する，(2)その問題を解くための仮説を形成する，(3)その仮説の帰結を演繹する，(4)演繹の帰結を観察データおよび他の十分に立証された命題と対比することによって，その演繹を肯定あるいは否定する証拠を収集する，(5)手順(4)における証拠に照らして，その仮説を受容，修正，あるいは拒否する，という一連の手続きを指す(Redman 1997, pp.160-161)。帰納をこのように解釈すれば，ミルが帰納を強調することと，仮説を用いることとは矛盾しない。しかし，このような広義の帰納は『論理学体系』には見当たらないし，また仮説の使用も厳格に制限しているのであるから，ミルが仮説演繹法を一般的に支持していたとする解釈には無理があるといわなければならない。
3) 「ミルによる数学の哲学は，彼の論理学のなかで最も受け入れがたい部分であると一般的にみなされている」(Day 1964, p.347)。しかし，われわれにとって重要なのは，幾何学の基礎についてのミルの見解の適切さというよりも，その見解が経済人の仮定の性格に関するミルの考えを知る手がかりになる，という点である。
4) ミルのいう幾何学の定義は帰納の手続きを含んでいるのか否か，という問題については解釈が分かれている。帰納の手続きが含まれているという見解を示している論者として立川(1988)がいる。これに対して馬渡(1997a，59-60頁)は，幾何学の定義では推論が行われておらず，したがって帰納の操作も行われていない，という解釈を示している。しかし，任意の円について真であることをすべての円について真であると考えるのは，ミルのいう帰納的な推論にほかならない。また，本文で引用したように，ミル自身，幾何学の定義に含まれる一般化を「これらの帰納」と呼んでいるのである。したがって，

この点について，本書は立川の解釈を支持している。
5）　数学の性格については，ケアンズはミルとは違う考えをもっており，むしろシーニアに近かったということができる。つまり数学は，ミルにとっては経験科学であったが，シーニアやケアンズにとってはそうではなかった。

第7章　経済学の基本前提

1　基本前提の列挙

　19世紀の前半に，経済学という学問についての方法論的反省が始まったとき，取り上げられた項目のなかに，経済学の基本前提という問題があった。この頃経済学は，体系的な論証的学問としての形をしだいに整えてきていた。それとともに，論証の出発点をなす究極の前提を明らかにし，その叙述形式を整えようとする試みが始まったのである。例えば，J. S. ミルは「定義と方法」のなかで，「あらゆる特定の場合に仮定されるものを，どこかで正式に一般的格率として述べることによって，全体的に表象しておくのは，至当なことである」(Mill CW4, p. 326, 訳185頁)と述べていた。しかし，ミルが明示した前提は，いわゆる経済人の前提のみであり，その他の前提は，「人間の意志を行為へと刺激しうる外的事情」(Mill CW4, p. 329, 訳191頁)とされるにとどまっていた。そのような時期に，経済理論の「公理的基礎」を明らかにしようとする最初の試みを行ったのは，シーニアであった(Schumpeter 1954, p. 575)[1]。しかし，シーニアが列挙した4基本命題は，後にケアンズの手で3つの基本原理に修正されることになった。本章では，シーニアの見解とケアンズの見解とを比較することによって，経済理論の基本前提が，当時どのように自覚されていたのかということを考察する。その考察を通して，古典派経済学のヴィジョンをより的確に表現していたのは，シーニアの4基本命題よりもケアンズの3基本原理の方であった，ということを明

らかにする。両者は，とくに人口の原理と技術進歩の可能性とについて，異なった見解を示していたのである[2]。

シーニアの『経済学入門講義』においては，富の定義を含む5命題が経済理論の基本命題とされていたが(Senior 1827, p. 35)，『経済科学要綱』においては，富の定義に関する命題が他の命題とは別個に論じられるようになり，残りの4個が基本命題とされることになった。第4章で述べたように，シーニアの場合，富は次のように定義されていた。すなわち，「富という言葉の下に，われわれは，譲渡ができ，供給に制限があり，かつ直接間接に快楽を生みもしくは苦痛を防ぐ一切のものを，そしてそれらのもののみを含ませる。言い換えれば，交換(交換という言葉は，絶対的購買ならびに賃借を示すのに用いる)のできるもの，さらに言い換えれば，価値を有するものをいう」(Senior 1836, pp. 27-28, 訳58-60頁)。このように富を定義したうえで，シーニアは，経済学の科学が依拠している4基本命題(elementary propositions)を，以下のように列挙した。

「1. 誰でも皆，できるだけ少ない犠牲で追加的富を得ようとすること。

2. 世界の人口，言い換えれば，世界に居住する人数は，道徳的または肉体的害悪か，あるいは各階級の住民が各自の習慣上要求する種類の富の不足を懸念することによってのみ，制限されること。

3. 労働および富を生産するその他の道具の力は，それらの生産物を将来の生産の手段として使うことによって，無限に増加されうること。

4. 農業上の熟練を不変なものとすれば，一定地域の土地に使用される追加労働は，一般により低い収穫率で生産を行うこと，言い換えれば，投下労働が増加するごとに，総収穫は増加するが，収穫の増加は労働の増加に比例しないこと」(Senior 1836, p. 26, 訳56頁)。

すなわち，第1命題は経済人の仮定，第2は人口の原理，第3は制欲の効果，第4は農業における収穫逓減の法則に関するものであった。経済学におけるさまざまな推論は，これらの基本命題を前提として行われるものとされたのである。シーニアに続いて，経済学の基本前提を明示しようと試みたのは，ケアンズであった。ケアンズ自身は，シーニアの諸前提との関係につい

ては何も述べていないのであるが，彼の3つの基本原理(fundamental principles)あるいは主要原因(leading causes)は，明らかにシーニアの4基本命題を若干変更して述べたものであった。すなわち，その基本原理とは次のようなものである。

「第1に，人間に具わっている物的福祉に対する欲求，およびそれを獲得する手段としての富に対する欲求，そして他の精神的諸属性とも関連するが，この欲求の帰結としての，できるだけ少ない犠牲で富を獲得しようとする欲求，

第2に，人間の生理的性質と精神的性向とに由来する人口の原理，

第3に，人間の勤労の対象となる自然的要因，とくに土地の物理的諸性質」(Cairnes 1875, p. 73)。

第1の原理は経済人の仮定，第2は人口の原理，第3は，ケアンズが土地生産性逓減の法則(the law of diminishing productiveness of the soil)と呼ぶ，収穫逓減の法則を指している。ケアンズは，3つの基本原理に加えて，富の生産と分配とに影響を及ぼす若干の副次的原理(subordinate principles)あるいは副次的原因(subordinate causes)を列挙した。副次的原理とされているのは，第1に，その国の政治的・社会的諸制度，とくに土地所有に影響を及ぼす法律，第2に，蒸気機関などの新しい生産技術の発見，第3に，社会進歩に伴う行為原理・動機の変化，例えば慣習の影響や，現在の享楽欲を将来のために制御する自制心の増大など，第4に，富を追求する活動に影響を与える限りでの道徳的・宗教的事情，などである(Cairnes 1875, pp. 57-59)。これらはすべて，富の生産と分配に重大な影響を及ぼすものという観点から選び出されたものであった。すなわち，「どのようにして，経済学の研究にとって適切である事実が，そうではない事実から区別されうるのであろうか。この問題に対する答は，一般に，この科学が成し遂げようとするものを考慮することによって，判定されなければならない。すでに明らかなように，それは富の生産と分配の法則の発見ということである。したがって，経済学の前提を構成する諸事実とは，富の生産と分配に影響を与える諸事実にほかならない」(Cairnes 1875, p. 55)。ケアンズによれば，彼の主要原因お

よび副次的原因は，経済学にとっての究極的事実(ultimate facts)，前提(premises)，与件(data)となるものであった。つまり，経済学者は，経済現象の原因をそれ以上さかのぼる必要はない。これらの原因は，経済学以外の心理学・生理学・物理学など，他の科学の研究対象となるものであり，経済学者はこれらを所与として受け取ればよい。経済学の範囲は，究極的原因と説明すべき経済現象との間を因果的に結合することに限定されるというのである[3]。

　シーニアおよびケアンズの基本前提を順に比較検討する前に，総括的に見通しを与えておくことにしたい。シーニアとケアンズの双方が基本前提として認めているもののうち，両者がともに第1位にあげている経済人の仮定は，いうまでもなくスミスから継承したものである。しかし，人口の原理と収穫逓減の法則とは，スミスの後に，古典派経済学の基本前提に組み込まれたものであった。マルサスの『人口の原理』初版が出版されたのは1798年であり，人口の原理が古典派経済学者の共有物になったのは，その影響によるものであった。収穫逓減の法則は，ナポレオン戦争中の経験に基づいていた。エドウィン・キャナンは，収穫逓減の法則の由来について，次のように述べている。「19世紀初頭のイギリスの経済学者たちは，その学説を先行者の著作の研究からではなく，戦争中のイギリスの実際の経験から導き出した。1813年頃にみられたイギリスの経済状態の2つの特徴，すなわち穀物の高価格と耕作の改良・拡大は，最も皮相な観察者でも見逃すことはなかったであろう」(Cannan 1917, p. 148)。つまり，ナポレオン戦争中に，海外からの穀物輸入が途絶し，穀物価格の上昇に促されて，劣等条件の下での耕作が拡大された。そして，耕作方法の改良があったにもかかわらず穀物価格の騰貴が続いたことは，農業技術の進歩は収穫逓減の作用を相殺することはできないという印象を残すことになった。人口圧力と収穫逓減，そして技術進歩の限界ということが，19世紀の古典派経済学のヴィジョンを形作ることになった。「産業革命」の渦中であったにもかかわらず，技術進歩や生産力の上昇は，少なくとも農業部面においては副次的なものと考えられた。その意味で，シーニアの第3命題は，古典派経済学の基本前提として不適当であると

いわなければならないのである。過剰人口の問題は，技術進歩や生産力の上昇によって解消されるものではなく，あくまでも人口抑制によって解決されなければならないものとされ，これが実践的な提案となった。したがって，スミスと19世紀の古典派経済学者との間には，そのヴィジョンという点で大きな隔たりがある。われわれが先に，スミスは古典派の出発点となったにすぎないと述べたのは，このような理由からなのである[4]。

2 経　済　人

認識論上の根拠

　経済人に関する基本前提をみると，シーニアもケアンズも，経済理論で想定する人間は，富の獲得を目的とし，しかもできるだけ少ない犠牲でそれを獲得しようとする目的合理性を具えた人間であると考えている。その限りでは，シーニアとケアンズとの間に相違はない。ケアンズは，このような人間像を，さらに次のように展開している。すなわち，経済理論で想定する人間は，「物的福祉，および物的福祉を獲得する手段としての富に対する一般的欲望，目的に対する手段の効率性を判断する知的能力，および最も簡単で時間のかからない手段を用いて目的を達成しようとする性癖，すなわち，できるだけ少ない犠牲で富を獲得しようとする欲望の源泉となる精神的事実」(Cairnes 1875, p.56)，このような欲望と能力と性癖とをもつものと考えられている。細部においてはともかく，この基本前提は，古典派経済学者に共通する前提であったということができる。シュンペーターも述べるように，「これに類するなんらかの命題は，すべての理論的推理の裏打ちとなっており，リカードウやマルサスのテキストにも，まさによく当てはまるであろう。アダム・スミスやJ.S.ミルは，これを自明のものとしていた」(Schumpeter 1954, p.576)。アダム・スミスが『諸国民の富』において，この前提を用いた推理を駆使していたことは，あらためていうまでもない。例えば，スミスは，交換や分業や貨幣の発生を説明する場合に，それらが存在しない状況を仮定して，そのような状況にある諸個人が自分の利益を合理的に追求する結

215

果としてそれらが発生する，という説明の方法を採用している。また，自然価格の成立を説明する場合には，どの市場においても参入・退出が完全に自由であるという状況を仮定して，そのような状況の下で資本家・地主・労働者がそれぞれの利益を合理的に追求する結果，利潤・地代・賃金がどの部門でも均等化し，したがって自然価格が成立するのだと述べている。仮定される状況はさまざまであるが，諸個人が自分の利益を最大化するために合理的に行動するという前提は，一貫している。このような推理の仕方，すなわち，架空のものであれ現実に近いものであれ，ある状況を仮定して，その下での諸個人の合理的な振舞いを思考実験的に追究するという推理の仕方は，19世紀の古典派経済学者たちがスミスから継承したものであった。したがって，ここまでの一般的な議論に関する限りでは，シーニアおよびケアンズが明示した経済人の仮定は，古典派経済学の基本前提の1つを示すものであったということができる。経済人の仮定について問題が起こってくるのは，その仮定をより精密なものにし，詳細に記述しようとするときなのである。

　経済人の仮定については，今日に至るまでさまざまな方法論的議論が行われてきたが，それらは，目的に関する仮定，知識・情報に関する仮定，合理性に関する仮定，およびその認識論上の根拠，といった諸項目に分けることができる。経済人の目的に関する仮定についてみると，シーニアとケアンズとは若干の食い違いをみせている。両者とも経済人の欲望の対象となるものを「富(wealth)」と呼ぶ点では同じなのであるが，富の中身が異なっていた。すなわち，先の引用文にみられるように，ケアンズは富を物質的対象に限定していたのであるが，シーニアは，物質的対象だけではなく無形のサーヴィスをも富のなかに包摂していたからである(Senior 1836, p.51, 訳108-109頁)。古典派経済学の基本前提という観点からみれば，ケアンズの富概念の方が適切であったということができる。古典派の代表者たちが念頭に置いていた富は，いずれも物的な富であり，そのような富の生産と分配の機構を分析することが経済学の課題だと考えられていたのである。とはいえ，「物的福祉を獲得する手段としての富」すなわち貨幣の獲得を目的と考え，その貨幣で購入するものを問題にしないのであれば，両者の違いはなくなる

であろう。知識や情報，および合理性に関する仮定については，シーニアもケアンズも，方法論的な反省を加えているとはいえない。これらの問題が経済学方法論の前面に現れてくるのは，20世紀になってからであり，シーニアやケアンズの場合には，これらの問題が意識されることはほとんどなかったのである。

　両者が興味深い議論を展開しているのは，むしろ経済人の仮定の認識論上の根拠についてであった。シーニアもケアンズも，すべての基本前提のなかで，経済人に関するものが最も重要であると考えていた。しかも，この基本前提が内省(reflection)によって基礎づけられる，と考える点でも一致していた。この立場は，認識論的にはイギリス経験論の伝統に根ざすものであり，シーニアやケアンズの議論も，ロックに始まる経験論の枠組みにしたがったものであった。すなわち，ロックによれば，われわれのすべての観念は，感覚(sensation)と内省という2つの源泉から得られる。前者は，外的な事物の観察，後者は，心の内的作用の観察を意味する。そして，感覚あるいは内省から得られた単純観念から，実体・様相・関係といった複雑観念が形成される。内省の対象となる心の内的作用について，ロックは次のように述べている。「それらは知覚や考えることや疑うことや信ずることや推理することや知ることや意志することであり，私たち自身の心の一切のさまざまな働きである。これらを私たちは自分自身のうちに意識し観察するので，感覚器官を感発する物体から受け取るのと同じ判明な観念を私たちはこれらから知性へ受け取るのである。観念のこの源泉を誰も全く自分自身のうちにもっている。この源泉は外的対象と少しも関係がないから感覚ではないが，それによく似ている。そこで内部感覚と呼んでも十分適切だろう。しかし，私は前のものを感覚と呼ぶので，これを内省と呼ぶ」(Locke 1690, p. 105, 訳① 135頁)。社会科学は，人間に関する現象を扱わなければならない。そのため，人間の動機や意志が重視され，これに関する知識の認識論的な根拠として内省が重視されたのは，自然な流れであった[5]。しかしながら，内省あるいは内観(introspection)に基礎を置く立場は，しだいにその難点を顕在化させていった。シーニアやケアンズの議論も，この立場をとりながら，その難点

を自覚してゆくという性格のものだったのである。

　まずシーニアであるが，シーニアの4基本命題のうち，第1命題は意識(consciousness)に基づくものであり，他の3つの命題は観察(observation)に基づくものとされていた。経済学を含む精神科学は，主として意識に基づくものとされたのであるから，4基本命題のなかでも最も重要なものは，第1命題であると考えられていた。しかし，ここに深刻な難点があるということに，シーニアは気づいていた。すべての知識の源泉を感覚と内省とに求めるイギリス経験論は，他人の意識をどのようにして知ることができるのかという点で，アポリアに陥ることになった。同一の事物をみているはずの2人の人物は，それについての同一の観念を形成しているのかどうか，ということも問題になるが，このような公共的な経験はかなりの程度一致するものと仮定しても，いわば私的な経験という問題が残る。つまり，他人の痛みなどの感覚や思考・意志などの心の作用は，外部から観察することができない。したがって，経済的行為を観察する場合にも，その身体動作は観察可能であるが，利己心・欲望・効用などの主観的なものは，観察不能ということになるのである。言語による思考の伝達も限界をもっている。ロックによれば，言語はそれを使う人の心にある観念を表す記号であったが，同一の言葉で表示される複数の人の観念が同じであるという保証はなく，言葉を手がかりにして他の人々の心の作用に到達することはできない。ある言葉を他の言葉で定義しようとすると，もはや定義できない単純観念を表示する言葉にゆきつく。しかし，心の作用のような私的な経験から形成される単純観念は，指示によって示すこともできないのである。経験が私的なものであり，隠されたものであるというイギリス経験論の立場は，経済学に対しても重大な問題を提起するものであった。

　精神科学は主として意識からその前提を引き出すとみなしたシーニアは，まさにこの，他人の心という問題に直面したのである。

　「1人の人間が真にその働きを知っている心は，自分自身の心だけである。ある人が他人の思考や感情を突き止めようとするときに，まず最初にすることは，つねに，他の人々が置かれているであろうと信じる状況に自分自身が

いるものと想定し，自分ならばその場合にどのように考え感じるであろうかということを，考察しようと努力することである。次にしようとすることは，他人の内部でも類似の道徳的・知的過程が生じている，と推論することである」(Senior 1852, p. 27)。

　他の人々の表情・言葉・行為を観察することは，この推論を助けるが，しかしこれらは不確実な徴表にすぎず，しばしば心の状態を隠すために用いられることさえある。したがって，自分自身の心の働きから他の人々の心の働きを推論することは，どの程度信頼できるものなのか，ということが問題にされなければならない。シーニアはこの問題について，「ある人が，自分自身の心の内部で起こった事柄あるいは起こっている事柄について内省することによって，他人の心の内部で起こっている事柄を発見しようとするとき，その結果の確実性は，もちろん，2つの心が一致する程度に依存している」(Senior 1852, p. 27)と述べる。すなわち，教育のある人は，教育のない人の感情や能力を不完全にしか評価できないし，大人と子供，文明人と未開人についても同様のことがいえる。各人の精神的な特性もまた誤った推論を生み出すもとになる。したがって，精神科学の研究者は，他人の内的な構造が自分自身の構造と似ているものと仮定し，身体的表現の観察によってその仮定を訂正しながら，他人の心を推測しなければならない，というのがシーニアの結論であった[6]。問題となるのは，経済学者が当事者の心の働きを正確に推測できるのかどうか，ということである。シーニアは，経済的行為という経験の共有性を基礎として，この推測がかなりの程度可能であると考えていた。彼によれば，すべての人の収入は，地代・利潤・賃金からなり，人々はそれを商品やサーヴィスと交換しなければならない。「人々はすべて，なぜ自分たちがあるものに高い価値をつけ，他のものに低い価値をつけ，そして第3の部類のものを無視するのか，ということを知っているし，また知る手段を等しくもっている。というのは，そのことは，内省によってのみ発見されうるからである」(Senior 1827, p. 24)。経済学者は，商業活動に携わっているわけではないが，それでも週に20回交換をしない者はいない。この経験によって，経済学者は，「購買と販売のさいに人間の感情がどのように作

動するのか」ということを理解することができる(Senior 1827, p.24)。しかし，経済学者が直接には経験しない経済的行為についての推測は，どのような根拠をもつのであろうか。シーニアは，この疑問に対する回答を与えてはいない。彼はただ，スミスにならうかのように，経済学の前提は，「ほとんど誰が聞いても，自分の思考にとって親しみ深い(familiar)もの，または少なくとも既得の知識中に包含されているものとして，すぐに認めるものである」(Senior 1836, p.3, 訳5頁)と述べるにとどまったのである。

自然科学との相違

他方，ケアンズは，経済人の仮定の根拠に関する考察から，自然科学と経済学の方法上の相違を主張する方向へと進んだ。つまり，自然科学においては，その基本原理を発見しテストするために，帰納や仮説を用いた複雑な手続きを必要とするが，経済学においてはそのような手続きを必要とはしない。経済学の基本原理は，発見の手続きを必要としない「直接的知識(direct knowledge)」だというのである。ケアンズによれば，発見の手続きとしてまず考えられるのは帰納法であるが，自然科学において帰納法が必要となるのは，現象の原因や法則を直接に知ることができないからであった。「およそ，物理学的発見に至る通路として，帰納の方法が必要であるというのは，人類が究極的な物理的原理に関する知識をもっていないという事実に由来することである。引力の法則および運動の法則は，そのような原理のなかでも，最もよく立証されている最も確実なものである。しかし，それらが基づいている証拠とは何であろうか。われわれはそれらを意識のなかに，われわれの心のなかに生起するものを内省することによって見出すわけではないし，われわれの感覚器官に対して明らかにしうるわけでもない。宇宙に存在するすべての物質粒子は，質量に比例し距離の2乗に反比例する力で相互に引きあっているということ，――また，ひとたび運動し始めた物体は，それに対抗するなんらかの力によって妨げられない限り，同じ方向へ不変の速度で永遠に運動し続けるということ――これらは，知性に訴えることによってのみ立証されうる命題である。すべてのそのような法則の証明は，究極的には，そ

れらが存在すると仮定すると，諸現象を説明することができるということに帰着する」(Cairnes 1875, p. 83)。科学の方法としての帰納とは，ミルの場合と同様に，因果関係を解明する手続きとしての帰納のことである。つまり，物理的現象の場合には，結果を観察することはできるが，その結果を生じさせる原因や法則を直接に知ることはできない。そこで，ある結果に対する原因や，その法則的連関を探究するために，帰納法が必要となるのである。

　ところが，帰納法を用いるためには実験が必要となる。すなわち，複数の原因が同時に作用することによってある現象が生じている場合には，個々の原因と結果との継起関係を，与えられるままの事実を観察することによって確かめることはできない。ケアンズは，ミルにしたがって，帰納法によって因果関係を探究するためには，実験が不可欠なものであると考えていた。すなわち，「このような高度の複雑さが現象を特徴づけている場合，すなわち，すべて同時に作用する多数の原因が現象に影響を及ぼすことが避けられない場合，そのような現象とそれらの諸原因および諸法則との結合を，帰納的につまり特定の事実から上向的に論ずることによって確定するためには，1つの条件が不可欠である。すなわち，言葉の厳密な科学的な意味において，実験を行う力が不可欠なのである」(Cairnes 1875, p. 77)。しかし，自然科学においてさえ，発見の手続きとして，管理された実験の下での帰納法がつねに可能だというわけではない。また，意識や感覚器官に訴えることによって直接的に証明することができない原因や法則については，なんらかの仮説を立てなければならない。すなわち，そのような原因や法則は，観察によって直接捉えることができないために，推測・推量に基づく仮説という方法を用いなければならない。「それでは，物理的研究においては，仮説は何のために用いられるのであろうか。つねに究極的な原因や法則に到達するための手段としてである。そのような原因や法則は，意識や感覚器官に訴えることによって直接的に証明することができないために，推測・推量・仮説が当然ふさわしいものなのであり，現状においては，それらの原因や法則に到達することができるかもしれない，まさに唯一可能な通路なのである。したがって，自然科学者は，そのような原因や法則の性質についての仮説を作り，その後

で，自分の推量の正しさをテストするのに適した条件を集めようとする。すなわち，彼は自分の仮説を検証するために実験を行うのである」(Cairnes 1875, p. 95)。つまり，その仮説を正当化するためには，事後的にではあるがテストが不可欠であり，テストを行うためには，やはり管理された実験が必要になる。仮説によって原因や法則を定式化しても，それをテストするためには，やはり攪乱原因を排除した実験場が必要になるのである。

　しかし，経済学における究極的な原因や法則は，このような意味での帰納や仮説を用いるまでもなく知ることができる。ケアンズによれば，経済学にとっての究極的な原因や法則は，帰納の入念な過程や，事後的なテストを要する仮説を用いるまでもなく，知ることができる。経済学においては，自然科学とは違って，実験を行うことができない。その点では不利であるが，その不利を相殺する事情が存在する。というのは，「経済学者は究極的原因に関する知識から出発する。彼は研究の出発点において，自然科学者が何年間もの困難な研究の後にようやく到達する地点に，すでに立っているのである」(Cairnes 1875, p. 87)。経済学の前提については，そのような前提を発見するために，帰納の入念な過程は全く必要ではない。例えば，なぜ農業者は穀物の生産に携わるのか，なぜ彼はある点まで土地の耕作を行い，それ以上は耕作しないのか，ということを知るために，われわれは穀物および耕作に関する統計を必要とはしない。このような遠回しな過程に頼ることが必要ないのは，われわれ自身の心のなかに生起することについての直接的知識をわれわれがもっているということ，あるいはわれわれの注意をその主題に向けるならばもちうるということ，このような理由があるからである。「なんらかの産業的活動に乗り出す者は誰でも，自分をそのような活動へと向かわせる動機を意識している。彼は，どのような目的のためであれ，富を所有したいという欲望からそうするのであって，自分の能力に応じて，眼前に開かれている道のなかから，最短のものを選んで自分の目的地に向かおうとするのだということを，知っているのである」(Cairnes 1875, p. 88)。経済人の仮定は，いわば自明なものとして，経済学研究の出発点に据えられたのであった。しかも，経済人に関する前提だけではなく，他の主要原理に関しても，経済

学者はそれらについての自明な知識をもっているものとされた。つまり，自然諸要因の物理的性質や人間の生理学的性質も，「物理科学の究極的真理を立証する洗練された帰納の過程」に頼るまでもなく明らかな，直接的知識だというのである[7]。確かに，経済人・人口の原理・収穫逓減の法則は，心理学者・自然科学者の専門的な手続きを経たものではなく，経済学者自身によって発見されたものであった。ケアンズが述べるように，これらの基本原理については，めんどうな発見の手続きは必要ではなかった。必要だったのは，これらを基本原理として選択するという決断だったのである。ケアンズは，多くの点でミルにしたがっていたが，経済人の仮定を獲得するための手続きは，ミルとは異なったものであった。ケアンズの場合には，経済人の仮定は，帰納的手続きを用いるまでもなく明らかなものと考えられていたが，次章で述べるように，ミルの場合には，帰納法によって獲得されなければならないものだったからである。

3　人口の原理

「傾向」の意味

　シーニアもケアンズも，経済理論の第2の基本前提は人口の原理であると考えていた。しかし，両者が思い描いていた人口の原理は，その内容を異にするものであった。というのは，ケアンズの場合には，外的条件が許せば人口は約25年で倍増するという意味で，この潜在的な人口増加力を基本原理と考えたのに対して，シーニアの場合には，そのような人口増加を抑制する要因まで含めて第2命題としていたからである。すなわち，シーニアの場合には，「各階級の住民が各自の習慣上要求する種類の富の不足を懸念すること」によって，人口増加を抑制しうるということまで含んで第2命題としていたのである。ケアンズの場合には，このような人口増加を抑制する性向は，経済現象の主要原因ではなく，主要原因に対抗する副次的原因とみなされていた。すなわち，経済現象の基本的な原因と撹乱的な原因との区分の仕方が，シーニアとケアンズとでは違っていたのである。このような相違は，経済現

象を解釈したり実践的な指針を引き出したりするさいに，影響を与えることになった。

　シーニアが考えていた人口の原理によれば，人々が人口の増加を抑制する結果，人口の増加率は食料の増加率よりも低くなる傾向がある。このようなシーニアの見解は，彼とマルサスとの人口の原理をめぐる論争のなかに表れている。人口の原理に関するマルサスとシーニアとの論争は，経済学方法論の観点からみて，非常に興味深い問題を提起している。この論争の発端は，シーニアが，1828年にオックスフォード大学で行った「人口に関する2つの講義」のなかで，賢明な制度の下では，食料は人口よりも速く増加する傾向がある，と主張したことにあった(Senior 1829, pp. 35-36)。両者の論争は，1829年の3月から4月にかけて，シーニアから3通，マルサスから2通，それぞれ相手に宛てて送られた手紙を通して行われたが，これらの手紙は，上記の講義録の付録として出版・公表された。両者の論争は，主として，傾向という用語の意味，人口問題に関する事実認識，そして各自の主張の社会的影響をめぐって展開された。第3の論点は，互いに相手の主張の危険性を指摘するものであった。つまり，マルサスによれば，シーニアの「食料は人口よりも速く増加する傾向がある」という主張は，人口抑制への努力に冷水を浴びせる効果をもつものであった。逆にシーニアの考えでは，マルサスの「人口は食料よりも速く増加する傾向がある」という主張は，生産力を上昇させようと努力する者に無力感を与えるものと思われた。しかし，方法論的な観点からみて，とくに重要なのは，第1と第2の論点であった。

　周知のように，マルサスは『人口の原理』において，「人口は生存資料を超えて増加する不断の傾向をもっている」(Malthus Works 2, p. 8, 訳5頁)と指摘していた。これに対してシーニアは，食料は人口よりも速く増加する傾向があると論じたわけであるが，両者が用いていた傾向(tendency)という言葉の意味があいまいであったために，両者の論争は終始混乱した状態にあった。シーニア自身，自分の主張を明晰なものにできたのは，論争が終わって数年の後に，ホェートリーの『経済学入門講義』第2版が出版されてからであった。ホェートリーは，傾向という言葉の意味を分析することによっ

てこの混乱を解消したのである。ホェートリーによれば,「ある一定の結果への傾向」という言葉には，第1に，妨害されずに作用するならばその結果を生み出す原因が存在する，ということを意味する場合と，第2に，その結果が生ずることを予期しうるような事物の状態が存在する，ということを意味する場合とがある。例えば，第1の意味にとれば，妨害されずに運動するときには，地球はその軌道の接線方向に飛び去る傾向があるということになるが，第2の意味にとれば，現在の太陽系の配置の下では，地球はその軌道上にとどまる傾向があるといわなければならない。人口は食料よりも速く増加する傾向があるという主張は，第1の意味に依拠しているのであって，人口は制限されないならば食料よりも速く増加するということを意味する。他方，食料が人口よりも速く増加する傾向があるという主張は，第2の意味に基づくものであり，現実には食料の方が人口よりも速く増加している，ということになる。これがホェートリーの整理であった(Whately 1832, pp. 249-250)。シーニアは，1836年の『経済科学要綱』でホェートリーを引用し，全面的な支持を表明したのである(Senior 1836, p. 47, 訳100-102頁)。

　傾向という言葉をマルサスが第1の意味で用い，シーニアが第2の意味で用いていたのであれば，ホェートリーの整理によって問題は解決されたことになる。すなわち，妨げられることなく人口が増加するならば人口は食料よりも速く増加するが，実際にはなんらかの手段によって人口増加が抑制されているために，食料の方が人口よりも速く増加している，というわけである。しかし，マルサスは，傾向という言葉を第1の意味で用いていただけではなく，第2の意味でも用いていた。マルサスは，『人口の原理』第2版(1803年)以降，道徳的抑制によって人口増加率が食料増加率以下になりうる可能性を認めたことは確かであるが，労働者階級においてはこの道徳的抑制が機能しておらず，その窮乏は現実的な傾向となっている，と考えていたのである(Malthus, March 23, in Senior 1829, pp. 63-65)。すなわち，シーニアとマルサスとは，人口問題をめぐる事実認識においても食い違いをみせていた。シュンペーターが指摘するように，「マルサス自身は，1803年の留保条件のなかに潜んでいたあらゆる帰結を容認することを躊躇していた。逆に彼は，

できる限り当初の結論，ことに彼の時代に対する彼の理論の適合性に執着していた」(Schumpeter 1954, p. 580)。その帰結を展開してみせたのが，シーニアであった。すなわち，シーニアは，予防的制限によって人口増加が食料増加の許容範囲内に制限されうるという帰結を容認し，その帰結が現実のものになっていることを主張したのである。

　マルサスに宛てた手紙のなかで，シーニアが一貫して主張していたことは，世界のどの地域においても，200 ないし 300 年前に比べれば，人口よりも食料の方が増加している，という事実であった(Senior, March 26, in Senior 1829, pp. 73-74)。彼によれば，人々の状態を改善する主要原因は，人口の抑制と食料の増産とであり，富裕化の事実は，これらによって説明されるはずであった(Senior, April 9, in Senior 1829, p. 87)。人口抑制に関してシーニアが最も重視したのは，その第 2 命題に示されていたように，「各階級の住民が各自の習慣上要求する種類の富の不足を懸念すること」であった。シーニアによれば，富は，必需品(Necessaries)・必要品(Decencies)・奢侈品(Luxuries)に分かれるのであるが，いま引用した一節は，これらのうちの必要品に関係している。必要品とは，社会的地位を保持するのに必要な諸物を意味しており，人々は家族を養うためにこれらを犠牲にするようなことはしない。つまり，社会的地位を獲得し保持しようとする欲求が結婚を抑制し，したがって人口増加を抑制することになる。この議論自体は，マルサスが中流階級の生活態度として論じていたものであったが，シーニアは，賢明な制度の下では，人口の全体が実際に抑制されると主張したのである。シーニアが，「賢明な制度の下では，つまり攪乱原因がない場合には」(Senior, March 15, in Senior 1829, p. 58)というときの攪乱原因とは，交易に関する諸規制，社会の大多数を立身の機会から排除する人為的障壁，生命・財産の不安定などを意味していた(Senior 1829, p. 51 ; Senior 1836, p. 49, 訳 104-105 頁)。このような攪乱原因は完全に除去されているわけではないが，すべての文明国を富裕にしている程度には除去されている，というのがシーニアの状況認識だったのである(Senior, March 26, in Senior 1829, pp. 74-75)。

第 7 章　経済学の基本前提

人口の原理と教義

　ケアンズもまた，シーニアと同様に，現実問題としては人口増加率よりも食料増加率の方が大きいということを認めていた。しかし彼は，シーニアとは違って，基本前提をより現実的なものにするという方向に進むのではなく，経済現象を解釈するための視角として純化する方向へと進んだ。ケアンズは，人類に内在する増殖能力あるいは増殖性向を，人口の原理(principle of population)と呼び，この増殖能力と食料生産能力とを比較して，人口は生存資料よりも速く増加する傾向がある，と主張する命題を人口の教義(doctrine of population)と呼んだ(Cairnes 1875, p. 159)。このような意味での人口の原理は，現実の事態を記述するものではなく，現実の事態を解釈するための視角であるとされた。ケアンズによれば，ある原理の真の性格を発見するためには，反対に作用する傾向をもつ他の諸原理によって妨害されない場合に，問題の原理がどのように作用するのかということを考察しなければならない。人口の原理の場合には，まず最初に，人口の増殖力が妨げられることなく作用する結果を考察しなければならない。マルサスが人口問題を考察するさいに，そのような反対に作用する諸原理の存在しない事例として取り上げたのが，植民地時代のアメリカであった。そこでマルサスが見出したのは，移民を除いても，人口はくり返し 25 年ごとに倍になるという事態であった。「この増殖率は，明らかに，そのような地域の住民の特殊なあるいは異常な身体的・精神的構造によるものではなく，人口の原理が作用するさいの外的事情の性格が好都合なものであったということによる。そこでマルサスは，人口が 25 年で倍になるという増殖率は，この原理の自然的な力を表すものであり，人口はつねにその率で増加する傾向があるのであって，反対の性格をもつ諸原理あるいは生命を維持することが物理的に不可能であるという事情によって制約されない場合には，人口はつねにその率で増加するであろう，という結論を下すに至った」(Cairnes 1875, p. 160)。つまり，人口の原理とは，他の事情によって制約されない場合には人口は 25 年で倍になる，という命題を指すものとなる。

　これに対して，人口の教義というのは，人口の自然的な増殖率と食料の増

227

加率とを比較するものであった。「有名なマルサスの教義とは，次のような趣旨のものである。すなわち，『すべての生物は，そのために用意された栄養分を超えて不断に増加する傾向』があるということ，とくに人類に関していうと，『人口は生存資料よりも速く増加する傾向がある』ということ，これである」(Cairnes 1875, p. 158)。しかし，ここで主張されていることは，人口が実際に生存資料よりも速く増加するということではない。そのようなことは，物理的に不可能である。この教義によってマルサスが主張しようとしたことは，人間本性に具わる人類の増殖能力あるいは増殖性向というものは，外的世界の通常の事情の下では，人類が食料を増産しうる能力を凌駕している，ということであった。つまり，潜在的な人口増加率と現実的な食料増加率とを比較しているのである。ケアンズによれば，潜在的な人口増加率と現実的な食料増加率とを比較することは，決して誤った方法ではない。というのは，比較の方法が適切であるか否かを判定する規準は，その比較が何を目的として行われるのか，ということに依存するからである。この場合の目的とは，経済学の原理すなわち経済法則を発見して，富の生産と分配とに関する現象を説明すること，および実践的な教訓を引き出すこと，これであった。例えば，人口の教義は，文明が進むにつれて大多数の人々の生活状態が改善されてゆくという事実を，自然の人口増殖力が抑制されるという観点から説明する。人口の教義はまた，重要な実践的教訓を与える。「マルサスがその著作を執筆していたときに念頭に置いていた目的は，人類の福祉に対する人口の原理の影響を確定するということ，すなわち，この原理の自然力は，人類の幸福という観点からみて，鼓舞されるべきものなのか，それとも制限されるべきものなのか，ということを確定することであった」(Cairnes 1875, p. 174)。つまり，実践的教訓とは，潜在的な人口増殖力は現実的な食料増産能力よりも大きいけれども，人類の幸福のためには，人口増殖力を現実の食料の範囲内にとどめ置かなければならない，ということである。

したがって，ケアンズによれば，マルサスの人口論は，実際には4層構造をなしている。すなわち，第1に，人口の原理によって潜在的な人口増加率を示し，第2に，人口の教義によって潜在的な人口増加率と現実的な食料増

加率とを比較する。しかし，第3に，現実の人口増加率は潜在的なそれよりもかなり低く，食料増加の範囲内に収まっているという事実を提示し，第4に，その原因が2つの対抗原理(積極的制限と予防的制限)の作用にあるということを示している。ケアンズ自身の言葉を借りれば，このような「マルサスの方法は，私がこの講義のなかで経済学の科学的方法として推奨してきたものと，厳密に一致している。彼はまず，人間本性の既知の原理の性質と力とを考察することから出発した。続いて，この原理が作用する場合の現実の外的条件を考慮に加え，はじめに，これらの確定された条件の下で，この原理が制約されずに作用するものと仮定してその帰結を追跡し，その後で，この原理がどの程度制約されているのかということを研究した。そして最後に，その制約を実効的なものにする作用を有する対抗要因の性質を検討した」(Cairnes 1875, p. 169)。ここで，ケアンズが経済学の科学的方法といっているのは，まず最初に，攪乱原因によって妨害されない場合の原理を明らかにし，その後で，攪乱原因を考慮に入れて現実の事態を説明するという方法のことである。ケアンズが経済学の第2の基本原理とみなした人口の原理とは，まさに攪乱原因が存在しない場合の人口の原理であった。これに対して人口を制限する諸原因は，「品位，安楽，および贅沢の観念が，社会の進歩とともにどのように発展し，人口の原理の自然力をどのように修正するかということ」(Cairnes 1875, p. 59)に関係するが，これは副次的原因に属すものとされたのである。

4 収穫逓減の法則

制欲の効果

　シーニアとケアンズとの最も大きな相違は，制欲の効果に関するシーニアの第3命題が，ケアンズの基本原理のなかに含まれていないということである。なぜシーニアの第3命題を削除したのかということについて，ケアンズ自身は何も語っていないので，われわれはその意図を推測するしかないのであるが，おそらくケアンズは，シーニアの第3命題はイギリス古典派の基本

前提には含まれない，と判断したのではないかと思われるのである。シーニアの第3命題は，制欲によって資本が形成され，その効果として生産力が上昇するという可能性を強調するものであった。しかし，リカードウにおいてもJ.S.ミルにおいても，生産力の上昇は，人口増加に伴う土地収穫逓減の傾向を一時的に緩和するにすぎないものと位置づけられていた。またマルサスは，前節でみたように，晩年になっても，人口問題を解決するほどの食料増加が実現しているとは考えていなかった。つまり，古典派の代表者たちは，「産業革命」を目の当たりにしながら，生産力の上昇によって過剰人口や収穫逓減の問題が解決されるとは考えていなかったのである。このように，過剰人口や収穫逓減の問題を強く意識しながら経済過程を分析するという視角は，まさに古典派経済学のヴィジョンと呼ばれるべきものであった。そのような古典派のヴィジョンを明示したのが，ケアンズの基本原理であった。シーニアの第3命題は，そのヴィジョンにはうまく収まらなかったのである。

シーニアは，生産要素を，労働(Labour)・自然諸要因(Natural Agents)・制欲(Abstinence)に区分するのであるが，このような区分は，彼自身が認めているように，当時一般的であった労働・土地・資本という分類とは異なるものであった。従来の用法でも，土地は河川・海洋などをも含むものとされていたから，土地を自然諸要因と言い換えることは，たんなる名称の変更にすぎなかったが，制欲についてはそうではなかった。ここで制欲とは，「自分の支配しうるものを不生産的に使用することを差し控え，あるいは，即時的成果の生産よりも遠い成果の生産を意識的に選好する人の行為」(Senior 1836, p. 58, 訳125頁)を意味する。シーニアによれば，制欲は労働や自然諸要因とは全く違う種類のものであるが，資本は多くの場合，3つの生産要因すべてが結合した成果である。彼は，制欲を言い換える場合には，資本の使用という言葉を当てる。「労働および富を生産するその他の道具の力は，それらの生産物を手段として使うことによって，無限に増加されうる」という第3命題は，制欲の効果に関して述べられたものであった。この命題は，シーニアが生産力の上昇を，労働の生産性および固定資本の生産性という2つの観点から考えていたことを示している。すなわち，制欲によ

って，分業の前提となるファンドの形成が可能になり，現在の享楽には直接役立たない機具の使用も可能になる。生産力の上昇は制欲に負うものであり，そのような制欲に対する報酬が利潤であった(Senior 1836, p. 59, 訳127頁)。制欲に基づく生産力の上昇は，実際の人口増加を上回る食料の増加を可能にする。これはまた，農業における収穫逓減の傾向をも凌駕する可能性を示唆していた。

　シーニアの場合，農業における収穫逓減は，第4命題に述べられているのであるが，それは，もし農業上の技術が不変ならば，同じ土地に投下される追加労働の単位当たりの収穫量は逓減する，ということを意味している。これはあくまでも条件つきの一般性であって，現実の事態をそのまま表すものではない。この命題を現実に適用する場合には，農業技術の進歩の度合を考慮しなければならない。シーニアによれば，農業における技術進歩は，工業におけるそれと比べれば限定されたものではあるが，農業における収穫逓減を長期にわたって克服しうる程度には進歩しうる。シーニアの状況認識は，「大ブリテンの年々の農産物総量は，最近100年間に2倍以上になっているが，年々農業に使用される労働量が2倍になっているということは，およそありそうもない」(Senior 1836, p. 86, 訳184頁)というものであった。シーニアによれば，リカードウは，地代や賃金に関する一定の前提とともに，「人口と富とが増加するにつれて，農業労働はそれに比例してますます生産的ではなくなる」ということを1つの前提として，土地生産物に占める地主の分け前が増加し，資本家の分け前が減少すると推論するのであるが，この推論は論理的には正しくてもその前提が誤っている。イングランドの農業労働は，300年前に比べてより生産的になっており，この点でリカードウの推論の前提は非現実的である，と批判した(Senior 1848, pp. 302-303; Senior 1852, pp. 63-64)。つまり，農業における収穫逓減の傾向が，農業技術の進歩によって凌駕されていることを認め，これを前提に組み込まなければならないと批判した。しかも，大ブリテンの人口は，この期間に2倍になったとは考えられない。したがって，シーニアの現状認識によれば，農業における収穫逓減が技術進歩によって克服され，人口の増加が食料増加率以下に抑制

されて，人々の生活水準は向上してきたというのである[8]。

解釈の枠組み

これに対して，ケアンズは，あくまでも収穫逓減の法則が基本原理であって，農業上の改良は副次的な影響を及ぼすにすぎないものと考えた。ケアンズの場合には，シーニアとは違って，技術進歩の可能性は経済現象の主要原因ではなく，それを攪乱する副次的原因と考えられていたのである。農業生産の現状は，収穫逓減の法則に対して，農業における技術進歩が対抗する作用を及ぼしていると考えることによって説明され，理解可能なものとなる。ケアンズによれば，この副次的原因は，「より強力な諸原理を攪乱し，しばしば逆転させ，かくしてそれらの結果として生ずる諸現象を修正する」ことがあるほどの，大きな影響を及ぼすものであった (Cairnes 1875, pp. 57-59)。しかし，副次的原因によって凌駕されることがあっても，3つの主要原因は厳然として作用し続ける。重要な点は，つねに経済人・人口の原理・収穫逓減の法則という視角から，経済現象を解釈し説明するということなのである。つまり，分析・総合の方法によれば，与えられた現象をいったん諸要素に分解し，諸要素から現象を再構成する方法が，科学の方法とされた。そのさい，経済現象を構成する諸要素のなかで，技術進歩ではなく，人口圧力と収穫逓減とを基本的な要素と考えた点に，ケアンズの特徴がみられるのである。

ケアンズによれば，収穫逓減の法則そのものは，歴史的一般化に基づくものではなく，農業上の実験的事実に基づく言明であった (Cairnes 1875, pp. 50-51)。ケアンズがこのように述べたのは，歴史的一般化という観点からこの原理を批判した論者が数多くいたからであった。その代表者として，ケアンズはここで，1852-57年にオックスフォードのドラモンド経済学教授の職にあったリカーズ (G. K. Rickards) を取り上げている。ケアンズの『論理的方法』初版は1857年に出版されているから，ちょうどその頃に影響力をもっていた経済学者としてリカーズが選ばれたのである。リカーズによれば，少なくともイングランドにおいては，土地の生産性は着実に上昇しており，歴史的な経験に照らしあわせる限り，生産性逓増が「法則」であるというの

である。つまり，リカーズにとっての法則とは，現実に生じている通りの規則性，すなわち「経験的法則」のことであった。したがって，リカーズにとっては，J. S. ミルが収穫逓減の法則を経済学における最も重要な命題であると述べながら，その作用が「文明の進歩」という反対に作用する要因によって覆い隠されていると主張するのは，きわめていかがわしいものに思われたのである。しかし，J. S. ミルやケアンズの法則概念は，孤立化を前提とするものであった。ケアンズによれば，ミルおよび自分が考えている法則とは，他の原因によって妨害されないときに，ある既知の特定の原因がなんらかの富の現象に及ぼす影響を表現するものである。これに対して，リカーズが考えている法則とは，現実に生じている出来事の順序に関する言明であり，これらの出来事は，既知のものも未知のものも併せて，種々様々な原因の帰結にほかならない。したがってリカーズは，その「法則」を立証するために，当然のことながら歴史あるいは統計表に訴えることになる。このように，ミルおよびケアンズの法則概念と，リカーズの法則概念とは，明らかに問題の次元を異にするものであった。そもそも，攪乱原因がない場合を想定した法則と，現実の諸原因をすべて含む場合の経験的法則とは，相互に排除しあうものではない。ケアンズ自身も，2つの学説は相互に相容れないものではない，ということを認めていた。問題は，どちらの命題が真であるのか，ということではなく，どちらの立場が経済学の目的に適っているのか，ということだというのである。

　ケアンズによれば，経済学が課題とするものは，たんに与えられた事実を記述し一般化することではなく，現象を説明することであった。すなわち，収穫逓減の法則は，「経済学の課題との関連からいって最も重要な原理であり，農業部門における実際の現象を理解することを可能にする本質的な原理である。とりわけ，『文明の進歩』という表現に含まれるさまざまな要因とともに，利潤が下落し地代が上昇するという一般的傾向を説明する原理なのである。この一般的傾向はしばしば，そしてときには長期にわたって中断されるけれども，それにもかかわらず，最も目に立つ事情の1つであり，先進社会の物質的利害と結びついているものなのである」(Cairnes 1875, p. 216)。

たんなる観察ではなく，複合的な斉一性を単純な原理に分解すること，ベーコンの言葉を借りると，「自然の解釈(interpretation of nature)」が経済学の課題なのである。ケアンズによれば，法則についてのこのような考え方は，他の科学にも共通のものであった。例えば，力学の法則も，現象をそのまま叙述するものではない。ライフルから発射された弾丸がやがて地表に落下するからといって，「運動の第一法則」すなわち慣性の法則が否定されるわけではない。弾丸の落下という現象は，この法則と「重力という対抗する力」の両方から説明されなければならないのである(Cairnes 1875, p. 217)。しかし，主要原因と攪乱原因との対抗として経済現象を解釈する方法は，重大な問題をはらんでいた。すなわち，この方法によれば，どのような経済現象が与えられても，それを説明することができるのである。表面的には基本原理に反するような現象も，すべて副次的原因に言及することによって対処されうる。ケアンズの基本原理は，どのような経済現象の下でも否定されることはない。3基本原理は，経済現象を解釈するさいの基本的な視角となるものであり，現象によって反駁されるという性格のものではなかった。ケアンズの考えによれば，3基本原理を否定することは，彼らの経済学そのものを否定することになるのであった。ケアンズは，人口を抑制する要因と技術進歩の可能性とを認めながら，シーニアとは違って，これらを基本原理には組み込まなかった。人口圧力と収穫逓減の脅威とは，まさに古典派経済学のヴィジョンを表すものだったからである。ヴィジョンは，とくに経済生活をその長期的な変化の過程において分析しようとするときに，最も大きな役割を演ずる(Schumpeter 1954, p. 570)。われわれは，最終章で再びこの問題に立ち返ることにする。

1) このような試みの背景には，ユークリッド幾何学の叙述形式を学問の模範と考える伝統があったものと思われる。最初に置かれた定義・公準・公理から，一定の手続きにしたがって定理を証明してゆくユークリッド幾何学は，ニュートンの『プリンキピア』がこれを手本にしていることにも示されるように，長らくヨーロッパの学問の模範と考えられていた(村田・茂木 1966, 39頁)。もちろん，第9章で述べるように，経済学に

おける論証の仕方は幾何学とは違ったものであったが，論証の前提を明示しようとする点で，この伝統のなかにあったということができる。ブラウグが指摘するように，「リカードウの弟子たちも批判家たちもどちらも，経済学は経験と意識的な内観とから引き出された単純な前提に基づく演繹的科学である，ということでは意見が一致していた。方法論的な論争は，演繹の全構造が築かれる基礎となる諸仮定の相対的な重要性とその十分さについての意見の不一致の形をとった」(Blaug 1958, p. 188, 訳281頁)。ブラウグによれば，当時これとは異なる見解をもっていた経済学者は，リチャード・ジョーンズだけだった。

2) ここでヴィジョンとは，シュンペーターにしたがって，「分析以前の認知活動」(Schumpeter 1954, p. 41)あるいは「先入観念」(Schumpeter 1954, p. 571)を意味する。

3) 基本前提を列挙しようとする試みに対しては批判もある。例えば，J. N. ケインズは，多くの点でシーニアとケアンズの方法論を継承したが，経済学の主要前提を一度に列挙することは不可能であると警告している(Keynes, J. N. 1917, pp. 243-234, 訳228-230頁)。抽象的経済学だけではなく具体的経済学をも考慮に入れると，少数の前提を決定的なものと認めてしまうのは，あまりにも形式的・非現実的だというのである。しかし，ケアンズの場合には，主要前提だけではなく副次的前提も取り上げられており，具体的な場面にも対処できるようになっていた。

4) したがって，「1798年にマルサスがゴドウィンにあてた回答，まさにこれをもって古典派経済学は始まる」(Polanyi 1957, p. 121, 訳165頁)という見方には，十分な根拠がある。

5) 経済学の原理が「観察と内省」とから引き出されるという主張は，すでにジェームズ・ステュアートにみられる(Steuart 1767, Vol. 1, pp. 21-22, 訳① 3-4頁)。

6) 社会科学のデータの主観的性格を主張する論者は，他人の心という問題を避けて通ることができない。例えばハイエクは，ほぼ100年後の論文のなかで次のように述べている。「人々の心のなかにある信念を直接観察することはできないが，われわれは人々が行ったり言ったりする事柄を通してその人々の信念を認識することができる。それが可能なのは，ただわれわれ自身がその人々と同じような心をもっているからなのである」(Hayek 1952, p. 47, 訳26頁)。

7) 「例えば，資本の反復的充用に伴う土地生産性逓減の法則は，本格的に問題として取り上げるならば，土壌に直接の物理的実験を行い，その結果をわれわれの感覚器官が判定することによって，立証することのできるものである。もし経済学者がその事実を立証するために自分自身で実験を行っていないとすれば，彼らに代わって現場の農業者のすべてがそれを行っているからにすぎない。したがって，経済学に関する物理的前提の場合には，精神的な前提の場合と同様に，われわれは，物理科学の究極的な真理を立証する洗練された帰納の過程には全く関係しないのである」(Cairnes 1875, p. 89)。

8) シーニアにおける収穫逓減と技術進歩との関係について，シュンペーターは次のように述べている。「収穫逓減の作用が技術進歩によって中断されるという事実は，リカードウその他が認め，シーニアが強調したものであった。その表面から判断すると，こ

の事実は人口圧力と収穫逓減との結合——これはウェスト-リカードウ-マルサスの描いた経済的進化の画像にとって,まさに基本的なものであった——を打破するのに十分であるようにも思われる。ところが,そのような帰結は,農業における技術進歩の可能性を最小化することによって——結局においてはシーニアによっても——回避された」(Schumpeter 1954, pp. 585-586)。これは,シーニアにおいてさえ,農業における技術進歩の可能性は低く評価されていたという解釈である。確かに,シーニアも,農業における技術進歩は無限ではないと考えていた。しかし,他の古典派経済学者に比べて,その効果を強調していることは明らかである。しかも,シーニアは,技術進歩だけではなく,人口圧力の緩和の可能性をも基本前提に加えていた。したがって,シーニアのヴィジョンは,古典派のヴィジョンを修正するものであったということができるのである。

第8章　行為と制度

1　J.S.ミルの経済人概念

経済人の目的と合理性

　シーニアやケアンズとは違って，ミルは経済理論の諸前提を列挙することはなかった。ミルが明示したのは経済人に関する前提のみであり，その他の前提は暗黙のうちに仮定されるにとどまっていた。したがって，前章ではシーニアとケアンズとを対比するにとどめ，ミルにはほとんど言及しなかった。そこでわれわれは，本章であらためてミルの経済人の仮定について検討を加えることにする。経済人の仮定に関するミルの議論は，シーニアやケアンズの議論以上に興味深い問題を提起していたということができる。とくに注目しなければならないのは，純粋経済学は経済社会学(Economic Sociology)によって補完されなければならない，という経済学研究の方針が示唆されていたことである[1]。ミルの経済人が，人間のさまざまな動機のなかから富の動機だけを抽象しているという意味で，仮説的・抽象的な性格をもっていたことについては，すでに述べた。したがって，経済人の目的や合理性に関する仮定は，そのままでは現実に適合するものではない。現実の人間は，多かれ少なかれ経済人とは異なる目的や合理性をもって経済的行為を行うのであり，必ずしも純粋経済学が想定するようには動かない。個々人の行為が異なるというだけではなく，大量現象としてみても，職業や市場の種類，文化圏の相違に応じて，人々の行為は違ったものになる。そこで，純粋経済学で仮

定される人間行為と現実の経済にみられる人間行為とを媒介する研究が必要になる。人々の経済的行為の相違を事実として認めるだけではなく，なぜそのような経済的行為が行われるようになるのか，という問いに答えなければならないのである。ミルは，そのような研究の必要性に気づき，それを国民的性格学(Political Ethology)という名称の下に構想したのである。しかし，国民的性格学の構想は実現されることはなかった。国民的性格学は不成功に終わった試みではあったが，それにもかかわらず，そこで提出された問題はきわめて興味深いものだったのである。われわれは本章で，国民的性格学の構想を手がかりとして，経済的行為と制度との関係について考察することにする。

しかし，国民的性格学の考察に進む前に，まずミルの経済人概念について吟味しておかなければならない。そもそも，ミルは経済人についてどのように述べていたのであろうか[2]。われわれは，この点を確認することから本章の研究を始めることにしたい。「定義と方法」や『論理学体系』で提示された経済人の概念は次のようなものであった。

経済学は，「ただ富を所有しようという欲望をもち，この目的を達成するための諸手段の有効性を比較しうる存在としての人間にのみ関係する。それは，社会状態の諸現象のうち，富の追求の結果として起こるもののみを予測する。富の欲望に対して不断に対立する原理とみなされる情念や動機，すなわち労働の嫌悪や，高価な贅沢を享楽しようとする欲望を除いて，他の一切の情念や動機を完全に捨象するのである」(Mill CW4, p. 321, 訳 176-178 頁；Mill CW8, pp. 901-902, 訳⑥ 123-124 頁)。

ここで富とは，人間にとって有用な物的財を意味している。経済人は，もっぱらそのような富を追求する存在とされるのであるが，その性格について，われわれはまず以下の2点を押さえておかなければならない。第1に，経済人の行為は富の欲望を原因として生ずる。この関係は，ミルの「人間行為の因果関係に関する理論」(Mill CW8, p. 842, 訳⑥ 21-23 頁)にしたがって，次のように解釈される。すなわち，ある望ましい外的対象が提示され，それを人間が感知することによって動機(motive)が生まれ，動機によって行為へ

の意志(will)または意欲(volition)が決定され,それに基づいて行為(action)が生ずる。ここで動機とは,本源的には快楽の獲得または苦痛の回避を目指すものであるが,連想(association)によって,本来は快楽を獲得するための手段であった行為そのものが欲求の対象になる場合があり,さらにその行為が習慣になると,快楽とは関係なしにその行為を意志し続けることもある。つまり,そもそもの目的は物的財であるが,それを獲得するための手段である金銭的収入が,それ自体で目的となる場合もある,ということを含意している。そのような留保は必要であるが,本源的な意味では,人間行為に関する因果関係は,外的事情→動機→意志→行為という連鎖で考えられる,というのである。とくに経済的行為についていえば,外的事情とは富を獲得しうる機会であり,動機とは富の欲望である。富の欲望には,「大きな利得は小さい利得よりも好まれる」という心理法則が伴うものとされるから(Mill CW8, p.901, 訳⑥ 122頁),経済的行為とは,富を獲得する機会に臨んで,できるだけ大きな利得を得ようとする行為である,ということができる。

　第2に,経済人は目的合理的に行為する。すなわち,経済人は富を獲得しようという目的をもち,「この目的を達成するための諸手段の有効性を比較しうる存在」と考えられている。確かに,富の欲望が行為の原因であるといっただけでは,どのような行為が行われることになるのか明らかではない。与えられた状況の下で,効率よく行われる場合もあるし,非効率に行われる場合もある。したがって,富の欲望が原因の種類を示すものだとすれば,目的合理性はその作用の仕方を示すものだということができる。富の欲望と目的合理性とがいっしょになって,行為の仕方が決定されるのである。

　第3に,そのような経済人は現実の人間の一面を抽象したものである。このことは,われわれがすでに考察したこと,すなわち経済学は仮説的・抽象的な科学であるという見解を確認するものにほかならない。現実の人間の行為においては,富の欲望以外の動機も存在しているため,富を獲得しうる機会が与えられたとしても,他の動機に妨げられて,富の欲望に基づく行為は行われないかもしれない。例えば,ある種の利得の機会は,特定の人の宗教

的信条に反するものであるかもしれず，そのような場合には，富の欲望よりも宗教的信条が優先されるかもしれない。しかし，仮説的・抽象的な科学としての経済学においては，富の欲望に対して不断に対立する2つの動機，すなわち労働の嫌悪と高価な贅沢を享楽しようとする欲望とを除いて，他の一切の対立する動機が無視される[3]。純粋な経済的行為としては，富を獲得する機会が与えられるときには，つねに富の欲望が動機となって，できるだけ大きな利得の獲得を目指すことになるのである。

発見の手続き

しかし，経済人の動機や合理性は，どのような認識源泉に基づいて，どのような手続きによって取り出されたのであろうか。つまり，どのようにして「発見」されたのであろうか。ミルの場合，経済学の正しい方法は演繹法であるとされ，演繹法は帰納-論証-検証の3段階からなるものとされた。経済人の設定は第1段階の帰納の過程において行われなければならないが，その帰納の段階には深刻な実行上の困難があった。あらかじめ結論を述べるならば，ミルは帰納の手続きを実行しておらず，自らの方法論によって経済人の仮定を基礎づけることに成功していない，ということになる。以下，このことを論ずるのであるが，まず認識源泉についての議論を確認することから始めることにする。ミルがこの問題を最初に論じたのは「定義と方法」であったが，そこで彼は経済人の仮定の認識源泉について，内省もしくは内観による方法を示していた。目的にしても合理性にしても，心の内面的な働きに関するものであるから，外部から観察することはできない。経験によって知ることのできる唯一の心は自分自身の心だけである。したがって，まず自分自身の心の働きについて内省し，それに基づいて他人の心の働きを推測することによって，知識を収集するというのである。すなわち，われわれは，「人間が置かれた種々の地位において人間本性が示した諸傾向の観察，とくにわれわれ自身の心のなかに生ずるものの観察」(Mill CW4, p. 325, 訳183頁)によって，人間本性の一般的原理を探究する。「人間のもろもろの欲望，およびそれが人間を促して行わせる行為の性質は，われわれの観察の及びうるも

のである。われわれはまた，これらの欲望を刺激するものが何であるかを観察しうる。このような知識の材料は，何人も主として自分自身のうちに(within himself)，自分自身と他の人々との間に存する差異——これの存在は経験が彼に示す——を相応に考慮して，収集することができる」(Mill CW4, p. 329, 訳191頁)。ミルによれば，このような探究は，すべての場合において特殊的実験の主題となりうる。すなわち，ある事情の下で，どのような欲望が生じ，どのような行為が導かれるのかということは，自分自身の心を対象とした実験によって明らかにすることができるというのである。

　ミルによれば，行為の原因は内面的な心理過程であり，それを研究することは心理学の任務であった。心理学とは，人間精神の一般的諸法則，すなわち人間本性の諸法則を研究するものであり，この人間本性の諸法則が，社会現象を解明するための鍵を提供すると考えられていた。「定義と方法」によれば，社会科学は，「個人の心の本性に関する全科学を予想する。というのは，後者の科学が認める法則はすべて社会の状態においても作用し，社会科学の真理とはこれらの単純な法則が複雑な事情の下で実現される様式の叙述にほかならないからである」(Mill CW4, p. 320, 訳175頁)。また，『論理学体系』によれば，「社会のすべての現象は，人間本性に関する現象であり，人間の集団に対して外部の環境が作用を及ぼすことによって生ずるものである。それゆえに，人間の思考，感情，行為の現象が確定した法則にしたがうならば，社会の現象は，この法則の帰結である確定した法則にしたがわないわけにはいかないのである」(Mill CW8, p. 877, 訳⑥79-80頁)。したがって，心理学そのものは社会科学には属さないが，社会科学の基礎をなすものと考えられた。社会現象が個人の行為に還元され，個人の行為は心理学によって研究されなければならないと考える点で，ミルの立場は方法論的個人主義(Methodological Individualism)であるとともに，心理主義(Psychologism)であった。このような心理主義は，イギリス経験論の認識論と密接に結びついていた。イギリス経験論によれば，知識の源泉は感覚と内省の2つしかない。行為の目的や合理性を内面的な心理過程と考える限り，それについての知識は内省によって獲得するしかない。しかし，すでにシーニアに関

して述べたように，このような認識論は，他人の心という問題について深刻な難点をはらむものだった。認識の源泉を感覚と内省とに厳しく限定する限り，他の人々の心の作用を理解することは不可能になるからである。

　もちろん，ミルにしても，経済人の動機と合理性とをもっぱら内省によって基礎づけようとしたわけではない。自分自身と他の人々との間に存する差異が「経験」によって示される，という発言が示唆するように，他の人々の行為についての観察経験がもう1つの認識源泉となっている。内省によって自分自身の心の作用を知るとともに，観察経験によって他の人々の心の作用を推測するための手がかりを得る，ということである。ただし，ここにいう観察経験とは，他の人々の身体動作についてのたんなる感覚経験という意味には解釈できない。そうではなく，多かれ少なかれ他の人々の動機についての理解を伴うような経験を意味するものと，解釈しなければならない。身体動作についての感覚経験だけでは，心の作用の仕方について，「自分自身と他の人々との間に存する差異」を認識することは不可能だからである。実際に，経済学の現場では，経済主体の動機が多かれ少なかれ「わかる」ものとして，処理されていた。これについては，シーニアやケアンズの議論に言及したさいに，すでにみたところである。なぜ「わかる」のかという根拠は，必ずしも明らかにされていないとしても，なんらかの根拠から「わかる」ものとして処理されていたのである[4]。

　しかし，ミルの場合には，ケアンズのように，経済人の前提は自明なものであると宣言してすますわけにはいかない。というのは，発見のときにしたがわなければならない規則を明示していたからである。ミルによれば，経済学の研究は演繹法によって進められなければならない。演繹法の第1段階は，直接の帰納によって要素的な因果関係を探究し，第2段階の論証に前提を提供することからなる。つまり，まず個人の動機と行為についての要素的な因果関係を明らかにし，しかる後に，それらが合成された結果を演繹しなければならない。したがって，この方法を実行するためには，最初に直接の帰納によって，経済的行為に関する因果関係を解明しなければならない。因果関係を発見するための帰納とは，すでに述べたように，一致・差異・共変・剰

余という4方法のことである。自分自身の方法論に忠実であろうとすれば，経済的行為の因果関係は，実験的研究の4方法によって発見されなければならないのである。もちろん経済人の概念は，多少の相違はあるにしても，ミル以前の経済学においても用いられていたのだから，ミル自身が4方法を新たに適用して，経済的行為の因果関係を発見したということはできない。しかしミルによれば，4方法の適用は最初の発見の後であってもよい。およそ因果関係の発見というものは，発見の時点では自覚されていなかったとしても，4方法のいずれかに還元することができるというのである。すなわち，「観察や実験によって発見がなされたとすれば，その発見はこれらの方法のいずれかに還元することができる手続きによったのである」(Mill CW7, p. 431, 訳③260頁)。つまり，4方法は，発見の方法であるとともに，正当化の方法でもあった。ある発見の仕方が正当化されるのは，事後的にであれ，4方法のいずれかに還元されうる場合だけである。それ以外のものは，たんなる仮説とみなされる。発見の過程の事後的な定式化という論点について，ミルは次のように述べている。「帰納論理学の仕事は，帰納的論証がそれにしたがえば，そしてそれにしたがう限りにおいて，結論が正しくなるような（三段論法とその規則とが論証に対して果たしたと同じ役割を演ずる）規則や型を用意することである。これこそ4方法の目的とするところであって，実験哲学者たちもいつもそう考えていたと私は思う。実験哲学者たちは，これらの方法をいずれもすでに実践していた。それはこの実践を理論化しようとする人の現れるよりもずっと以前からそうなのである」(Mill CW7, p. 430, 訳③259頁)。したがって，経済的行為の因果関係の発見は，事後的な定式化としてであれ，本当に4方法に還元されうるのか，ということが問題となるのである。

　ところが，経済的行為についての因果関係を4方法によって立証する手続きについて，ミルは何も述べていない。4方法のどれが適用されうるのかということも，明らかではないのである。さらにミルは，精神の法則は観察と実験とによって確定されなければならないと述べながら，心理学における実験にはかなりの困難が伴うということを認めていた。「自然には多数の人間

精神が存在するが，われわれはこれを自ら工作して作り出すことができないために，その結果として，われわれは，われわれが人間精神の自ら発展し他の事物に働きかけるのをみるあらゆる事例において，人間精神が，われわれの確かめていない無数の事情によって取り囲まれ，あいまいにされているのをみる。このことは普通の実験的方法の使用をほとんど絶望的にする。……人間の精神の代わりに，人間社会や国家を研究の主題とするときには，同じ困難がさらに程度を何倍かに増して現れる」(Mill CW7, p. 383, 訳③ 178 頁)。つまり，心理学においては，実験装置を人工的に作り出すという意味での実験を行うことができない。自分自身の心の作用についてさえ，このことがいえるから，心理学における実験は，いずれにせよ観察に近いものにならざるをえない[5]。ところが，人工的実験を伴わない観察では，完璧な帰納である差異法を用いることができず，因果関係を決定的に証明することはできないとされるのである。

　人間精神についての直接的帰納が困難であるために，社会科学だけではなく，心理学の大部分もまた演繹的でなければならない。つまり，より特殊で複雑な精神の法則を，より一般的で単純な精神の法則から演繹しなければならない。ミルによれば，究極的な要素的法則は直接の帰納によって求められなければならないが，そのような要素的法則が十分に確立されているならば，これらを組み合わせて誘導的法則を導き，この誘導的法則を次の論証の前提として用いることができる。つまり，演繹法の第1段階にあたる帰納の操作を，先行する演繹によって置き換えることができる。心理学が実験的科学であるというのは，心理学のどの領域でも実験が可能だということではなく，少なくとも究極的な要素的法則が実験によって導出可能だということなのである。精神現象に関する要素的法則とは，例えば，「すべての印象はその観念をもつ」，「類似の観念は相互に引き起こしあう傾向がある」，「2つの印象が頻繁に同時に，または直接に継起して経験されるときには，この印象の一方，またはその観念が再起するごとに，他方の印象の観念を引き起こす傾向がある」等々といったものである。したがって，これらの要素的法則がすでに証明されたものであり，かつ経済的行為についての因果法則がこれらから

導かれるのであれば，経済的行為に関する因果法則を直接の帰納によって求める必要はなくなる。しかし，ミルによれば，精神の現象においては，要素的法則から誘導的法則を演繹によって導くことは，必ずしも可能ではない。というのは，そのような演繹が可能であるのは，力学的なタイプの現象，すなわち共同に作用する原因の結果が個々の原因の結果の総和に等しいような現象においてなのであるが，精神の現象は必ずしもその種のものではないからである。「精神の現象の法則は，ときには力学的法則に類似しているが，ときには化学的法則に類似している」(Mill CW8, p. 853, 訳⑥ 39頁) のである。第5章第2節で述べたように，原因の結合が化学的なタイプである場合には，演繹によって結果を導くことはできない[6]。したがって，「われわれの判断，われわれの欲望，われわれの意欲の起源をいっそう単純な精神現象から説明しようとする試みの終局の結果がどのようなものであろうとも，複雑な現象そのものの継起を，帰納の準則にしたがって特殊研究として確かめることの必要が薄らぐというわけではない」(Mill CW8, p. 856, 訳⑥ 43頁)。このようにして，われわれは再び，経済的行為についての因果関係を，直接の帰納によって研究するという問題に引き戻されることになる。しかし，ミルはその研究を行っていないのである。

　ミルの議論が示していたのは，演繹法が経済学の正しい方法であるとされているにもかかわらず，そのはじめの段階である帰納の過程に，深刻な実行上の困難があるということだった。実は，そのような困難を自覚して心理学を経済学から切り離し，帰納による演繹前提の形成という方法を放棄したのが，ケアンズだったのである。ケアンズによれば，第1に，経済的行為についての因果関係を明らかにするのは心理学の課題であって，経済学の課題ではない。経済学は，心理学によって提供される心理法則を前提として，そこから推論することを課題とする。ケアンズによれば，「心理学者の任務は，自分自身の心のなかに生起するもの，あるいは他の人々の心のなかに生起すると思われるものを内省することによって，われわれの精神構造の諸現象が相互に継続し産出しあうところの諸法則を，確定しようと努めることにある」(Cairnes 1875, p. 47)。これに対して経済学者の任務は，心の諸法則を研

究することではなく，それを所与として受け取り，そこから出発することにある。すなわち，経済学者は，「土壌の性質が依存する物理的法則を説明しようとはしないし，地主と借地人の心のなかにあって契約の条件を左右する利己心という感情の性質を分析しようとも思わない。彼はそれら両者を，分析され説明されるべき事実としてではなく，確認され考慮に入れられるべき事実として受け取る。すなわち，主題ではなく，推理の基礎とみなすのである」(Cairnes 1875, p. 53)。このようにしてケアンズは，やっかいな問題を経済学の範囲から締め出し，それを心理学の問題であるとした。そして第2に，ケアンズはさらに進んで，経済学の前提は心理学による研究を待つまでもなく明らかであるとし，心理学への依存をさらに縮小しようとした。すなわち，前章で述べたように，経済的行為についての因果関係は，帰納の入念な手続きを用いるまでもなく，知ることができるというのである。経済学者は，自然科学者とは違って，ただちに究極的原因に関する知識から出発することができる。例えば，なぜ農業者は穀物の生産に携わるのか，なぜ彼はある点まで土地の耕作を行い，それ以上は耕作しないのか，ということを知るために，われわれは穀物および耕作に関する統計を必要とはしない。このような遠回しな過程に頼ることが必要ないのは，われわれ自身の心のなかに生起することについての直接的知識をわれわれがもっているということ，あるいはわれわれの注意をその主題に向けるならばもちうるということ，このような理由があるからである。ケアンズの方法論は，経済学者が実際に行っていたことに忠実であったということができる。経済学者たちは，その論証の前提を形成するさいに，帰納の手続きなどは実際には用いていなかったし，専門的心理学者に頼ることもなかったのである[7]。

2 国民的性格学

性格学の要請

　ミルの経済人は，それがどのようにして「発見」されたのかという事情の如何にかかわらず，人間のさまざまな動機のなかから富の欲望だけを抽象し

第8章　行為と制度

ているという意味で，仮説的・抽象的な性格をもつものであった。しかし，本章冒頭で述べたように，ミルは，仮説的・抽象的な経済人と現実の経済的行為とを媒介する研究が必要であると考えていた。この問題に取り組むために，とくに諸国民間の経済的行為の相違に注目して構想されたのが，国民的性格学であった。われわれは本節で，この国民的性格学の特徴と可能性とについて考察することにする。しかし，国民的性格学を検討する前に，そもそも性格学(Ethology, or the Science of Character)とは何であったのかということを確認しておかなければならない。この性格学自体，道徳科学全体のなかで，かなり重要な位置を占めるものであった。というのは，性格学は，人間行為における因果律の成立可能性という問題に関係し，道徳科学の存立自体を左右するものと位置づけられていたからである。ミルは，人間行為における因果律の成立可能性について，次のように述べていた。「因果律に普遍性を認めることは，すべての人間の同意することであるが，ただ1つ例外が主張されているものがある。それは人間の意志であって，昔から論争の的であった。形而上学者の多数は，たんなる物質世界に存在すると彼らが考えている法則と同じ程度に厳密な法則にしたがって，人間の意志決定が動機と呼ばれる原因にしたがうのだとは，認めようとしない」(Mill CW7, p. 347, 訳③ 114頁)。つまり，意志の自由(free-will)と必然性(necessity)という問題に関して，多数の論者が前者の立場に立ち，人間の意志は原因によって必然的に決定されるのではなく，自由に決定されるのだと主張していた。しかし，ミルにとって，因果律は科学の成立根拠をなすものであり，もし人間の意志について因果律が成り立たないとすれば，道徳科学，すなわち人間精神や社会についての科学は，成り立たないことになってしまう。もし出来事が原因なしに生じるのであれば，あるいは原因と結果との間に規則性がないのであれば，出来事の生起の規則性を探究する科学の試みは，無意味なものになる。性格学とは，人間精神についても因果律が成り立つことを示し，したがって科学的取扱いが可能であるという立場を確保するための工夫だったのである。ではミルの場合，そもそも因果律はどのように捉えられていたのであろうか。

ミルによれば，自然現象には共存（coexistence）と継起（succession）という2種類の斉一な秩序がある。共存とは，同時的な関係であり，継起とは，時間的な順序のある関係である。共存の秩序の代表的な例は，空間の法則，すなわち幾何学の法則である。例えば，「三角形の内角の和は2直角である」という法則は，三角形とその内角の和という同時に存在する2つの事象が，つねに斉一な仕方で関係することを示している。他方，例えば，「もし金属を十分に熱するならば，それは溶ける」という法則は，時間的な前後関係を有する2つの現象がつねに斉一な仕方で関係することを示している。これが継起の秩序である。2つの秩序のうち，とくに重要なものとされたのは，継起の秩序の方であった。すなわち，「現象に関するすべての真理のなかで，われわれにとって最も価値があるのは，現象の継起の秩序に関する真理である。これらの真理の知識に，未来の事実に対するあらゆる理性的予見と，事実に働きかけるためにわれわれの所有するあらゆる力とが基づいている」(Mill CW7, p. 324, 訳③ 75頁)。つまり，継起の秩序を知れば，ある現象が起こったときに，次にどのような現象が起こるかを予測することができるし，先行する現象を人為的に生起させて，次に起こる現象を利用することもできる。「もし金属を十分に熱するならば，それは溶ける」という法則を知り，必要な技術を獲得するならば，われわれはさまざまなものを鋳造することができる。ここで現象の継起の秩序と呼ばれているものが，以下に述べるような無条件性という条件を付加されて，因果法則と呼ばれることになる。
　ミルによれば，原因とは，それ以外の事情を必要としない先行現象である。2つの現象が不変的に継起するというだけでは，それらの現象が因果関係にあるものと考えることはできない。例えば，夜と昼とはつねに継起するが，夜は昼の原因ではない。原因の概念には必然性の観念が含まれている。「必然的なもの，そうでなければならないものとは，他のすべての事物に関してわれわれがどのような想定をしようとも，そうであるだろうところのものである」(Mill CW7, p. 339, 訳③ 100頁)。すなわち，必然性とは他の事情に依存せずにそうなるということであるが，昼が夜の後に続くことは，実は他の事情に依存しているというのである。昼が存在するためには，太陽と地球と

第8章 行為と制度

があり，太陽と地球のわれわれが立っている部分との間に不透明体が存在しない，という諸条件がなければならない。これらの諸条件こそ，昼が存在することの原因にほかならない。夜と昼との継起は，原因・結果の関係ではなく，同一原因の結果の間に成立する継起の斉一性なのである。すなわち，太陽と地球とがあり，両者の間に不透明体が存在せず，かつ地球が自転しているという原因から，夜と昼とが交互に結果として生ずることになる。したがって，現象の原因は，「現象がそれに不変的に，かつ無条件的に (unconditionally) 後続するところの，先行現象またはそれらの共同作用である」(Mill CW7, p. 340, 訳③ 101 頁) と定義される。

　不変の先行現象を原因とみなす考え方は，経験論的因果概念の基礎である。このように，ミルの因果概念は経験論的なものであったが，それにもかかわらず因果関係は必然性をもつものと考えられていた。経験論的な因果概念を提唱したのは，いうまでもなくヒュームであるが，ミルの因果概念はヒュームを基本的に継承しながらも，因果的必然性という問題をめぐって，ヒュームとは若干異なったものになっていた。確かに，ミルにとっても，原因とはそれ自身経験されうる現象を意味していた。すなわち原因とは，結果を生み出す神秘的な力や性質を意味するのではなく，それ自身経験されうる現象であり，結果と恒常的に連接するものである。原因とは，ある出来事につねに先行して経験されるものを意味するにすぎない。すなわち，「私がこの研究のなかで現象の原因について述べるとき，私はそれ自体現象ではないような原因を意味してはいない。私は事物の究極的原因もしくは存在論的原因を探求するものではない」(Mill CW7, p. 326, 訳③ 78 頁)。つまり，ある観察できない実在があり，それが原因となって観察可能な現象を生み出しているというふうには考えない，ということである。原因とは，それ自体観察可能なものであり，ある事実につねに先行する事実なのである。このように，形而上学的な原因概念を排し，現象論的な原因概念を採用するということは，いうまでもなく，ミルが経験論の伝統を継承していたことを示すものである[8]。

　しかしミルは，経験論的な因果概念を支持しながら，因果律 (law of causation)が成り立つことも認めていた。すなわち,はじめをもつすべての事実は原因をもち,どのような事実であっても,その事実が存在し始めるときには,それと不変的に連結している事実が必ず先行している。ここでいわれていることは,「もし金属を十分に熱するならば,それは溶ける」というような個々の因果法則ではなく,それを超えて,すべての事実に適用される法則である。ミルによれば,「帰納的科学の主柱をなす因果律は,自然におけるすべての事実と,これに先行する他の事実との間に,不変の継起関係が観察によって発見できるという誰でもが知っている真理である」(Mill CW7, pp. 326-327, 訳③ 79 頁)。ミルの場合,この因果律は,自然過程の斉一性の公理が継起の秩序に適用されたものにほかならない。つまり,自然の秩序には共存と継起とがあるが,自然過程の斉一性はどちらの秩序についても成り立つものと考えられている。したがって,継起の秩序の場合にも,一度生起したものは十分に類似した事情の下では同様に生起する,と考えられるのである。因果律は,自然過程の斉一性の公理と同様に,帰納の根拠として用いられる。つまり,因果律を前提とすると,前件 A と後件 B との連結が 1 つの事例で観察されるならば,それに十分類似する他の事例においても,同様のことが起こるものと推論される。因果律は,個々の因果法則を帰納によって導くための前提であり,まさに「帰納的科学の主柱」をなすのである[9]。しかし,すでに明らかなように,ここには自然過程の斉一性の公理について考察したときに言及したものと同じ問題がある。つまり,因果律は経験的には証明されえないのである。しかしミルは,これについて,いままで因果律に対する例外が現れなかったのであるから,これを暫定的に普遍的なものとして受け入れることができると主張する(Mill CW7, p. 574, 訳④ 508-509 頁)。例外が現れた場合の対処の仕方について,ミルは次のように述べている。「因果律にとっては,われわれはなんらの例外を知らないばかりでなく,特殊的法則を制限し,または外見上無効ならしめる例外は,普遍的法則と矛盾しないばかりでなく,かえってこれを確認するのである。われわれによって十分に観察されうるすべての例において,われわれは,結果の相違を,普通の例にあっては存在していた原因が欠けていること,または通常は欠けて

いた原因が存在していることに由来させることができるからである」(Mill CW8, p. 571, 訳④ 503頁)。例えば，通常は，出来事Xに引き続いて出来事Yが現れることが観察されていたのに，あるとき例外が現れて，出来事Xと思われたものに引き続いて出来事Y′が観察されたとする。このとき，同じ原因には同じ結果が続くという因果律を放棄するかというと，そういうことはない。出来事Xと思われたものを分析して，そのなかに，通常は含まれていない攪乱要因が存在したことを示すか，通常は含まれている要因が欠如していたことを示すか，いずれかを試みるのである。ここで因果律は，研究の進め方を統制する規則の役割を果たしているのであり，因果律に例外が生じないように，問題の出来事を分析したり，分類を変更したりするのである。

　ミルの場合，秩序そのものは決定されているという世界観は，自然現象だけではなく，精神現象にも当てはまるものと考えられていた。彼は，『論理学体系』第6巻「道徳科学の論理学」の冒頭で，次のような問題を提起している。「この研究に着手するさいに，われわれは1つの抗議に突き当たる。この抗議は，もし除かないでおくときには，人間の行為を科学の主題として扱う試みにとって致命的なものとなる。人間の行為は，他のすべての自然的事象と同じく，不変的法則にしたがうものであろうか。継起的現象に関するすべての科学理論の基礎である因果関係の恒常性は，人間の行為についても当てはまるのであろうか」(Mill CW8, p. 835, 訳⑥ 7-8頁)。もし人間の意志が自由であって原因がないとすれば，すべての事実に原因があるとする因果律は，人間の意志には当てはまらないことになってしまう。この問いに対するミルの回答は，人間の意志も自然の他の現象と同様に先行する事情によって決定されており，意志の自由をめぐる論争との関係でいえば必然論の方が正しい，というものであった。つまり，人間の行為についても因果律は成立し，したがって人間の行為も科学の対象になりうる，というのである。人間の行為は，外的事情→動機→意志→行為，という連鎖で考えられていたから，意志を決定するものは，直接的には動機である。必然論によれば，動機によって意志が一義的に決定されなければならないのである。

しかし，われわれの意志が，先行する事情によって完全に決定され，なんら自由ではないという考えは，われわれの体験とは一致しない。われわれは，与えられた状況のなかで，選択や決断の自由をもっているように思っているからである。道徳科学も科学でありうると主張するためには，必然論を認めなければならないが，われわれが自由の意識をもっているということもまた，認めざるをえない。この両者を調停するためにミルが持ち出したのが，個人の性格であった。動機が意志を決定する場合には，個人の性格が関与するものとされ，ある性格を前提とする限りで，一定の動機は一定の意志を生じ，したがって一定の行為を生ずるものとされた。すなわち，「個人の精神に現れる動機がわかると，また同じように，個人の性格と性向とがわかると，その個人の行為する仕方が誤りなく推論される。われわれがその人物を十分に知悉し，その人物に働きかけるすべての誘因を知れば，われわれはその人物の行為を，自然の事象を予測できるのと同一の確実性をもって，予知することができるだろう」(Mill CW8, p. 836, 訳⑥ 10-11 頁)。このように考えることによって，人間の行為を扱う道徳科学も，科学としての成立根拠をもつものとみなされたのである。そして，意志の自由の余地を残すために，性格が与えられている場合には動機によって意志が決定されるが，われわれは自由に自分の性格を変えることができる，と主張した。すなわち，「周到に検討するとき，われわれが望むならばわれわれ自身の性格を変えうるという感情は，われわれの意識する道徳的自由の感情であることがわかる。習慣や誘惑が自分を支配する主人なのではなく，自分こそそれらを支配する主人なのだと感ずる人は，道徳的に自由であると感ずるのである」(Mill CW8, p. 841, 訳⑥ 20 頁)。しかし，これが苦しい議論であることは，一見して明らかである。性格を変えようとする意志は，先行する事情によって決定されたものなのか，それとも自由に形成されたものなのか，という問題がただちに現れてくるからである。しかし，意志の自由という問題そのものを検討することは，われわれの課題ではない。ここで確認しておくべきことは，ミルにとっては因果律が科学の基礎であり，道徳科学も科学であると主張するためには，なんとしても必然論を支持しなければならなかった，ということである。

いずれにせよ，そのような性格を研究する分野が性格学と呼ばれた。性格学は，性格形成の法則を研究することを課題とする。ミルによれば，人間の性格は，自然的・道徳的環境と人間精神の法則とによって形成される。すなわち，「性格形成の法則は，簡単にいえば，精神の一般的法則から導かれた誘導的法則である。ある1組の環境(circumstances)を想定し，精神の法則にしたがうときに，この環境が性格形成に与える影響はどのようなものであるかを考察することによって，精神の一般的法則から性格形成の法則が演繹されるのである」(Mill CW8, p. 869, 訳⑥ 65 頁)。与えられた環境と精神の一般的法則とによって性格が形成されるという言い方は，宿命論者(fatalist)の議論のように聞こえるが，自分の真意はそうではない，とミルは述べる。ミルによれば，われわれは自分の意志によって自分を別な環境の下に置くことができ，そうすることによって自分の性格を自由に形成することができる。性格をある特殊な仕方で形作ろうと望むことも，性格形成に影響する環境の一部をなすというのである(Mill CW8, p. 840, 訳⑥ 18 頁)。そのような性格形成の法則を研究する科学が性格学と呼ばれ，心理学とは別個の分科を形成するものと位置づけられた。心理学が観察と実験の科学であるとされるのに対して，性格学は完全な演繹的科学であるとされる。すなわち，心理学は，観察と実験とによって精神の根本的な法則を解明するが，性格学は，そのような精神の法則にしたがって，自然的・道徳的な環境がどのような性格を形成するかということを演繹する(Mill CW8, p. 869, 訳⑥ 66 頁)。性格学の原理は，ベーコンの用語を援用して，精神科学の中間公理(axiomata media)であるとされた。すなわち，最高の一般化である精神の法則と，単純な観察の結果である経験的法則とを媒介する位置にあるからである(Mill CW8, p. 873, 訳⑥ 73 頁) [10]。

国民的性格学の構想

国民的性格学とは，個人の性格ではなく，諸国民の性格について研究する分野であるとされる。ミルによれば，「国民の性格は，国民の間に広く通用している規律，世論の一般的動向を示す他のいろいろな徴候，不断に尊敬さ

れ感嘆されている人物や作品，国民自身の創造であるか，または国民が認めまたは支持している法律や制度，等のうちに示されている」(Mill CW8, p. 867, 訳⑥64頁)。このようにして示される国民的性格は，人間本性についての経験的法則の一種であるとされる。国民的性格学とは，そのような国民的性格がどのようにして形成されたのかということを研究する分野として，期待されたものであった。仮説的・抽象的科学としての経済学は，国民的性格学に媒介されてはじめて，それぞれの国民経済の現実に適用可能なものとなる。ミルの経済人は，人間のさまざまな動機のなかから富の欲望だけを取り出しているという意味で，仮説的・抽象的な性格をもっていた。仮説的存在としての経済人は，現実の人間から攪乱的要因を取り除いた抽象的存在とされ，そのような意味で，どの時代どの地域にも通用する普遍的なものとみなされた。これに対して，現実の人間の経済行為は，時代や地域によって，多かれ少なかれ異なっている。もちろん，現実の経済行為といっても，通常の経済学においては，個々人の行為の特徴が考察対象となるわけではなく，あくまでも大量現象として観察される行為の特徴が研究の対象となる。ミルが注目したのは，とくに「国民」を単位として，経済行為に相違がみられるという点であった。経済行為の国民的特徴自体は経験的法則にすぎないから，第5章第2節で述べたように，人間本性の究極的法則から導出されない限り，科学的法則とはなりえない。国民的性格学は，そのような導出の仕方を明らかにすることによって，経済人の仮定と現実の経済行為とを橋渡しすることを課題とするものであった。しかし，国民的性格学というのは，その計画があるだけで全く実体のないものであった。つまりミルは，国民的性格の相違を強く意識しながらも，自らの方法論によってはそれにうまく対処することができない，という困難な状況に陥ったのである。

　国民的性格学は，経済学とならんで，社会科学のなかの独立の分科の1つであるとされる。社会科学のなかで独立の分科となりうるのは，対象とする社会現象が，「特殊な部類の原因に，まずはじめに，十分密接にかつ十分完全に依存していて，そのためこれらの原因に関する予備的科学を作るのに便利である」(Mill CW8, p. 905, 訳⑥129頁) という分野に限られる。すなわち，

ある社会現象が特殊な部類の原因に密接に依存している場合には，暫定的に他の諸原因を無視することが許されるから，独立した分科となりうるわけである。経済学の場合には，富の諸現象が主として富の欲望に依存するということが，独立した分科としての根拠を与える。独立した分科は，主要な原因のみを取り上げて，その他の攪乱的諸原因を捨象するという意味で，すでに述べたように，仮説的・抽象的科学という性格をもつ。国民的性格学も，国民的性格を形成する原因を取り扱うという意味で，他の独立した分科と同様に，ただ1つの部類の原因を取り扱うものとされる。ところが，国民的性格学は非常に未熟な段階にあって，「国民的性格の原因はほとんど全く理解されていない」というのである(Mill CW8, p. 905, 訳⑥ 129-130 頁)。したがって，経済学が独立した分科として実際に存在するのに対して，国民的性格学は，これから形成されなければならない段階にある。ところが，国民的性格学のそのような未熟さは，経済学の応用分野に対して，すでに深刻な影響を及ぼしているとされた。というのは，国民的性格は，現実の場面においては，富の現象を含む社会的事実に重大な影響を及ぼすからである。国民的性格が経済学の応用分野に与える影響について，ミルは次のように述べている。

　「独立科学として形成された社会研究の諸分科において，その最も不完全な部分は，おそらく予期されるように，その結論が性格学的考察によって影響される仕方に関する理論である。この手抜かりは，抽象的または仮説的科学としてのそれらの諸分科においては欠陥とはならないが，包括的な社会科学の諸分科として実際に応用されるときには，この手抜かりはそれらの諸分科に有害な影響を与える。例えば，経済学においては人間本性の経験的法則は，イギリスの思想家によって暗黙のうちに前提とされているが，この法則はイギリスとアメリカ合衆国についてのみ当てはまるのである。とくに両国では，競争の激しさがいつも想定されているが，しかし，これが一般的な商業的事実として存在するのは，世界でもこれら両国においてだけなのである。イギリスの経済学者は，その同国人一般と同様に，商品を店頭で売る商人が，金銭上の利得以上に，自らの安楽や虚栄を考えることがあるとは思っていない。しかしヨーロッパ大陸の習慣を知っている人は，みたところきわめてか

すかな動機だが，金儲けを直接の目的とする活動においてさえ，それが金儲けの欲望を凌ぐことがあることを認めている」(Mill CW8, pp. 905-906, 訳⑥ 131頁）。

　ここでは，「抽象的または仮説的科学」としての経済学と，「包括的な社会科学の分科として実際に応用されるもの」としての経済学とが区別されている。抽象的または仮説的科学としての経済学といわれているのは，イギリス古典派経済学の原理の部分にほかならない。つまり，国民的性格は，経済学の原理には影響を与えないが，それが包括的な社会科学の一分科として実際に応用されるときには，影響を及ぼすものとなる。イギリス・アメリカについては，経済学の原理で想定していることが近似的に当てはまるが，ヨーロッパ大陸については，独特の国民的性格を考慮することなしに，その原理を応用することはできない。イギリス人・アメリカ人の場合には金銭上の欲望が相対的に強く，経済人の仮定に比較的近いが，ヨーロッパ大陸の人々の場合には安楽や虚栄の欲望が相対的に強く，経済人の仮定から比較的遠い。ここで注意しなければならないのは，国民的性格が影響を与えるのは，経済学の原理の部分ではなく，あくまでも応用の部分に対してであるとされていることである。この限定は，経済学を独立の科学と規定するために，どうしても必要なものであった。というのは，経済学の主題である富の現象は，主として富の欲望に依存していて，国民的性格は第二次的な影響しか及ぼさないからこそ，経済学は独立した分科となりうるからである。ヨーロッパ大陸の人々にみられるという安楽や虚栄にしても，富の現象に及ぼす影響という点では，第二次的なものにとどまらなければならない。すなわち，

　「社会現象のなかで，異なる国民または異なる時代に存在する性格の相違が，第二次的な程度でのみ影響を及ぼす原因となって作用している，そういう現象の部分だけが，暫定的にせよ，科学の独立な分科の主題となりうる利点をもっている。これとは逆に，国民の性格学的状態の影響が，その隅々まで入り込んでいる社会現象（これらの影響を考慮に入れないと，原因と結果との連結を，その大体においてさえ明らかにすることができないほどに，その影響が入り込んでいる社会現象）は，国民的性格学とは独立に，したがっ

て国民の性質に影響を与えるあらゆる環境から独立に，取り扱う利点をもたないし，はなはだしい不利益なしには取り扱うことができないのである」(Mill CW8, p. 906, 訳⑥ 132頁)。

国民的性格の影響が隅々まで入り込んでいる社会現象とは，例えば政治現象である。したがって，政治学は，国民的性格学から独立に研究することはできず，この理由だけによっても，独立した分科となることはできない。これに対して，経済学の場合には，国民的性格による影響が第二次的な程度にとどまるから，独立した分科になりうる。経済学が国民的性格学から独立しているということは，経済学がどの時代どの地域にも通用する普遍的なものであるということを意味する。もちろん，この場合の経済学とは，仮説的・抽象的な科学としての経済学，すなわち経済学の原理あるいは純粋理論のことである。しかも，ここでは経済理論のなかの経済人の部分についてのみ普遍性を主張していることに注意しなければならない。というのは，本章第3節で論じるように，生産要素の所有関係，すなわち階級関係などは，普遍的なものではないことが認められているからである。ミルの場合，経済理論が普遍的なものであるという根拠は，その第1の主要前提である経済人の仮定が普遍的だということであった。すでにみたように，富の欲望が原因となって富の現象が生じること，大きな利得は小さい利得よりも好まれるということなどは，証明に成功しているかどうかは別として，人間本性の法則に基づくものと位置づけられていた。人間本性は，定義によって，すべての人間に共通なものでなければならない。そして経済人の仮定は，攪乱原因を考慮に入れることによって，現実に適用可能なものになる。経済人の仮定は，時代や地域に特有な攪乱原因を捨象して理想的な状態を仮定したものであるから，現実に応用する場合には捨象されていた攪乱原因を補ってやればよい，というのである。

しかし，経済理論で想定される経済人には，本当に国民的性格の影響はないのであろうか。イギリス人やアメリカ人は，経済人の仮定に近似的に一致する国民的性格を示している。そうだとすると，経済人の仮定は，人間本性の法則というよりも，イギリス人やアメリカ人の国民的性格に基づいて，作

り上げられた仮定なのではないだろうか。その意味で，普遍的なものというよりも，歴史的・地理的に相対的なものではないだろうか。このような疑問がただちに生じてくる。実際に，ミル以後の経済学方法論においては，経済人の仮定の性格をめぐって，このような疑問が提出されることになった。そして，これに対する1つの回答を与えたのが，バジョットであった。バジョットは，古典派の経済人概念を，ごく限られた範囲にしか適用できないものとして相対化したのである。彼によれば，経済人概念は，商業が非常に発展した社会，具体的にはイギリスその他のアングロ・サクソン世界にしか適用できないものであった。つまり経済人とは，商業の発展した社会の人間に注目し，その実業の動機(motives of business)を孤立化し単純化して作り上げた人間像にほかならない，というのである(Bagehot 1876, pp. 6-7)。しかし，バジョットとは異なる回答を与えた方法論者もいた。例えば，J. N. ケインズの回答がそれであった。ケインズは，経済学の研究を2段階に区分し，一方を抽象的段階，他方を具体的段階とする。抽象的段階の議論は仮説的なものであり，特殊的事情に応じて修正することによって，どの時代どの地域にも普遍的に適用可能なものとなる。他方，具体的段階においては，特殊的事情そのものを研究対象とするから，その適用範囲はおのずから限定されることになる。経済人の仮定は，抽象的段階において必要となるものであり，その意味で普遍的な適用可能性をもつものとみなされる，というのがケインズの回答であった(Keynes, J. N. 1917, pp. 142-143, 訳137-139頁)[11]。

この問題に対するミルの見解は，明示された方法論に照らしあわせる限り，バジョットよりもJ. N. ケインズに近いものであったということができる。この問題についてのミルの方法論上の見解は，「定義と方法」および『論理学体系』を通じて一貫している。ケインズの用語を借りるならば，ミルの場合も，経済人の仮定は抽象的段階に現れるのであり，イギリス人やアメリカ人の国民的性格は具体的段階で問題になるのである。ミルの方法論にしたがえば，仮説的で普遍的な経済人の仮定を，現実的で相対的な英米人の国民的性格によって置き換えることはできない。なぜならば，第1に，経済学が独立した科学であるためには，国民的性格が富の現象に大きな影響を及ぼして

はならない。経済人の仮定が英米人の国民的性格に基づくものとすれば，経済学は国民的性格学から分離できないということになり，独立した科学としての資格を失うことになるのである。そして第2に，国民的性格は経験的法則であるから，経験的法則を科学の基礎にするわけにはいかない。英米人の国民的性格とされるものは経験的法則にすぎず，経験的法則は，究極的法則からの誘導の仕方がわかっているのでなければ，科学的法則とはなりえない。つまり，現実的存在としての経済人は，経済学の前提になるのではなく，むしろ前提から導かれるべきものと位置づけられるのである[12]。イギリス人の国民的性格にしても，イギリス特有のどのような環境の下で，どのような精神の一般的法則にしたがって，安楽や虚栄よりも金銭上の利得を好む性格が形成されたのか，ということを導かなければならない。しかし，その誘導を可能にするはずの国民的性格学は全く未熟な状態にあって，そのような任務を果たすことはできなかったのである。

　明示された方法論のレベルでは，ミルは，経済人の仮定が仮説的・抽象的なものであり普遍的に適用可能なものであるという立場を，崩すことはなかった。しかし，他方でミルは，経済学者が陥りがちな誤りとして，「人類の現在の経験を普遍妥当的なものとみ，人間の一時的または地方的性格にすぎないものを人間本性そのものと取り違える」誤謬にも言及している (Mill CW10, p. 306, 訳 87-88 頁)。このような発言は，普遍的なものとされる経済人の仮定も，実は一時的または地方的なものかもしれない，という疑念をミル自身がもっていたことを示唆している。先進国が自らの文化を普遍と位置づけ，後進国の文化を特殊と位置づけるのは，珍しいことではない。イギリスやアメリカで開発された経済学は，普遍的に適用可能なものであるかどうかという問題は，経済学の歴史にもたびたび登場する問題である。いずれにせよミルは，明示された方法論をみる限り，経済人の仮定は仮説的・抽象的なものであり，攪乱原因を補うことによって普遍的に適用可能なものになるという立場を崩すことはなかった。そして，この立場を確保したうえで，しばしばその攪乱原因に言及し，経済人の仮定を現実の場面に適用しようと試みた。すなわち，『経済学原理』のなかで，諸国民の性格の相違や慣習の

影響などを取り上げて，それらが経済的行為に対して与える影響に言及したのである。ただし，国民的性格学の構想が実現していなかったために，国民的性格や慣習は，それらがどのようにして形成されたのかという説明なしに，ただ事実として挿入されただけであった。われわれは次節で，経済制度に関するミルの見解を，具体的な問題に即して考察することにする。

3　生産と分配

生産の法則

　経済法則に関するミルの議論のなかで，とりわけ有名なものは，生産の法則と分配の法則との区別に関するものである。ミルによれば，生産の法則は物理的真理の性格をもっていて変更することはできないが，分配の法則は人為的制度の問題であり変更することができるというのである。ここで制度というのは，法と慣習のことであり，慣習のなかには公平や正義の意識が含まれている。したがって，本節の第 1 の課題は分配の法則を検討することでなければならないが，それと比較する意味で，はじめに生産の法則を取り上げることにする。実は，詳細に検討してみると，生産の法則についても制度的考察が必要になる場面があることがわかるのである。

　ミルにとって生産の法則とは，なによりもまず生産増加の法則のことであった。すなわち，「このような生産増加の法則を突き止めること，生産増加に実際上の制限があるかどうか，あるとすればそれは何か，ということを突き止めること，経済学においてこれほど重要なことはない」(Mill CW2, p. 153, 訳① 293 頁)。つまり，生産の法則に関する考察とは，経済成長の原因とその限界に関する考察を意味していた。全体としての生産の増加は，各生産要素の量と生産性とに依存する。すなわち，「生産の増加は，生産要素そのものの増加か，あるいは生産要素の生産性の増加かの結果として生ずる。生産増加の法則は，生産要素の法則の帰結であるはずであり，また生産増加に対する制限は，それがどのようなものであれ，生産要素の法則によって設けられた制限である」(Mill CW2, p. 154, 訳① 294-295 頁)。ここで生産要素

とは，労働・資本・自然諸要因の3つを指している。資本には，労働の生産物であるすべての外的物理的な要素が含まれ，自然諸要因には，労働の生産物ではないすべての外的物理的な要素が含まれる。全体としての生産増加は，3つの生産要素それぞれの量と生産性，すなわち合計6種類の原因に依存するものと考えられている。労働・資本・自然諸要因という3つの生産要素の量および生産性が与えられているならば，どれくらいの生産が可能であるかということは技術的に決定される問題となる。可能な限度以上の生産を望んだとしても，それはかなわぬことである。したがって，その限りでは，生産の法則は人間の意のままにはならないということができる。人間にできることは，せいぜい，与えられている生産要素をできるだけ無駄なく利用し，それらの生産性を最大限に発揮させるということだけである。この場合には，各生産要素をできるだけ効率的に生産増加に結びつけるということを除いて，人間がなしうることは何もない。生産の法則が物理的真理の性格をもち，人間の意のままにはならないという主張が現れるのは，このように，生産要素の量と生産性とが与えられている場合を念頭に置いていたからであった。ミルは，『経済学原理』第2編の冒頭で，端的に次のように述べている。

「富の生産に関する法則や条件は，物理的真理の性格をもっている。そこには，人間の意のままになるものは何もない。およそ人間が生産するところのものは，いずれも外的事物の構成と人間自身の身体的精神的な構造の内在的諸性質とによって定められた方法により，またそのような条件の下に生産されなければならない。人間が生産する量は，人間がそれを好むと好まざるとにかかわらず，人間がもっている先行的蓄積の量によって制限され，またもしこれが与えられたとすれば，それは人間のエネルギー，技能，機械の完成の度，および協業の利益の利用方法の巧拙に比例するであろう。また人間がそれを好むと好まざるとにかかわらず，およそ同じ土地に対して2倍量の労働を投じたとしても，耕作の過程になんらかの改良が行われない限り，2倍量の食料を栽培することはできないであろう。人間が好むと好まざるとにかかわらず，およそ個人が不生産的な支出を行えば，それはそれだけ社会を貧しくする傾向があり，生産的支出のみが社会を豊かにするであろう。これ

らの種々様々な事柄についてどのような意見あるいは希望があったとしても，それはこれらの事物そのものを動かしうるものではないのである」(Mill CW2, p. 199, 訳② 13-14頁)。

とくに，土地に代表される自然諸要因の量は限られており，肥沃な土地の量はさらに限られている。生産要素の量と生産性とが与えられている場合には，生産は人間の意のままにはならないという問題は，とくに土地に対して当てはまる。ミルの述べるところによれば，そのような土地の制約によって，人間の努力にもかかわらず，生産増加には上限が画されることになる。生産増加の原因として生産要素を問題にする場合，「われわれは生産の助けとなるものではなく，生産の制限となるものについて考察しようとしているのであるから，自然諸要因のうち，量または生産力が不足がちとなるもののみを考察すれば，それでよいわけである。これらのものはすべて土地という述語で表すことができる」(Mill CW2, p. 160, 訳① 307頁)。ここにいう土地のなかには，農業生産物の源泉としての土地のほかに，鉱山や漁場も含まれる。自然諸要因でも，その量が無限であり，占有することができず，決してその性質が変わらないもの，例えば空気や日光などは，生産増加の法則との関連では考察する必要はない。要するに，土地をはじめとして，生産要素の量と生産性とが与えられている場合には，生産の上限が画されることになり，その意味で生産の法則は人間の意のままにはならないものとなる。これが，生産の法則は物理的真理の性格をもつ，ということの意味であった。

しかしミルは，生産増加に関する考察を，各生産要素の量と生産性とが与えられている場合だけに限定してはいない。その量と生産性とが増減しうるものについては，その原因にまでさかのぼって考察を加えているのである。注意しなければならないのは，生産要素の増減を問題にする場面では，精神的原因が作用するために，生産の法則が人間の意志に依存する場合があることを認めている点である。確かに，自然諸要因の量と生産性，および資本の生産性は，人間の意のままにはならないとされる。自然諸要因の量と生産性とが，富の物理的原因であって，「道徳的または心理的原因」ではないということは，あらためていうまでもない。ここで，自然諸要因がもたらす生産

性の大小というのは，土地の肥沃度，気候の好適，鉱産物の状態，海岸や河川の状態などに依存するものを意味している。資本というのは，「以前の労働の生産物であって，あらかじめ蓄積されたもの」であり，「仕事に必要な建物，保護物，道具，原料を与え，作業中の労働者たちに食料その他の生活資料を与える」(Mill CW2, p. 55, 訳① 117-118 頁) ものである。資本の生産性とは，資本のさまざまな存在形態のなかでも，道具や機械といった固定資本の生産性に関係するものと解されている。ここでミルが取り上げているのは，新しい固定資本を採用する企業家の決意という問題ではなく，すでに設置されている固定資本の生産性という問題である。その限りでは，固定資本の生産性は，工学上の技術的な問題であって，経済学にとっては与えられたものとみなされる。経済学は，物理的因果関係については，知識の根拠を「物理科学または一般的経験」(Mill CW2, p. 21, 訳① 61 頁) に委ねて，それを与えられたものとして仮定するのである。

　ところが，資本の量，および労働の量と生産性がなぜ増減するのかという問題の考察に進むと，そこには多分に精神的原因が関与していることが明らかになる。まず資本の量についてみると，資本の増減は，人々の貯蓄意欲に大きく依存する。ミルによれば，「資本はすべて貯蓄の産物である。すなわち，将来の福利のために現在の消費を抑える制欲から生ずる産物である。そうであるから，資本の増加は，そのなかから貯蓄をなしうる財源(fund)の大きさと，貯蓄を促す意向(dispositions)の強さと，この2つの事柄に依存するはずである」(Mill CW2, p. 160, 訳① 307 頁)。貯蓄をなしうる財源とは，労働の生産物のうち，生産に関係したすべての人に生活必需品を供給した後に，なお残るところの剰余(surplus)すなわち一国の純生産物(net produce)である。この純生産物には，利潤と地代のほかに，賃金のなかの生活必需品をまかなう部分を超える部分も含まれる。しかし，資本の増加との関係で注目しなければならないのは，資本増加の精神的原因，すなわち貯蓄を促す意向の強さの方である。貯蓄を促す意向の強さ，すなわち貯蓄しようという考えを起こさせる動機は，ミルによれば，貯蓄から所得を引き出しうる見込みが大きいほど強くなる。「資本から作り出される利潤が大きければ大

きいほど，資本を蓄積しようとする動機もまたそれだけ強くなる」(Mill CW2, p. 161, 訳① 308 頁)。つまり，期待される利潤が大きいほど貯蓄意欲は強くなる，というのである。一言注意しておくと，ここで利潤といわれているものは，正確にいえば利子である。というのは，ミルによれば，利潤は利子・監督賃金・危険に対する保険料の3部分からなり，たんなる制欲に対する報酬は利子部分のみとされているからである。ミルによれば，「将来の福利のために現在の消費を抑える制欲」が貯蓄であり，そのような制欲に対する報酬が利子である。つまり，利子という報酬が与えられるから，現在の欲望を抑えるという行為が行われることになる。しかし，ミルがとくに問題にするのは，貯蓄を促す意向の強さが，個人によって異なるだけではなく，むしろ社会ごとに，歴史的・地理的に大きく異なっているということである。現在の利益よりも将来の利益を高く評価すればするほど，低い利子率でも貯蓄が行われ，速やかに資本が蓄積される。つまり，貯蓄意欲の強い国民ほど，急速な資本蓄積が可能だということになる。このような考察は，生産増加の法則を現実に適用し，各時代各国民ごとの生産増加の差異の由来を明らかにするために，どうしても欠くことのできないものであった。そのような貯蓄意欲の差がなぜ生じるのかという研究は，まさに国民的性格学の任務として期待されたものであった。資本の量を増加させる事情は，個人的なものであれ社会的なものであれ，明らかに精神的原因に依存しており，人間の意志によって変更可能なものなのであった。

　また，労働の生産性は，労働のエネルギー，技能と知識，社会一般の知性と徳性，労働の結合(単純協業や分業)などに依存する。ミルによれば，労働のエネルギーとは，時折発揮されるエネルギーではなく，規則的・習慣的なエネルギーのことであり，これもまた，社会一般の知性や徳性とともに，国民ごとに大いに異なっている。ミルは労働のエネルギーが人為的制度に依存することを認めていた。例えば，ミルは，自作農が非常に勤勉であり，その生産性が高いことを指摘するのであるが，自作農の勤勉を鼓吹するものは，私有財産制という制度であると考えていた。奴隷や分益農の場合と比べて，自作農は収穫物をすべて自分のものにできるから，勤労へのインセンティヴ

が非常に大きい。ミルはそのような事態を，アーサー・ヤングの言葉を借りて，砂を変じて黄金となす「私有財産制の魔術」と表現している。実は，勤労を刺激するのに最も適した制度は何かという問題は，アダム・スミスの問題でもあった。古典派経済学者たちは，経済成長の問題を，制度とインセンティヴという観点からも考察していたのである。労働の量については，生理学的原因と精神的原因との両方が関係するものと考えられている。「労働の増加は，人間の増加，人口の増加である」(Mill CW2, p. 154, 訳① 295 頁)とされ，マルサスの人口法則が援用される。すなわち，人類の増殖にとって好都合な条件が整っている場合には，人口は引き続き二十余年ごとに倍増する。人類のこのような増殖力は，有機的生命に具わっている増殖力の一例であり，その限りでは生理学的な問題であって，精神的な原因が作用するのは，むしろ人口の増加を抑制する方向においてである。労働の増加，したがって人口の増加は，経済成長の原因の 1 つではあるが，生産が人口と同じ程度に増加しない場合には，逆に貧困をもたらす原因ともなる。19 世紀の古典派経済学者たちは，人口の増加を，生産増加の原因とみなすよりも貧困の原因とみなして，否定的に考える向きがあった。ミルの場合には，この否定的な面が非常に強く意識されており，人口は生産増加の一原因と位置づけられてはいるが，その増加はむしろ抑制されるべきものと考えられていた。つまり，生活水準を維持向上させるために人口の増加を意識的に抑制するという精神的原因が，強調されることになった。現実の人口増加率は，生理学的な人口増殖力と，精神的な人口抑制力との相互作用によって決定されるものと考えられたのである。

　以上のように，生産要素を所与のものとせずに，その増減を問題として取り上げる場合には，精神的原因が大きく関与することを，ミルは認めていた。少なくとも，資本の量，労働の量および労働の生産性が増減し，その結果として生産の増加が左右される場合には，生産の法則は人間の意志に依存しないとはいえないのである。

分配の法則

　ミルによれば，分配の法則は，人為的制度に依存するものであって変更することができるものであった。すなわち，「生産の法則とは違って，分配の法則は，一部は人為的制度に属する。なぜならば，ある特定の社会において富が分配される様式は，そこに行われている法規もしくは慣例(the statutes or usages)に依存しているからである」(Mill CW2, p. 21, 訳① 62頁)。しかし，分配の法則も法則である限り，規則性という性格をもたなければならない。つまり，分配の現象にも法則が成り立つのであれば，一定の現象には他の一定の現象が規則的に伴うのでなければならない。同じ種類の現象間の関係がそのつど変更されるのであれば，それはもはや法則的関係とはいえない。したがって，分配の法則が成り立つことを主張するのであれば，生産の法則と同様に分配の法則もまた，それ自体としては任意に変更できないものと考えなければならない。実は，ミル自身そのように考えており，分配の法則も一面では物理的法則の性格をもつ，と述べているのである。

　「富の分配を決定する規則(rules)は，その社会の支配層の意見と感情(opinions and feelings)とによって形成される。……それらは，人間本性の基本的諸法則が，知識および経験の現状，ならびに社会制度および知的道徳的文化の現状とからみあって生じた帰結である。しかし，人間の意見の発生に関する法則は，われわれの当面の主題の範囲の外にある。それは人間進歩の一般的理論という，経済学よりもはるかに広汎かつ困難な研究題目の一部をなすものである。ここでわれわれが考察しなければならないことは，富がそれにしたがって分配されるところの規則の，原因ではなく帰結である。そして少なくともそれらの帰結は，生産の法則と同じように，恣意的なところはほとんどなく，物理的法則の性格をもっているのである」(Mill CW2, p. 200, 訳② 15頁)。

　生産の法則が，一面では人為的制度に依存していて変更可能であったように，分配の法則もまた，一面では物理的真理の性格をもつものとされている。引用文中に述べられている決定関係を整理すると，人間本性の基本的諸法則と環境→支配層の意見と感情→分配の規則→分配の法則，ということになる。

第8章　行為と制度

人々が分配の規則にしたがって行為することによって，分配の法則が成立する。そのようにして成立する分配の法則は，生産の法則と同じように恣意的なところはほとんどなく，物理的法則の性格をもっている。しかし，分配の規則は変更可能であり，したがって，それを枠組みとして成立する分配の法則も変更することができる。つまり，分配の法則が変更可能であるというのは，その枠組みとなっている分配の規則が変更可能だということを意味している。分配の法則は，ある枠組みのなかでのみ成立し，それを支えている条件が変われば修正されることになる，という性格のものだというのである。

　分配の法則が分配の規則に基づいて成立するというとき，分配の規則というのは具体的には何を指しているのだろうか。ミルによれば，それは2種類の規則からなる。第1に，誰に分配されるのかということを決定する規則として，労働・資本・土地という生産諸要素の所有関係がある。具体的には私有財産制または共有財産制といったものがそれにあたる。私有財産制についてみると，それはさらに，生産諸要素を誰が所有するかに応じて，階級関係のいくつかの類型に分かれる。すべてが1階級によって所有される場合として，奴隷制および自作農制があり，2つの階級によって所有される場合として，さまざまなタイプの地主・小作関係があり，3つの階級によって所有される場合として，地主・資本家・労働者からなるイギリス型の3階級制がある。第2に，私有財産制を前提とすると，どのように分配されるのかということを決定する規則として，競争(competition)と慣習(custom)とがある。これらの規則のなかで，分配の法則を生み出すのは競争である。人々が競争にしたがうか慣習にしたがうかによって，生産物の分配の仕方は異なる。例えば，分益農(metayers)は慣習によって定まっている地代を地主に支払う。ところが，地代が競争によって決定される場合には，地主は最も高い地代を支払う借地人に土地を貸す。競争が行われ，かつ農業に3階級制が成立している場合には，資本家的借地農業者が優等地を求めて競争し，通常の利潤以上の差額がすべて地代として地主の手に渡る。競争と3階級制という分配の規則を前提とすると，つねにこのような地代の法則が成立するのである。したがって，分配の法則とは，なんらかの所有関係の下で競争によって分配が

267

行われる場合に成立するものと考えることができる。分配の法則は，分配の規則に基づいて成立し，法則が成り立つ限りでは物理的法則の性格をもつ。しかし，その枠組みとなる分配の規則が変わる場合には，分配の法則も，修正あるいは廃棄されることになるのである。

イギリス古典派経済学は，競争と3階級制という分配の規則を想定し，それに基づいて成立する分配の法則を研究してきた。ミルによれば，従来のイギリス経済学者たちは，競争の結果を強調し，慣習の影響を軽視する傾向があった。しかしそれは，分配の法則を探究するために必要な仮定であったというのである。

「経済学は競争の原理を通してのみ科学の性格を備えるのであるから，この点を考えるならば，それも理解しうることである。地代，利潤，賃金，価格は，競争によって決定される限りにおいて，その法則を指摘することができるのである。競争がこれらのものの唯一の規制者であると仮定せよ。そうすると，これらのものを規制するところの，きわめて一般的な，科学の厳密な諸原理を確定することができるであろう。経済学者は，正当にもこのことを自分の本務と考えている。抽象的または仮説的科学としての経済学に，これ以上のことをなすように要求することはできないし，事実なしえないのである」(Mill CW2, p. 239, 訳② 90-91頁)。

くり返し述べているように，ここで「抽象的または仮説的科学」というのは，重要ではないと考えられた事情を除いた想定から演繹する科学という意味である。この場合には，競争が唯一の規制者であって，独占も政府の干渉もなく，慣習による競争の制限も全くない状態を想定して演繹を行うということである。もちろん，そのような状態というものは現実には存在しないのであるが，抽象的または仮説的科学としての経済学が必然的に採用しなければならない方法だというのである。しかし，抽象的または仮説的科学としての経済学は，その想定と完全に一致する現実の状況がないとはいえ，攪乱原因を考慮することによって，多かれ少なかれ普遍的に適用可能なものとなる。現実に適用するさいには，人々が慣習に支配されている程度に応じて，それぞれの状況において慣習を考慮することになる。その意味で，競争の規則に

基づく分配の法則は，普遍的な経済理論だということになる。

　しかし，実際に激しい競争が行われているのは，世界のなかのごく限られた空間だけだということも認められていた。前節でみたように，金銭上の利得をめぐって激しい競争が行われているのは，イギリスとアメリカだけだとされていた。さらに，イギリスやアメリカにおいてさえ，競争が慣習の影響を全面的に凌駕しているわけではなく，ミルの時代においてさえ，小売市場においては競争よりも慣習の方が支配的であるとされていた。「今日までのところ，小売商業が主として，あるいはかなりの程度，競争によって決定されるのは，ただ事業の大中心地においてのみである。その他の土地においては，競争がともかくもある作用をするとすれば，それはむしろ，ときおり攪乱する影響として作用しているのである。常時的規制者となっているのは，買い手および売り手の心に抱かれている，ある種の公平(equity)あるいは正義(justice)の概念によってしばしば修正されるところの慣習である」(Mill CW2, p. 243, 訳② 98頁)。人々が金銭的利得をめぐって激しく競争するという状況は，実際には，イギリスやアメリカの「事業の大中心地」にしかみられない状況であった。競争の規則に基づく分配の法則は，慣習の影響が軽微な場面では，後で慣習を攪乱原因として考慮すれば，現実に適用できる。しかし，慣習の影響が強くなるにつれて，考慮しなければならない攪乱原因の影響が増大するのであるから，その適用はしだいに難しいものとなる。もし競争よりも慣習の影響が圧倒的に強いのであれば，慣習を攪乱原因として付け加えるだけでは十分ではない。そのような場合には，競争という前提を，特定の慣習によって置き換えなければならないであろう。攪乱原因を前提に追加するだけではなく，当初の前提を取り換えなければならないという問題は，生産要素の所有制度について考えるときに，明白に取り上げられることになる。

　イギリス古典派の経済学原理，すなわち，3階級制という分配の規則を想定する経済学原理は，現実の社会の基本的な階級構成が3階級制である場合には，後で攪乱原因を考慮することによって，その現実に適用可能なものとなる。ミルによれば，生産物が労働者と地主と資本家との間に3分されると

いう3階級制の想定そのものは，現実の社会から攪乱原因を取り除いて作り上げた仮説であるとされる(Mill CW2, p.336, 訳② 272頁)。なぜならば，主として3階級からなる社会であっても，現実には3階級に属さない人々もいるからである。社会が3階級だけからなるという想定は，他の階級の人々を捨象するという意味で，攪乱原因を取り除いた仮説なのである。例えば，ミルの分配論において3階級のなかに位置を占める労働者とは，生産的労働者のことであり，不生産的労働者は含まれていない(Mill CW2, p.235, 訳② 83-84頁)。しかし，現実の社会には，生産的労働者だけではなく，聖職者・兵士・家事使用人・芸能人などの不生産的労働者がいる。経済学の抽象理論においては，それらの人々が捨象されるわけであるが，その根拠についてミルは次のように述べている。3階級以外の人々は，「これらの階級から生産物を譲り受けるのでなければ，何ものをも得ることができない。社会の残りの人々は，事実上，不生産的なサーヴィスという等価を提供し(もしなんらかの等価を提供するとすれば，である)，これらの階級の費用において養われているものである。したがって，経済学においては，全社会はこの3階級から成り立つと考えられるのである」(Mill CW2, p.235, 訳② 84頁)。つまり，社会の生産物は，はじめに地主・資本家・労働者の間に分配され，これらの3階級にサーヴィスを提供することによって，種々の不生産的労働者にも派生的な分配が行われることになる。したがって，社会が3階級だけからなるという仮説は，攪乱原因を補うことによって，現実の社会に適用可能なものとなる。

しかし，社会の基本的な階級構成が3階級制ではない場合には，たんに攪乱要因を補うというだけではすまない。ミルによれば，農業において3階級制が成立しているのはごく限られた地域においてだけである。すなわち，「イングランド，スコットランド，およびベルギーとオランダのある地方が，世界において，農業に使用される土地と資本と労働とが一般的に別々の人々に所有されている，ほとんど唯一の国々である」(Mill CW2, pp.235-236, 訳② 84頁)。奴隷制，自作農制，入札小作制などが行われている社会には，3階級制の下での分配の法則を適用することができない。後から攪乱原因を補

えばよいというのではなく，そもそも3階級制という前提を取り換えなければならない。3階級制という想定は，経済学の原理にとって本質的なものではなく，他の想定によって置き換えることができるものなのである。経済人の仮定は他に代替できないものであったが，分配の規則についての想定は，研究の目的に応じて自由に変更できる。純粋な自作農制を想定し，それぞれの自作農が自分の利益を合理的に追求するときに何が起こるのかを推論すること，これはミルが実際に行っていた推論であり，本書第5章第4節で述べたことである。現実の自作農制は必ずしも純粋なものではないから，仮説的・抽象的科学としての経済学の方法にしたがって，この推論を現実に適用する場合には攪乱原因を補ってやらなければならない。つまり，特定の仮説的・抽象的な経済理論は，適用可能な範囲が限られているとはいえ，解明すべき問題に応じて前提を形成し，その結果を推論するという研究方法は，普遍的に適用できるのである[13]。すなわち，「社会の1つの状態に含まれる諸要素から結論を引き出して，この結論を諸要素の多くが同一ではない他の状態に適用することは，経済学者の犯すきわめて普通の誤謬であったが，そのときでさえ論証を逆にさかのぼって，新しい前提をその適当な場所に導き入れることによって，ある1つの場合に役に立ったのと同一の議論を他の場合に役立てることは，それほど難しいことではない」(Mill CW2, p. 903, 訳⑥127頁)。ここでわれわれは，ケアンズが，土地所有関係などの政治的・社会的制度を副次的前提としていたことを思い出す(本書第7章第1節)。ケアンズによれば，イギリス古典派経済学にとって変更することのできない基本前提は，経済人の仮定，人口の原理，収穫逓減の法則の3つであり，その他の前提は，研究の目的に応じて自由に変更することができるのである。われわれは次章で，前提の変更が具体的にどのように行われるのかということをみるであろう。

　貯蓄意欲の強さ，労働のエネルギーの大きさ，人口増加の程度，生産要素の所有関係，競争と慣習の相対的強さ，これらは多かれ少なかれ歴史的・地理的に異なることが認められた。しかし，歴史的・地理的に異なっているという事実が認められているだけで，なぜそのような相違が生じるのかという

ことは説明されていない。それを説明することは，ミルの方法論においては，国民的性格学の課題なのであった。確かに，ミルが国民的性格の相違に着目したことは卓見であったということができる。しかし，国民的性格学が未熟であったために，それらは説明されることがなかった。ミルによれば，国民的性格学は，社会科学のあらゆる従属的な分科のなかで，最も完璧に幼稚な段階にあり，国民的性格の原因は，ほとんど全く理解されていないのである（Mill CW8, p. 905, 訳⑥ 130頁）。このような国民的性格学は，たんに未熟なだけではなく，そもそも実行可能なものなのかどうかも疑わしい。要素還元的方法を貫こうとすれば，複雑な国民的性格という現象も，国民を取り巻く環境と精神の一般的法則とから演繹されなければならない。しかし，その実行は決して容易ではない。少なくとも，そのような国民的性格学は，必要性が主張されているだけで全く実体のないものであった。ミルは，国民的性格の相違という事実を認めながら，それを分析するための道具をもつことができず，したがって，経済的行為における各国民の性格の相違を説明できなかったのである。

　しかしミルは，問題を解決したわけではないが，問題の所在には気づいていた。その問題とは，人々の経済的行為の相違を事実として認めるだけではなく，なぜそのような経済的行為が行われるようになるのか，という問いに答えなければならないという問題である。ミルの観察によれば，イギリス人やアメリカ人の商人は金銭上の利得を最も重視するが，ヨーロッパ大陸の商人の場合には，金儲けを直接の目的とする活動においてさえ，安楽や虚栄の動機が金儲けの欲望を凌ぐことがある。ミルは，なぜそのような相違が生ずるのかということを問題にした。このような問題に答えようとする分野を経済社会学と呼ぶならば，ミルの国民的性格学は，経済社会学の必要性を示唆するものであったということができるのである。

1) 　ここで経済社会学とは，シュンペーターにならって，次のような問題を取り扱う分野を意味する。「経済分析は，人々があるときにいかに行動するか，そしてまたそのよ

うに行動することによって生み出す経済的結果は何であるかという問題を取り扱い，経済社会学は，人々がそのような行動をとるのはどうしてかという問題を取り扱う。もしわれわれが人間の行動を十分に広義に定義して，たんに行為や動機や性向だけではなく，政府，財産相続，契約等々のような経済行動に関連のある社会制度をも包括させるならば，上の一節は，われわれが必要とするすべてを実際に伝えるものとなる」(Schumpeter 1954, p. 21)。純粋経済学と経済社会学の両者を包括し，経済的なものと社会的なものとの関係を考察する分野には，「社会経済学(Social Economy)」という名称を当てることができる。ミル自身は，「社会経済学」という言葉を，包括的な社会科学を意味するものとして使用していた(Mill CW4, p. 320, 訳 174-175 頁)。

2) ミルの経済人概念について考察したものとしては，Whitaker (1975)，深貝 (1989) などがある。

3) しかし実際には，労働の嫌悪と高価な贅沢を享楽しようとする欲望以外の動機も，考慮されている。それは，人口増殖への衝動と名声などの非金銭的動機とである。前者についてミルは，次のように述べている。「最も顕著な少数の場合においてのみ(人口の原理に関する重要な場合のように)，これらの是正は経済学自体の叙述のなかに挿入される。この場合には，実際的効用のために，純粋な科学的配列の厳密性がいくらか失われる」(Mill CW4, p. 323, 訳 179 頁；Mill CW8, p. 903, 訳⑥ 126 頁)。つまり，人口が増加すれば 1 人当たりの富の量が減少するものと考えられているから，人口増殖への衝動は富の獲得に対立する動機なのである。後者は，『経済学原理』第 2 編第 14 章「職業の差異による賃金の相違について」に現れるものである。ここでミルは，職業選択においては，金銭的な報酬だけではなく，職業に伴う名声が大きな役割を果たすことを認めている。

4) この点について，シュンペーターは次のように述べている。「経済学には，物理学が実験室内の実験から引き出すような便益が欠けている——およそ経済学者が実験について語るさいには，彼らは実験室の諸条件の下で行われる実験とは全く異なる何ものかを意味している——しかしその代わりに物理学に対しては否定されているような情報の源泉，すなわち経済的行為の意味に関する人々の広範な知識を，利用することができる。この情報の源泉はまた，われわれの行論において，くり返しわれわれを悩ますであろう論争の源泉でもある。しかし，その存在そのものはほとんど否定しえない」(Schumpeter 1954, p. 16)。

5) 自分の心を対象とする実験の難点について，ヒュームは次のように述べていた。自然哲学でなら，「1 つの物体がある状態で他の物体に及ぼす影響をどう考えればよいかわからなければ，2 つの物体を実際にその状態に置いてみて，何がそれから生じるかを観察しさえすればよい。ところが，もし道徳哲学でこれと同じ仕方でなんらかの疑いを取り除こうとすれば，私が考察する事態と同じ事態に私自身を置かねばならないが，明らかにこの場合には，このように反省し，あらかじめ計画を立てることで，私の心を自然に動かしている原理の作用が乱れ，観察する現象からなんらかの正しい結論を引き出すのを不可能とするに違いないのである。したがって，道徳哲学においては，実験を人

間生活の注意深い観察から拾い集めなければならないのである」(Hume 1739-40, xix, 訳 25-26 頁)。

6）　精神の現象にみられる化学的な結合の例として，マーシャルは所得が増加する場合をあげている (Marshall 1920, p. 772)。すなわち，ある人の所得が少額だけ増加すると，すべての面にわたって少しずつ購買が増加するが，多額な所得増加があると，ある種のものに対しては全く関心を示さなくなることがある。このような場合には，個々の原因の結果を最初に探究し，しかる後にそれらを合成するという力学的アナロジーは使用できない。諸原因の合成の仕方が変化してしまうからである。

7）　心理主義は，明示された方法論においては経済学を基礎づけるものとして重要であったが，実際には実行されなかった。この点について，シュンペーターは次のように述べている。「各種の社会科学における近代の専門家たちは，なんらかの指針を得るために，人間本性についての本源的科学 (mother science) に訴えるようなことはしない。彼らは，自己の特殊な目的にとって最も有効であると思われる方法を用い，仮説を作って，直接自己の特殊分野における事実や問題を研究する。もしヒュームのような著述家について──形而上学に対する彼らの敵意を別として──何か特別の『近代性』を見出しうるとすれば，それは，彼らが自己のプログラムを実行するのに失敗した事実，ならびに彼らが例えば経済学者として実際に推理するさいには，彼らの人間本性の科学にはあまり注目しなかったという事実に見出されるであろう」(Schumpeter 1954, p. 125)。

8）　「ヒューム以来，もし C ならば，つねに E であるという言明は，経験主義者たちによって一般に，因果関係の意味を尽くしているものとして，したがって因果原理を表す正しい言明として，みなされてきた」(Bunge 1963, pp. 42-43, 訳 60 頁)。

9）　ミルは，『経済学原理』の緒論において，時代や地域によって富の生産や分配の状態が異なることを指摘した後で，次のように述べる。「このように人類の種々な部分の状態には，富の生産および分配に関して著しい差異があるのであるが，これらの差異には，他のあらゆる現象と同じように，必ず原因があるに違いない」(Mill CW2, p. 20, 邦訳① 61 頁)。すべての出来事には原因があるという因果律は，経済現象の研究においても前提とされている。

10）　ベインによれば，ミルは『論理学体系』の出版後，性格学に関する著作の計画を立てていたが，間もなくそれを放棄してしまったという (Bain 1882, pp. 78-79, 訳 96 頁)。ミルの道徳科学における性格学および国民的性格学の位置を考察したものとして，Feuer (1976)，早坂 (1980)，立川 (1986) などがある。

11）　ただし，J. N. ケインズは，抽象的段階と具体的段階との間に厳密な境界線を引くことはできないという留保をつけている。というのは，「われわれが特殊的事情や社会状態を考慮する範囲は，しばしば程度の問題だからである」(Keynes, J. N. 1917, p. 143, 訳 139 頁)。この考え方によれば，仮説的存在としての経済人から，現実的存在としての英米の実業家を経て，富の欲望以外の動機によって支配される人々に至るまで，しだいに具体化する一連の連続的な過程があるだけであって，断絶はないことになる。

12）　われわれの解釈とは対照的に，ミルの経済人は英米人の国民的性格を反映するもの

であると解釈する見解もある。ホランダー(Hollander 1985, pp. 68-69, 112-113)は，ミルが経済行動に関する公理を求めるための帰納的基礎としたのは，時間的・場所的に限定された経験であり，内観さえもそのような性格のものであったと主張する。馬渡(1997a, 44-45頁)は，「定義と方法」から『論理学体系』にかけて，経済人の抽象の仕方が機械的抽象から歴史的抽象に変化したと解釈する。つまり，経済人の利己的動機を多数の人間動機のなかの1つとして抽象する方法から，歴史的傾向に即して，近代にそういう利己的経済人が出現したと捉えるようになったと解釈する。しかし，経済人の動機は多数の動機のなかから抽象されたものであるという方法論上の見解を，ミルが『論理学体系』において放棄したというように読むことはできない。さらに，もし経験的法則を経済理論の基礎にするということになれば，ミルの方法論の全体系が崩れることになる。問題はむしろ，「定義と方法」から『論理学体系』にかけて，ミルの方法論に潜んでいた難点が現れてきたという点にあると思われるのである。つまり，国民的性格の相違を強く自覚するようになっていったにもかかわらず，それを自らの方法論と調和させることができなかったという難点である。

13) 次のようなミルの言葉は，この研究方法の意義をよく表している。「可能な事情の組合せからどのような結果が生じるかを正確に指摘する人は，非常に有用であろう」(Mill CW4, p. 333, 訳198頁)。

第9章　論証の方法

1　経済学における論証

思考実験

　第5章でみたように，ミルは，社会現象のような複雑な現象を研究する方法は，帰納-論証-検証の3段階からなる演繹法でなければならないと考えていた(Mill CW7, p. 454, 訳③ 302頁)。本章では，そのなかの第2段階，すなわち論証(ratiocination)の部分を取り上げて検討することにする。演繹法全体のなかで，この部分のみが狭い意味での演繹に相当するのであるが，この狭義の演繹，すなわち論証とは，具体的にはどのような手続きを指すのであろうか。この問題に答えることが，われわれの出発点となる。ミルによれば，第1に，最も一般的にいうと，論証とは一般から特殊を推論することである(Mill CW7, p. 162, 訳② 13頁)。例えば，次のような三段論法がその例である。

　　すべての人間は死を免れない
　　すべての王は人間である
　　ゆえに，すべての王は死を免れない

　すなわちここでは，大前提も結論も一般命題ではあるが，より一般的な命題から，より特殊な命題が導かれている。第2に，論証が諸原因の集合的結果

の推論を意味する場合がある(Mill CW7, p. 458, 訳③ 309 頁)。つまり,「分析・総合の方法」のなかの総合の手続きがこれにあたる。演繹法の第1段階をなす帰納においては,個々の因果法則が探究され発見される。それらの因果法則を,「x_1ならばy_1」「x_2ならばy_2」……「x_nならばy_n」とすると,x_1からx_nまでのすべての原因が同時に作用するとき,それぞれの結果であるy_1からy_nは,ひとつの集合的結果を形成することがある。力学的なタイプの結合が行われる場合には,すべての原因が同時に作用するときの集合的結果を推論することができる。したがって,この場合の論証とは,諸原因から集合的結果への推論を意味する。しかし,ここでも,一般から特殊への推論という意味は,一貫している。というのは,個々の因果法則は,さまざまな事例の下で通用する一般的なものであるが,論証される集合的結果は,より特殊なものだからである。社会現象は,多くの原因が同時に作用することによって生じる集合的結果であるから,総合的な社会科学における論証は,このように行われることになる。第3に,経済学において行われるような論証のタイプがある。社会科学の1つの分科である経済学では,総合的な社会科学と同じような論証が行われるわけではない。経済現象においては,多くの原因が同時に作用するわけではなく,社会現象を生じさせる諸原因のなかの,ごく少数だけが経済学の守備範囲に入るにすぎない。経済学の論証においては,富の現象の主要な原因が,さまざまな状況の下でどのように作用するのかということを推論する。そのようにして経済学は,富の現象を説明するとともに,総合的な社会科学に対して,社会現象という集合的結果を論証するための部分的な知識を提供するのである。経済学における論証について,ミルは次のように述べている。

「例えば,直接に決定する原因が,主として富の欲望によって作用する原因であり,またそこに主として関係する心理法則が,大きな利得は小さい利得よりも好まれるという周知の法則であるような,そういう社会現象の広範な部類がある。私がここでいおうとするのは,もちろん,社会現象のなかの一部であって,権力によって強制されたり自発的な寄付によって修正されたりしない限り,人間の産業的または生産的活動に由来するもの,この産業活

動の生産物の分配を行う行為に由来するものである。そのような1つの人間本性の法則と，この法則を介して人間精神に作用する主要な外的諸事情(普遍的なものであれ，社会の特殊な状態に限定されたものであれ)とに基づいて推理することによって，われわれは社会現象のこの部分を，それがこの部類の事情にのみ依存している限り，説明することも予測することもできる。そのさいにわれわれは，社会の他の種類の事情の影響を無視し，したがって，われわれが考慮する事情の起源を社会状態の他の事実に求めることをせず，またこれらの他の部類の事情が，前者の結果に干渉し，反対に作用し，修正する仕方を考慮に加えるようなことをしない。このようにして科学の一分科を形成することができる。これが経済学(Political Economy)という名称を得たものである」(Mill CW8, p. 901, 訳⑥ 122-123頁)。

　ここで重要なことは，さまざまな外的事情(outward circumstances)の下で，富の欲望(desire of wealth)という原因がどのように作用するかを推理するという点である。これが，経済学における論証の最大の特徴をなすからである。とはいえ，厳密にいえば，富の欲望は，富の現象を「直接に決定する原因」ではあるが，唯一の原因ではない。富の欲望を含む状況の全体が，1つの結果の原因と考えられなければならない。なぜならば，ミルの因果概念によれば，原因とは先行する諸条件の全体だからである。彼によれば，1つの先行現象と1つの後続現象とが連結しているということは，もしあったとしてもきわめてまれであり，1つの後続現象であっても多数の先行現象と連結しているのが普通である(Mill CW7, p. 327, 訳③ 81頁)。ミルがあげている例によると，水中に投げた石が沈むという現象は，①石と水とがあり，石が水に投下されること，②地球があり，石の落下を引き起こすこと，③石が地球の引力の及ぶ圏内にあること，④石の比重が石を取り巻く液体の比重にまさること，これらの諸条件があってはじめて生ずるものである。さらに，必要なのはこれらの積極的条件(positive conditions)だけではない。水の表面に十分厚い氷が張っているならば，これによって石が水中に沈むことが阻まれるかもしれないから，このような阻止原因がないという消極的条件(negative conditions)も必要になる。したがって，「哲学的にいうと，原因

とは，積極的と消極的とのいずれを問わず，条件をすべて集めた総和である。あらゆる種類の付随する事柄を集めた全体で，それが実現されるとき，後続現象が不変的にしたがうようなものである」(Mill CW7, p. 332, 訳③ 87 頁)。ただし，消極的条件をいちいち列挙することは冗長であるから，これらの条件は，阻止作用または反対作用をする諸原因が存在しない，という項目の下に総括することができる。いずれにせよ，原因とは先行する諸条件の総体である。この考え方によれば，富の欲望だけではなく，外的事情を含めた諸条件の全体が，生起する現象の原因とみなされるのであるが，経済学においては，諸条件の総体のなかから，「直接に決定する原因」として富の欲望を選び出しているのである。

　経済学における論証の方法論的特徴を詳細に論じたのは，ミルよりもむしろケアンズであった。ケアンズは，さまざまな外的事情の下で，富の欲望がどのように作用するのかを推理するというミルの方法を継承して，これを精神的に制御された実験(experiment conducted mentally)または仮説的実験(hypothetical experiment)として定式化した。この方法は，通常は思考実験(thought experiment)と呼ばれている方法にほかならない。ケアンズによれば，経済学者は，経済現象に関する実際の実験を行うことはできないが，それに代わる手段を用いることはできる。すなわち，「経済学者は，その目的に適合する諸条件を実際に作り出すことはできないけれども，これらを自分の心像(mental vision)に映し出し，あたかもこれらの諸条件のみが存在し，人間の感情であろうと物的な対象であろうと，あるいは政治的な制度であろうと，ある要因がそこに作用するものとみなして，自分が検討しようとする経済的特質を推理することを，妨げられるわけではない」(Cairnes 1875, p. 89)。もちろん，このような仮説的実験は実際の管理実験に比べれば劣っている。仮説的実験においては，想定された条件のいくつかを論証の過程で見逃してしまうことがあるし，特定の原因の作用を立証する推理に誤りが生じることもある。しかし，それでもなお，このような仮説的実験の方法は，非常に有用なものである。実際に実験を行うことができない経済学においては，ある状況を想定して思考実験を行う以外に，経済法則を発見する

ことはできない[1]。ケアンズによれば，このような仮説的実験の方法を最も自由にかつ有効に用いた経済学者が，リカードウであった。したがって，リカードウ経済学の抽象性・仮説性は，なんら非難されるべきものではない。「この点を理由として，各方面からこの高名な思想家に向けられた軽薄な攻撃以上に，経済学の方法という問題に関して，一般に蔓延している無知をさらけ出す決定的な証拠はないだろう」(Cairnes 1875, p. 93) というのである。

　ケアンズによれば，リカードウの差額地代論などは，そのような仮説的実験の格好の例であった。農業地代を支配する法則を確定することが目的である場合，経済学者は，次のような諸条件を想定して仮説的実験を行う。第1に，一定の農業技術の状態，第2に，一定の比率で組み合わされた資本と労働とを充用することによって，ある量の収穫をもたらすことができる土地の能力，第3に，ある程度の耕作を進めた後には，逓減する収穫しかもたらさなくなる土壌の傾向，第4に，土地によって肥沃度に一定の差異があるということ，第5に，土地が1つの階級によって所有され，資本を所有する他の階級がそれを耕作したいと望んでいること。経済学者は，これらの諸条件を想定し，農業者の動機と地主の動機とを考慮することによって，両者の合意が成立する地代の額を論証することができる。以上の仮定の下では，一定量の収穫をもたらすために必要な資本・労働量は，土地の肥沃度や耕作の集約度によって異なる。最大の費用を要する部分は，通常の利潤が得られる限りで生産が継続される。通常の利潤が得られるということは，社会の需要を満たすためには，その部分まで耕作が行われなければならないということを意味している。もし費用に格差があるならば，より少ない費用で生産しうる場合には，そこに経済的地代が生ずることになる。経済的地代は通常の利潤を超える剰余であるから，農業者はそれを生ずる農場を借りようとして競争し，剰余の一部を地主に支払ってでも農場を借りようとする。地主はできるだけ多くの地代を支払う農業者に土地を貸そうとするから，結果的にすべての経済的地代が地主に引き渡され，農業者の手元には通常の利潤だけが残ることになり，その状態に至って競争が停止することになる。このような推論が，経済学における論証の典型として考えられていた。つまり，ある状況の下で

経済人が富の欲望にしたがって合理的に行為するとき，どのような結果が生ずるのかということを推論するのである。

数学の役割

ここで注意すべきことは，ミルにせよケアンズにせよ，論証が通常の言葉を用いて行われ，数学的表現は用いられていないということである。これは，当時の古典派経済学全体に当てはまる特徴であった。しかし，経済学に数学の手法を導入しようとする試みは，この時代にはすでに始まっていた。イギリスにおいてその嚆矢となったのは，W. ヒューエルであった。ヒューエルは，1829年にケンブリッジ哲学協会(Cambridge Philosophical Society)の会合で，リカードウの経済学を数学的に解説する論文を発表した。ヒューエルはそこで，経済学に数学を導入する意義について，次のように語っている。「数学の言語を使用すれば，その助けのない場合よりも，より体系的かつ一貫した形で，さらに加えて，より単純にかつ明晰に，経済学という科学の若干の部分を提示しうるし，またそのうえ，この言語に慣れた人々にとっては，数学を用いることによって，それを用いない場合よりも，はるかに理解しやすくまた近づきやすいものになる。私はまた，この研究の仕方によれば，何がたんなる計算上の困難であり，何が原理的な困難であるかを，非常に容易に発見しうるということも示したいと思う。そして，計算が実際に複雑で錯綜している場合には，それらを一般的な事例のなかで考察すれば，達成可能な単純化の筋道と限界とをいかに即座に指摘しうるかは，すべての数学者の知るところなのである」(Whewell, 1829, pp. 1-2)。ヒューエルは，数学を用いないならば，次のような3つの誤りを避けることができないであろう，と警告する。第1に，原理を不当に仮定するかもしれない。第2に，問題が複雑であるために，その原理からの推理を誤るかもしれない。第3に，主要な諸力の結果を妨害する攪乱原因を無視するかもしれない(Whewell, 1829, p. 4)。力学は，数学的科学となったために，これらの欠陥を免れることができた。力学と経済学とはきわめて類似しているから，経済学においても，数学を応用することから，なんらかの利益が期待できるであろう，というの

第9章 論証の方法

である。さらに，2年後の1831年にケンブリッジ哲学協会の会合で発表された論文のなかでも，ヒューエルは，「数学的過程によって，われわれは演繹系列が複雑であるために生ずるかもしれない困難と紛糾のすべてを最も容易に克服することができるし，当初の諸原理の間違った適用や暗黙の諸仮定のためにわれわれの推理の行程が損なわれる危険から免れる」(Whewell, 1831, pp.1-2)とし，経済学者が多用する数値例よりも一般的に推理を進めることができる，と述べているのである。

しかし，ヒューエルは，数学使用の意義を強調する一方で，数学的推理の限界についても明言していた。すなわち，数学的推理は，ある公準から出発して確実な結論を導くことができるが，その公準を設定することは別の手続きに属するというのである。「数学的探究は公準としてのこれらの原理から出発するのであって，それらの真偽には関わらない。世界およびわれわれ自身についての観察によって知られる大量の事実のなかからこのような諸原理を選び出すこと，——そのような法則の実在性，数，および限界を立証すること——，これらは，言葉の本来の意味での数学者が扱うものとは全く違う哲学の一分野に割り当てられる任務である」(Whewell, 1831, p.2)。大量の事実のなかから経済学の諸原理を選び出す作業を，ヒューエルは，友人のリチャード・ジョーンズが果たしてくれるものと期待していた。「私の目的は，道徳的推理の困難から計算の困難を抜き取るために，数学を適用する仕方を示すこと，すなわち，諸原理へと上昇する推理の任務とそれらから下降する推理の任務とを分離することです。前者は帰納的なものであり，あなたにふさわしいものです。後者は演繹的なものであり，これを取り扱うのに最も適しているのは私の道具かもしれない，と思っています」(Whewell's letter to Jones, March 5, 1829, in Henderson 1990, p.16)。しかし，ヒューエル自身が認めていたように，そのような諸原理を選び出す作業は，短期間に果たされるものでも容易なものでもなく，その完成は将来の課題として先送りされることになった。したがって，ヒューエルは，ジョーンズによって提供されるはずの「真の公準」から数学的推理を進めることはできなかった。その代わりに彼が行ったのは，既成の経済学の公準を数学の言語に翻訳して，推理

を行うということであった。

　ヒューエルがリカードウ経済学の数学的解説を試みたのは，リカードウを支持するためではなく，批判するためであった。すなわち，リカードウの演繹的推理だけではなく，その演繹の前提となっている基本原理も誤っていることを示すために，リカードウ経済学の数学的再構成を試みたのである。ヒューエルの考えは，リカードウの基本原理を所与として数学的に結論を導き，その結論が現実と乖離していることを示しうるならば，数学的論証に誤りがない限り，前提に誤りがあると考えることができる，というものであった。「私としては，リカードウ氏の体系の基礎をなす諸原理が，安定的・普遍的に作用していると言ったり，あるいは，それらの諸原理を妨害し制御する他の諸原理を無視してもよいほどに卓越した優勢な影響を及ぼしていると言ったりすることは，全く正当化されないと考えている。それらのいくつかは一般に絶対的に偽であり，他のものもほとんどすべての特殊事例に適用することができない。とはいえ，それらの帰結をたどることが，おそらくそれらを検証し訂正する最も明瞭なやり方の1つであろう」(Whewell, 1831, pp. 2-3)。したがって，ヒューエル自身は，自分が正しいと思う公準を置いて，その結論を数学的に導くという作業を行わなかった。彼はリカードウの諸原理が誤っているということを主張したにとどまったのである。

　ヒューエルの議論が当時の経済学者に影響を及ぼすことはなかった。当時は，社会科学における数学使用に対して，強い抵抗があったのである。例えば，J.S.ミルは，社会科学では数学を使用することができないという根拠について，次のように述べていた。

　「数学の原理が明瞭に適用不可能なのは次の場合においてである。現象の部類がもっぱら依存している原因がきわめて不完全にしか観察することができないので，したがってその数値的法則(numerical laws)を適当な帰納によって確かめることができない場合，原因が多数でかつ複雑な仕方で相互に混合しているため，その法則が知られているものと仮定しても，集合した結果の計算を，現在の計算法および将来ありうべき計算法によってなしえないような場合，最後に，生理学，さらに，もしそれが可能だとして，社会科学に

おいて見られるように，原因そのものが不断に変動しているような場合である。物理的問題についての数学的解決は，問題がその抽象的かつ仮説的性格を脱して，自然に実際に存在する複雑さに迫るのに比例して，ますます困難で不完全なものになる。そのため，天文学的現象ならびにそれに最も類似している現象の限界を超えるところでは，数学的正確さは"研究の現実性を犠牲にして"獲得されるのが一般的である。……物体の無数の微粒子の相互作用に基づく現象，例えば化学の現象や，さらに生理学の現象に，数学の原理が有効に適用されうるだろうとの希望がいかに空虚なものであるかを考えることができる。同様な理由から，これらの原理を，社会や政治の現象を主題とするもっと複雑な研究に適用することはできない」(Mill CW8, pp. 620-621, 訳④ 590-591 頁)。

　ミルはここで，社会科学での数学使用を不可能にする3つの難点をあげている。第1に，社会現象の原因についての数値的法則が確かめられないこと，第2に，原因が多数であるために集合的結果を計算できないこと，第3に，原因そのものが不断に変動すること，これである。3つの理由に続いて述べていることは，主として第2の難点に関連することであり，ミルがこれを最も重視していたことがわかる。ここで取り上げられているのは，社会科学における数学使用という問題であるが，とくに経済学について考えると，どういうことになるであろうか。第2の難点と関連して，経済学における数学的方法の使用可能性を問題にする場合には，抽象的・仮説的科学のレベルと現実への適用のレベルとを分けなければならない。つまり，多数の原因が同時に作用する現実の状況においては，集合的結果の計算が困難になるとしても，攪乱原因を捨象して理想化した状況を作る抽象的・仮説的科学においては，その困難は問題にはならない。一般的社会科学の場合には，そもそも多数の原因を考慮しなければならないし，応用経済学の場合にも，応用場面の事情に応じて攪乱原因を考慮しなければならないから，集合的結果の計算が困難だという問題が現れる。これに対して，抽象的・仮説的科学としての経済学，すなわち経済理論においては，考慮しなければならない原因は少数にとどまるから，計算の困難という問題はかなり軽減される。そこで問題となるのが，

少なくとも経済学の抽象的・仮説的なレベルでは，数学の使用が可能なのではないか，ということである。しかし，ミルの『経済学原理』のなかの経済理論の部分をみても，第3編第18章「国際的価値」のなかで簡単な代数記号が使用されていることを除くと，とくに数学的表現が使われているわけではない。経済理論の実態を考慮すると，ミルの場合にはやはり，一般的社会科学だけではなく経済学においても，数学の使用には消極的であったと考えなければならない[2]。

　経済学における数学使用という問題は，1870年代に入って，ジェヴォンズが経済学の数学的性格を強力に主張したことによって，大きな問題として浮上してきた。ジェヴォンズによれば，経済学は数量を取り扱うがゆえに，それだけで数学的科学でなければならない。「経済学の数学的法則が言葉で示されるか，通常のx, y, z, p, q等の記号で示されるかということは，1つの偶然または便宜の問題である。もし煩労と冗長とを気にしないならば，最も複雑な数学的問題も日常言語で示すことができるし，その解を言葉を用いて突き止めることもできる」(Jevons 1957, p. 4, 訳3頁)。経済的数量間の関係が言葉で表現されていたとしても，それが数学的な性格のものであることに変わりはない。言葉で表現する方法と，数学的記号で表現する方法との相違は，後者の方が便利だということだけである。このように述べたうえで，ジェヴォンズは，ミルの第1の難点に対する回答となる議論を展開する。すなわち，数学的科学と精密科学とを区別することによって，この難点を克服しようとする。「多くの人は数学的言語に対して，数学的科学(mathematical science)と精密科学(exact science)との観念の混同から生ずる1つの偏見を抱いている。計算のさいに精確な解答を可能にする精確なデータがないならば，計算すると称してはならないと考えている」(Jevons 1957, p. 5, 訳4頁)。ここで精密科学とは，精確な数値をもったデータに基づいて計算し，精確な数値をもった解答を得る科学を意味する。ジェヴォンズもまた，経済学がそのような精密科学の段階にはないことを認めていた。しかし，経済学が数学的科学であるためには精確な数値は必要ではない。物理科学においても，精確なデータを獲得する前に，数学的科学として展開されていたという

のである。実は，ミルの第1の難点を批判する見解は，すでにクールノーによって述べられていた。クールノーによれば，数学解析の性質について経済学者の間に誤解がある。経済学者たちは，数学の記号や公式はたんに数値の計算を行うためにあると考えている。しかし，数学解析は，たんに数を計算するだけではなく，数字には表されえない大きさの間の関係や，その法則を代数的に表現できないような関数の間の関係を見出すためにも用いられる。クールノーは，大きさの間の関係が問題となる場合に，数学の記号を使用するのは，全く自然なことだと述べていたのである (Cournot 1838, vii-viii, 訳 xvii-xviii)。

　ジェヴォンズの主張に対して反応したのは，ケアンズであった。ケアンズは，ジェヴォンズの『経済学の理論』を批評した論文のなかで，経済学における数学の役割について言及した。ケアンズは，経済学のいくつかの学説は数学的に表現しうるということ，そのように表現することによって，より明晰な理解がもたらされることもあるということを，否定はしなかった。しかし，経済学的真理のこのような表現様式は，その適用範囲が非常に限られているのであって，道徳科学あるいは社会科学において，適用可能な範囲を超えて数学が用いられたり，数学的な記号で表現される用語の具体的な意味を忘れて推理が行われたりする場合には，信頼できないものになる，と述べた (Cairnes 1872, p. 76)。さらに，『経済学の性格と論理的方法』第2版の序文でも，ジェヴォンズとの関連で，数学の役割について語っている。それによれば，幾何学的図形や数学的定式は，経済学的真理を生み出すためのものではなく，他の経路を通って到達した経済学説を表現するためのものである。数学は経済学的真理を生み出すものではないという根拠は，経済学がその前提を導き出す源泉，すなわち精神的現象が数学的取扱いを許さないからである。「精神の感情が精確な数量的形式で表現されるということ，あるいは経済現象が精神の感情に依存しないということ，これらのうちどちらかが証明されるのでなければ，この結論を避けることはできない」(Cairnes 1875, p. 76)。ここでケアンズは，ミルがあげていた第1の難点をくり返している。すなわち，経済現象の原因についての数値的法則が確かめられないという問

題である。これに対しては，ジェヴォンズが数学的科学と精密科学との区別という観点から回答を与えていたのであるが，その点について，ケアンズの側からの反批判は行われなかった。いずれにせよ，ミルやケアンズの方法論においては，経済学における数学の役割という問題は，大きな位置を占めてはいない。この問題は，形成期の経済学方法論の問題というよりも，その次の段階で取り上げられることになる問題だったのである[3]。

2　仮定の修正

賃金基金説

　言葉によるものであれ数学を用いるものであれ，一定の前提から導かれる結論は，仮説的真理を表すもの，すなわち，ある仮定の下でのみ成り立つものにすぎない。そこでは，当該問題と関係のある要因のみが取り上げられる。したがって，取り扱う問題が変わる場合には，当然のことながら，それに応じて前提を修正する必要が生じる。われわれはここで，ミルの賃金基金説とケアンズの非競争的集団の理論とを例として，仮定の修正ということの意味を明らかにしたい。

　J. S. ミルによる「賃金基金説の撤回」は，ときに古典派経済学の終焉を告げる出来事とも呼ばれた[4]。そのため，ミル研究の歴史においても，「他のトピックスに比し不相応なほどの」(馬渡 1997a，172頁)多くの議論が行われてきた。われわれはここで，この問題に方法論的な観点からの考察を加えることにしたい。すなわち，ミルにとって経済理論とは仮説的・抽象的な性格のものであり，その仮定は必要に応じて修正されうる性格のものであった，という観点から考察する。そうすることによって，いわゆる「賃金基金説の撤回」は，少なくともミルの方法論に違反するものではなかったということを明らかにしたい。

　ミルによれば，賃金の法則は大きく2種類に分かれる。「賃金という標題の下に考察すべきことは，第1に，一般に労働賃金を決定する，あるいはこれに影響を与えるところの諸原因であり，第2に，さまざまな職業の賃金の

間に存在するところの差異である。この2つの部類の問題は別々に取り扱うのが便利である。そして，賃金の法則について議論する場合には，まず最初には，あたかも平均的な程度の強度と不快さとを伴う普通の不熟練労働以外は存在しないかのようにして，議論を進めるのが便利である」(Mill CW2, p. 337, 訳② 276頁)。すなわち，平均的賃金を決定する法則と，職業間の賃金格差を決定する法則とが，ミルのいう賃金の法則ということになる。ここで平均的賃金を決定する法則といわれているものが，いわゆる賃金基金説 (wages-fund doctrine) にほかならない。賃金基金説とは，「賃金は主として労働の需要と供給とに依存し，あるいはよく使われる表現を用いるならば，人口と資本との間の割合に依存する」(Mill CW2, p. 337, 訳② 276-277頁) という法則であるが，端的に「賃金基金／労働人口＝平均賃金」というように表現することができる。

　ここで注意しなければならないのは，賃金基金説を支える仮定である。第1に，ここでは，平均的賃金を決定する法則を解明するという目的に対応して，平均的な程度の強度と不快さとを伴う普通の不熟練労働以外は存在しないという仮定が置かれている。すなわち，職業間・個人間の賃金格差はないものと仮定されている。第2に，賃金基金はすべて生産的労働者の雇用に充てられるものと仮定されている。ミルがここで「人口」というのは労働人口のことであるが，実際には労働人口はすべて生産的労働者からなるわけではない。現実の社会には，生産的労働者だけではなく，兵士や家事使用人などの不生産的労働者もいるから，正確にいうと，両者を雇用する基金の総計が賃金基金と呼ばれなければならない。しかし，ミルによれば，賃金基金のほとんどは生産的労働者の賃金に充てられるのであるから，他の比較的小さく重要ではない部分を無視して，賃金基金と流動資本中の賃金部分とを同一視することができる，というのである (Mill CW2, p. 338, 訳② 277頁)。第3に，賃金はすべて競争によって決定されるものと仮定されている。当時のイギリスにおいて，賃金が主として競争によって決定されていたとしても，慣習の影響が消滅したわけではなかった。ミルはそのことを認めており，「雇主が競争の利益を十分に利用するならば，労働の報酬が現在よりも低くなら

ないような労働の種類というものはほとんどない」と述べているのである（Mill CW2, p. 337, 訳② 276 頁）。平均的な程度の不熟練労働者だけが存在し，それはすべて生産的労働者からなり，賃金はすべて競争によって決定されるという諸仮定は，現実をそのまま反映するものではない。これらの仮定に基づく議論は仮説的・抽象的な性格のものであり，現実への適用を考える場合には，仮定を修正しなければならないのである。

仮定の修正に関するミルの考え方は，例えばリカードウの賃金論に対する注釈のなかに現れている。リカードウによれば，一定の時と所には最低限の賃金率というものがあり，一般的賃金率はいつもこの最低限に近づこうとしている。つまり，一般的賃金率がこの最低限を下回ると人口が減少し，労働供給が減少して賃金が上昇する。逆に，最低限を上回ると人口が増加し，労働供給が増加して賃金が下落する。したがって，労働人口の増減が表面化するのに必要な時間よりも長い時間にわたって，一般的賃金率が最低限の賃金率から乖離し続けるということはない，というのである。ミルによれば，「この仮定は真理を含んでいる。そしてその真理は，抽象的科学の目的からいえば，この仮定を容認させるのに十分なものである。そして，リカードウ氏がこれから引き出している結論，すなわち賃金というものは結局は食料価格とともに騰落するものであるという結論は，仮説的には，すなわち同氏が出発点とする想定を承認するならば真である。しかし，これを実際に応用する場合には，同氏がいう最低限なるものは，とくにそれが肉体的最低限ではなく道徳的最低限と名づけうるものであるときには，それ自身変動しがちなものであることを考慮する必要がある」(Mill CW2, p. 341, 訳② 283-284 頁)。つまり，最低限の賃金率が一定であるという仮定は，仮説的・抽象的な理論においては許される。しかし，理論を現実に近づけるためには，当初の仮定を修正して，最低限の賃金率が変化するものであることを考慮しなければならない，というのである。

ミルによる「賃金基金説の撤回」といわれるものは，上記のような仮定の修正の一例であるということができる。周知のように，ウィリアム・ソーントンは 1869 年刊行の著作において，固定した大きさの賃金基金の存在を前

提とする考え方を批判した。これに対してミルは、『フォートナイトリー・レヴュー』の1869年5月号と6月号の書評論文において、その仮定は動かしえないものではなく、修正が可能なものであることを認めたのである。すなわち、「雇用者が、自分の事業を営むために投じるつもりであった基金だけではなく、彼が生活必需品を超える自分の個人的支出のために使おうと思っているものの全部をも吸収するところまで、賃金が上昇することを本来的に不可能にするような自然法則などは存在しない。賃金上昇にとっての真の限界は、どれだけの上昇があれば破産してしまうか、あるいは事業を捨てる気にさせられるかということを現実的に考慮することであって、賃金基金の動かしえない限界なのではない」(Mill CW5, p. 645)。つまりミルは、固定した賃金基金という仮定から、増減する賃金基金という仮定へと、仮定を修正することができると述べているのである。

　本書第6章で述べたように、ミルの方法論によれば、経済理論はそもそも仮説的・抽象的なものであり、仮定と現実との間にはさまざまな抽象の段階がありうる。例えば、賃金基金説においては、普通の不熟練労働以外の労働は存在しないと仮定されるのであるが、『経済学原理』第2編第14章では、この仮定を修正して、職業の差異による賃金の相違について論じている。要するに、何を明らかにするのかという目的に応じて、仮定が異なるのである。賃金基金一定という仮定を置くと、平均賃金を上昇させるためには、人口の抑制が必要であるということがただちに明らかになる。経済現象の一側面を鮮明に示すためには、攪乱的な要因を捨象しなければならない。しかし、この仮定を置いたまま労働組合の問題に賃金基金説を適用すると、労働組合の賃上げ運動は無効であるという結論が導かれてしまう。労働組合の意義を明らかにするためには、別の仮定を置いて別の結論を導かなければならない。すなわち、賃金基金は固定しておらず、雇用者の奢侈的支出の部分にまで食い込めるものと仮定するならば、労働組合は、限られた範囲内においてではあるが、雇用者と分配を争いうる存在であることが示される。解明すべき目的に応じて仮定を操作することは、いかにもご都合主義のような印象を与えるが、経済理論が仮説的・抽象的なものであることを考えれば、この操作は

当然のことなのである。仮定を動かしえないものとすることは，理論の物神化に陥ることを意味する。しかし，どのような仮定を置いてもよいということではない。どのような経済現象を説明しようとするのか，どのような問題について実践の指針を求めるのか，要するに取り組むべき問題の性質に応じて，仮定が決められるのである。

非競争的集団の理論

　経済理論上のケアンズの貢献として最も有名なものは，非競争的集団(non-competing groups)あるいは非競争的産業集団(non-competing industrial groups)の理論と呼ばれるものである。この学説は，慣例として「理論」と呼ばれているが，実はより基本的な法則である生産費の法則(law of cost of production, or law of cost)を，特殊な条件の下で限定したものにほかならない。ケアンズによれば，生産費の法則は，「自由に生産された諸商品の価値を規制するのは生産費である」という命題で表される。「自由に」という言葉は，有効な競争(effective competition)が存在し，誰でもその生産に参入することができるということを意味している。ケアンズの場合，価値とは諸商品が交換される比率を意味するので，生産費の法則とは，有効な競争が存在する場合には，諸商品はその生産費に比例して交換される，という関係を表している。ここで生産費とは，その生産に携わる労働者と資本家とが被る犠牲のことであり，労働・制欲・危険の3つの部分からなっている(Cairnes 1874, p. 74)。これらのうち，労働は労働者が，制欲は資本家が，それぞれ負担する犠牲であるが，危険は両者とも負担するものとされる。賃金と利潤とは，これらの犠牲に対する報酬とみなされる。有効な競争が存在する場合には，資本家も労働者も，できるだけ大きな報酬を得ようとして投資部門や職場を選択するので，結果的にどの部門や職場でも，一定の犠牲に対する報酬が等しくなる傾向がある。このような競争のメカニズムによって，諸商品は，生産費すなわち費やされた犠牲に比例して交換される傾向を有するものとされるのである。

　しかし，諸商品はつねに生産費に比例して交換されるというわけではない。

資本と労働の移動が自由であっても，生産の調整には時間がかかる。生産費の法則は，つねに成り立つ事態を表現するのではなく，傾向を表現するものと考えられる。例えば，現時点において，小麦と大麦との交換比率が相互の生産費に比例しておらず，大麦の方がその生産費に比べて相対的に高価であるとしても，小麦と大麦とはそれらの生産費に比例して交換される傾向がある，という言明は依然として真である。このことの証明は，小麦価格と比較して大麦の価格が高いために，来シーズンは大麦の生産が増大し小麦の生産が減少する，ということによって与えられる。来シーズンにおける大麦の増産と小麦の減産とが，生産費に比例する交換を実現するのに不十分であるならば，さらに次のシーズンも，大麦の増産と小麦の減産とが行われるであろう。もし大麦の増産と小麦の減産とが過度に行われて，その生産費に比べて小麦の方が相対的に高価になるならば，逆のことが行われるであろう。結果がどのようであっても，そして季節変動その他の原因によって，いかに期待が裏切られても，商品の価値がその生産費に接近するという傾向は，つねに作用し続ける。そして，少なくとも国内においては，かなり長い期間をとれば，生産費と価値との一致は十分に正確なものとなるであろう。要するに，「この学説は，事実ではなく傾向を表現しているのである」(Cairnes 1875, p. 105)。

　国内における諸商品の交換比率を決定する原理は，外国貿易の場面ではそのまま通用するわけではない。このことは，すでにリカードウや J. S. ミルによって明らかにされていたわけであるが，ケアンズの非競争的集団の理論とは，実際には国内にも外国貿易の場合と同様な事情が存在する，ということを指摘したものであった。すなわち，生産費の法則が成立するためには，有効な競争が存在するという条件，言い換えれば，より有利な報酬を求めて資本と労働とが自由に移動しうるという条件が必要であった。しかし，ケアンズによれば，国家間はいうまでもなく，国内においても，とくに労働の移動は自由ではない。新規に労働市場に参入しようとする若年労働者でさえ，その社会的地位や環境・教育・訓練の相違から，ある限定された範囲内でしか職業を選択できない。労働者の間には，相互に孤立したいくつかの集団が

あり，各労働者は自分が属する集団に許された職業しか選択することができない。ケアンズは，自分が行った諸集団の区分は網羅的でも厳密でもなく，また集団間の移動が絶対に不可能だというわけでもない，という限定を付しながらも，当時の産業組織のなかに次のような4集団が存在することを指摘した。すなわち，第1に，熟練労働者の手伝い・農業労働者などからなる不熟練労働者の集団，第2に，大工・さし物師・小売商人などからなる職人の集団，第3に，機械技師などからなる高級生産者・商人の集団，第4に，科学技術や商業活動の高級部門に従事する者などからなる専門職の集団，がそれである (Cairnes 1874, pp. 66-67)。ある職業群の報酬が有利であっても，その職業群への移動が制限されているという事態を捉えて，ケアンズは，これを非競争的集団と呼んだのである。

競争が制限されている場合には，生産費の法則は修正されざるをえない。ケアンズによれば，より上級の集団に属する者が生産した商品の価格は，その生産費と対比してみれば，より下級の集団に属する者が生産した商品の価格よりも，相対的に高価であるという。国内においては資本移動が自由であり，資本家の犠牲と報酬とは平準化する傾向があるから，この格差は，異なる集団に所属する労働者がその犠牲に比べて相対的に多額のあるいは少額の報酬を得ていることに由来する。すなわち，より上級の集団に所属する労働者は，熟練を修得するために費やされた犠牲を考慮に入れたとしても，より下級の集団に所属する労働者よりも有利である。社会的地位の相違が，熟練を修得するための機会の不均等をも生み出すのである。このように，下級の集団から上級の集団への移動が妨げられているため，商品の生産費と販売価格とが比例しない状態は解消することがない。したがって，非競争的集団間の商品交換を支配する法則は，生産費の法則ではなく，ミルが外国貿易論において提起したような「相互需要の法則(law of reciprocal demand)」であるということになる。ケアンズは，ミルの「国際的需要の方程式」，すなわち「ある国の生産物は，その国の輸出の総額がその国の輸入の総額に対して過不足なく支払いをなすのに必要とされるような価値をもって，他の国々の生産物と交換される」という法則を，国内の非競争的集団間の商品交換に応

用したのである(Cairnes 1874, pp. 68-69, 89)。

　では，労働移動が自由であるという仮定から，非競争的集団が存在し労働移動が制限されているという仮定へと，仮定が修正された場合，生産費の法則は否定されるのであろうか。ケアンズの回答は，否定されないというものであった。次の引用文は，直接には外国貿易に関して述べられたものであるが，仮定が修正されても，より一般的な法則は否定されないというケアンズの考えが端的に示されている。「傾いた板の上で分銅が静止していると仮定しよう。およそ物理法則の意味を理解している者であれば，ここでは引力の法則は無効である，とはいわないであろう。この法則は無効なのではなく，摩擦という別の力の介入によって反対の作用を受けているのである。同様に，生産費の法則も無効なのではなく，国際貿易における別の種類の摩擦が介入して，その作用の帰結を修正しているのである」(Cairnes 1875, p. 109)。板の摩擦を減少させるならば，分銅は重力の法則にしたがって下方に動き出す。同様に，国境や社会的地位という障害を減少させるならば，一般的価値法則の作用が姿を現すようになる。生産費の法則は，国境や非競争的集団を考慮に入れると修正を免れないのであるが，その作用が否定されるわけではないというのである。このような法則概念は，ケアンズの方法論の核心に位置するものであった。ここから，経済法則は現象によっては反駁されない，という問題が生じてくるのであるが，われわれはこの問題を次章で考察することにする。

3　説明と予測

演繹的説明

　経験科学が事実の研究を課題とすることはいうまでもない。ミルによれば，そのような事実の研究は3つの異なった観点から行われなければならない。すなわち，「事実の科学的研究は3つの互いに異なる目的のために行われる。事実のたんなる記述(description)と，事実の説明(explanation)と，事実の予測(prediction)とである」(Mill CW7, p. 299, 訳③ 31頁)。ここで記述とは，

既知の事実の一般的特徴を表現することを意味する。記述は，説明と予測の基礎となるものではあるが，それ自身は帰納の操作を伴うものではない。というのは，記述は既知の事実の表現であって，1つの事実から他の事実へと推論を行うものではないからである。その意味で，ミルの帰納論理学にとって重要であったのは，記述というよりも，むしろ説明と予測であった。われわれは本節で，ミルおよびケアンズの説明と予測とに関する見解を取り上げ，経済学の原理と現実との関係について検討を加えることにしたい。

　事実の説明というときにミルが念頭に置いていたのは，因果的説明であった。ミルによれば，説明とは，説明されるべき事実の原因を指摘すること，あるいは，その事実を1つの事例とする一般法則を指摘することにほかならない。すなわち，「1個の事実は，その原因を指摘すること，すなわち，その事実の生ずることがその1事例であるような，因果関係の法則ないし諸法則を陳述することによって，説明されるといわれる。可燃物の堆積のなかに火の粉が落ちることによって火災が発生したことが証明されるとき，その火災は説明されたことになる」(Mill CW8, p. 464, 訳④ 319 頁)。このようなミルの見解は，ヘンペルによって，「演繹的・法則的説明」の原型を与えたものであると解釈された(Hempel and Oppenheim 1948, p. 251)。この解釈によれば，ミルの見解は次のような定式を不完全な形で述べたものにほかならない。

　　説明項　　初期条件　$C_1, C_2, \cdots, C_k$
　　　　　　一般法則　$L_1, L_2, \cdots, L_r$
　　被説明項　　　　　　E

ミルがあげている例をこの定式に当てはめると，次のようになる。

　　説明項　　初期条件　可燃物の堆積のなかに火の粉が落ちた
　　　　　　一般法則　可燃物の堆積のなかに火の粉が落ちると，火災が
　　　　　　　　　　　起こる

被説明項　　　　　火災が起こった

　このような説明の形式が「演繹的」と呼ばれるのは，被説明項(説明されるもの)が説明項(説明するもの)から演繹的に導かれるからであり，「法則的」と呼ばれるのは，説明項のなかに一般法則が含まれているからである。ミルの見解が「演繹的・法則的説明」の不完全な定式化であるという理由の1つは，ミルが原因(初期条件)と一般法則との区別を明示していないという点にある。

　確かにミルの見解には，ヘンペル流の「演繹的・法則的説明」を彷彿とさせるものがある。しかし，説明についてのミルの考え方と「演繹的・法則的説明」との類似性を語る場合には，注意しなければならないことがある。第5章第1節で述べたように，ミルにとって真の推論とは，演繹ではなく帰納であった。推論の性格について，ミルは次のように述べていた。「すべての推論は特殊から特殊に及ぶ。一般命題はすでになされたそのような推論をたんに記録したにすぎず，またもっと多くの推論をするための短い方式である。三段論法の大前提はそのような種類の方式で，結論はこの方式から導いた推論ではなく，この方式にしたがって導かれた推論である。真の論理的前件すなわち前提は特殊的事実であって，これから一般命題が帰納によってまとめられるのである」(Mill CW7, p. 193, 訳② 71頁)。つまり，「火災が起こった」という事実の真の説明項は，「可燃物の堆積のなかに火の粉が落ちて，火災が起こった」という既知の事実と，「可燃物の堆積のなかに火の粉が落ちた」というもう1つの事実であり，そのような特殊な事実から，同じ状況においては同じことが起こると推論されるのである。「可燃物の堆積のなかに火の粉が落ちると，火災が起こる」という一般命題は，すでに行われた推論の記録にすぎない。演繹的推論とは，この記録を解釈して，新たな事実がこの一般命題に包摂されるかどうかを，決定することを意味する。ミルの場合にも，一般法則が与えられているならば，これを前提として被説明項を導くことができる。その意味で，ミルの説明は演繹的説明の形式をもつということができるのであるが，一般命題に付与された特殊な意味を忘れてはなら

ないのである[5]。

経済学的説明

　ケアンズもまた，事実の説明とは，説明されるべきものを，その原因および一般法則に帰することであると考えていた。ケアンズは，原因や法則という言葉の代わりに原理や公理という言葉も用いており，用語の使い方という点では，ミル以上に雑然とした印象を与える。しかし，経済学に即して説明の一般的特徴を考察したことは，ケアンズの功績であったということができる。ケアンズによれば，「現象の説明，言い換えると，問題の解決（これらの表現は同義である）とは，解決されるべき事実すなわち説明されるべき事実を，既知のあるいは承認された諸原理に関係させることである」(Cairnes 1875, p. 129)。例えば，惑星の速度は，この速度が既知の力学的原理の帰結であることが示されるとき，説明されたといわれる。また，結露という現象は，熱の放熱および伝導に関する法則と，水蒸気の凝結に関する法則とが，結露が実際に観察される外的な条件の下で，必然的にその現象をもたらすことが示されるときに，説明されたといわれる。同様に，例えば地代という経済現象は，土地のような特殊な性質をもつ物品について取引を行う場合の，当事者たちの利害作用の必然的な帰結であることが示されるときに，説明されたといわれる。したがって，「経済問題の解決は，物理的問題の解決に厳密に類似している。どちらの場合にも，その過程は，説明されるべき事実を科学の究極的原理に至る源泉まで遡及することを意味する。……それが経済的事実である場合には，経済学の究極的公理まで——すなわち，経済学の諸学説が導き出される精神的および物理的原理まで遡及する。この結合が明確に立証されるまでは，どの物理的もしくは経済的現象についても，説明されたということはできない」(Cairnes 1875, p. 130)。ケアンズにとって経済学の究極的公理とは，経済人の仮定・人口の原理・収穫逓減の法則の3つを指していた。したがって，経済学における説明とは，説明されるべきものが，これらの原理の帰結であることを示すことにほかならない。

　例えば，1856年に，ヨーロッパ諸国からインド・中国などの東洋諸国へ，

銀が大量に輸出されたという現象は，どのように説明されるのであろうか。この現象の説明は，関連する外的事情の下で，人間がそれぞれの利益を追求したことを考慮することによって，行われる。第1に，イギリスにおいては，好景気によって賃金が上昇し，東洋諸国の生産物に対する需要が増大した。第2に，ヨーロッパ大陸では，絹の生産が不振であったために，インドおよび中国からの絹の輸入が増加した。第3に，クリミア戦争によってロシアとの貿易が妨げられ，従来はロシアから輸入されていた物品が，東洋諸国から輸入されるようになった。第4に，中国で太平天国の乱が起こり，貴金属の保蔵に対する欲求が増大した。第5に，オーストラリアおよびカリフォルニアで金鉱が発見され，新産金が流入して銀に対する金の価値が低下し，金銀複本位制を採用していたヨーロッパ大陸諸国では銀に代わって金が流通するようになり，銀に対する需要が減少した。「これらのさまざまな事情を考慮し，これらに由来する富の追求行為のさいに作用する人間的利害を考慮すると，ヨーロッパから東洋への銀の輸出が(同等の効力をもって反対方向に作用する他の諸原因によって相殺されないならば)，1つの必然的な帰結として，生じなければならない。そして，それらすべてを理解し，それらの量的規模をできる限り確定するならば，それらは現在の流出を説明するうえで大いに役立つであろう」(Cairnes 1875, p. 133)。例えば，ヨーロッパ諸国で絹の生産が不振であれば，絹の価格が騰貴するから，商人にとってはそこに利得の機会が生じる。「富の追求行為」を考慮するならば，絹商人が東洋諸国で絹を買い付けてヨーロッパ大陸へ運ぶことは，当然のことといえる。ここで注意すべきことは，ヨーロッパ諸国の絹生産が不振であったこと，絹価格が騰貴したこと，これらの事実だけでは，ヨーロッパ諸国の絹輸入が増加したという事実を説明できないということである。両方の事実を結びつけるもの，すなわち「富の追求行為」が考慮されなければならない。ケアンズによれば，社会的事実を考察するとき，われわれはたんに事実を観察するだけではなく，意識することなしに，人間の動機や行為原理を考慮しているのだというのである。

「社会的・政治的事実に関する推理においては，現象の知識を，非常に親

しみ深い動機や行為原理と不断に結びつける習慣があるために，議論のなかでそれらを前提として用いていることを忘れてしまう。すなわち，人々は全く無意識のうちに，人間本性や物理的あるいは政治的諸条件に関する知識を，統計学者によって提供される事実の解釈に用いているのである。……しかし，この場合には，帰納という表現の厳密な意味においては，帰納的に推理しているということはできず，そのような推理が論理的分析を許す限りでは，帰納と演繹の2つの過程を結びつけているというべきなのである。しかしながら，この操作の演繹的部分は，どのような証拠も与えられないほど，あるいは必要とされないほど親しみ深い仮定に基づいているために，注意をのがれてしまう。これに対して帰納的部分は，一般的にいって斬新な，おそらくは目に立つ事実を扱わなければならないために，強く注意を引くことになる。このようにして，本当は全く別の経路を通って真理に到達するにもかかわらず，その真理に到達するには，純粋に帰納的な推理で十分であるという見解が，根拠を得るのである」(Cairnes 1875, p. 79)。

要するに，ケアンズの考える経済学的説明は，次のように定式化することができる。

説明項	初期条件	外的事情Cが与えられている
	一般法則	人間は富の獲得を目的とする
		人間はできるだけ少ない犠牲で目的を達成しようとする
被説明項		経済的出来事Eが起こる

2つの一般法則は，それぞれ動機と合理性とを表している。このような推論の仕方は，ケアンズが「精神的に制御された実験」あるいは「仮説的実験」と呼んでいたものと，密接に関係している。仮説的実験の場合には，外的事情についても，人間の動機や合理性についても，理想化された状況を想定して推論が行われる。これに対して，事実の説明の場合には，現実の外的事情と，多かれ少なかれ攪乱原因を伴う動機と合理性とを前提として，推論

が行われる．理想化された状況を想定するか，現実の状況を所与とするかの違いはあるが，いずれの場合にも，ある状況の下で，「富の追求行為」がどのように作用するのかということを考察する．このような推論の仕方を，ケアンズは，経済学における「演繹」と呼んだのである．

説明と予測との対称性

ミルによれば，事実の説明とは，その事実の原因を指摘することであった．その場合，説明されるべき事実は，いうまでもなく，すでに起こっている事実であった．これに対して，予測される事実とは，これから起こるであろうと推測される事実にほかならない．すなわち，予測とは，過去に起こった事実の知識に基づいて，これこれの原因が存在するから，これこれの事実が起こるであろう，と推論することを意味する．ミルによれば，「予測とは，類似の事実が再び起こると期待されるための条件を決定することを意味する」(Mill CW7, p. 299, 訳③ 31 頁)．つまり，説明とは，すでに起こった事実の原因を指摘することであるが，予測とは，これから起こる事実の原因を指摘することである．そのように考えると，説明と予測とは，第 1 に，生起する事実の原因を指摘するという点で共通の構造をもち，第 2 に，その指摘が事後的であるか事前的であるかという点で異なる，という関係にあるということができる．説明と予測とが同じ構造をもつという見解は，「説明と予測との対称性(symmetry of explanation and prediction)」と呼ばれる(Hempel 1965, p. 367, 訳 41 頁)．ミルの議論のなかには，この「説明と予測との対称性」を主張しているように解釈できる部分が含まれているのである．

この問題に関する議論は，『論理学体系』のなかで，検証の方法を論じているところに現れる．「定義と方法」以来，検証は経済学の方法の不可欠の一環をなすものとされていた．「定義と方法」においてミルは，経済学の方法をア・プリオリの方法であると述べたが，この方法はア・ポステリオリの方法によって補足されなければならないものであった．すなわち，「経済学，および道徳科学の他のすべての部門において，ア・プリオリの方法が唯一の確実なまたは科学的な探究様式であり，ア・ポステリオリの方法，すなわち

特殊的経験の方法は，真理に到達する手段としては，これらの主題に適用されえないものであることを明らかにしたので，われわれは，後者の方法がそれにもかかわらず道徳科学において，真理を発見する手段としてではなく，それを検証する手段として，大きな価値をもっていることを示しうるであろう」(Mill CW4, p. 331, 訳195頁)。この場合のア・ポステリオリの方法とは，演繹の結果を現実の事例と比較対照して，演繹の体系としての経済理論を検証する方法を意味する。『論理学体系』では，検証は直接的演繹法の一環をなすものとして位置づけられた。ミルは検証の方法を，直接的検証(direct verification)と間接的検証(indirect verification)とに分けて論じているのであるが，説明と予測との関係についての議論は間接的検証との関連で展開されている。しかし，間接的検証は，直接的検証が不可能であるために必要となる方法なので，まず直接的検証を確認しておくことにしよう。

　直接的検証というのは，論証の前提となっている事情と同じ事情をもつ事例を取り上げて，論証の結果を検証しようとするものである。これはさらに，検証例となる事例が経験的法則である場合と，個別的な事実である場合とに区分される。ミルにしたがって，穀物法のような禁止的な通商制度を施行する場合を例として，検討してみることにしよう。ある状況の下で穀物法が施行される場合，例えば1815年当時のイギリスにおいて穀物法が施行される場合，どのような結果が生じるかということは，経済理論を用いて推論することができる。だが，その推論された予測が信頼できるものであるためには，その理論が，類似の状況によってあらかじめ検証されていなければならない。しかし，そのための検証例を手に入れることは，必ずしも容易ではない。第1に，禁止的な通商政策が行われている多数の事例を平均して，その一般的な結果についての経験的法則を求めようとしても，「影響を及ぼす種々の事情の組合せをすべて網羅して，その公平な平均を作るのに必要なだけの事例の数を集めることは，可能ではない」からである(Mill CW8, p. 909, 訳⑥137頁)。1815年当時のイギリスに類似した状況というのは，容易に得られるものではない。したがって，禁止的通商政策の結果に関する経験的法則を求めて，これによって論証の結果を検証するという方法は採用することがで

きない。そこで第2に，個別的な事例によって検証するという方法が考えられる。論証の前提となっているのが1815年時点のイギリスの諸事情であるとして，これと同じ事情をもつ過去または現在の事実をみつけることができれば，論証の結論をこの事実と比較して検証することができる。しかし，社会現象においては2つの事実が厳密に同じであるということはないから，そのような事実をみつけることはほとんど不可能である。それゆえに，「大多数の場合には，理論の予測を検証するのに実際に役立つ唯一の個別的事例は，予測がそのために作られていたその事例であるということがしばしばである。そうすると，検証は遅すぎて実践の指針 (practical guidance) としては何の役にも立たないことになる」(Mill CW8, p. 909, 訳⑥ 137頁)。実践の指針とは，もし1815年に穀物法を施行するならば，どのような結果が生じるだろうかということを推論し，その政策を行うべきかどうかを決定するための指針にするということである。ミルが予測について語るとき，主要な問題であったのは，予測が数年後・数十年後に検証されるかどうかということではなかった。第4章で述べたように，ミルにとって，科学が探究する一般命題，すなわち科学法則とは，われわれの実践的な必要を満たすための指針となるべきものであった。理論の予測が，数年後・数十年後に正しいものと認められても，遅すぎるのである。

　間接的検証とは，まさに，経済理論が実践の指針として十分であるかどうかを検証する手段となるものにほかならない。間接的検証とは，「他の個別的な諸事例において，同一の法則から導かれる他の結論の検証」(Mill CW8, p. 909, 訳⑥ 138頁) を意味する。つまり，過去および現在の通商的・産業的事実を，それよりも前の時点で予測しようとする場合を考え，そのような過去の時点にさかのぼった予測が成功するならば，その基礎となった経済理論は，将来を予測するためにも有効に用いることができる，と考えるのである。すなわち，「これまでに起こったことのないことを予測するために (したがってまた，これを実践的に取り扱うために)，科学がどの程度安心な根拠を提供するのかということに関するテストは，これまでに実際に起こったことを予測しようとすればできたであろう程度である」(Mill CW8, pp. 909-910, 訳

⑥138頁)。過去および現在の出来事を予測するということは，言い換えると，これらの出来事を説明するということにほかならない。ミルは，この間接的検証についての議論において，説明と予測との構造的同一性を主張していたということができる。例えば，いまわれわれが T_2 時点にいるとし，過去のある時点を T_1 とする。T_1 時点の原因から T_2 時点の事実を推論することは，T_2 時点にいるわれわれからすれば説明であるが，仮に T_1 時点にいるものとすれば，同じ推論が予測となる。すなわち，未来を予測する能力があることを間接的に検証するためには，理論を用いて，現在と過去とを説明し予測することができることを示さなければならない。すなわち，「われわれの科学と，特定の事例に関するわれわれの知識とによって，われわれが未来を予測する能力を得ていることを証明するためには，われわれはこれらによって現在と過去とを予測することができたということを示さなければならない」(Mill CW8, p. 910, 訳⑥139頁)。「経済学におけるわれわれの思索を，ある国の現象の予測または指針に応用するためには，われわれはその国の現在の状態に属するところの，一般的性格をもった通商的ないし産業的事実のすべてを説明することができなければならない」(Mill CW8, p. 910, 訳⑥138頁)。つまり，禁止的な通商政策の結果に関する理論が，他の事例を十分に説明しうるのであれば，その理論は，これから導入する政策の結果を予測することができるものと考えられているのである。しかし，そのような説明や予測，とくに予測は，精密なものとはなりえないとされた。経済学は精密科学ではない科学とされたのである。この問題を検討することが，次章の課題となる。

1)　第7章第2節で述べたように，ケアンズは，経済学における仮説と自然科学における仮説との相違に注意を促している。実験を行うことができる自然科学においても，しばしば仮説が用いられる。自然科学においては，究極的な原因や法則に到達するために仮説が用いられる。意識や感覚器官に訴えることによって直接的に証明することができない原因や法則については，なんらかの仮説を立てなければならないからである。すなわち，そのような原因や法則は，経験によって直接捉えることができないために，推

測・推量に基づく仮説という方法を用いなければならない(Cairnes 1875, pp. 94-95)。これに対して，経済学においては，究極的な原因や法則に到達するための仮説を用いる必要はない。経済学における仮説は，理想化の操作を行うために必要となるのであり，ミルの2つの仮説概念との関係でいえば，(H2)ということになる。これに対して自然科学の仮説は，帰納の代わりをするのであるから，(H1)である。本書第6章第2節参照。

2) ミルによる数学研究の状況については，井上(1990)を参照されたい。

3) ビードとケイン(Beed and Kane 1991)は，1920年代以降を対象として，「経済学の数学化」に向けられた批判を7つの類型に整理している。しかし，ミルやケアンズの批判とぴったり一致するものはなく，このことも，両者の批判がこの問題についての前史というべきものであったことを傍証している。

4) 例えば，シジウィックは次のように述べた。古典派経済学の終焉になんらかの日付を定めうるとすれば，「私は，ソーントン氏の著書『労働について』に対するミルの書評論文が1869年3月の『フォートナイトリー・レヴュー』誌に現れたときとすべきであろう」(Sidgwick 1901, p. 4)。

5) この点をふまえて，ライアンは，ミルを演繹主義者に分類することはできないと述べている(Ryan 1987, pp. 18-19)。帰納を推論として認めないことを演繹主義の特徴とするならば(Ryan 1987, p. 5)，そのようにいえるであろう。

第 10 章　理論と現実

1　精密科学ではない科学

　現象を正確に説明し予測しうる科学は，精密科学(exact sciences)と呼ばれる。ミルによれば，その代表的な例は天文学である。天文学もかつては精密科学ではない科学であったが，惑星運動の一般的過程だけではなく，その摂動をも説明できるようになって，精密科学の段階に到達した(Mill CW8, p. 846, 訳⑥ 27 頁)。ミルは，精密な説明や予測を行うためには，次のような 3 つの条件が必要であると考えていた。すなわち，第 1 に，関係するすべての原因を知ること，第 2 に，それぞれの原因に関する因果法則を知ること，第 3 に，これらの原因や因果法則から集合的結果を演繹する能力を有すること，これである。すなわち，「もしわれわれがどんな結果にどんな原因が，またどんな原因にどんな結果が，正確に該当するかを決定することができれば，われわれは自然の全過程を知ることになるであろう。そのときには，因果関係のたんなる結果であるすべての斉一性が説明され，またすべての個別的事実や出来事が予測されるであろう。ただしそのためには，われわれが必要なデータをもっていること，すなわち特殊な場合ごとにこれに先行する事情についての知識をもっていることが，前提条件となる」(Mill CW7, pp. 377-378, 訳③ 167 頁)。したがって，そのような知識と計算能力とを有している知性が存在するならば，宇宙の全状態は予測可能なものとなる。すなわち，「ある瞬間における全宇宙の状態は，その前の瞬間における状態の後続

結果であると，われわれは信じている．したがって，現在の瞬間に存在するすべての作動因(agents)と，空間におけるその配置と，そしてそのすべての特性と，言い換えると，その作動因の法則を知っている人があるとすれば，宇宙の後続する全歴史を予測することができるであろう」(Mill CW7, pp. 346-347, 訳③113頁)．このような人とは，いわゆる「ラプラスの魔(Laplace's demon)」にほかならない．しかし，全宇宙の状態はもちろん，その一小部分についても，精密な説明や予測は容易なことではない．天文学が精密科学になったのは，考慮しなければならない原因が少数だったからであり，関連する諸原因が多くなればなるほど，困難は大きくなる．ここで注意しなければならないのは，精密な説明や予測ができないのはわれわれの知識と能力とが不完全だからである，とされている点である．宇宙の秩序そのものは決定されているのであるが，認識する側の知識と能力の不足によって，精密な説明や予測が不可能になるというのである[1]．

　もし経済学が精密科学を目指すのであれば，上記の3条件を満たさなければならないが，そのようなことは，もとより不可能だとされる．というのは，第1および第2の条件を妨げるものとして，多数の攪乱原因(disturbing causes)が存在し，それらがもたらす結果が明らかではないからである．くり返し述べたように，経済学における演繹の前提は現実の一部を選び出したものであり，経済学はその意味で仮説的・抽象的なものであるから，演繹的体系としての経済学の結論はそのままでは精密に現実と一致するわけではない．演繹の結論を現実に適用する場合には，前提で無視された諸事情を斟酌しなければならない．このような無視された事情が，攪乱原因と呼ばれた．すなわち，「経済学の諸原理を特殊な事例に適用するときには，問題となっている事例の事情が抽象的科学によって考察された事情の組合せのどれに対応するかということだけではなく，どの大きくて目立つ種類の事例とも共通でないために科学の認めるところとはならなかった，他のどのような事情がこの事例のうちに存在するかを検討して，この事例のすべての個別的事情を考慮に入れることが必要である．後の方の事情は，攪乱原因と呼ばれてきた」(Mill CW4, p. 330, 訳192頁)．攪乱原因は，力学における摩擦と同様な

ものであるとされ，その性質と大きさとがわからない場合には，不確実性の源泉となる[2]。抽象的科学の演繹においては，その前提が確定されていて，しかも演繹の過程に誤りがなければ，結論は一義的に決定される。しかし，現実の事例においては未知の攪乱原因が存在するために，演繹の結論は，当然のことながら現実の事例において生ずる事態と正確には一致しない。攪乱原因のない仮説的状況の下で成り立つ経済法則は，現実の事態においては，傾向(tendency)としてのみ現れることになるのである[3]。

仮に第1と第2の条件が満たされて，関係するすべての原因がわかり，それぞれの原因に関する因果法則がわかったとしても，これらの原因や因果法則から集合的結果を演繹するという第3の条件が残っている。確かに，もし攪乱原因の性質と大きさとが明らかになるならば，それぞれの攪乱原因の結果もまた正確に予測されるであろう。すなわち，「攪乱原因もそれ自身の法則をもっている。このことは，攪乱原因によって攪乱される諸原因と同様である。そして，攪乱原因の法則から，攪乱原因の性質と大きさとがア・プリオリに予測されうる。……その場合，これらの特別な諸原因の結果は，一般的な原因の結果に加えられたり，引き去られたりする」(Mill CW4, p. 330, 訳193頁)。攪乱原因をすべて知ることができ，それらの因果法則も確定できるのであれば，前提において無視された諸事情の斟酌を完全に行うことができることになる。その場合には，もし集合的結果の計算ができるならば，経済学は現実の経済現象を精密に説明することができ，また将来の出来事を精密に予測することができるはずである。しかし，そのような集合的結果を演繹することは，人間の能力を超える作業であるといわなければならない。予測を行うためには，個々の原因からどのような結果が生ずるかを知った後に，これらすべての結果を結びつけて，すべての結果が同時に作用したときの結果がどのようなものであるかを，別々の結果から組み立てなければならない。「もしこれらのさまざまな操作が正確に行われうるならば，その結果は予言(prophecy)であるだろう。しかし，それらのものは一定の近似的な正確さをもって行われうるにすぎないから，人類は決して絶対的な確実性をもって予測する(predict)ことはできず，ただ彼らが諸原因の何たるかにつ

いて受ける報告の善し悪しにしたがって，またこれらの原因のそれぞれが別々に作用するときにしたがうところの法則を，経験から学んだときの正確さの多少にしたがって，さらに集合的結果をどれくらい慎重に集計したかにしたがって，異なる程度の蓋然性をもって予測しうるにすぎない」(Mill CW4, p. 336, 訳 203-204 頁)。つまり，人間は関連する諸原因のすべてを知ることはできないし，それらの集合的結果を演繹することもできない。精神現象や社会現象は非常に複雑なものであり，人間の能力は限られているから，人間本性の科学や社会の科学が精密科学の段階に到達することは著しく困難であり，せいぜい蓋然的な説明や予測をなしうるにすぎないというのである[4]。

しかし，現象の主要な部分が基づいている大きな原因(greater causes)が知られているならば，他の小さな原因(minor causes)は知られていないとしても，結果の主要部分を説明したり予測したりすることができる。このような，近似的に正確な説明や予測が可能である科学を，ミルは「精密科学ではない科学(sciences which are not exact sciences)」と呼ぶ。その代表的な例は潮汐学であるが，道徳科学もまた，このような種類の科学に属すのだという。人間の思考，感情，行為は，部分的原因の総体によって決定されるよりも，比較にならない程度で，一般的原因によって決定されるため，理論において一般的原因のみを考慮しても，理論の結論はかなりの程度現実の事例と一致するものと考えられるからである。それゆえに，「このようなすべての結果に関しては，ほとんどいつも検証される予測を行い，ほとんどいつも真である一般命題を設定することができるのは明白である。……近似的一般化は，社会の研究においては，多くの実用的な目的にとって，精密な一般化と同一の価値をもっている。無差別に選んだ個々の人間について主張するときには，たんに蓋然的なものにすぎないものも，大衆の性格や，大衆の集合的行為について主張するときには確実だからである」(Mill CW8, p. 847, 訳⑥ 30-31 頁)。したがって，道徳科学においても，一般的諸原因を知り，それらについての因果法則を知り，それらの集合的結果を演繹することができるならば，生起する現象を近似的に予測することができるし，実際に生起

した現象と比較することによって，検証することもできる。しかし，いずれにせよ，それは精密な説明や予測ではなく，近似的なものにとどまるのである。それが，「精密科学ではない科学」ということの意味であった[5]。

2　古典派的経済像

動 態 論

　経済学は精密科学ではないという主張は，経済理論の検証という問題と密接に関係していた。ミルは，理論の検証について，次のように述べている。
　「われわれが接する特殊な事例において，われわれが理論に導かれて予測した結果を，実際に実現された諸結果について得られる最も信頼すべき記述と比較することによって，われわれの理論をいくら注意深く検証してもしすぎるということはない。われわれの予想と実際の事実との乖離は，しばしば，われわれが見逃したある重要な攪乱原因にわれわれの注意を向ける唯一の事情となっている。否，それはしばしば，適切に攪乱原因と名づけられうるものを失念するよりももっと重大な，思考上の誤謬を明らかにすることがある。それはしばしば，われわれの行論全体の基礎そのものが不十分であり，われわれが推論の出発点としたデータが，現実にその結果を決定した事情のわずかに一部，しかも必ずしも最も重要とはいえない一部にすぎないことをも明らかにする」(Mill CW4, p. 332, 訳 197-198 頁)。
　ここで検証と呼ばれているのは，予測と観察事実とが一致することを確かめるということであるが，その反面として，予測と観察事実とが乖離すること，すなわち予測が反証されることもあるということが，認められている。そして，問題とされているのは，予測と観察事実とが一致する場合よりも，むしろそれらが乖離する場合なのである。予測と観察事実とが一致しない場合，そのような不一致が発生する理由として，3つの可能性が考えられる。すなわち，考慮しなかった攪乱原因の存在，論証における誤り，基本前提の不備，これらの3つである。前節で述べたように，現象の主要な部分が基づいている大きな原因が知られているならば，他の小さな攪乱原因は知られて

いないとしても，結果の主要部分を説明したり予測したりすることができる。ミルは，道徳科学においても，そのような意味での近似的な精確さを備えた説明や予測は，可能であると考えていた。しかし，それがどの程度の精確さであるのかということは，明らかにはしなかった。予測と観察事実とが一致しない場合，それは攪乱原因のせいなのか，論証過程に誤りがあったからなのか，基本前提が誤っていたからなのか，このことは自ずから明らかというわけではない。そのうちのどれを選択するかということは，研究者の判断に委ねられる。検証の一定の結果が与えられたときに，その結果をどのように解釈すればよいのかということについては，研究者の裁量の余地が非常に大きいのである。

　われわれはここで，ミルの『経済学原理』第 4 編の「動態論（Dynamics）」を取り上げることにしたい。というのは，ミルの動態論は，検証の手続きの実態を示すものであるとともに，古典派経済学のヴィジョンを端的に示しており，古典派の経済学原理の特徴をよく表しているからである。「動態論」は「静態論（Statics）」と対比される。静態論は『経済学原理』の最初の 3 編，すなわち生産論・分配論・交換論からなっており，「同時的に存在するものと考えた社会の経済的諸現象」を考察の対象としている。この場合の「同時」というのは，ある一時点という意味ではなく，時間的な幅はあるが，経済的進歩あるいは産業的進歩はないという状態を意味している。その場合の経済的進歩あるいは産業的進歩とは，資本の増大，人口の増大および生産技術の進歩の 3 つを意味している。動態論は，そのような社会の経済的進歩あるいは産業的進歩に関する一般理論であるとされる。したがって，それら 3 要因が同時に変化するときに，商品価格や地代・賃金・利潤にどのような影響が及ぶのかということが問題とされる。問題の焦点は，人口が増大し，それに伴って農業投資が拡大するときに，生産技術の進歩は収穫逓減の法則を克服できるのかどうか，ということにあった。「静態論」および「動態論」という区分は，そもそもコントによって導入されたものであるが，それは社会全体についての静態論と動態論であって，経済的な領域に限定された静態論と動態論ではなかった。社会的静態論は，1 つの時代の社会状態

を取り上げて，社会的事実の間にみられる共存の斉一性を研究する。これに対して社会的動態論は，1つの時代から次の時代への継起を研究する。いずれにしても，そのような静態論と動態論は，経済的事実の孤立化を否定するコントの考えにしたがって，社会全体についてのみ可能なものとされていた。ところが，ミルの『経済学原理』第4編で展開されている動態論は，社会全体の変化ではなく，資本・人口・生産技術，商品価格，地代・賃金・利潤といった経済的な要因のみの変化を問題にしている。したがって，ミルの動態論はコントから示唆されたものではあるが，コントのそれとは異なるものであった，ということを忘れてはならない[6]。方法についてみても，ミルが用いているのは，経済的要因の孤立化を前提とした直接的演繹法であって，社会全体の変化を考察する逆の演繹法(歴史的方法)ではないのである。

農業上の改良と収穫逓減

ミルによれば，収穫逓減の法則は，経済学における最も重要な命題のひとつであった。すなわち，「農業の発達が一定の，しかもあまり高くない段階に達すると，次のような土地からの生産の法則が行われるようになる。すなわち，農業上の熟練および知識の状態が与えられているならば，労働を増加しても生産物はそれと同じ程度には増加しない。……農業に関するこの一般的法則は，経済学における最も重要な命題である。もしもこの法則がこれとは異なったものであるならば，富の生産および分配の現象は，現にあるものとは違ったものになるであろう」(Mill CW2, p. 160, 訳① 307頁)。しかし，収穫逓減の法則に対しては，これに対立する原理(antagonizing principle)があり，実際には収穫逓減の法則がしばしば阻止されている。この対立する原理は文明の進歩(progress of civilization)と呼ばれ，その最も明白なものは，農業上の知識，熟練および発明の進歩であるとされる。また，重税の廃止によって勤労意欲が刺激されること，穀物輸入の自由化によって国内の耕作拡大が防止されることなどに示される政治上の改良，労働者の知性を向上させ生産性を引き上げる教育上の改良，これらのものも文明の進歩の一部をなし，収穫逓減の傾向を抑制する方向に働く。そこで問題となるのが，農業

上の改良に代表される文明の進歩は，長期的にみて，人口の増加に伴う収穫逓減の進行を阻止できるのかどうか，ということだったのである。

ミルによれば，複雑な現象においては，1つの結果はいくつかの原因が合成することによって生起するが，それらの原因がすべて平等に結果の生起に寄与するわけではない。より優勢な原因と，それよりも劣った程度で作用する攪乱原因とがある。したがって，概して優勢な原因の結果が現れるのであるが，つねにそのまま現れるわけではなく，ただ傾向として現れるにすぎない。優勢な原因が攪乱原因を凌駕する程度に応じて，予測が成功する。しかし，いくつかの事例においては，攪乱原因の作用が優勢な原因の作用を凌駕して，優勢な原因の結果が全く現れないこともありうる。諸事例の大きな部類に共通で，すべての場所と時代に属するものといえる法則，性質，および傾向よりも，特定の事例に特有な事情の方が，その事例を大きく支配しているということもある (Mill CW4, p. 333, 訳 198 頁)。ミルは明らかに，人口増加に伴う耕作拡大によって進行する収穫逓減の方が，優勢な原因であると考えていた。農業上の改良は，人口増加に伴う収穫逓減の傾向を，究極的には克服できないと考えていたのである。

「農業上の熟練および知識というものは，その成長が遅く，その普及はなおそれ以上に遅いものである。発明や発見も，やはり折にふれて行われるだけであるが，一方，人口と資本の増加は不断に働いている要因である。したがって，たとえ短期間にせよ，改良が著しく人口および資本の先を制し，その結果，実際に地代を引き下げ，あるいは利潤率を引き上げるということは，ほとんど起こらない。……人口は，ほとんどいかなる土地においても，農業上の改良に密接してその後を追い，改良の効果が現れるやいなや，すぐにそれを打ち消してしまうのである」(Mill CW3, p. 729, 訳④ 57 頁)。

「そこで，農業上の改良は，人口の増加と衝突する対抗力というよりも，人口の増加を制限する桎梏の部分的緩和であると考えることができる」(Mill CW3, p. 730, 訳④ 58-59 頁)。

「最近 20 年ないし 30 年の間，農業の改良された作業過程の拡張が急速であったために，土地でさえも，使用される労働に比べてより多くの生産物を

もたらすようになった。穀物法が廃止されて，生産に対する人口の圧迫が一時的にかなり緩和されることになる以前においてすら，穀物の平均価格ははっきりと下落していたのである。しかし，改良はある一定の期間内は人口の実際の増加と並行することもでき，あるいはこれを凌駕することもできるけれども，人口増加の可能な割合に及ぶものではない。人口の制限が実際に行われるのでなければ，何ものも人類の生活状態の一般的低下を防ぎえないであろう」(Mill CW2, p. 190, 訳① 354 頁)。

　最後の引用文の冒頭にある「20年ないし30年」という表現は，1857・62・65・71年版の表現であり，1848・49年版では「15年ないし20年」，1852年版では「20年ないし25年」となっていた。すなわち，農業上の改良が人口の増加を凌駕する期間は，当初は「15年ないし20年」とされていて，遠からず両者の関係が逆転するものと考えられていた。しかし，後続する版が出版されるときになっても逆転は起こらず，「部分的緩和」の期間は徐々に延長されていった。ミルは，古典派の基本原理が観察事実によって反証されている事態を目の当たりにしながら，基本原理を修正することを躊躇していたのである[7]。

　人口増加の圧力と農業における収穫逓減とは，19世紀のイギリス古典派経済学者たちにとって，経済現象を解釈するさいの基本的な視角となるものであった。人口増加の圧力については，18世紀末から19世紀初頭にかけてのイギリスにおける貧困問題が背景にあり，農業における収穫逓減については，ナポレオン戦争下の穀物価格騰貴と耕作拡大という事実が背景にある。ミルの場合には，人口増加の法則は，「すでに公理になっているものとみなされてよい」(Mill CW2, p. 155, 訳① 296-297 頁)とされ，収穫逓減の法則は，「経済学における最も重要な命題である」(Mill CW2, p. 174, 訳① 329 頁)とされた。両者とも，最初は経験的事実を背景として経済学のなかに組み入れられたものであった。しかし，その組み入れが完了した後には，経済現象を解釈するための視角としての役割を果たすようになり，経験的事実によっては反駁されない性格をもつようになった。一般的原因の結果の方が攪乱原因の結果よりも優勢に現れるという主張に忠実であろうとするならば，予測と

観察事実とが一致した場合には，経済理論は検証されたものとみなし，逆に乖離が生じた場合には，攪乱原因のせいにすることなく，理論の前提そのものを修正しなければならない。しかし，ミルはそうしなかった。たとえかなりの期間にわたって人口増加に伴う収穫逓減が観察されないとしても，それは攪乱原因の作用によるものであり，人口増加に伴う収穫逓減の傾向そのものが消滅したことを意味するものではない。攪乱原因をすべて取り除いてみれば，優勢な原因の結果が現れるのであるから，例外的な事実が観察されたからといって，優勢な原因を放棄する理由はない，という立場をとったのである。ミルの議論のなかには，どのような事態になったならば，人口増加に伴う収穫逓減と農業上の改良との優劣が逆転したものと判断できるのか，という基準は示されていない。「人口の増加に伴って，農業においては収穫逓減が起こる」という命題が重視されなくなるのは，当面の経済現象を解釈し説明する視角としては，それが不適切であると認識されるときである。そしてそれは，古典派的経済像の解体を意味するのである。

　予測が反証された場合にどのように対処すべきかという問題を深刻に受け止め，経済学においては原理の反証は不可能であるという方法論上の立場を鮮明に打ち出したのが，ケアンズであった。

3　経済理論の反証可能性

ケアンズと金問題

　ケアンズもまた，経済学は精密科学ではないと考えていた。そのように考える根拠となったのは，攪乱原因の存在や人間の計算能力の限界に加えて，人間本性の諸原理が精密な表現を受けつけないということであった。ケアンズによれば，物理科学の法則と経済学の法則との間には，確かにいくつかの共通点がある。法則を導くためには，与えられた現象をそのまま観察するのではなく，理想的な状況に基づかなければならないということ，ひとたび究極的な原理が獲得されるならば，それらからの演繹によって法則が導かれるということ，現実に応用される場合には，現象につねに影響を及ぼす傾向を

表現するということ，これである。しかし，両者の間には相違点もある。すなわち，理想的な状況を確保するために，物理科学では現実の実験を用いることができるが，経済学では「精神的に制御された実験」あるいは「仮説的実験」を用いなければならない。また，物理科学においては究極的原因が意識や感覚に対して明らかではないために仮説を用いなければならないが，経済学においてはその必要がない。さらに，物理科学における法則は，一般的傾向を表すだけではなく，精密な数量的表現が求められるのに対して，経済学の法則にはそれができない。経済学だけではなく，一般に人間本性の諸原理からその前提を導く諸科学においては，そのような正確さに到達することは期待できない。というのは，「これらの原理は，その一般的性格を確定することができ，十分正確に述べられる場合には，重要な演繹の基礎になりうるものではあるが，事例の性質上，物的世界の要素や力とは違って，秤量や測定を許さないものなのである。したがって，それらは算術的もしくは数学的表現をとることができない。そこで，そのような原理は絶対的あるいは相対的な強みをもっているにもかかわらず，それらの原理に依存する結果に関して思索を行う場合には，完全な精確さや数量的な正しさには到達できないということになる。経済学は，この理由によって，精密科学の領域から必然的に除外されるように思われるのである」(Cairnes 1875, p. 120)。

　経済学は精密科学ではなく，精密な説明や予測を行うことはできない。演繹的推理の結論が大体において観察事実と一致する場合には，その演繹的推理は正当化されるものと考えることができる。すなわち，「対応が完全ではないのが普通であるが，その場合には，既知の攪乱原因の存在を斟酌することによって，その乖離がどの程度説明されうるのか，ということを考察しなければならない。遺憾ながら，すでに指摘した理由で，経済学の研究における検証は，非常に不完全にしか行うことができない。しかしそれにもかかわらず，もし注意深く行われるならば，検証はしばしば，演繹的推理の過程に対する十分な験証(corroboration)を与えることができ，このようにして得られた結論についての高度の信頼感を正当化するものとなりうる」(Cairnes 1875, pp. 92-93)。予測と観察事実とが一致する場合には，演繹的推理は験

証され，正当化される。しかし，予測と観察事実との精密な一致は望むべくもない。したがって，演繹的推理の過程が験証されたのか否かということは，多かれ少なかれ解釈の問題となる。理論の結論と観察事実との乖離を目の前にして，理論の誤りを認めるのか，それとも，考慮されていなかった攪乱原因に起因するものとするのか，態度を決定しなければならない。どちらの態度をとるのかということは，研究者の決断に依存することになるのである。

　実際の経済現象を説明し，また将来の動向を予測し，それを事実によってテストすることを試みたという点で，ケアンズは注目に値する経済学者である。彼が，これを試みた代表的な事例が，金問題に関する研究であった。1848年のカリフォルニア，1851年のオーストラリアにおける金鉱発見は，その後約20年間に，世界の金ストックを倍増させるほどの影響を及ぼした(Cairnes 1874, pp. 160-161)。したがって，この時期は，「他の事情が同じならば，貨幣の価値はその量に反比例する」という法則，いわゆる貨幣数量説を検証するための，絶好の機会を提供したのである。ケアンズは，1860年頃に一連の論文を発表して当時の現象を説明するとともに，将来の動向を予測した。そして，1873年に論文集にまとめたさいに，その序文と後書きとにおいて，予測が正しかったか否かを総括したのである[8]。

　ケアンズによれば，貨幣数量説は，「精神的に制御された実験」あるいは「仮説的実験」によって立証される。すなわち，経済学者の目的が流通貨幣量と貨幣価値との間に存在する関係を確定することにある場合，経済学者は次のような想定を置いて仮説的実験を試みる。第1に，一定の産業状態の下で一定数量の交換取引が行われているということ，第2に，一定量の貨幣が流通しているということ，第3に，その貨幣が機能する効率が一定であるということ，第4に，すでに流通している貨幣に，一定量の貨幣が追加されるということ，これらの諸条件を想定する。第3の想定は，いわゆる貨幣の流通速度に関するものである。実際に行われる実験ではないから，経済学者は，追加された貨幣の作用を自分の感覚器官によって知ることはできない。しかし，貨幣が用いられる目的や，富の生産および交換を行う人間の動機を知っているので，この想定された事情の帰結をたどることができる。すなわち，

流通貨幣量の増大に比例して諸商品の価格が上昇するであろう，ということがわかる。その結果，「他の事情が同じであるならば，貨幣の価値はその量に反比例する」という学説を定式化することが正当化されるであろう，というのである(Cairnes 1875, pp. 90-91)。

　ケアンズが金問題に関する一連の論文を執筆したとき，彼の眼前にあったのは，確かに物価は上昇しているが，その上昇が金量の増加に比例せず，さらに商品によってあるいは国によって上昇の程度が異なっている，という事態であった。したがって，多数の論者が，この物価上昇は貨幣の供給増加に起因するものではなく，各商品ごとの個別的な事情によるものである，と主張していた(Cairnes 1874, pp. 55-56)。ケアンズは，彼が述べていたような貨幣数量説と一見食い違うこのような現象を，説明しようとした。もちろん，すでに述べた理由によって，経済学における説明は数量的に精密なものではない。ケアンズは，当時の物価上昇の一般的趨勢を説明しようと試みたのである。

　金問題の研究において，ケアンズがとくに力を入れたのは，物価上昇が一般化するまでの過渡期の動向に関する研究であった。当時の物価上昇を貨幣用金属の供給増加から説明するためには，商品種ごと国ごとの物価上昇率の格差という問題を解決する必要があった。そのために，ケアンズは，抽象的・一般的な基本法則である貨幣数量説をただちに現実と比較するのではなく，より具体的な状況を想定して，より特殊化された一連の法則を導き，これと現実とを比較するという方法をとった。すなわち，次のような2組の特殊な法則群を定式化したのである(Cairnes 1873, pp. 57-58)。第1の法則群は，もし金鉱が発見されて金の生産が容易になった場合，その新産金によってどのような商品が購入されるのか，また，このような需要の増加に対して，供給がすみやかに調整されうる商品はどのような種類のものか，という問題に関係している。つまり，①金の生産に従事する諸階級，とくにその多数を占める下層階級が消費する商品の価格が急騰する。②このような商品のうち，製造品は容易に供給を増やせるので高価格は長続きせず，またいったん設備を拡張すると生産縮小が困難になるので，価格が低迷することにもなる。③

これに対して，生産を容易に拡張できない原生産物，とくに動物性食料は高価格が持続する。④価格上昇が最も緩慢なのは，新産金によって購入されない製造品である。第2の法則群は，新産金によってどの国の商品が購入されるのか，また各国において信用がどの程度発達しているのか，という問題に関係している。すなわち，⑤新産金が最初に流入する国で，まず物価が急騰する。また，⑥信用が発達している国ほど，流入した金量の数倍の銀行券・手形・小切手等々が流通するようになり，物価上昇率が高くなる。

ケアンズによれば，イギリスは，産金国の主要階級が消費する製造品の生産において優位に立ち，同様にアメリカは，食料・原料の生産において優れていた(Cairnes 1873, p. 104)。当時オーストラリアはイギリスの植民地であり，カリフォルニアもすでにアメリカに併合されていたのであるが，両地域は「産金国」として，あたかも独立国であるかのように扱われている。というのは，政治的な障害がなくとも，地理的障害によって資本と労働との移動が制約される場合には，両地域との交易は外国貿易と同様な性格をもつようになるからである(Cairnes 1874, p. 307)。信用についてみると，その発達の程度は，イギリスおよびアメリカ，フランスなどのヨーロッパ大陸諸国，インド・中国などのアジア諸国の順となる。したがって，以上の諸条件から，物価上昇は，産金国，イギリスおよびアメリカ，ヨーロッパ大陸諸国，インド・中国などのアジア諸国の順に迅速である，という結論が導かれた。そして，これらの理論的結論は，少なくとも当該論文が執筆された1858年までの統計では，一般的に正しいことが示されている，というのであった。

これらの結論は，現状の説明であると同時に，将来の動向を予測するものでもあった。しかし，ケアンズは，1873年の論文集に付した序文で，予測が一部はずれたことを認めざるをえなかった。すなわち，「貿易と価格の将来という問題に関して表明した見解は，事象が実際に生ずる行程の予測(prediction)としてではなく，その行程が金の供給増加によって修正される方向を予想(forcast)しようとする試みとしてのみ，言い換えると，他のすべての事情が同じであると想定して，この原因から生ずるであろう帰結を追跡する試みとしてのみ理解されるべきである，ということを読者には思い出

していただきたい」(Cairnes 1873, p. 2)。ケアンズは，一般的物価上昇と商品種ごとの価格上昇速度については，十分に検証されたと述べながら，国ごとの物価上昇速度については，十分に検証されたとはいえないと認めたのである。予測の失敗は，アメリカの南北戦争(1861-65年)という予期しない事態が生じたためであった。不換紙幣の増発，諸商品への課税強化などによって，アメリカの物価は，イギリスの物価よりも急速に上昇した。また，アメリカの綿花生産が縮小したために，インド産綿花に対する需要が増大し，インドへ金銀が流入することになった。同時に，インドの鉄道事業などへの投資が増大し，信用の急速な発達とも相まって，インドの物価が予想以上に急騰した，というのである。

　しかし，いずれにせよ，これらは原理に対する攪乱原因にすぎず，原理の修正や放棄を強制するものではない。「私は，私の思索が依拠している経済学の諸原理に関しては，なんら撤回するつもりはない。私が知る限り，この間の諸事象は，もっぱら諸原理を験証し裏づける傾向のあるものであった。しかし，いくつかの事例においては，私の研究していた原因の作用が，論文を執筆したときには予見されず，したがって当然のことながら私の思索において考慮されなかった，激烈な攪乱原因の影響に圧倒されたのである」(Cairnes 1873, p. 11)。つまり，経済学の基本原理や，そこから導かれた経済法則は，実際の現象によって否定されることはない，というのである。基本原理は自明な真理であり，経済法則は理想化された状況の下で成立するものなのであるから，攪乱原因を含む現実の事態と一致しないからといって，反駁されるものではない。このような結論は，ケアンズの方法論から当然出てくるものであった。ケアンズによれば，「経済法則は，経済現象の秩序に関する主張ではないから，そのような現象の記録に訴えることによっては，立証(establish)もされないし反駁(refute)もされない」(Cairnes 1875, p. 110)[9]。「経済法則は，現象が生ずる秩序を表現するのではなく，現象がしたがう傾向を表現する。それゆえに，外的事象に適用されるときは，経済法則は，攪乱原因がない場合にのみ真となるのであって，その結果として実証的真理ではなく仮説的真理を提示する。経済法則は，一定の精神的・物理的

諸原理からの必然的な帰結として演繹されるのであるから，前提された諸原理の存在を立証し，主張されている傾向をそれらが論理必然的にもたらすことを示すことによってのみ，立証されうる。そして，それらの諸原理が存在しないか，または推理が誤っているか，いずれかを証明することによってのみ，反駁されうる」(Cairnes 1875, p. 118) [10]。ケアンズの経済法則概念によれば，経済法則とは，実証的真理ではなく仮説的真理を表現するものであり，実際に起こることではなく，起こる傾向のあること，もしくは攪乱原因がない場合には起こるであろうことを表現するものであった。このような法則概念にしたがうならば，経済法則は，当然のことながら観察事実によっては立証も反駁もされないものとなる[11]。

規約主義の理論観

経済学の基本原理や経済法則，およびそれらの体系としての経済理論は，ケアンズの考えでは，観察事実によっては反証されないものであった。しかしわれわれは，そのような理論観をどのように評価すればよいのであろうか。ケアンズの方法論上の立場は，アプリオリズム(apriorism)と呼ばれることがある。ケアンズは，シーニアやJ. S. ミルと同様に，経済人の認識論上の根拠を内省に求めた。すでに述べたように，イギリス経験論の伝統によれば，内省は経験的知識の第2の源泉であったから，内省による知識を，経験に先立つ知識という意味で，ア・プリオリな知識と呼ぶのは適切とはいえない。ところが，マッハルプは，客観的な感覚経験に照らして基本前提をテストすることを拒否する立場をすべてアプリオリズムと呼び，シーニア，J. S. ミル，ケアンズの三者をも，アプリオリズムの陣営に分類した。内省は外的・客観的な観察という意味での経験ではないということから，これもアプリオリズムの一形態とみなしたのである。マッハルプによれば，シーニア，J. S. ミル，ケアンズ以外では，ロビンズ，ナイト，ミーゼス，ウェーバーなどが，アプリオリズムの代表者とされる(Machlup 1955, pp. 141-142)。しかし，マッハルプ自身が認めているように，これらの論者たちがみな同じ認識論的見解をもっていたわけではない。マッハルプは，なによりもまずミーゼスに対

して，アプリオリズムという呼称を適用しようとしたのだと思われる。確かにミーゼスは，人間精神の論理的構造を，経験に先立つという意味でア・プリオリなものとみなし，それを人間行為学(praxeology)の基礎と考えている(Mises 1966, pp. 32-36, 訳56-59頁)。しかし，ミーゼス以外の論者をも同じアプリオリズムという名称の下に分類することは，必ずしも適切ではない。少なくとも，内省を経験的知識の源泉とみなす伝統のなかにいた論者たちについて，その方法論をアプリオリズムと呼ぶことには，無理があるのである[12]。

　他方で，シュンペーターは，純粋経済理論の論理的図式についてのケアンズの考察は，道具主義(instrumentalism)に接近するものであったと評価している。「この図式の性質に関する彼の分析は真の貢献であった。その純粋に仮説的な性格，その非現実的な仮定，この図式と観察可能な経済現象とを隔てている開きの幅，統計的ないしその他の観察可能な証拠によってこの図式を構成する諸命題を検証することの困難(彼はそのような証拠によって『経済法則』を立証したり反駁したりするのは不可能であるとさえ語った)，以上のすべてはかつてなされたよりもいっそう明瞭に述べられた。もっとも彼は，そのような図式はどのような『法則』をももたらすことはなく，ただ道具という資格(instrumental capacity)において役立ちうるにすぎない，という明白な結論には達していなかった」(Schumpeter 1954, p. 824)。つまり，ケアンズの理論観は，不十分なものではあるが，シュンペーター自身の理論観に近いものであったと評価するのである。しかし，この場合の道具が，ある観察事実から他の観察事実を導くために仮定される観察不可能なもので，それ自身は真偽を問われることのないものを意味するのであれば，ケアンズの論理的図式をそのような道具に近いものと考えることはできない。というのは，ケアンズは，経済学の基本原理は実在の対象を指示するものであると主張していたからであり，また基本原理は観察事実を整合的に結合するという点では不十分なものであると考えていたからである。これについて，ケアンズは次のように明言している。「運動の法則や重力の法則は，恣意的な仮定ではなく，自然のなかに実在的な根拠(real foundation)をもつものであ

る。そして，投射物の軌跡が放物線を描くということが，厳密な論理的演繹によってこれらの法則から導かれる。しかし事実としては，どの投射物も正確に放物線を描くわけではない。前提には含まれていなかった空気の摩擦が，他の原理の作用を攪乱するからである。同様に，……経済学の諸学説は，人間本性および外的世界の疑う余地のない事実(indubitable facts)に基づいているけれども，現実に生起することを必ずしも表さないし，また正確に表すことはほとんどないのである」(Cairnes 1875, p. 68)。

ではわれわれは，ケアンズの理論観をどのようなものと評価したらよいのであろうか。ケアンズの理論観において最も重要な要素は，理論は観察事実によっては反証されないという主張である。この主張の意味を理解するためには，理論の定式化の過程と，その現実への応用の過程とを区別しなければならない。ケアンズによれば，理論が定式化される過程においては，その根幹をなす基本原理は観察に基づくものであり，疑う余地のない事実に基づくものであるとされる。ところが，基本原理がいったん定式化され，それに基づいて理論が形成されると，それらはもはや観察事実によっては反証されないものとなる。つまり，理論を事実に応用する過程においては，どのような事実に臨んでも，理論はつねに真であって，理論と事実との食い違いはすべて攪乱原因によるものとして処理するという「決定」が行われるのである。経済学の理論は，観察事実を解釈するためにわれわれが用いる枠組みとなる。このような考え方，すなわち整理枠体系の中心部分を可能な限り変更しないように決定し，変則事例に対しては周辺部分の修正によって対処しようとする考え方は，規約主義(conventionalism)にほかならない(Lakatos 1978, p. 105, 訳157頁)[13]。つまり，ケアンズの理論観は一種の規約主義であるということができるのである[14]。しかも，その枠組みが変化するものであることを認めないという意味で，保守的な規約主義であった。ケアンズの理解では，古典派経済学の基本原理や法則は，複雑な現象を体系化する枠組みを与え，富の現象を解釈し理解することを可能にする唯一の体系であって，他の体系によって置き換えられうるものではなかった。ケアンズがもし，別な枠組みをもった同時代の学派の展開を目にするか，あるいは枠組みの交替を目

第 10 章 理論と現実

にしていたならば，古典派の枠組みを相対化することができたかもしれない。しかし，ケアンズにとって古典派の基本原理は唯一のものだったのである。いずれにせよ，経済理論は観察事実によっては反証されないという主張は，たんなる居直りではない。経済学史に通じた読者は，経済学者たちが反証例に対していかに頑強に抵抗し，観察事実から当該学派の理論を防衛しようとしてきたか，ということに思い当たるであろう。経済理論が観察事実によって反証されるという考え方の方が，素朴なのである。ケアンズの考察は，理想化を伴わざるをえない経済理論の性格について真剣な反省を加え，経済学の理論と現実との関係についての考察を深める試みであったということができる。しかし，それは考察の端緒であって，完成ではなかった。この問題もまた，その後の経済学方法論に引き継がれた課題となったのである。

1） ミルにとって，科学の究極目的は確実な知識に到達することであった。しかし，19世紀の中頃を境として，科学的知識を不確実なもの，確率的・統計的なものであるとみなす科学観が有力になっていった。この点については，内井(1981)を参照されたい。
2） ミルによれば，経済学だけではなく道徳科学全般の，唯一の不確実性の源泉となるものが，この攪乱原因なのである。つまり，法則の作用に例外があるからではなく，法則の作用が未知の攪乱原因によって妨害されるから結果が不確実になるのである。例えば，気球が落下しないことは，重力の法則に対する例外ではない。「実在の法則は，すべての重い物体は落下する傾向があるということであって，これに対してはなんらの例外もない」(Mill CW4, p. 338, 訳 208 頁)。例外は法則そのものにあるのではなく，他の攪乱原因に由来するのである。「原理に対する例外と考えられるものは，つねに，これに干渉している別個の原理，すなわち，第 1 の力と衝突してその方向をそらす他の力にほかならない。法則とその例外とがあるわけではない。すなわち，99 の例で法則が作用し，1 つの例で例外が作用するわけではない。2 つの法則があって，おそらくそれぞれが 100 のすべての事例で作用し，それらの連合作用によって共同の結果を生じているのである。2 つの力のうち，より優勢でないために攪乱する力と呼ばれる力が，ある 1 つの事例において，十分に他方の力を凌駕して，この事例を普通に例外と呼ばれているものにするとすれば，同じ攪乱する力は，誰も例外とは呼ばない他の多くの事例においても，おそらく修正原因として作用しているのである」(Mill CW4, pp. 337-338, 訳 207 頁；Mill CW7, p. 445, 訳③ 287 頁)。
3） この場合の傾向とは，ホェートリーの第 1 の意味での傾向である。第 7 章第 3 節で述べたように，ホェートリーによれば，「ある一定の結果への傾向」という言葉には，

第1に，妨害されずに作用するならばその結果を生み出す原因が存在する，ということを意味する場合と，第2に，その結果が生ずることを予期しうるような事物の状態が存在する，ということを意味する場合とがある。第1の意味での傾向は，攪乱原因によって妨害されるために，現実には鮮明に現れない場合がある。

4) ハウスマンによれば，経済学が精密科学ではないというときにミルが最も関心をもっていたのは，法則が精密ではないという点であり，法則が精密ではないというのは，「定義と方法」では，様相的または反事実的という意味であり，『論理学体系』では，暗黙の ceteris paribus 条項によって限定されているという意味だという (Hausman 1981)。しかし，本文で述べたように，ミルは法則そのものについて精密性を問題にしているわけではない。

5) ミルは，現実への応用の場面を念頭に置いて経済学は精密科学ではないと主張したのであるが，メンガーが「理論的研究の精密的方針」という場合には，理論の内部での精密性ということを意味している (Menger 1883, S. 41-43)。ミルの場合にも，経済理論の内部では，経済現象が主として依存している一般的原因のみを取り上げ，それ以外の攪乱原因はさしあたり無視するから，経済理論の内部に限ってみれば，精密科学の3条件が満たされることになる。つまり，経済理論の内部においては，取り上げるべき原因も，それらについての因果法則も既知であるとされるから，演繹に誤りがなければ，集合的結果を正確に導き出すことができるのである。しかし，ミルの場合には，「精密」という概念は，あくまでも現実への応用の場面に関係するものであった。

6) コントおよびミルの後，経済学者たちが Statics および Dynamics という用語をどのように使用してきたのかということについては，マッハルプ (Machlup, 1991) 第2章を参照されたい。

7) 「リカードウがその後継者たちに残した学説体系は，経済的出来事の成り行きについての一連の明確な予測に基づいていて，その予測は言葉の厳密な意味における経験的検証を必要としていた。そして，当時の統計データや統計方法は未熟であったかもしれないが，リカードウ理論が説明しようとしていたような種類の現象について，その予測の正確さという観点から，リカードウ理論の妥当性をテストするのには適切なものであった。さらに，われわれがみてきたように，そのための証拠は当時の全経済学者が入手できるものであった。ところが，利用可能な証拠によって否認されているにもかかわらず，古典派の思想家の大部分が経済学の命題を放棄しようとはしなかった」(Blaug 1958, pp. 186-187, 訳 280頁)。

8) 金問題に関する論文は以下の4本であり，Essays towards a Solution of the Gold Question と総称されている。I. The Australian Episode (1859). II. The Course of Depreciation (1858). III. International Results (1860). IV. Summary of the Movement. M. Chevalier's Views (1860). 本書では，これらの論文を一括して扱い，論文集の頁数のみを記す。

9) ケアンズの見解を示すのに，「検証は演繹的推理の確証 corroboration ないし反駁 refutation になりうるといっています」(馬渡 1990, 60頁) というのは，適切ではない。

経験的テストによる反駁は不可能である，というのがケアンズ説の核心だからである。
10) ボードー(Bordo 1975)は，金問題に関するケアンズの研究を，「理論の正しさをテストするものは，前提の現実性というよりもその予測能力である，とする実証的経済学の方法論」の適用例であるとし，ケアンズをフリードマンの先駆者として位置づける。これは，かなり牽強付会な解釈であるといわなければならない。これに対してハーシュ(Hirsch 1978)は，「経済理論の妥当性を立証するものは，理論が依拠する前提の真理である」というのがケアンズの見解であった，と批判している。明らかに，後者の解釈の方が正しい。
11) ここで，経済法則は観察事実によっては反証されないという主張の形式的構造を示しておく。いま，法則 l と初期条件 i，および「重大な攪乱原因は存在しない」という限定条項 c から予測 p が導かれたが，観察の結果は予測された事実 p ではなかったとする。この事例は，次のように表現することができる。

$$l \wedge i \wedge c \to p$$
$$\underline{\sim p }$$
$$\sim (l \wedge i \wedge c)$$

つまり，予測 p がはずれたということは，法則 l，初期条件 i，限定条項 c のいずれかが誤っていたということを示すだけであって，法則 l が誤っていたということを示すものではない。限定条項 c が誤っていた，つまり重大な攪乱原因が存在したために予測がはずれたと解釈して，法則 l を救うことは可能なのである。ケアンズの予測でもそうだが，法則や初期条件は複数あるのが普通だから，どれが誤っていたのかを決定する問題は，ますます複雑になる。観察事実によって法則が反証されるという考え方は，それだけを主張するのであれば，かなり素朴なものだといわなければならない。
12) 本書とは論点を異にするが，J. S. ミル-ケアンズ-J. N. ケインズなどの「イギリス正統派経済学」の認識論・科学論を，「大陸限界主義経済学」のそれと対比して考察したものとして，富田(1986)がある。
13) 整理枠体系の真偽については，「規約によって真」とされることもあれば，「真でも偽でもない」とされることもある(Lakatos 1978, p. 105, 訳 157 頁)。
14) われわれはここで，ケアンズの主張がポアンカレの議論に類似していることを示すことができる。ポアンカレによれば，慣性の法則などの力学の基本法則は，規約として決定されたものである。すなわち，慣性の法則によれば，運動している物体に力が働かなければ，その物体は一定の速さで直線運動を続ける。しかし，自然のうちには，完全に孤立したシステムは存在せず，あらゆる力の作用を取り除いた物体の運動を観察することはできない。したがって，現実の物体の運動が慣性の法則と外見上一致しないとしても，なんら不思議ではないし，それによって慣性の法則が反証されるわけでもない。ポアンカレによれば，慣性の法則は実験によっては確証されないし矛盾が示されることもない。力学の法則は，実験において近似的にのみ成立するものを，規約によって精密

な法則とみなすところに成立する。すなわち,「力学の原理は,われわれに最初は実験的な真理と思われていた。しかしわれわれはこれらを定義として用いないわけにはいかなかった。力が質量に加速度を掛けた積に等しいというのは定義による。それこそはもっと後のどんな実験にも攻撃されないところに今後位置を占める1つの原理である」(Poincaré 1902, pp. 133-134, 訳 134 頁)。「われわれは出発点でははなはだ特殊なそうして結局かなりぞんざいな実験を, 到達点では全く普遍的な全く精密な法則をみるのである。この法則の確実性は絶対的だとわれわれはみなす。この法則を規約(convention)とみなすことによって, この法則の確実性を, いわば自由に与えたのはわれわれである」(Poincaré 1902, p. 140, 訳 139 頁)。ケアンズもまた, 力学の法則は現象をそのまま叙述するものではない, と述べている。ライフルから発射された弾丸がやがて地表に落下するからといって, 慣性の法則が否定されるわけではない。弾丸の落下という現象は, この法則と「対抗する力」の両方から説明されなければならないのである(Cairnes 1875, p. 217)。同様に, 経済学の基本原理も, 攪乱原因の作用があるために観察事実と一致しないとしても, それは基本原理そのものを否定する根拠とはならない。基本原理は, 観察や実験の結果を理想化することによって定式化される。しかし, それが一般化され, 経済現象のすべてに適用されるときには, もはや観察事実によっては反駁されないものとなる。それはむしろ, 観察事実を解釈するために, われわれが用いる枠組みとなるのである。

参考文献一覧

Backhouse, R. E. 1994, Introduction, in R. E. Backhouse ed., *New Directions in Economic Methodology*, London: Routledge.

Bacon, F. 1620, *The New Organon,* in *The Works of Francis Bacon*, Vol. 4, ed. by J. Spedding, R. L. Ellis and D. D. Heath, Stuttgart: Friedrich Frommann, 1986，服部英次郎訳「ノヴム・オルガヌム」(同訳『ベーコン』世界の大思想第6巻，河出書房，1966年，所収).

Bagehot, W. 1848, *Principles of Political Economy, with some of their applications to Social Philosophy*, By J. S. Mill, *The Prospective Review*, Vol. 4, 1848, rpt. in Wood 1987, Vol. 2.

Bagehot, W. 1876, The Postulates of English Political Economy, *Fortnightly Review*, February and May 1876, rpt. in Bagehot 1895a.

Bagehot, W. 1895a, *Economic Studies*, Clifton: A. M. Kelley, 1973.

Bagehot, W. 1895b, Ricardo, in Bagehot 1895a，岸田理訳「リカードウ論」(岸田 1979, 所収).

Bain, A. 1882, *John Stuart Mill: Criticism with Personal Recollection*, New York: Augustus M. Kelley, 1969，山下重一・矢島杜夫訳『J. S. ミル評伝』御茶の水書房，1993年.

Beed, C. and O. Kane 1991, What is the Critique of the Mathematization of Economics, *Kyklos*, Vol. 44.

Bentham, J. 1789, *An Introduction to the Principles of Morals and Legislation*, ed. by J. H. Burns and H. L. A. Hart, London: The Athlone Press, 1970，山下重一訳「道徳および立法の諸原理序説」(関嘉彦責任編集『世界の名著49：ベンサム，J. S. ミル』中央公論社，1979年，所収).

Bittermann, H. J. 1940, Adam Smith's Empiricism and the Law of Nature I, II, *Journal of Political Economy*, Vol. 48.

Blaug, M. 1958, *Ricardian Economics: A Historical Study*, New Haven: Yale University Press，馬渡尚憲・島博保訳『リカァドウ派の経済学――歴史的研究』木鐸社，1981年.

Blaug, M. 1992, *The Methodology of Economics: Or How Economists Explain*, 2nd ed., Cambridge University Press.

Blaug, M. 1997, *Economic Theory in Retrospect*, 5th ed., Cambridge University Press,

久保芳和・真実一男・杉原四郎・宮崎犀一・関恒義・浅野栄一訳『経済理論の歴史』1-4, 東洋経済新報社, 1982-86年.

Bordo, M. D. 1975, John E. Cairnes, on the effects of the Australian gold discoveries, 1851-73 : an early application of the methodology of positive economics, *History of Political Economy*, Vol. 7.

Bowley, M. 1937, *Nassau Senior and Classical Economics*, London : George Allen & Unwin.

Bunge, M. 1963, *Causality : The Place of the Causal Principle in Modern Science*, Cleveland : The World Publishing Company, 黒崎宏訳『因果性——因果原理の近代科学における地位』岩波書店, 1972年.

Butterfield, H. 1957, *The Origins of Modern Science*, 2nd ed., London : Bell & Hyman, 渡辺正雄訳『近代科学の誕生』全2冊, 講談社, 1978年.

Cairnes, J. E. 1857, *The Character and Logical Method of Political Economy*, 1st ed., Dublin : School and College Bookseller, 1869.

Cairnes, J. E. 1870, M. Comte and Political Economy, in Cairnes 1873.

Cairnes, J. E. 1872, New Theories in Political Economy, *Fortnightly Review*, Vol. 11.

Cairnes, J. E. 1873, *Essays in Political Economy, Theoretical and Applied*, London : Macmillan.

Cairnes, J. E. 1874, *Some Leading Principles of Political Economy Newly Expounded*, New York : A. M. Kelley, 1967.

Cairnes, J. E. 1875, *The Character and Logical Method of Political Economy*, 2nd ed., London : Frank Cass & Co. Ltd., 1965.

Caldwell, B. J. 1994, *Beyond Positivism : Economic Methodology in the Twentieth Century*, revised ed., London : Routledge, 堀田一善・渡部直樹監訳『実証主義を超えて』中央経済社, 1989年.

Cannan, E. 1917, *A History of the Theories of Production and Distribution in English Political Economy from 1776 to 1848*, 3rd ed., London : P. S. King & Son.

Cassirer, E. 1932, *Die Philosophie der Aufklärung*, Tübingen : Verlag von J. C. B. Mohr, 中野好之訳『啓蒙主義の哲学』紀伊國屋書店, 1962年.

Cournot, A. A. 1838, *Recherches sur les Principes Mathématiques de la Théorie des Richesses*, Tokyo : Nihon Keizai Hyoron Sya, 1980, 中山伊知郎訳『富の理論の数学的原理に関する研究』日本経済評論社, 1982年.

Culpeper, T. 1621, *A Tract against Usurie*, Amsterdam : Theatrum Orbis Terrarum, 1974, 杉山忠平訳「新交易論」(ジョサイア・チャイルド著／杉山忠平訳『新交易論』東京大学出版会, 1967年, 所収).

Day, J. P. 1964, John Stuart Mill, in O'Connor 1964.

出口勇蔵 1971,「アダム・スミスの『哲学小論集』について」, 京都大『経済論叢』第108巻第3・4号.

de Marchi, N. B. 1970, The Empirical Content and Longevity of Ricardian Economics, *Economica*, Vol. 37.

de Marchi, N. B. and R. S. Sturges 1973, Malthus and Ricardo's Inductivist Critics: Four Letters to William Whewell, *Economica*, N. S., Vol. 40.

De Quincey, T. 1822, *Confessions of an English Opium-eater*, Oxford: Woodstock, 1989, 田部重治訳『阿片常用者の告白』岩波文庫, 1937 年.

Ducasse, C. J. 1951, William Whewell's Philosophy of Scientific Discovery, in E. H. Madden ed., *Theories of Scientific Method : The Renaissance through the Nineteenth Century*, Seattle: University of Washington Press, 1960.

遠藤和朗 1997, 『ヒュームとスミス──道徳哲学と経済学』多賀出版.

榎本弘・石井信之 1969, 「アダム・スミスの思想の方法論的基礎──遺稿『哲学論文集』を中心に」, 青山学院大『青山経済論集』第 21 巻第 2 号.

Feuer, L. S. 1976, John Stuart Mill as a Sociologist : The Unwritten Ethology, in J. M. Robson and M. Laine eds., *James and John Stuart Mill : Papers of the Centenary Conference*, University of Toronto Press, 1976, 泉谷周三郎訳「社会学者としての J. S. ミル──書かれざる性格学」(杉原四郎・柏經學・山下重一・泉谷周三郎訳『ミル記念論集』木鐸社, 1979 年, 所収).

深貝保則 1988, 「価値理論におけるリカードウと J. S. ミルとの継承関係」(米田康彦・新村聡・出雲雅志・深貝保則・有江大介・土井日出夫『労働価値論とは何であったのか──古典派とマルクス』創風社, 1988 年, 所収).

深貝保則 1989, 「J. S. ミルの市場社会観と経済人像」(大森郁夫編『市場と貨幣の経済思想』昭和堂, 1989 年, 所収).

Guerlac, H. 1968, Newton and the Method of Analysis, in *Dictionary of the History of Ideas*, New York: Charles Scribner's Sons, 1968, 中釜浩一訳「ニュートンと分析的方法」(『西洋思想大事典』平凡社, 1990 年, 所収).

Halévy, E. 1928, *The Growth of Philosophic Radicalism*, tranlated by A. D. Lindsay, London: Faber & Faber.

Hausman, D. N. 1981, John Stuart Mill's Philosophy of Economics, in his *Essays on Philosophy and Economic Methodology*, Cambridge University Press, 1992.

速水滉 1932, 『論理学』岩波書店.

早坂忠 1980, 「J. S. ミルの経済学方法論と『経済学原理』」(上)(下), 『社会科学の方法』第 13 巻第 4 号, 第 8 号.

Hayek, F. A. 1952, *The Counter Revolution of Science : Studies on the Abuse of Reason*, Indianapolis: Liberty Press, 1979, 佐藤茂行訳『科学による反革命』木鐸社, 1979 年.

Hempel, C. G. and P. Oppenheim 1948, Studies in the Logic of Explanation, in Hempel 1965.

Hempel, C. G. 1965, *Aspects of Scientific Explanation and other Essays in the Philoso-*

phy of Science, New York : The Free Press, 長坂源一郎訳『科学的説明の諸問題』岩波書店, 1973 年.

Henderson, J. P. 1990, Induction, Deduction and the Role of Mathematics: The Whewell Group vs. the Ricardian Economists, *Research in the History of Economic Thought and Methodology*, Vol. 7.

Herschel, J. F. W. 1830, *Apreliminary Discourse on the Study of Natural Philosophy*, London : Longman, Rees, Orme, Brown & Green and John Taylor.

Hetherington, N. S. 1983, Isaac Newton's Influence on Adam Smith's Natural Laws in Economics, *Journal of the History of Ideas*, Vol. 44.

Hetherington, N. S. 1993, Isaac Newton and Adam Smith : Intellectual Links between Natural Science and Economics, in P. Theerman and A. F. Seeff eds., *Action and Reaction : Proceedings of a Symposium to Commemorate the Tercentenary of Newton's Principia*, Newark : University of Delaware Press.

Hicks, J. R. 1976, 'Revolutions' in Economics, in S. J. Latsis ed., *Method and Appraisal in Economics*, Cambridge University Press, 1976.

広重徹・伊東俊太郎・村上陽一郎 1975, 『思想史のなかの科学』木鐸社.

Hirsch, A. 1978, J. E. Cairnes' methodology in theory and practice, *History of Political Economy*, Vol. 10.

Hollander, S. 1985, *The Economics of John Stuart Mill*, Oxford : Basil Blackwell.

Hollander, S. 1987, *Classical Economics*, Oxford : Basil Blackwell, 千賀重義・服部正治・渡会勝義訳『古典派経済学』多賀出版, 1991 年.

Hume, D. 1739-40, *A Treatise of Human Nature*, ed. by L. A. Selby-Bigge and P. H. Nidditch, Oxford : Clarendon Press, 1978, 大槻春彦訳『人性論』全 4 冊, 岩波文庫, 1948-52 年.

Hume, D. 1752, Of Commerce, in *The Philosophical Works*, ed. by T. H. Green and T. H. Grose, Vol. 3, 田中敏弘訳「商業について」(『ヒューム経済論集』東京大学出版会, 1967 年, 所収).

Hutchison, T. W. 1964, *'Positive' Economics and Policy Objectives*, Aldershot : Gregg Revivals, 1992, 長守善監訳『経済政策の目的』東洋経済新報社, 1965 年.

Hutchison, T. W. 1978, *On Revolutions and Progress in Economic Knowledge*, Cambridge University Press, 早坂忠訳『経済学の革命と進歩』春秋社, 1987 年.

Hutchison, T. W. 1998, Ultra-deductivism from Nassau Senior to Lionel Robbins and Daniel Hausman, *Journal of Economic Methodology*, Vol. 5, No. 1.

Ingram, J. K. 1878, The Present Position and Prospects of Political Economy, in Smyth 1962.

井上琢智 1990, 「J. S. ミルの数学・自然科学研究——『論理学体系』(1843)出版以前を中心に」(田中敏弘編『古典経済学の生成と展開』日本経済評論社, 1990 年, 所収).

Jevons, W. S. 1957, *The Theory of Political Economy*, 5th ed., New York : Kelley &

Millman, 小泉信三・寺尾琢磨・永田清訳『経済学の理論』日本経済評論社, 1981年.

Jones, R. 1831, *An Essay on the Distribution of Wealth, and on the Sources of Taxation*, New York: Kelley & Millman, 1956, 鈴木鴻一郎・遊部久蔵訳『地代論』日本評論社, 1942年.

Keynes, J. M. 1936, *The General Theory of Employment, Interest and Money*, in *The Collected Writings of John Maynard Keynes*, Vol. 7, London: Macmillan, 1973, 塩野谷祐一訳『雇用・利子および貨幣の一般理論』東洋経済新報社, 1983年.

Keynes, J. M. 1951, *Essays on Biography* (2nd ed.), in *The Collected Writings of John Maynard Keynes*, Vol. 10, London: Macmillan, 1985, 大野忠男訳『人物評伝』東洋経済新報社, 1980年.

Keynes, J. N. 1917, *The Scope and Method of Political Economy* (4th ed.), New York: A. M. Kelley, 1986, 濱田恒一訳『経済学の領域及方法』春秋社, 1940年.

岸田理 1979,『ウォルター・バジョットの研究——経済思想および経済理論を中心として』ミネルヴァ書房.

小泉仰 1988,『ミルの世界』講談社学術文庫.

Lakatos, I. 1978, *The Methodology of Scientific Research Programmes*, ed. by J. Worrall and G. Currie, Cambridge University Press, 村上陽一郎・井山弘幸・小林傳司・横山輝雄訳『方法の擁護——科学的研究プログラムの方法論』新曜社, 1986年.

Leslie, T. E. C. 1876, On the Philosophical Method of Political Economy, in T. E. C. Leslie, *Essays in Political and Moral Philosophy*, Dublin: Hodges, Foster, Figgis, 1879.

Lively, J. and J. Rees eds. 1978a, *Utilitarian Logic and Politics: James Mill's 'Essay on Government', Macaulay's Critique and the Ensuing Debate*, Oxford: Clarendon Press.

Lively, J. and J. Rees 1978b, Introduction, in Lively and Rees 1978a.

Locke, J. 1690, *An Essay concerning Human Understanding*, ed. by P. H. Nidditch, Oxford University Press, 1975, 大槻春彦訳『人間知性論』全4冊, 岩波文庫, 1972-77年.

Losee, J. 1980, *A Historical Introduction to the Philosophy of Science*, 2nd ed., Oxford University Press.

Macaulay, T. B. 1829, Mill's Essay on Government: Utilitarian Logic and Politics, in Lively and Rees 1978a.

Mach, E. 1922, *Die Analyse der Empfindungen und das Verhältnis des Physischen zum Psychischen*, 9. Auflage, Jena: Verlag von Gustav Fischer, 須藤吾之助・廣松渉訳『感覚の分析』法政大学出版局, 1971年.

Machlup, F. 1955, The Problem of Verification in Economics, in F. Machlup, *Methodology of Economics and Other Social Sciences*, New York: Academic Press, 1978.

Machlup, F. 1991, *Economic Semantics*, 2nd ed., New Brunswick : Transaction，安場保吉・高木保興訳『経済学と意味論』日本経済評論社，1982 年．

Malthus, T. R. Works, *The Works of Thomas Robert Malthus*, 8 vols., ed. by E. A. Wrigley and D. Souden, London : William Pickering, 1986.

Malthus, T. R. Works 1, *An Essay on the Principle of Population, as It Affects the Future Improvement of Society, with Remarks on the Speculations of Mr. Godwin, and Other Writers* (1798), 永井義雄訳「人口論」(水田洋責任編集『世界の名著 41 : バーク，マルサス』中央公論社，1980 年，所収).

Malthus, T. R. Works 2・3, *An Essay on the Principle of Population, The sixth edition* (*1826*) *with variant readings from the second edition* (*1803*), 大淵寛・森岡仁・水野朝夫訳『人口の原理［第 6 版］』中央大学出版部，1985 年．

Malthus, T. R. Works 5・6, *Principles of Political Economy : Considered with a View to Their Practical Application, The Second Edition* (*1836*) *with Variant Readings from the First Edition* (*1820*), 依光良馨訳『経済学原理』全 2 冊，春秋社，1949，1954 年．

Malthus, T. R. Works 8, *Definitions of Political Economy* (1827), 玉野井芳郎訳『経済学における諸定義』岩波文庫，1977 年．

Malthus, T. R. 1803, *An Essay on the Principle of Population ; or A View of its past and present Effects on Human Happiness ; With and Inquiry into our Prospects respecting the future Removal or Mitigation of the Evils which it occasions, The version published in 1803, with the variora of 1806, 1807, 1817 and 1826*, 2 vols., ed. by P. James, Cambridge University Press, 1989.

Marshall, A. 1885, The Present Position of Economics, in A. C. Pigou ed., *Memorials of Alfred Marshall*, London : Macmillan, 1925, 永沢越郎訳「経済学の現状」(同訳『マーシャル経済論文集』岩波ブックサービスセンター，1991 年，所収).

Marshall, A. 1920, *Principles of Economics*, 8th ed., London : Macmillan, 永沢越郎訳『経済学原理』全 4 冊，岩波ブックセンター信山社，1985 年．

丸山高司 1985, 『人間科学の方法論争』勁草書房．

Marx, K. 1859, *Zur Kritik der politischen Ökonomie*, in *Karl Marx・Friedrich Engels Werke*, Band 13, Berlin : Dietz Verlag, 1961, 杉本俊朗訳「経済学批判」(『マルクス＝エンゲルス全集』第 13 巻，大月書店，1964 年，所収).

Marx, K. 1890, *Das Kapital*, Erster Band, 4. Aufl., Berlin : Dietz Verlag, 1962, 岡崎次郎訳『資本論』第 1 巻，全 2 冊，大月書店，1968 年．

馬渡尚憲 1990, 『経済学のメソドロジー：スミスからフリードマンまで』日本評論社．

馬渡尚憲 1997a, 『J. S. ミルの経済学』御茶の水書房．

馬渡尚憲 1997b, 『経済学史』有斐閣．

Megill, A. D. 1975, Theory and Experience in Adam Smith, *Journal of the History of Ideas*, Vol. 36.

Menger, C. 1883, *Untersuchungen über die Methode der sozialwissenschaften und der politischen Ökonomie insbesondere*, in Carl Menger Gesammelte Werke, Band 2, hrsg. von F. A. Hayek, Tübingen：J. C. B. Mohr (Paul Siebeck), 1969，吉田昇三訳『経済学の方法』日本経済評論社，1986 年.

Mill, J. 1820, Essay on Government, in Lively and Rees 1978a，小川晃一訳『教育論・政府論』岩波書店，1983 年.

Mill, J. 1836, Whether political economy is useful, in J. Mill, *Selected Economic Writings*, edited and with an introduction by D. Winch, The University of Chicago Press, 1966.

Mill, J. S. CW, *Collected Works of John Stuart Mill*, ed. by J. M. Robson et al., 33 vols., University of Toronto Press, 1963-91.

Mill, J. S. CW1, *Autobiography and Literary Essays*, 1981；*Autobiography* (1873), pp. 1-290，朱牟田夏雄訳『ミル自伝』岩波文庫，1960 年.

Mill, J. S. CW2・3, *Principles of Political Economy, with Some of Their Applications to Social Philosophy* (1st ed., 1848；7th ed., 1871), 1965，末永茂喜訳『経済学原理』全 5 冊，岩波文庫，1959-62 年.

Mill, J. S. CW4, *Essays on Economics and Society*, 1967；On the Definition of Political Economy；and on the Method of Investigation Proper to It (1844), pp. 309-339, 末永茂喜訳「経済学の定義について，およびこれに固有なる研究方法について」(同訳『経済学試論集』岩波文庫，1936 年，所収).

Mill, J. S. CW5, *Essays on Economics and Society*, 1967；Thornton on Labour and Its Claims (1869), pp. 633-668.

Mill, J. S. CW7・8, *A System of Logic: Ratiocinative and Inductive* (1st ed., 1843；8th ed., 1872), 1973，大関将一・小林篤郎訳『論理学体系：論証と帰納』全 6 冊，春秋社，1949-59 年.

Mill, J. S. CW10, *Essays on Ethics, Religion and Society*, 1969；*Utilitarianism* (1861), pp. 203-259，伊原吉之助訳「功利主義論」(関嘉彦責任編集『世界の名著 49：ベンサム，J. S. ミル』中央公論社，1979 年，所収)；*Auguste Comte and Positivism* (1865), pp. 261-368，村井久二訳『コントと実証主義』木鐸社，1978 年.

Mises, L. 1966, *Human Action: A Treatise on Economics*, 3rd ed., Chicago：Henry Regney Company, 村田稔雄訳『ヒューマン・アクション』春秋社，1991 年.

水田洋 1976,「イギリス道徳哲学の系譜」(経済学史学会編『「国富論」の成立』岩波書店，1976 年，所収).

Morrow, G. R. 1923, *The Ethical and Economic Theories of Adam Smith*, New York：A. M. Kelley, 1969, 鈴木信雄・市岡義章訳『アダム・スミスにおける倫理と経済』未来社，1992 年.

村田全・茂木勇 1966,『数学の思想』日本放送出版協会.

長尾伸一 1987,「アダム・スミスと「ニュートンの方法」——「天文学史」と『国富論』

335

の検討」,岩波書店『思想』1987年第7号.
Nagel, E. 1961, *The Structure of Science, Problems in the Logic of Scientific Explanation*, Indianapolis: Hackett Publishing Company, 1979, 勝田守一校閲・松野安男訳『科学の構造』全3冊, 明治図書, 1968-69年.
中村廣治 1986,「リカードウ労働価値論の再検討——成立の論理を中心に」, 広島大『経済論叢』第10巻第3号.
Newton, I. 1730, *Opticks or a Treatise of the Reflections, Refractions, Inflections & Colours of Light*, New York: Dover Publications, 1952, 島尾永康訳『光学』岩波文庫, 1983年.
Newton, I. 1760, *Philisophiae Naturalis Principia Mathematica*, 3rd ed., 河辺六男訳「自然哲学の数学的諸原理」(同責任編集『世界の名著31:ニュートン』中央公論社, 1979年, 所収).
O'Connor, D. J. 1964, *A Critical History of Western Philosophy*, New York: The Free Press.
生越利昭 1977,「アダム・スミスにおける方法の問題」, 神戸商科大『商大論集』第26巻第6号.
Osiander, A. 1543,「この著述の仮説について読者へ」(コペルニクス『天体の回転について』矢島祐利訳, 岩波文庫, 1953年, 所収).
Petty, W. 1662, *A Treatise of Taxes and Contributions*, in C. H. Hull ed., *The Economic Writings of Sir William Petty*, Vol. 1, Cambridge University Press, 1899, 大内兵衛・松川七郎訳『租税貢納論』岩波文庫, 1952年.
Poincaré, H. 1902, *La Science et L'Hypothêse*, Paris; Ernest Flammarion, 河野伊三郎訳『科学と仮説』岩波文庫, 1959年.
Polanyi, K. 1957, *The Great Transformation: the political and economic origins of our time*, Boston: Beacon Press, 吉沢英成・野口建彦・長尾史郎・杉村芳美訳『大転換——市場社会の形成と崩壊』東洋経済新報社, 1975年.
Political Economy Club, Vol. 6 (London: Macmillan, 1921), Tokyo: Nihon Keizai Hyoron Sya, 1980.
Popper, K. R. 1974, *Conjectures and Refutations: The Growth of Scientific Knowledge*, 5th ed., London: Routledge & Kegan Paul, 藤本隆志・石垣壽郎訳『推測と反駁:科学的知識の発展』法政大学出版局, 1980年.
Pullen, J. M. 1987, Malthus, Thomas Robert, in *The New Palgrave: A Dictionary of Economics*, Vol. 3., ed. by J. Eatwell, M. Milgate and P. Newman, London: Macmillan, 1987.
Raphael, D. D. 1977, 'True old Humean philosophy' and its influence on Adam Smith, in G. P. Morice ed., *David Hume: Bicentenary Papers*, Edinburgh University Press, 1977.
Raphael, D. D. and A. S. Skinner 1980, General Introduction, in Smith EPS.

Redman, D. A. 1997, *The Rise of Political Economy as a Science : Methodology and the Classical Economists*, Cambridge, Massachusetts : The MIT Press.

Ricardo, D. Works, *The Works and Correspondence of David Ricardo*, ed. by P. Sraffa, 11 vols., London : Cambridge University Press, 1951-73，堀経夫ほか訳『リカードウ全集』全10冊，雄松堂書店，1969-78年．

Robbins, L. 1978, *The Theory of Economic Policy in English Classical Political Economy*, 2nd ed., London : Macmillan，市川泰治郎訳『古典経済学の経済政策理論』東洋経済新報社，1964年．

Robbins, L. 1984, *An Essay on the Nature and Significance of Economic Science*, London : Macmillan，辻六兵衛訳『経済学の本質と意義』東洋経済新報社，1957年．

Roscher, W. 1843, *Grundriss zu Vorlesungen über die Staatswirtschaft nach geschichitlicher Methode*, Göttingen : Druck und Verlag der Dieterichschen Buchhandlung，山田雄三訳『歴史的方法による国家経済学講義要綱』岩波文庫，1938年．

Ryan, A. 1987, *The Philosophy of John Stuart Mill*, 2nd ed., London : Macmillan Press.

酒井進 1990,「スミスとヒューム哲学」,『専修経済学論集』第25巻第1号.

櫻井毅 1988,『イギリス古典経済学の方法と課題』ミネルヴァ書房.

佐々木憲介 2000,「クリフ・レズリーの歴史的方法」,北海道大『経済学研究』第50巻第3号.

Schumpeter, J. A. 1915, *Vergangenheit und Zukunft der Sozialwissenschaften*, München : Verlag von Duncker & Humblot，谷嶋喬四郎訳『社会科学の未来像』講談社，1980年．

Schumpeter, J. A. 1924, Epochen der Dogmen-und Methodengeschichte, in *Grundriss der Sozialökonomik*, 1. Abteilung, 1. Teil, Zweite, erweiterte Auflage, Tübingen : Verlag von J. C. B. Mohr (Paul Siebeck)，中山伊知郎・東畑精一訳『経済学史』岩波文庫，1980年．

Schumpeter, J. A. 1952, *Capitalism, Socialism, and Democracy*, 4th ed., London : George Allen & Unwin，中山伊知郎・東畑精一訳『資本主義・社会主義・民主主義』東洋経済新報社，1995年．

Schumpeter, J. A. 1954, *History of Economic Analysis*, New York : Oxford University Press，東畑精一訳『経済分析の歴史』全7冊，岩波書店，1955-62年．

Senior, N. W. CW, *Collected Works of Nassau William Senior*, 6 vols., edited and introduced by D. Rutherford, Bristol : Thoemmes Press, 1998.

Senior, N. W. 1827, *An Introductory Lecture on Political Economy*, in Senior CW1.

Senior, N. W. 1829, *Two Lectures on Population, to which is added, a correspondence between the author and the Rev. T. R. Malthus*, in Senior CW3.

Senior, N. W. 1836. *An Outline of the Science of Political Economy*, in Senior CW1，高橋誠一郎・濱田恒一訳『シィニオア経済学』岩波書店，1929年．

Senior, N. W. 1848, J. S. Mill on Political Economy, in Senior CW1.

Senior, N. W. 1852, *Four Introductory Lectures on Political Economy*, in Senior CW1.
Senior, N. W. 1860, Statistical Science, in Smyth 1962.
島博保 1980,「スミス価値論の構造」, 東北大『研究年報：経済学』第41巻第4号.
篠原久 1986,『アダム・スミスと常識哲学』有斐閣.
Sidgwick, H. 1885, *The Scope and Method of Economic Science*, New York: Kraus Reprint, 1968.
Sidgwick, H. 1901, *The Principles of Political Economy*, 3rd ed., New York: Kraus Reprint, 1969.
Skinner, A. S. 1979, *A System of Social Science, Papers relating to Adam Smith*, Oxford: Clarendon Press, 田中敏弘・橋本比登志・篠原久・井上琢智訳『アダム・スミスの社会科学体系』未来社, 1981年.
Smith, A. TMS, *The Theory of Moral Sentiments*, ed. by D. D. Raphael and A. L. Macfie, Oxford: Clarendon Press, 1976, 水田洋訳『道徳感情論』筑摩書房, 1973年.
Smith, A. WN, *An Inquiry into the Nature and Causes of the Wealth of Nations*, 2 vols., ed. by R. H. Campbell, A. S. Skinner and W. B. Todd, Oxford: Clarendon Press, 1976, 大内兵衛・松川七郎訳『諸国民の富』全2冊, 岩波書店, 1969年.
Smith, A. EPS, *Essays on Philosophical Subjects*, ed. by W. P. D. Wightman, J. C. Bryce and I. S. Ross, Oxford: Clarendon Press, 1980, 篠原久・須藤壬章・只腰親和・藤江効子・水田洋・山崎怜訳『アダム・スミス哲学論文集』名古屋大学出版会, 1993年.
Smith, A. LRBL, *Lectures on Rhetoric and Belles Lettres*, ed. by J. C. Bryce, Oxford: Clarendon Press, 1983, 宇山直亮訳『修辞学・文学講義』未来社, 1972年.
Smith, A. 1761, Considerations Concerning the First Formation of Languages, and the Different Genius of Original and Conpounded Languages, in Smith LRBL, 水田洋訳「諸言語の最初の形成および本源的ならびに複合的諸言語の特質のちがいについての考察」(同訳『道徳感情論』筑摩書房, 1973年, 所収).
Smith, A. LJ, *Lectures on Jurisprudence*, ed. by R. L. Meek, D. D. Raphael and P. G. Stein, Oxford: Clarendon Press, 1978, [1763-64年講義の邦訳] 高島善哉・水田洋訳『グラスゴウ大学講義』日本評論社, 1947年.
Smith, A. Corr, *The Correspondence of Adam Smith*, ed. by E. C. Mossner and I. S. Ross, Oxford: Clarendon Press, 1977.
Smyth, R. L. ed. 1962, *Essays in Economic Method: Selected Papers read to Section F of the British Association for the Advancement of Science, 1860-1913*, London: Gerald Duckworth.
Sowell, T. 1974, *Classical Economics Reconsidered*, Princeton University Press.
Spiegel, H. W. 1991, *The Growth of Economic Thought*, 3rd ed., Durham: Duke University Press.

Sraffa, P. 1955, Addenda to the Memoir, in Ricardo Works 10.

Steuart, J. 1767, *An Inquiry into the Principles of Political Economy*, 4 vols., ed. by A. S. Skinner, N. Kobayashi and H. Mizuta, London: Pickering & Chatto, 1998, 小林昇監訳『経済の原理』全2冊, 名古屋大学出版会, 1993, 1998年.

Stewart, D. 1794, Account of the Life and Writings of Adam Smith, LL.D., in Smith EPS.

立川潔 1986, 「J. S. ミルの社会科学方法論と経済学」, 中央大『経済学論纂』第27巻第5号.

立川潔 1988, 「ミル経済学の仮説性について」, 『北海学園大学経済論集』第35巻第3号.

只腰親和 1995, 『「天文学史」とアダム・スミスの道徳哲学』多賀出版.

田口卓郎左衛門 1975, 「スミス『哲学論文集』研究(1)──近代経済学の方法の起源について」, 神戸大『六甲台論集』第21巻第4号.

竹永進 1987, 「リカードウ価値論の問題構成」(時永淑編『古典派経済学研究(IV)』雄松堂, 1987年, 所収).

Thomson, H. 1965, Adam Smith's Philosophy of Science, *Quarterly Journal of Economics*, Vol. 79.

富田重夫 1986, 『経済学方法論(増補版)』日本評論社.

内田義彦 1962, 『経済学の生誕』未来社.

内井惣七 1979-81, 「19世紀イギリスの科学方法論(1)(2)」, 大阪市大『人文研究』第31巻第2分冊, 第32巻第5分冊, 1979, 1980年.

Weber, M. 1904, Die 》Objektivität《 sozialwissenschaftlicher und sozialpolitischer Erkenntnis, in M. Weber, *Gesammelte Aufsätze zur Wissenschaftslehre*, Tübingen: Verlag J. C. B. Mohr (Paul Siebeck), 1951, 富永祐治・立野保男訳, 折原浩補訳『社会科学と社会政策にかかわる認識の「客観性」』岩波文庫, 1998年.

Whately, R. 1832, *Introductory Lectures on Political Economy*, 2nd ed., New York: A. M. Kelly, 1966.

Whewell, W. 1829, Mathematical Exposition of Some Doctrines of Political Economy, in Whewell 1971.

Whewell, W. 1831, Mathematical Exposition of Some of the Leading Doctrines in Mr. Ricardo's "Principles of Political Economy and Taxation", in Whewell 1971.

Whewell, W. 1840, *The Philosophy of Inductive Sciences*, 2 vols., London: J. W. Parker.

Whewell, W. 1971, *Mathematical Exposition of Some Doctrines of Political Economy*, New York: Augustus M. Kelley.

Whitaker, J. K. 1975, John Stuart Mill's Methodology, *Journal of Political Economy*, Vol. 83.

Wightman, W. P. D. 1975, Adam Smith and the History of Ideas, in A. S. Skinner and T. Wilson eds., *Essays on Adam Smith*, Oxford: Clarendon Press, 1975.

Wightman, W. P. D. 1980, Introduction to the History of Astronomy et al., in Smith EPS.

Willey, B. 1940, *The Eighteenth Century Background : Studies on the Ideas of Nature in the Thought of the Period*, London: Chatto & Windus，三田博雄・松本啓・森松健介訳『十八世紀の自然思想』みすず書房，1975 年．

Winch, D. 1966, Introduction, in J. Mill, 1836.

Winch. D. 1987, *Malthus*, Oxford University Press，久保芳和・橋本比登志訳『マルサス』日本経済評論社，1992 年．

矢島杜夫 1993,『ミル『論理学体系』の形成』木鐸社．

柳沢哲哉 1991,「古典派経済学における用語論争――経済学と意味論」，東北大『研究年報：経済学』第 53 巻第 2 号．

吉田忠 1982,「近世天文学史――天体力学の成立に向けて」(中山茂編『天文学史』恒星社厚生閣，1982 年，所収)．

＊参考文献一覧の原書と訳書の版は必ずしも同じではない．

主要事項索引

ア 行

アイルランド問題　176
悪徳　66, 68
アート　113, 115, 136, 178
　科学と——　120-123
　経済の——　119, 120
　統治の——　118-121
アプリオリズム　322, 323
ア・プリオリの方法　164-173, 177, 187, 188, 193, 194, 196, 301
ア・ポステリオリの方法　157, 164, 172, 177, 301, 302
アリストテレス-スコラ的自然像　22, 106
イギリス科学振興協会 F 部門　85, 120, 134
イギリス経験論　2, 26, 217, 218, 241
意志の自由　251, 252
　——と必然性　247
一致差異併用法　186
一致法　148, 149, 157, 158, 168, 182, 186
意図せざる結果　21, 23
因果概念　8, 21, 22, 249, 279
因果律　247, 249-252, 274
ヴィジョン　215, 235, 236
　古典派経済学の——　iv, 211, 214, 230, 234, 312
演繹　iii, 65, 82, 92, 141, 142, 153, 166, 172, 244, 245, 301
演繹法　153, 163, 168, 169, 171, 172, 240, 242, 244, 278
オイコノミア　113

カ 行

科学革命　106
化学的アナロジー　160
化学的方法　157, 160
確証　74, 199
仮言命題　204
仮説　169, 194-197, 202-204, 207, 221, 222, 304, 305, 317
　——演繹法　199, 209
　——的実験　280, 281, 300, 317, 318
　——的方法　188, 189, 198, 200, 201, 209
　　純粋に任意な——　198, 200, 201
カタラクティクス　98, 134
価値　95-97
価値判断論争　136
貨幣数量説　318, 319
感覚　217, 218
還元・構成法　188
慣習　267, 268, 269, 271
完全帰納　186, 187
観念連合　6
管理された実験　159, 221, 222
機械論的自然像　22, 106
幾何学　196, 197, 206
　——的アナロジー　163
　——的方法　163, 173, 188, 189, 205
　——の仮説　201-203, 205
　ユークリッド——　234
記述　295, 296
記述的方法論　vi, 86
希少性定義　133
帰納　iii, 65, 66, 82, 92, 138-146, 151-153, 159, 166, 169, 170, 172, 198, 199, 203, 209, 222, 223, 240, 242, 244, 250, 278, 296
　——的飛躍　139
　一般化の手続きとしての——　146, 204
　因果関係を解明する手続きとしての——　146, 204, 221
　完璧な——　151, 200
　直接的——　152
規範的方法論　vi, 86
規約主義　324
逆の演繹法　173-175, 182, 183, 187, 313
救貧法　118, 176
窮乏　66, 68, 225
共産主義　128
競争　267-269, 271
共存　248, 313
共変法　37, 148, 150, 151, 186
金問題　176, 318, 319, 326

具体的演繹法　172, 173, 175
継起　248, 250, 313
傾向　224, 225, 227, 293, 309, 314, 317, 321, 325, 326
経済社会学　237, 272, 273
経済人の仮定　iv, 42, 92, 197, 209, 212-214, 216, 217, 220, 222, 223, 237, 240, 254, 256-259, 271, 298
経済的自由主義　114
啓蒙された利己心　27
啓蒙主義　9
結合原理の親しみ深さ　9, 20
決定的実験　159, 187
ケテリス・パリブス　33, 60
原因　248, 279, 280, 297
　──の合成　156, 160, 165
　攪乱──　iv, 74, 75, 195, 208, 209, 222, 226, 229, 233, 259, 285, 308, 309, 311, 314-317, 321, 322, 324, 325, 327, 328
　究極的──　214, 222, 246
　主要──　213, 223, 226, 232, 234
　副次的──　213, 223, 229, 232, 234
検証　92, 153, 172, 199, 311, 312, 316, 317
　間接的──　302-304
　直接的──　302
験証　199, 317, 321
現象を救う　11
顕著な場合　ii, 30, 33, 34, 59, 61, 71, 78, 187
ケンブリッジ帰納主義者　144
高価な贅沢を享楽しようとする欲望　166, 167
功利主義　124, 130, 136, 184
　規則──　125
国民的性格学　238, 247, 253-257, 259, 260, 264, 272, 274
穀物法　39, 118, 302, 315
誇張　33
古典派経済学　89, 90, 92, 134, 214, 216, 271, 305
孤立化　33, 206, 233, 258, 313
　──的方法　134, 174

サ　行

最終1時間説　133
差異法　148-151, 157, 158, 168, 186, 187, 200
差額地代論　281
作用因　21-23, 27

産業革命　214, 230
三段論法　141, 243, 277, 297
　実践的──　123, 129
思惟経済説　26
思考実験　30, 216, 280
自作農制　178-185, 271
自然過程の斉一性の公理　139-141, 250
自然主義　136, 156
自然状態　118, 135
自然的自由の体系　24, 132
自然の解釈　234
実験的研究の4方法　148, 152, 158, 243
実験的方法　157, 160
実在論　2, 11
実証と規範　112, 116, 117
実践の指針　57, 58, 60, 303
実念論　26
社会科学　100, 217, 241, 254-256, 272, 273, 278, 284, 285
社会学　100, 104
社会経済学　v, 100, 273
社会主義　127
社会哲学　131, 177, 178, 183-185
社会の一般的科学　101, 174
収穫逓減の法則　iv, 92, 212-214, 223, 232, 233, 271, 298, 312, 313, 315
重商主義　95
重農学派　114, 127
自由の体系　24
受容可能性　19, 20
商業社会　16, 27
消去法　149
剰余法　148, 150, 186
新機械論　53
人口の教義　227, 228
人口の原理　iv, 66, 67, 92, 212-214, 223, 224, 227-229, 232, 271, 273, 298
心理学　106-108, 241, 243-246, 253
心理主義　106, 241, 274
推理　141
推論　141
数学的科学　286
性格学　247, 253, 274
生産費説　36, 61
生産費の法則　292-295
生産・分配二分法論　135
精神科学　109, 110, 134, 196, 218, 219, 253

主要事項索引

精神的に制御された実験　280, 300, 317, 318
静態論　312, 313
制度　260, 264-266
正当化の文脈　199
制度学派　64, 100
精密科学　92, 286, 304, 307, 308, 310, 316, 317, 326
　——ではない科学　iv, 73, 310, 311
精密的方針　188
制欲　212, 229, 230, 263, 264, 292
積極的制限　68, 229
説明　92, 295-299, 304, 307, 309, 312, 317-320
　——と予測との対称性　301
　因果的——　296
　演繹的・法則的——　296, 297
　経済学的——　300
　目的論的——　123
セー法則　90
前後即因果の虚偽　75
相互需要の法則　294

タ　行

他人の心　218, 219, 235, 240, 242
単一原因論　70, 163, 189
単純枚挙による帰納　147, 148, 186
力の合成　155, 156, 165
抽象的方法　163, 172, 205
中立的な観察者　15, 19
直接的演繹法　173-175, 177-179, 182, 185, 313
直接的知識　220, 222, 223, 246
賃金基金説　131, 288-291
定言命題　204
テスト　55, 220, 222, 318
　経験的——　73-76, 82, 327
同感　15, 17, 19
道具主義　2, 9, 11, 14, 24, 26, 139, 143, 186, 323
動態論　312, 313
道徳科学　99, 100, 105, 108-110, 134, 156, 188, 247, 252, 312
道徳的抑制　68, 225
道徳哲学　2, 4, 5, 14, 20, 25, 93, 188, 273
特殊から特殊への推論　142
特殊な社会学的研究　101, 102
富　iii, 76, 94, 95, 97, 98, 212, 216, 226, 238
　——の科学　97, 102, 126

　——の欲望　166, 167, 178, 179, 181, 187, 206, 239, 240, 246, 254, 256, 274, 278-280
ドラモンド経済学教授　84, 232

ナ　行

内観　217, 240, 275
内省　107, 217-220, 235, 240, 245, 322, 323
　感覚と——　241, 242
ナポレオン戦争　214, 315
南北戦争　321
入札小作制　178, 179, 183-185
ニュートン的方法　ii, 4-6, 16, 17
人間行為学　323
人間行為の因果関係に関する理論　238
人間本性　105, 110, 111, 122, 154, 163, 165, 174, 229, 240, 241, 254, 255, 257, 259, 266, 274, 279, 316, 317

ハ　行

発見の文脈　199
反証　69, 92, 199, 311, 316, 322, 324, 325, 327
反駁　295, 321-323, 328
非競争的集団の理論　288, 292, 293
不確実性　309, 325
不完全帰納　186
複合原因論　70, 71, 163
物質主義的定義　133
物心二元論　106
物理学的方法　172, 175
プルトロジー　134
分析・総合の方法　169, 171, 188, 198, 232, 278
分配の規則　266-269, 271
ベンサム派　153, 154, 164, 165
法則
　科学的——　161-163, 182, 254, 259
　究極的——　162, 163, 174, 182, 254, 259
　経験的——　65, 161, 162, 168, 174, 178, 182, 185, 233, 253-255, 259, 275, 302
　経済——　92, 111, 129, 131, 260
　生産の——　260-262, 265-267
　第二次的——　111
　分配の——　260, 266-270
　誘導的——　111, 162, 244, 245, 253
　要素的——　161, 162, 165, 244, 245
方法論的一元論　156
方法論的個人主義　17, 241

343

ポリティカル・エコノミー　iii, 58, 94, 98, 113, 114, 135
ポリティカル・エコノミー・クラブ　60, 91

マ・ヤ行

見えざる手　23
目的因　22, 27, 124
目的・手段関係　124
目的論　123, 130, 131
唯名論　26
要素還元的方法　153, 272
予測　54, 56, 57, 59, 60, 62, 92, 295, 301-304, 307, 309, 311, 312, 314-318, 320, 321, 327
予防的制限　68, 226, 229

ラ行

ラプラスの魔　308
理解　220, 242

リカードウ的悪弊　61
力学的アナロジー　72, 156, 163, 274
利己心　17, 19-21, 23, 25, 246
理神論　8, 26
理想化　v, 16, 17, 24, 32, 65, 92, 188, 192, 193, 201-206, 285, 300, 301, 305, 321, 328
立法の科学　94
類推　9, 19, 20
歴史学派　63, 64, 89, 100, 133, 138, 174, 175, 189, 192, 193
　　イギリス——　81
歴史的方法　64, 173-175, 313
レッセ・フェール　128
労働価値説　35, 36, 89, 90
労働の嫌悪　166, 167, 187
論証　141, 153, 170, 172, 242, 243, 277, 278, 280, 281
論点窃取の虚偽　139

主要人名索引

ア 行

アクィナス, T. 93
アリストテレス 4, 5, 10, 11, 22, 93, 115
アレヴィ, E. 31
井上琢智 305
イングラム, J. K. 134
ウィリー, B. 25
ウィンチ, D. 31, 187
ウェスト, E. 236
ウェーバー, M. 112, 136, 322
ウォーレス, R. 67
内井惣七 325
内田義彦 27
エッジワース, F. Y. 90
オシアンダー, A. 11

カ 行

カッシーラー, E. 9
ガリレオ・ガリレイ 10, 145
カルペパー, T. 131
カント, I. 144, 187
キャナン, E. 214
クリフ・レズリー, T. E. 133, 134
クールノー, A. A. 287
クーン, T. S. 27
ゲアラック, H. 169
ケアンズ, J. E.
　科学とアート 112, 126-128
　仮説 193, 206-209, 304, 305
　帰納 137, 138
　基本前提 211-214, 235, 237, 271
　規約主義 316, 322-325, 326-328
　金問題 316-322
　経験的研究の役割 60, 74, 176, 321, 322
　経済学の課題 102-105, 133
　経済人の仮定 215-217, 220-223, 242
　経済法則 128, 129, 136
　古典派経済学者 90-93
　収穫逓減の法則 229, 230, 232-234
　人口の原理 70, 223, 227-229
　心理学 106-108, 245, 246
　数学 210, 282, 287, 288, 305
　説明 298-301
　道徳科学 111, 112
　非競争的集団の理論 288, 292-295
　方法論者 i, iii, v, 83, 87-89, 133
　論証 280, 281
ケイン, O. 305
ケインズ, J. M. 63, 90, 91
ケインズ, J. N. 63, 112, 132, 134, 135, 136, 235, 258, 274, 327
ケプラー, J. 10, 11, 12, 13, 144-146, 200
小泉 仰 125
ゴドウィン, W. 235
コペルニクス, N. 10, 11, 13
コールドウェル, B. J. vi
コンディヤック, E. B. 107
コント, A. 100-105, 134, 174, 175, 183, 312, 313, 326

サ 行

櫻井 毅 189
ジェヴォンズ, W. S. 76, 286-288
シジウィック, H. 114, 134, 305
シスモンディ, J. C. L. S. 64, 90
シーニア, N. W.
　演繹 137, 176
　科学とアート 112, 113, 117-121
　仮説 193-197, 201, 206-209
　基本前提 211-214, 235, 237
　経済学の課題 94-99
　経済人の仮定 187, 215-220, 241, 242, 322
　古典派経済学者 91, 92
　収穫逓減の法則 229-232, 234, 235
　人口の原理 70, 223-227
　心理学 106
　数学 196, 210
　生産と分配 118-120, 135
　道徳科学 109, 111, 112, 134
　方法論者 i, iii, v, 83-85, 133, 191
　類推 20

345

島　博保　27
シャフツベリ，A. A. C.　19, 25
シュモラー，G.　64
シュンペーター，J. A.　i, 60, 61, 64, 65, 67,
　　84, 87, 91, 93, 106, 107, 133, 189, 215, 225,
　　235, 272-274, 323
ジョーンズ，R.　61, 81, 144, 235, 283
スキナー，A. S.　27
ステュアート，D.　3
ステュアート，J.　113, 115, 192, 235
スミス，A.　i, ii, 29, 32, 60, 67, 83, 88-95,
　　114, 115, 127, 132, 214-216, 220, 265
スラッファ，P.　31
セー，J. B.　76, 90, 127
ソーウェル，T.　95
ソーントン，W. T.　290, 305

タ　行

竹永　進　61
立川　潔　209, 210
チャイルド，J.　131
ティコ・ブラーエ　13
デカルト，R.　4, 7, 11, 12, 106
出口勇蔵　8
トゥック，T.　176
ドゥ・マーキ，N. B.　62
ド・クインシー，T.　187
富田重夫　327
ドラモンド，H.　84
トレンズ，R.　91

ナ　行

ナイト，F. H.　322
中村廣治　61
ナーゲル，E.　25
ニュートン，I.　2-5, 12, 13, 24, 27, 145, 169,
　　170, 187, 188, 198-200, 209, 234
ニューマーチ，W.　176

ハ　行

ハイエク，F. A.　235
ハウスマン，D. N.　326
ハーシェル，J. F. W.　144, 148, 186, 199
ハーシュ，A.　327
バジョット，W.　31, 258
ハチスン，F.　19, 25, 93
ハチスン，T. W.　31, 61, 82, 112

ハットン，J.　3, 4
ハートリー，D.　107
バベッジ，C.　144
早坂　忠　189
パレート，V. F. D.　112
ピグー，A. C.　90
ヒックス，J. R.　134
ビード，C.　305
ヒューエル，W.　81, 143-146, 282-284
ヒューム，D.　ii, 2, 4, 7, 8, 24-27, 67, 91,
　　107, 116, 117, 191, 192, 249, 273, 274
深貝保則　61
フック，R.　187
プライス，R.　67
ブラウグ，M.　vi, 61, 62, 64, 65, 69, 82, 90,
　　235
ブラック，J.　3, 4
プラトン　26
フリードマン，M.　112, 327
ブンゲ，M.　274
ベイン，A.　274
ベーコン，F.　126, 147-149, 159, 186, 187,
　　234, 253
ペティ，W.　61, 90
ベンサム，J.　31, 91
ヘンペル，C. G.　296, 297
ボアギュベール，P. P.　90
ポアンカレ，H.　327, 328
ホェートリー，R.　97, 98, 224, 225, 325, 326
ホッブズ，T.　19
ボードー，M. D.　327
ポパー，K. R.　186, 199
ホランダー，S.　61, 275
ポランニー，K.　235

マ・ヤ行

マカロック，J. R.　91
マコーリ，T. B.　153-157, 160, 164
マーシャル，A.　31, 64, 76, 90, 134, 135, 189,
　　274
マッハ，E.　26, 27
マッハルプ，F.　187, 322, 326
マルクス，K.　84, 89-91
マルサス，T. R.　i, ii, 32, 45, 83, 88, 91, 92,
　　96, 115, 144, 176, 214, 224-230, 235, 236, 265
マレット，J. L.　60
馬渡尚憲　61, 186, 188, 189, 209, 275, 288, 326

主要人名索引

水田　洋　19
ミーゼス，L. E.　322, 323
ミル，J.　31, 90, 91, 134, 154-156, 163, 164, 176, 187
ミル，J. S.
　ア・プリオリの方法　165-169, 188
　一般化の手続きとしての帰納　138-143, 209-210
　因果関係を解明する手続きとしての帰納　37, 146-153, 157-160, 186
　演繹法　171-176
　外国貿易論　286, 293, 294
　科学とアート　112, 113, 121-125, 127, 136
　仮説　193-198, 200-206, 209
　経験的研究の役割　74, 176-178
　経済学の課題　94, 97-102, 133
　経済社会学　237, 273
　経済人の仮定　211, 223, 237-246, 256-259, 273, 275, 322
　国民的性格学　253-260, 264, 271, 272
　古典派経済学者　88, 90-92
　収穫逓減の法則　233
　心理学　106, 241-245
　数学　203, 209, 210, 282, 284-286, 288, 305
　性格学と因果律　247-253, 274
　生産と分配　135
　生産の法則　260-265
　精密科学ではない科学　73, 307-311, 325, 326
　説明　295-297
　賃金基金説　288-291
　動態論　312-316
　道徳科学　105, 109-111, 134
　農業制度　178-185

ヒューエル批判　145, 146
分析・総合の方法　169-171
分配の法則　266-271
法則概念　128-132, 161-163
方法論者　i, iii, 83, 85-87, 89, 133, 186, 327
マコーリ・ベンサム派論争　153-157, 163, 164
予測と検証　301-304, 311
類推　20
論証　277-280
メギル，A. D.　8
メンガー，C.　188, 326
モロウ，G. R.　25
モンクレチアン，A.　113
柳沢哲哉　95
ヤング，A.　265
吉田　忠　11

ラ・ワ行

ライアン，A.　86, 305
ラウ，K. H.　64
ラカトシュ，I.　324, 327
ラ・ロシュフーコー，L. A.　3
リカーズ，G. K.　232, 233
リカードウ，D.　i, ii, 63-65, 71, 77, 78, 81-83, 88, 90-92, 132, 144, 187, 191, 192, 230, 231, 235, 281, 282, 284, 290, 293, 326
リカードウ，M.　30
レドマン，D. A.　v, 209
ロック，J.　26, 107, 217, 218
ロッシャー，W.　63, 189
ロビンズ，L. C.　91, 112, 133, 322
ワイトマン，W. P. D.　3, 26

347

佐々木憲介（ささき けんすけ）

1955年　岩手県に生まれる
1985年　東北大学大学院経済学研究科博士課程単位取得退学
　　　　東北大学経済学部助手，北海道大学経済学部助教授，
　　　　同教授を経て
現　在　北海道大学大学院経済学研究科教授
専　門　経済学史・経済思想・経済学方法論

経済学方法論の形成──理論と現実との相剋 1776-1875

2001年2月25日　第1刷発行

著　者　　佐々木　憲介
発行者　　菅　野　富　夫

発 行 所　北海道大学図書刊行会
札幌市北区北9条西8丁目北海道大学構内（〒060-0809）
tel.011(747)2308・fax.011(736)8605・振替 02730-1-17011

岩橋印刷㈱／石田製本　　　　　　　　Ⓒ 2001　佐々木憲介

ISBN4-8329-6151-9

ストック経済のマクロ分析 ー価格・期待・ストックー	久保田義弘 著	A5・342頁 定価6000円
一般利潤率の傾向的低下の法則	平石　修　著	A5・298頁 定価7000円
金　融　の　原　理［増補第2版］	浜田　康行　著	A5・314頁 定価3000円
ドイツ・ユニバーサルバンキングの展開	大矢　繁夫　著	A5・256頁 定価4700円
株式恐慌とアメリカ証券市場 ー両大戦間期の「バブル」の発生と崩壊ー	小林　真之　著	A5・426頁 定価7800円

＜定価は消費税を含まず＞

――――北海道大学図書刊行会――――